JN020785

現場で使える

教育社会学

教職のための「教育格差」入門

中村高康/松岡亮二

[編著]

ミネルヴァ書房

はじめに

教育社会学を教育現場に

学校現場の教師にとって使える／役立つ知識というと，「どうやって教えたら授業がうまくいくか」とか「子どもの心を理解する方法」といった目の前の問題に対処できるものを想像するかもしれません。これらが重要な教員養成のための知識であるという認識に異論はありません。

しかし，私たちは一方で，ある特定の教育方法が，異なる学年，異なる学校，異なる地域といった集団の間では違った反応を呼び起こし得ることを経験的に知っています。子どもの心の状態も，その子が置かれた環境によって変わることは，経験的に理解できます。教育実践に関する方法的知識は，あらゆる「集団」において必ずしも同じ効果をもたらすものではないのです。

では，教師は，こうした事態に対応するために，どのような知識を備えておけばよいのでしょうか。

私たちの回答は明瞭です。「社会」についての知識を持つことが，それぞれの教育現場のコンテクスト（文脈）を理解する基礎になる。つまり，教師になるために，あるいはよい教師であるために必要な「社会」についての知識がある。そう確信しています。とりわけ，「集団」にはどのようなものがあり，それがどのような形で教育現場と関係を取り結んでいるのか，ということへの理解が，教員となる上で必要である，と私たちは考えています。とはいえ私たちは，「教育社会学の研究知見を学ばないのは間違っている！」といった肩を怒らせた議論をするつもりはありません。ただシンプルに，教育格差という現状を見つめ，研究の蓄積を知ることが，ひとりひとりの教師の日々の実践に役立つ，ということを強調したいのです。

本書は，さまざまな教育場面において，社会集団の多様性や差異の存在を理解することが教育実践においてどのように有用であるのかを，できるだけわかりやすく解説した教職課程のための教科書です。同時に，教育社会学[(1)]の入門教

---

(1) 「教職のための教育社会学」は「教育社会学の社会的使命」の１つと位置づけられますが，それ

科書でもあるので，本書が広い意味での教育関係者にとって，「社会と不可分な教育」という視座を得る契機になれば，と願っています。

格差に焦点を置く教科書・構想の経緯

　子どもが育つ家庭環境には差がないことが理想とはいえ，現実には多くの格差があります。こうした子ども本人には変えることができない家庭環境の違いによって子ども自身の学力や学歴といった教育成果が大きく異なることを「教育格差」と呼びます。これはまっとうなデータのあるすべての社会で観察されており，日本の教育格差の程度は，経済協力開発機構（OECD）諸国と比べると平均的です（松岡 2019）。

　日本は「凡庸な教育格差社会」であるわけですが，「生まれ」によって教育の機会と結果に格差があることに対してあまり自覚的であるとはいえないようです。この点，「教育格差」についてきわめて自覚的なアメリカ合衆国から学べることは多いでしょう。日本とは異なり教育行政はかなり分権化しており地域ごとの違いが大きいので，そのまま単純に日米比較することはできませんが，アメリカの教職課程向けの講義内容を記載したシラバスを見れば，階層・人種・地域による不平等（inequality）といった単元を簡単に見つけることができますし，教科書は膨大な調査データと研究知見を概説しています。

　一方，日本では教職課程でどの程度教育社会学が教えられているのか。このような問題意識を持っていた松岡亮二（早稲田大学。以下，所属は第１刷刊行当時。）が，日本の先行研究を探していて見つけたのが，中村高康（東京大学）による学会発表でした。2001年の日本教育社会学会の年次大会における課題研究「教育社会学教育の現状分析（１）：シラバスを中心として」です。松岡からの依頼を受け，中村は2001年当時の学会発表の基になったデータファイルと紙のシラバスの束を古い資料の中から探し出しました。2017年６月のことです。

　その後，中村のデータを含めた先行研究を踏まえた上で，松岡は全国の教職課程の2017年度版シラバスを収集・分析し，日本は国際的にみて「凡庸な教育格差社会」であるにもかかわらず，大半の教職課程では教育格差について学習する機会がないまま教員免許を取得できることを明らかにしました（詳細は

だけではなく，政策科学としての教育社会学，現場の実践を支えるような臨床的教育社会学，広く社会の理解を助ける教養としての教育社会学，あるいは純粋に学問の貢献に資する学術的な教育社会学など，さまざまな社会的使命があります（酒井・多賀・中村編 2012：190-193）。

「おわりに」を参照）。この頃にミネルヴァ書房から教科書執筆の打診を受けていた中村は，この分析結果を聞いて教育現場で役立つ教科書企画を松岡に提案。2018年9月に松岡が東京大学本郷キャンパスの中村研究室を訪ね，教科書作成について2時間半検討し，出版を目指して定期的に会合を持つことを決めました。

　以降，2～4時間に及ぶ議論を対面で13回行い，新型コロナ禍でキャンパスが立ち入り禁止になった2020年4月以降はオンラインで議論を継続しました。ここまで編者2人が時間と回数をかけて一冊の教科書を作成するための議論を重ねていること自体が珍しいかと思います。

現場での有用性を高めるための教科書の新しい作り方

　教職課程科目用の教育社会学の教科書はこれまでにも多数刊行されてきましたし，本書の執筆陣の中には実際に教科書作りに携わった人もいます。しかし，その多くは学術的な分類・系統性から書かれることが多く，教職を目指す大学生や現在すでに教壇に立っている教師にとって，現場への応用が可能と感じられるような教科書であったかといえば，必ずしもそうとはいえなかったのではないでしょうか。教育社会学という学問分野を知る機会にはなったとしても，単位取得後も継続して学ぼうという意欲喚起にも成功してきたとは言い難いでしょう。

　こうした現状を踏まえて，教育社会学の知識が教育現場にとって必要な知識であることをわかりやすく示し，かつ読者が今後も教育社会学の提供する知見に注目したいと感じるような本づくりを目指しました。これまでの教科書とは目的が違うので，従来の作り方とは異なる手法を意図的に取ることにしました。

1．現場で学術知識の有用性を感じられる内容の選定と執筆者の決定

　たいていの教科書は1学期15回を想定した15章前後の構成で，編著者と執筆者が1～数章を担当して一冊を書き上げます。本書も同様に15章構成で分担執筆していますが，各章の内容構成と執筆者の選定にはこだわりました。

　一般的な大学生向け教科書作成の場合，執筆陣は編者がよく知っている「身内」の研究者で固められる人選になりがちです。しかし，さまざまなテーマに対応する教科書の内容にぴったりフィットした執筆者を「身内」だけで埋めることは難しいのも現実です。場合によっては，頼んだ人が書ける範囲の内容で

書いてもらうといったこともなかったとはいえないと思います。

　編者の私たちは，そうした作り方にはならないように当初から強く意識しました。すなわち，現場で有用性を感じられる教育社会学のテーマを先に精選し，それに基づいて執筆者を考えることにしたのです。そのために編者2人で教育現場において直面する課題を洗い出し，教育社会学的知識をマッピングして各章の内容をまず確定しました。

　次に教科書としての一貫性を担保した上で各章の内容を執筆するのに最適だと思われる執筆者を探しました。編者のどちらかが直接話したことのない研究者も候補に挙がりましたが，あくまで各章の内容に関する専門的研究業績を持ち，その力量を確信できた研究者に声をかけることにしました。

　執筆を打診したのは2019年6月です。とても嬉しいことに，依頼したすべての研究者から承諾をもらうことができました。同時に，当時大学院を修了したばかりないし在学中だった3人の若手研究者に，コラム執筆と教科書作成過程の支援をお願いしました。

2．研究会方式と専門家による査読

　教科書作りの方法として新しいもう1つの点は，章の内容について，ややもすると各章の執筆者に任せすぎてしまう従来の方法を改め，研究会形式ですべての章について執筆者同士で十分に議論をした上で，各章の執筆に入ったことです。各章の執筆担当者の自由を大きく制限することになりますが，編者の構想を貫徹させるとともに，各章の質を向上させることを最優先にしたわけです。

　2019年9月10日に東京大学本郷キャンパスに執筆陣が集まり，8時間の研究会（と3時間の懇親会）を持ちました。事前の要請を受けて各執筆者が用意した，本書の趣旨に沿った担当章の執筆計画について集中的な討議を行ったのです。これによって編者2人の構想を柱にしながらも，各分野の専門知識と研究・教育経験を組み込むことができました。

　各章の内容を「現場で使える」ようにするというコンセプトを具体化するために，知念渉氏（神田外語大学）に担当の第8章を先に執筆してもらい，それを雛形とすることにしました。2度の大幅な修正を経て完成した第8章の初稿を基準にして，全員が執筆に取り組んだことで，早い段階から各章のトーンを揃えることができました。

　一般的には，編者が各章の初稿を大まかに確認した後は，執筆者が自主的に

推敲した上で完成稿として出版社に渡しますが，本書の作成はここからが本番です。2020年2月と3月に6日間かけて，「執筆陣による各章の詳細検討会」を東京大学で開きました。編者2人と各回の参加執筆陣は事前に初稿を読了した上で参集し，一章あたり90分かけるので，一日で2章を検討する回は3時間，3章を検討する回は昼食を挟んで4時間半かけて，全15章を議論しました。若手研究者の3名が議事録を残し，メーリングリストで議論の詳細も執筆陣全体で共有しました。

　話はこれで終わりません。各執筆者は検討会で出た論点を反映した第2稿を完成させた後，担当章の分野に関する専門家2名以上に査読（事前に原稿を読んでもらって内容について意見をもらうこと）を依頼しました。学術誌の査読のように匿名ではない点は異なりますが，それでも類似したプロセスを踏むことで内容のグレードアップを図り，幅広く専門家の見識を反映させることができました。

3．現役教師や学生が参加する教科書編集会議の開催

　さらに，コンセプトの柱が「実践」にあることから，現役の教師，教職を目指している学生や大学院生，教育実践に詳しい研究者などを対象に，公開編集会議を行うことにしました。当初は，研究と現場を架橋する祝祭的なイベントとして，2020年3月に2日間かけて東京大学本郷キャンパスに集まって実施する予定でしたが，新型コロナウイルスの感染拡大に伴い延期となりました。数ヶ月経っても感染に収束が見られなかったので，初夏にはオンラインでの代替え開催を決めました。

　当初の「祭り」案は2日間という時間的制約があったので学会発表のように同時に複数のセッションを進行しようと考えていましたが，オンラインの実施であれば時間的，地理的制約からより自由になります。そこで，15の章に加えて3つのコラムを1章分として扱い，合計16回のセッションを行うことにして，少なくとも編者2人は全章の議論に参加できるようにしました。

　現役教師でも参加可能な週末に会議日を設定し，8月22日から10月10日までの期間に各回に2章ずつ合計8回をZoomで行いました。単にオンラインで「現場の声を聞きました」という体裁を整えるためではなく，意味のある議論を行うために，各章あたり概要説明や休憩時間を含めて2時間半，毎回5時間という長丁場の会議構成としました。

編者・執筆者でツイッターやフェイスブックにて参加者を募ったところ，多くの参加申し込みがありました。当日はコラム執筆者でもある藤本啓寛氏（早稲田大学大学院）を進行役として13時に開始し，編者2人の挨拶と全体の流れの説明のあと，未定稿なので印刷や保存などできないように設定したPDFファイル原稿を，参加者がビデオをオンのまま読む時間を30分設けました。黙読して気になる点などのメモを取ってもらった後は，ブレイクアウトルームに分かれて4〜5人のグループでの意見交換を30分行いました。編者2人，担当執筆者，他の執筆者も各グループに参加し，現役教師，学生，院生，研究者など，多くの参加者の方々と議論しました。

　休憩を10分挟んだ後は，全体で執筆者に対する質疑応答を行いました。松岡が司会を務め，編集方針に関わる大枠については中村が回答しつつ，少しでも該当章が「現場」で有用なものになるように議論を重ねました。50分で議論が終わった回は一度もなく，途切れなく参加者からの発言や質問がありました。さらには，すべての疑問や意見を執筆者に届けるために，5分間のオンライン・アンケートの時間を設け，時間内に書き終わらなかった分は24時間以内に提出できるようにしました。

　この時点で映画一本分の時間が経過していますが，休憩を挟み，もう1つの章についても同じ過程を約2時間かけて行い，会議の最後は編者と執筆者が議論を総括しました。5時間という長丁場を経てもなお，散会後の10分の質疑応答時間も議論が途切れることはありませんでした。執筆陣は会議後に毎回反省会を開き，30分以上，運営の改善について話し合いました。

　主体的かつ活発な参加が求められる長時間の編集会議となりましたが，各回の平均参加者数は執筆陣を除いて約70人，全8日でのべ約560人に上りました。その上，会議中の議論だけではなく，アンケートの回答として各章あたり1万文字以上のコメントを受け取りました。オンラインにすることで各章についてじっくりと議論できたこと，また，地理的制約がないために，離島を含む地方や海外からの参加者があったことは，コロナ禍における不幸中の幸いでした。なお，このオンライン編集会議の模様は，研究と現場を架橋する新しい教科書作成の取り組みとして，2020年11月3日の「朝日新聞」朝刊で報じられました。[2]

⑵　オンライン版の記事は2020年10月31日に「教師の卵よ，教育格差学んで　オンラインで教科書作り」（https://www.asahi.com/articles/ASNBZ5JHDNB4UTIL006.html）として公開。

　11月と12月をかけて，執筆者は査読者とオンライン編集会議の参加者からのコメントを基に原稿の修正を重ねました。編者は年末に提出された全原稿に目を通し，全体の分量を念頭に各執筆者にかなり細かい修正依頼を出し，2021年1月には無事すべての初稿が集まりました。その後も原稿の確認を重ね，編集の涌井格氏（ミネルヴァ書房）による丁寧な修正提案とその対応を経て7月にゲラになり，数回の校正の後，ついに完成となりました。

各章の概要

　ここで，このような過程を経てできた本書の全体像を俯瞰しておきましょう。第Ⅰ部の6つの章は概論で，第Ⅱ部の9つの章と3つのコラムが各論になっています。概論は各論の知識を現場で使う基礎となるので，第Ⅰ部をまず通読することを推奨します。

第Ⅰ部　教育関係者のための教育社会学概論
第1章：教育は社会の中で行われている〈中村高康〉

　教師の仕事は教師だけをみれば理解できるでしょうか。教師の仕事は社会の中で行われています。だから，教師自身もその構成員である社会から規制を受けるし，また教師の営みが社会に影響を及ぼすこともあります。社会とのつながりを意識せずに個別の授業や教育実践を行う時，それは独善となり得るので，教師になるためには社会を理解することが必須なのです。第1章では教育を取り巻く「社会」に関する基本的な見方＝教育社会学の理論を紹介しながら，教育を考える際に「社会」という視点を持つことの有効性をマクロな視点から概観しましょう。同時に，各章の先導役も果たします。

第2章：教育内容・方法は社会と深く関わっている〈中村高康〉

　教師になるためには，教育実習などの実践的な訓練のほかに，○○教育学や教育××学などの領域を学んでいくことになります。おそらく多くの人は教育学というのはとてもたくさん下位分野があって，たくさんの研究者や実践家がいろいろと研究を蓄積してきたのだから，教育内容や教育方法はどんどん進化していると考えるかもしれません。しかし，教育内容やカリキュラムは，時代状況や社会状況の規制を大きく受けますし，教育方法にさえ流行り廃りや社会の特性が刻み込まれています。この章では，教師になるにあたって真っ先に向

き合うカリキュラムや教育方法・技術も，社会に深くかかわっているということを，できるだけ具体的に示します。

第3章：教育は階層社会の現実から切り離せない〈松岡亮二〉

　第2章が通常の教育学的トピックのなかにある「社会」の指摘だとすれば，第3章は教育と社会のつながりを考える上で最も広範にみられ，また重要度も高い正統的「社会」トピック＝社会階層間格差の問題を取り上げます。多くの教師が思い描くように，公教育は恵まれない子どもたちにとってこそ福音たり得るはずですが，実証データで階層格差の実態を知れば，そうした見通しはあまりに楽観的過ぎることを理解できるはずです。生徒がさまざまな層からなる集団であるという実態から目を反らしたところで，子どもたちを取り囲む現実が変わるわけではありません。格差の現実を積極的に自覚することこそ，実際に教師として子どもたちの人生を変えていく教育実践につながる土台になるはずです。

第4章：「平等」なはずの義務教育にも学校間格差がある〈山下絢〉

　義務教育段階は，形式的には教育の機会均等がうたわれていますが，すべての学校が同じ教育機会を提供できるわけではありません。現実には，公私立間の格差があり，それに，公立でも教育をしやすい条件が揃った学校もあれば，そうではない学校もあります。教育を実践する上で学校選択制，少人数学校，教員をめぐる政策といった改革も無関係ではありません。こうした小中学校段階の学校間のさまざまな違いを理解することで，社会全体のなかに実習校や勤務校を位置付け，実践者として何ができるのか明確になるはずです。

第5章：制度が隔離する高校生活〈松岡亮二〉

　日本においてはほとんどの中学生が高等学校に進学するため，高校は準義務教育化していると言われています。たしかにそのような面はありますが，中学までと決定的に違う側面が高校にはあります。それは，高校入試があり，そこで選抜が行われるという制度的特徴です。高校は入学難易度によって序列づけられ，進学した高校の種類や入学難易度，地域などによって，そこに通う高校生の進路や将来的なライフコースが水路付けられている現実があるのです。小中学校の教師にとっても，高等学校教育制度の構造的理解は，進路指導を含む自

らの教育行為の意味合いを知る手助けとなるはずです。

第6章：教師は社会的存在である〈金子真理子〉

　教育と制度を俯瞰する第Ⅰ部の最終章として，教師が社会的存在であることを広い視野で確認しましょう。教職は子どもの頃から最も身近な職業といえますが，実際に教師として働かないと見えてこない職業としての側面が多くあります。本章では，教師の社会的地位，教員組織と文化，教職労働の社会的特質に注目しながら，〈教師として働く〉ことにまつわる課題を見ていきます。教育社会学というレンズを通すと，ひとりひとりの教師が直面し抱えている困難の多くは個人のものではなく，教師という職業の社会的特質に起因して立ち現れていることを理解できるようになるはずです。

第Ⅱ部　学校現場で使える教育社会学
第7章：保護者・子どもの言動の背後にあるものを見据える〈山田哲也〉

　義務教育段階の学校は，第4章にあるように制度的には「平等」の形をとりますが，公立校であってもさまざまな違いがあります。学校によって保護者や生徒の言動あるいは公教育に対する反応には非常に大きな温度差があるのです。現実の教育現場では，そうした多様な生徒と保護者の反応に臨機応変に対応していかなければなりません。そこで第7章では，「他者の合理性」と「学校の相対的自律性」という2つのキーワードを軸に，そうした子ども・保護者の多様性を社会学的視点から捉え，それに対する理解を深めることがいかに教育実践につながり得るのか解説します。

コラム1：スクールソーシャルワーカーと協働して教育格差に向き合おう〈藤本啓寛〉

　教育が社会と切り離せない以上，教師1人ですべてを抱え込むことには無理があります。本コラムでは，学校と社会を架橋するスクールソーシャルワーカー（SSW）と協働する意義と方法を示します。SSWを加えたチームを組むことで，学校や関係機関で共に教育格差に向き合っていく道を拓く実践的なヒントを得ることができます。

第8章：教師はどのように生徒と関わってきたのか〈知念渉〉

　子どもたちはそれぞれに異なった社会的背景を抱えています。そうした多様

な子どもたちに教師はどのように関わることができるのでしょうか。日本の学校では，すべての子どもに対して画一的に接することが良いこととされていますが，そうした関わり方では，不平等の再生産に加担する可能性があります。この第8章では，特に学校間の違いが大きい高校に焦点を当てて，学校や教師を取り巻く社会状況の変化と，それでも変化しない教師という仕事の根幹について考えていきます。

第9章：非行は学校教育と密接に結びついている 〈岡邊健〉

　教育現場では，多かれ少なかれ，非行や問題行動と関わる子どもに接する機会があるはずです。実は，社会学という学問は誕生時から犯罪や非行を対象にしてきました。国内外の研究から，学校には非行を抑える側面だけではなく，非行少年を遠ざけ，非行を増幅してしまう側面もあることがわかっています。第9章では，少年非行に関する教育社会学のおもな理論と実証研究の知見を俯瞰します。学校教育に馴染んで非行とは縁遠い人にとっては，かなり意外に思える知見もあるはずです。そのような気づきを含め，非行の背景を理解することは，教師としての実践の土台になるはずです。

第10章：進路が実質的に意味する生徒の未来 〈日下田岳史〉

　キャリア教育は義務教育段階においても重要なテーマとなってきていますが，進路を考える際は，進学先の高等学校だけではなく，最終学歴とその後の人生まで見据える必要があります。本章でデータを紹介するように，最終学歴は職業や賃金で測られる社会経済的な地位達成に影響を与えるばかりでなく，友人関係や配偶者選択という人間関係にも影響を及ぼしているのです。拙速に「進路に迷っている生徒にはとにかく大学進学を薦めておけば間違いない」とか「教育を損得勘定で論じるべきではない」といった意見で進路指導をする前に，本章で研究知見の概観を把握しましょう。

コラム2：学歴に関するありがちな意見は妥当なのか？ 〈豊永耕平〉

　子どもやその保護者から「偏差値の低い大学に進学するくらいなら高卒で就職した方が良いはずですよね？」「やっぱり文系より理系の方が収入は高いですよね？」と質問されたら，どのように返答するでしょうか。その真偽は定かではないものの，子どもや保護者は「教育と仕事のつながり」についての自分

たちなりの意見・考え方から将来について思い悩んでいることが少なくありません。本コラムでは，子どもとその保護者による「教育と仕事のつながり」についてのありがちな意見・考え方の真偽を客観的なデータから検証し，「そういう話をよく聞くけど本当なの？」という疑問を解消します。

第11章：「性別」で子どもの可能性を制限しないために〈寺町晋哉〉

　学校生活を振り返って，どんなことやものが「男女で分けられていた」でしょうか。一見すると「性別」は「単なる区別」のように思えるかもしれません。ところが，「性別」は「単なる区別」を飛び越え，私たちの学校生活へ影響を及ぼしています。例えば，周囲の大人から「男子のくせに泣くな」，「女子は文系に向いている」といったメッセージに「しんどさ」や居心地の悪さを感じたことはないでしょうか。教師の対応が「男女で異なる」ことはなかったでしょうか。なぜ「性別」が「泣くこと」，「文系」，「教師の対応」に結びつけられるのでしょうか。第11章では，「ジェンダー」という概念を手がかりに，「性別」と教育の関係について具体的に考えます。

第12章：日本の学校も多文化社会の中にある　〈髙橋史子〉

　将来受け持つクラスを想像する時，その中に家で日本語以外の言葉を話したり，日本以外の国の習慣で生活したりしている生徒はどのくらいいるでしょうか。社会の多民族化・多文化化に伴い，日本の多くの地域では外国につながりのある（移民）家庭の人たちが少なからず生活しています。本章では，多文化な学校現場における実践へのレディネス（準備性）を高めることを目指して，学校教育のさまざまな面におけるマジョリティ（多数派）とマイノリティ（少数派）の間にある不均衡な力関係，格差について理解し，マイノリティの排除と包摂のメカニズムについて考えます。

第13章：特別活動と部活動に忍びよる格差〈山本宏樹〉

　日本の学校教育において重要視されてきた特別活動と部活動にも，階層による個人間格差と学校や地域間の格差があります。実習校・勤務校によって特別活動と部活動に対する熱量の違いがあるわけです。本章では「特別活動論」などではあまり扱われない「社会」の視点で学校行事と生徒会活動の実態を見ていきます。また，中高生の生活にとって大きな意味を持つ部活について，活動

格差・名誉格差・安全格差という3つの観点から検討した上で，学校の部活動が階層と地域による格差の是正に寄与しているのか，データで確認します。

第14章：不登校・いじめは「心の問題」なのか〈伊藤秀樹〉

　不登校やいじめは，子どもたちが抱える「心の問題」ばかりに注目して，その原因や解決策が考えられてきました。しかし，その背景を見つめると，子どもたちの「心」の外側，つまり友人関係や教師の振る舞い，家庭環境，学級集団のあり方，そうしたものから暗黙のうちに学び取る子どもたちの価値観などに問題がある様子も見えてきます。本章ではこのように，不登校・いじめが「社会現象」であることを，不登校と貧困との結びつきや，いじめと学級集団との結びつきなどを例に取りながら描き出していきます。「心の問題」という先入観にとらわれていては気づけない，不登校・いじめ問題の解決のための新たな選択肢が浮かび上がってくるはずです。

第15章：「現場」のために教師が社会調査を学ぶ〈小西尚之〉

　教育社会学では，教育と社会の関連を捉えるための社会学的方法論を用いて研究知見を産出してきました。これらの研究手法は，特別に専門的な部分を除けば，そのまま教師が現場や子ども，保護者，地域社会を理解するために活用可能なものが多いですが，教員養成においては教えられてきていません。そこで本章では，現場理解のツールとしての社会学的方法論のいくつかを紹介し，現場での活用例を提示することで，教師自らが現場理解の幅を広げることができるようになることを目指しています。

コラム3：学校における「会話」を分析してみる〈布川由利〉

　授業や集会，教師と生徒の面談，生徒同士の何気ない雑談，職員会議等々，学校のなかで日々行われているさまざまな活動は，言葉や身振り手振りのやり取りである「会話」無くして成立しないものです。そうした活動の中で，授業の進行や生徒への指導について困難を抱えているのであれば，そこで行われている「会話」がどのように成り立っているかを分析することは，困難の解決にとって重要な手掛かりになるはずです。このコラムでは，第15章で触れた質的研究の具体例の1つとして，時として困難を伴う教師と生徒の会話をいかに分析するかを，社会学における「会話分析」の手法を用いた分析事例をふまえて

解説します。

各章の構成

各章の構成は通常の大学教科書とは異なります。最大の特徴は3節「現場のための Q&A」です。

1：各章のテーマに関する具体的なケース

2：学術知見の概要

3：現場のための Q&A（2節で解説した知見を現場で活用できるように嚙み砕いた質疑応答）

4：演習課題（授業や自習で理解を深めるための課題）

　■1■　ツイート課題：数行で回答できる問い。ツイッターなどの SNS発信や授業・研修などにおける口頭の議論用

　■2■　レポート課題（大学の授業や研修の課題用）

5：理解を深めるために

　■1■　文献紹介（各章に関する追加学習用の文献と紹介文）

　■2■　メディアの紹介（該当章の理解を助ける映画作品などの概略）

現場で使える学術知見

本書がデータと研究知見で描く教育の実態は，とても過酷なものに思えるかもしれません。子どもたちとともに日々楽しく成長するつもりだったのに，こんなに大変な仕事なら進路から教職を外そうと考える学生が出てきても不思議ではありません。実際のところ，教職は非常に大変な仕事ですし，学校以外のセーフティーネットが脆弱な日本社会において，教員に託されている責務があまりに重たいのは現実以上でも以下でもありません。ただ，こうした過酷な実態と向き合わずに教職がいかに意義のある素晴らしい仕事であるか説いたところで，教員の勤務実態が変わったり，社会や行政からの教員に対する期待値が下がったりするわけではありません。

私たちにできるのは，現実から目を反らさず，学校現場における実践や教育の専門職としての見識を広く社会に訴えかけることを通して，実際に教育の現状を改善することです。その際，教育格差をはじめとする「社会」の視点は強力な足場となるはずです。ひとりひとりは微力かもしれません。しかし，多く

の人が本書を読み通し，学校教育や教職という仕事を俯瞰することができれば，現実を変えるための力になるはずです。少なくとも私たちはそう信じています。

2021年7月5日

執筆者を代表して　　中村高康・松岡亮二

文献

酒井朗・多賀太・中村高康編，2012，『よくわかる教育社会学』ミネルヴァ書房。

松岡亮二，2019，『教育格差——階層・地域・学歴（ちくま新書）』筑摩書房。

謝　辞

　専門研究者やオンライン編集会議参加者から寄せられた数多くの有益なコメントがなければ，本書は現在の形になることはありませんでした。本書の内容についてのすべての責任は編者および執筆者にありますが，ご協力いただいた方々のお名前を以下に列記し，あらためて謝意を表したいと思います。本当にありがとうございました。

専門研究者（順不同，敬称略。複数の章・コラムの担当も含む）
越智康詞，河野誠哉，額賀美紗子，久保田善彦，古田和久，五十嵐素子，紅林伸幸，荒牧草平，高原史朗，佐藤香，作田誠一郎，児玉英靖，酒井朗，小澤浩明，川口俊明，多喜弘文，中村瑛仁，中村亮介，長谷川裕，坪田光平，土田陽子，土肥いつき，藤森宏明，徳永智子，梅山佐和，冨江英俊，保田直美，妹尾渉，末冨芳，木村育恵，油布佐和子，鈴木翔，團康晃，濱中淳子，齊藤知範

オンライン編集会議参加者（氏名掲載の許可が明らかな方々のみ。順不同，敬称略。複数回・皆勤含む）
青木智恵子，青木雄飛，青木緑香，赤池紀子，阿部咲月，阿部哲也，荒井菜月，荒巻恵子，有海拓巳，有元みゆき，アンダーランド・ジェイク，飯島琴音，飯野彩，飯野友香理，飯野瑠珠，井形桃子，伊倉康太，池田大輝，石川智規，石橋由理奈，伊勢田明弘，市倉充智，市橋真奈美，井戸康智，伊藤卓弥，稲田栞里，井上裕美子，岩田真歩，岩田久瑠実，上田篤，上田友梨香，上西雄太，上野沙希，宇賀義幸，鵜飼力也，氏岡真弓，宇田川未来乃，内橋舞子，梅澤秀監，梅津凜太郎，梅津静子，及川宏江，Wang Fei，大久保花美，大坂優太，岡本啓，小川敦司，小川恵美子，小川貴也，荻原智樹，奥田木の実，小澤麻紀，小田純也，小野瀬勇一，尾花涼，小山田建太，貝藤鴻，霍雨欣，勝山恵一，加藤友樹，金井宏倫，金村佳範，金子友香，鎌田達磨，亀井美玖，川瀬翔子，川原大尚，岸田幸雄，北島健都，鬼頭優太，儀間朝尚，金叡京，清田顕子，工藤大，工藤ジュン，倉田陽奈，栗原和樹，来間れいな，小池亮輔，髙野太郎，河野友里，神山優哉，小嶋寛朗，小関瑠奈，児玉七星，小西凌，小林晃悦，小林瑞歩，小森康平，小山創，七種真衣，酒本涼，阪本篤史，佐久川姫奈，笹島康仁，佐藤琢磨，佐藤由以子，鮫島慶太，澤田稔，澤谷秀之，識名由佳，重森理瑛，品川七海，柴田空真，島田一輝，嶋津貴子，清水祐輔，正出七瀬，城間碩也，末冨芳，杉崎彰，杉山明咲，鈴鹿翔大，関佳奈，関建汰，瀬崎颯斗，高木香奈，髙木滉太，高野宏紀，高橋祥子，滝口理奈，竹内悟，武田緑，立松功至，田中綾子，田中祐太朗，田中凜，玉木希実，玉麻伸一，玉田晴香，田村京介，田村航，田村恵美，鶴宮慶，寺田千智，時枝裕子，戸政まりな，豊嶋駿介，鳥山和希，中尾駿斗，中川與治，中田龍弥，長野いつき，長元利博，中山諒一郎，夏越勇二，西田

亜希子，西森優，新田凌大，二宮由布子，野原幸穂，芳賀夏南子，杷野真弓，早川将貴，早﨑綾，林慈子，原田明日香，柊澤利也，比嘉良太，久井裕美，平野真奈，深沢未来，福田竜也，船越克真，古谷龍二，細川隆弘，本間剛，前田圭介，前元功太郎，松岡佳奈，松木崇晃，丸本千草，三浦宗一郎，三河日向子，光安佳樹，三本仁美，三宅真緒，宮崎一樹，武藤優輝，村山輝周，室谷洋樹，茂木尚子，本村麗，森あづさ，森川浩，森本景子，守谷奈津美，山上晋太郎，山口ゆり乃，山田くるみ，山田直道，山田結太，山名優衣，吉田賢一，吉村奈津，劉丹，領家正晃，脇薗祐一

現場で使える教育社会学
—教職のための「教育格差」入門—

【目次】

第Ⅰ部　教育関係者のための教育社会学概論

第Ⅱ部　学校現場で使える教育社会学

第Ⅰ部
教育関係者のための教育社会学概論

第 1 章

教育は社会の中で行われている

中村高康

1 教職志望の動機 ── 「子ども好き」は志望理由になるか

　大学の教職課程で教えていると，教員志望の学生たちの志望理由を聞く機会
がある。そのなかでも特に義務教育段階の教職志望者に多かったのが「子ども
が好き」という理由である。筆者が教員養成大学で教えていた時にとった教職
志望理由のアンケートで類似回答が多かった内容を一部紹介しよう。

- 子どもといっしょに学習し，そして遊びたいから。そしてなによりも子
  どもが大好きだから。
- 子どもが好きで，学校が好きで，先生も好きだったし，先生は自分の支
  えになってくれたので，自分も子どもたちを支えたいと思ったから。
- 子どもが好きで，いっしょに学んだり遊んだりするという仕事はとても
  魅力的だから。

さて，次に下記の一節を読んでみてほしい。

　　自分にいろいろまずい点があったとしても，とにかく子どもが好きなん
　だから，その好きで一生懸命やることに悪いことはないという自信のよう
　なものが，私を含めてみなさんの心にもあると思います。それが反省しな
　くてはならないことだと思います。(大村 1973：76)

この発言は，著名な教育実践家・大村はまが，ある教員研修の講演の中で，し

ばしば教職志望動機にもなる「子ども好き」という教師の特性を過信しないよう，たしなめるメッセージである（大村 1973）。教師が子ども好きで良かれと思ってやっている教育実践にも，本人には気づかない落とし穴が潜んでいることを示唆している。

　では，落とし穴に落ちないために何を知るべきなのか。本章では，「子どもが好き」ばかりの教職志望動機にほとんど出てこない社会的な視点の重要性を確認する。「教育は社会の中で行われている」という，あたりまえに見えるかもしれないが基本的な視点から見通すことで，教育制度や教師の役割が違って見えてくるはずである。

2　教育と社会の関係を考えてみることの重要性

1　教育社会学を学ぶということ

　教員を目指す人たちが「子ども好き」で，教育による「良い方向」への子どもの変化を達成するための手段や方法を考える時に，自分とは違う立場や視点を理解できていれば，現実を立体的に捉えることができる。例えば，自分が経験した学校時代の子どもを想像して指導案を書くのと，それとはまったく違う子どもを思い浮かべて指導案を構想するのでは，かなり違う内容になるはずである。このように，私たちは他者理解の1つのやり方として「社会」という視点を活用できる。つまり，教育社会学を学ぶことは，教育の議論や実践に「社会」という，教育現場とは少し距離のある視点を意図的にあえて持ち込むことであり，さらにいえば，自分とはまったく異なる生活をしている人々への「想像力」を養うことなのである。

　社会は個人で成り立っている一方で，単なる個人の寄せ集めでもない。例えば，法律は個々の議員の多数決で決められるという意味では個人の意思の足し算のようにもみえる。だが，いったん成立した法律は個人の意思とは関わりなく適用され，立法時には予想もしなかった拘束力を持つようになることもある。このように，集団によって成り立つ制度，規範，格差などの社会現象は，個人の考えからは一定の独立性を持っている[(1)]。だから，社会を理解することは，個人の考えや行動を超えた現実を理解することにつながる。それが現実の立体的

---

(1)　こうした現象を集合表象という。フランスの教育社会学者エミール・デュルケム（Durkheim,

理解をもたらすというわけである。なお，この本で「格差」を統一テーマとしているのは，単に格差解消や平等化を望んでいるからだけではない。個々人にとっては理解しにくい社会集団間の差異を理解し，異質な他者への想像力を教師は持っていなければならない，と考えているからである[2]。

　公立学校の教員になれば，人事異動によってさまざまな学校を経験する。その過程で社会階層間の格差や地域間・学校間の格差について経験的に学び，その人なりの立体的な視点，異質な他者への想像力を獲得していくだろう。しかしその一方で，ベテランの教員であっても，万遍なく多くの学校を経験するわけではない[3]。私立学校や他県を含む日本社会全体を見渡した時に自分の勤務する学校が社会的格差の顕著な学校であるかどうかを明確に意識できるとは限らない。まして，若手の教員やこれから教員になることを目指す教職課程の学生であれば，そうした経験や情報が不足した状態で現場に立つことになる。その場合例えば，学校に積極的に関わろうとしない児童生徒をつい批判的に見てしまうかもしれない。しかし，そうした子どもの態度の背後には，えてして貧困や厳しい家庭事情，特殊な地域環境などがあったりするのだ（第9章・第14章など）。

2　社会化──個人は教育によって社会の構成員になる

　教育は真空の中で行われているのではなく，社会の中で行われている。そのことをさらに深く理解するために，「社会化」という視点を取り入れてみよう。

　社会学で使われる「社会化」という用語にはさまざまな意味があるが[4]，教育社会学で最もよく使われる意味での社会化とは，個人が所属する社会集団の価値や規範などを習得し，その集団の一員となっていく過程である。簡単にいってしまえば，個人がその社会で一人前の構成員として必要なあれこれを習得し

Emile 1858-1917）はこれを「社会的事実」と呼び，社会学の基本的な分析対象として考えた（Durkheim 1895＝2018）。

(2)　第7章で紹介されている「他者の合理性」という考え方とも重なる。

(3)　教員を対象とするアンケート調査（川上・妹尾 2011）によれば，事例となったX県とY県において，勤務年数30年以上の教員が属してきた学校数は平均でそれぞれ9.00校と9.78校だと報告されている。

(4)　弘文堂『現代社会学辞典』によれば，「社会化には大きく分けて3つの用法がある。1つは形式社会学において，社会関係が発生するプロセスをさす場合だ。2つ目は，パーソナリティ研究や心理学において，個人が自分の所属する社会のメンバーとしてふさわしい態度を身につけていく学習過程のことである。さらに，経済学では民営化の対義語として私企業に対する国家統制の強化という意味で用いられることもある」（大澤・吉見・鷲田編 2012：565）と指摘されている。

ていく過程のことだ。社会化の作用がなかったならば，ある社会の特性そのものが次の世代へ受け継がれなくなる可能性がある。その意味で，社会化とは，その社会の存続にかかわる必要条件のようなものだ。そして，この社会化こそ教育の主要な役割であると主張した社会学者がいたことも付け加えておこう。

　教育と社会との関係を考える手がかりとするには，社会化はうってつけの考え方である。なぜなら，個人の成長・発達を強調する通常の教育論とは，少し異なる「社会」の視角を私たちに与えてくれるからである。

　冒頭の教職課程の学生たちのコメントに見られたように，「子ども好きの教師たちから子どもたちに提供される好ましい変化」を常識的な教育の役割とするのであれば，それに対して「社会化」は，良くも悪くも人間を取り巻く社会環境への適応的側面を強調する。この二つの見方は一致するとはかぎらない。なぜなら，個人として立派に成長していくということと，社会の構成員としてその社会に同化していくことは，必ずしも一致するわけではないからだ。通常の教育論は，教育が意図通りにうまくいったとしてもそれが社会にとって負の作用を持つかもしれない面を見落とすことがある。

　例えば，英語を使ってすべての科目を教えるイマージョン教育は国際共通語としての英語の技能習得という点では肯定的に評価されることが多いだろう。しかし，日本という単位で社会を考えた場合には，伝統文化の維持や日本語の習得という意味では，イマージョン教育は肯定的な作用ばかりではないかもしれない。地域「社会」の人材育成という点で見たら，もっと違うところに資源と労力を投入すべきだとする議論もありうるだろう。イマージョン教育を「英語能力の発達」に役立つものとしてだけ認識してしまうと，負の側面も含んだ教育の多元的な意味が想像しにくくなってしまう。社会化という言葉を使うことで，教育が個人をなかば強引に特定の水準の社会に同化しようと強いるような面を持つことを意識しやすくなるのである。

　もちろん，教育は社会に縛られる面ばかりではなく社会を変容させる可能性

---

(5)　フランスの社会学者デュルケムのこと。フランス的実証精神を受け継ぎながら，社会を「物のように」みることを社会学の中心的方法原理として主張し，社会学の確立に貢献。『社会分業論』『自殺論』『宗教生活の原初形態』など数々の古典的業績がある。後半生は教育の問題にも関心を強め，『教育と社会学』『道徳教育論』『フランス教育思想史』などを残し，教育社会学の創設者ともいわれる。
(6)　「浸すこと」を意味する。

も併せ持っている。しかし，私たちが教育現場で目の前の現実と格闘する時，しばしばこの「社会」の縛りを忘れがちであったり，あるいは忘れてはいなくてもそれを明確に自覚したりする余裕がなかったりするということは，ここで強調しておきたい。それは，私たち自身が「社会」の構成員であることも関係している。教師も含めて大人世代は，自分たちが生きている社会の仕組みや規範にどっぷり浸かってあたりまえになってしまっている（すでに十分に社会化されている！）がゆえに，かえってその社会の特徴や歪みに気づきにくいのである。

3　時代による「社会」の違い

　こうした考え方をさらに時間軸で広げてみると，同じ社会のなかにあっても，時代が違えばまた別の社会の原理が作動することは簡単に想像できるだろう。ある時代には最善と思われていた教育方針が，時間が経つと色あせてしまうということはよくあるが，それも時代における社会の作用と無関係ではない。教育内容や教育方法（第2章）には，このような時代による社会の影響の違いがしばしば見られる。ここでは，少し大きな時代区分による教育のあり方の違いを考えてみよう。

　いま現在の社会のことを現代社会と呼ぶことがあるが，社会学ではもう少し大きな時代の転機を経たいまの社会のことを，しばしば「近代社会」という。この場合の近代とは，英語で言えばモダン（modern）であり，身分制のような封建的制度から解き放たれた個人の自由と平等を基本原理とする民主主義社会，あるいは農業を中心とした社会から工業中心の社会への移行を前提に成り立つ産業社会，または財や土地の私的所有を基本として経済が回っていく資本主義社会，さらには明確な国境のなかで共通するアイデンティティ（同一性）を持つ「国民」から成り立つ国民国家といった特徴を持つ社会像と重ね合わせて議論される。日本の場合でいえば，明治維新以降現在に至るまでの社会がだいたいこうした「近代社会」像に近い。いずれにせよ，こうした意味での近代社会への転換，すなわち近代化は，長い人類の歴史にとっても大きな変化だった。だから，社会学では，前近代社会と近代社会は決定的に異なるものとしてしばしば扱われてきたのである。[7]

---

(7)　さらに近代以降の社会をポストモダン，ハイ・モダニティ，第二の近代等々に細分化していまの社会を表現することも当然ある。

　もし前近代社会と近代社会が決定的に異なるのだとしたら，人間の教育に関する実践や考え方も大きく異なっていることだろう。実際に，そのような例をいくつか見てみよう。

　フランスの歴史家フィリップ・アリエスは，『〈子供〉の誕生』という本を著したことで有名である。なぜ有名になったのかといえば，アリエスは〈子供〉という観念そのものが，前近代と近代以降では決定的に異なるということを，さまざまな図像資料などを駆使して明らかにしたからである。彼によれば，前近代において子どもは〈小さな大人〉と見なされていたが，近代になると特別な存在としての〈子供〉に変化していったというのである。

　もしこの説が妥当だとすれば，私たちが今日において子どもたちに向けるまなざし——例えば，「子どもは守らなければならない弱い存在だ」とか「子どもには大人とは異なる豊かな感受性や想像力がやどっている」といったような見方——も，もしかしたら近代特有の子ども観なのかもしれない。私たちが教育を考える上で大前提にしている「子ども」のイメージが，実はいまという歴史的時点において特有の考え方なのかもしれないのだとすれば，それを前提にした教育観や教育方法を絶対視することには慎重になる必要がある。なぜなら，時代が変わればその前提そのものが揺らぐ可能性があるからである。

　このアリエスの説に対しては，ヨーロッパでは以前からかなり批判もあるといわれているが，少なくとも，時代によって大きく異なる子ども像があるかもしれないことを私たちに強く思い起こさせてくれるという点で，古典としての価値がある。

4　近代社会と学校・教室

　同じように，「学校」というものも，前近代と近代では決定的に社会の中での意味が異なっているといわれる。たしかに，近代化以前のヨーロッパにも大学はあったし，修道士学校などもあった。また，日本に限っても，寺子屋や藩校は江戸時代には存在した。しかし，今日のように，すべての子どもたちがいかなければならない場所としての「学校」制度は，基本的には近代以降の産物なのである。

　このことを端的に示す歴史的事象がある。明治初期における学校打ち壊し事

---

(8)　下司ほか編（2019）収録の対談における岩下誠の解説を参照（102-105頁）。

表1-1　明治初期学校破壊関連事件の全国的布置状況

発生年月日	場　所	暴動規模（参加人数）	小学校被害等
明治6年3月1日	宮崎県宮崎郡太田村	200人以上	瓦をはぎ取られる
3月4日	敦賀（現福井）県大野今立坂井三郡	10,000人	──
5月26日	北条（現岡山）県美作国	数万人	15校焼失，3校破毀　教師宅一軒焼失
6月16日	福岡県嘉麻穂波二郡	当初数千人	2校焼失，27校大破
6月19日	鳥取県会見郡	12,000人	教師宅一軒破毀
6月27日	名東（現香川）県鵜足等七郡	事件後20,000人処分	48校焼失
7月23日	京都府何鹿郡	2,000人以上	──
明治9年11月27日	茨城県真壁郡飯塚村等	500人以上	──
12月19日	三重愛知岐阜堺（現大阪府）四県	三重県のみで50,000人以上処分	三重県のみで79校焼毀

出所：森（1993）

件の多発である。当時の厳しい財政事情にもかかわらず新たに設置され，近代的知識を広く伝授してくれるありがたい存在であるはずの学校が，次々と襲撃され，破壊されたのである。

　当時の学校打ち壊し事件は表1-1（森 1993）のような状況であった。その頻度や規模は決して小さいものではなかったということがわかるだろう。では，いったいなぜ人々は学校を打ち壊すという過激な行動に出たのだろうか。

　まず考えられるのは，貴重な労働力でもあった当時の「子ども」を学校に囲い込まれることへの不満だろう。そもそも「子どもは勉強をすることで一人前になっていく」という感覚が前近代社会にあったかどうかが疑わしい。さらに，突如現われた近代的な建築物への違和感もあったかもしれない。いずれにしても，「学校に行く」ということがあたりまえではなかった社会に学校ができるということは，当時の日本全体にとっては画期的なことであり必要とされたことだったかもしれないが，農業を基盤とする当時の地域社会においては異物の混入に近いものがあったのではないだろうか。ここには，学校の制度や建物をつくるということが，教育上の理屈だけではその適否を判断できず，周辺地域に及ぼす影響も加味しながら進めていかなければいけない事案であることが示されている。また，学校の存在の意味自体も，社会環境の変化によって変わる可能性が示唆されている。

　もう1つ，教育が特定の時代特性を示す事例を挙げておこう。

　現在ある学校が近代の産物であるとするならば，現在ある教室空間もまた近

図1-1　寺子屋の様子
出所：市川・石山編（2006：30）

図1-2　ギャラリー方式
出所：Hamilton（1989=1998：112）

代的な構築物だと考えられる。例えば日本の寺子屋における生徒たちの座り方は，必ずしも現代の教室のようにみんなが同じ方向を向いて教師がその前に立つという方式ではなかった（江森 1990）（図1-1）。ところが，みんなが学校に通うということが徐々にあたりまえになっていくのに従って，同時に，一斉に，効率的に知識や技能を伝達する必要に迫られる。その結果ヨーロッパで編み出されたのが，ギャラリー方式という教室の空間配置なのである（柳 2005）（図1-2）。

　この「発明」により，教室には「前」が存在することになった。教師は「前」に立ちすべての生徒に向けて同時に語りかけることが可能になる。生徒たちも全員「前」を向くので教師がよく見えて学びやすくなる，というわけである。このように，近代の学校は大量の生徒を受け入れ，かつ効率的に新しい知識や技能を伝達できる空間構造を前提として成り立つようになったのである。

　しかし，よく考えてみると，私たちの生活空間のなかで「前」が定義できる居室や空間は果たしてどれだけあるのだろうか。いま「この部屋の『前』はどこですか？」と聞かれたら，何と答えるだろうか。

　ここに，近代の学校における教室空間の社会的・時代的特殊性を見ることができる。このことは，逆にいえば，近代の学校的な空間構造が教育を考える上

での絶対的前提である必要はない，ということである。なぜなら，こうした構造は近代という時代による歴史的刻印を受けたものだからであり，古今東西同じスタイルでなければ教育が成り立たなかったわけではないことも示しているからである。実際，現在では多くの学校で，ギャラリー方式を崩した形での教育実践もかなりみられるようになっている。こうした試みは，近代的教育様式への1つの挑戦として捉えることが可能かもしれない。[9]

5　教育の社会的機能と選抜

　ここまでは，教育が社会によって，また時代によって規定されているという側面を見てきた。このように教育が特定の社会や時代状況と密接に関連を持っているとするならば，次に気になるのはなぜそうなのかということである。その際，まずは教育が社会に対してどのような役割を担っているのかを考えるのが，わかりやすい。こうした社会に対する教育の役割のことを，教育社会学では教育の社会的機能という。[10]

　教育の社会的機能では，本章で説明してきた社会化機能のほかに，選抜機能も重要である。

　社会化が社会の構成員を同化していく過程だとすると，選抜はその構成員の中から誰が社会的に恵まれた地位につくことを認めるべきかを決める分化の過程である。なぜ分化の過程が社会的に要請されるかというと，社会はまったく同じ役割を持った地位の集合体でできているわけではないからだ。つまり，大きな権力を伴う地位とそうではない地位，豊かな収入をもたらす地位と少ない収入しか得られない地位，人々から高い評価を得やすい地位と社会的評価があまり伴わない地位など，多様な地位によって社会は構成されているからである。

　前近代の社会であれば，そうした地位の格差があっても，恵まれた地位につける人が誰なのかをあまり考える必要はなかった。なぜなら，それはあらかじめ血縁や家柄といった伝統的規範によって決められていたからである。図1-3は親世代の地位のピラミッド構造と子世代の地位のピラミッド構造の対応関係を示している。前近代社会では，将軍の子は将軍に，旗本の子は旗本に，農民の子は農民にという具合に，子どもにはそのまま親と同じ地位が与えられ

---

(9)　例えば，佐藤学の「学びの共同体」実践でのコの字配置など（佐藤 2012）。

(10)　このように社会的機能の観点からさまざまな社会現象を次々に読み解いていく考え方を「機能主義」という。日本では1970年代ぐらいまで社会学で支配的な考え方だった。

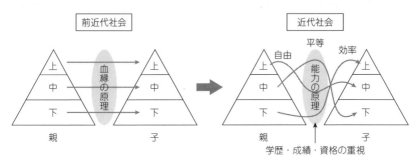

図1-3　近代化と能力の原理の台頭

出所：中村（2011：5）

ることがしばしばあった。これを血縁の原理という。

　一方，自由・平等・効率を標榜する近代社会では，そうした前近代的な世襲的地位継承は，自由に選べないという点で不自由であり，機会が開かれていないという点で不平等であり，適材適所にはなりにくい点でひどく非効率だとみなされるようになった。そこで恵まれた地位につきたい人々の中から適切な人をできるだけ合理的に選抜するということが社会的に求められるようになったのである。図1-3の「近代社会」ではさまざまな社会階層出身の人々が自由に階層移動を行っている様子を示している。ここで問題なのは，移動の基準である。みんなが納得できる基準でなければ社会秩序が乱れてしまう。そこで近代化を経た多くの社会では，そうした事情から能力の原理を採用してきた（図1-3右側）。能力のある人がしかるべき地位につくことは，多くの人々が受け入れやすい基準だったからだ。

　ところが，能力を測るということは，実のところ容易ではない。そこで，多くの社会では，暫定的にその基準として学歴や学業成績を使ってきた。教育を受けた履歴が長いことや教育機関での成績がよいことが，さまざまな地位につくのにふさわしい能力を示すと，暗黙に仮定してきたのである。だから，近代社会とは能力主義社会を標榜する社会ではあるが，同時に現実には学歴社会であり資格社会であり学力社会とならざるをえなかったのである。そして，教育は好むと好まざるとにかかわらず社会の選抜機能を担わされることになった。ここに至って，教育は社会にとって巨大な人材の選抜・配分装置のような様相を帯びることになったのである。[11]

　社会の選抜機能を担わされることによって，教育にはさまざまな歪みが生じていることもおそらく事実だろう。しかし，この選抜機能のロジックを知っていれば，教育から選抜機能を無理やり排除したり入試制度を小手先でいじったりしても，別のところでややこしい選抜過程が代わりに生み出されることになるのは容易に予測できる。問題の解決には，社会全体の選抜機能をどうするかという，教育の領域を超えた議論さえ必要になってくる。これも「社会」を意識することではじめて議論できる現象の1つである。

6　さまざまな格差

　選抜機能を教育に委ねるために学歴や成績が使われることを指摘したが，それを説明するにあたって「暫定的に」という言葉を使った。その理由は，学歴や成績が本当の実力や能力とぴったり対応しているわけではないということを示したかったからである。実際のところ私たちの社会で見られる選抜の結果は，もし完璧な能力主義的選抜が実現しているのであれば決して生じないような格差をもたらしているように見えるのである。

　具体的に言おう。もし私たちが教育の中での選抜を個人単位の厳密な能力査定のみによって行っているのであれば，さまざまな社会的特性——例えば，性別・民族・出身地域・社会階層など——ごとの機会の格差はまったくないか，あったとしても非常に小さなものになるはずだ。しかし実際には，さまざまな社会集団間で，学業成績や進学機会に大きな差異が観察されるのである（第3章など）。

　教育を受ける機会は，理念上は誰にでも開かれていることになっている。そして実際に大学教育を受けることのできる人の割合は，戦後70年を経て大幅に拡大してきた。全体の進学機会が増えているという状況のなかで，教育機会の平等化が進んでいるような印象を持つ人も多いかもしれない。実際，大学が全

---

(11)　最近では近代的な能力基準そのものも常に問い直され続ける不安定な状況になったとする見方もある（中村 2011, 2018）。

(12)　もちろん，社会集団間で能力の分布そのものが違っている場合（例えば〇〇人は頭がいいなど），能力主義的選抜はそのまま集団間の格差に帰結する。しかし，この前提をとるのは差別につながることに自覚的である必要がある。なぜなら，能力の分布が社会集団間で明確に違いがあるかどうかは，能力の測定困難性を考えるとほぼ確定できないことだからである。本書では，能力分布の社会集団間での偏りという不確定な予見を前提とする議論に向かう前に，能力以外の社会的要因によって生み出される格差のリアリティを重視している。

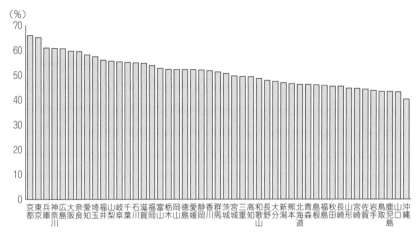

図1-4　都道府県別高等学校卒業者の大学等進学率

出所：令和元年度学校基本調査

　国にたくさん増えたのは，社会で多くの高度な知識を持つ人材需要が高まったからだ，と考えるのはその一例である。つまり，社会の必要性に対して，教育がそれに応える形で動いたり存在したりしていると考えるわけである。

　しかしながら，こうした見方は非常にわかりやすく魅力的ではあるものの，どこか単純な印象を与えてしまうのも確かである。なぜなら，さきほどから指摘しているように，「社会」というものにはさまざまな水準のものが同時に存在しており，全体社会において機能的であることが部分社会においてはそうではないということも容易に起こりうるからである。

　こうした部分社会にはさまざまなものが想定できるが，地域・年齢・性別・家族・民族・社会階層などはそうした部分社会を構成する大きな単位となっている。例えば，日本全体において大学進学率は長期的に見ると大いに上昇してきた。それ自体は，教育機会の拡大という点に関してのみではあるが，全体社会としては望ましい事態といえるかもしれない。しかし，周知のように，その進学率には都道府県別にみると非常に大きな格差が存在している（図1-4）。さらに，都道府県間格差は拡大してきたともしばしば指摘されており，もしそうであるならば，機会に恵まれない県にとっては，教育機会拡大は違った意味を持っているのかもしれない。

　一方で，恵まれた立場におかれた人々の集団があると仮定すると，恵まれた立場の人たちにとって教育は他の社会集団に対して自分たちを優位に位置付け

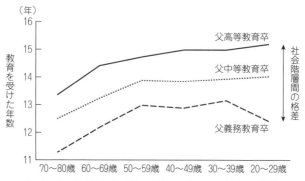

図1-5　父学歴別に見た子ども世代の学歴水準の推移

出所：2015年社会階層と社会移動全国調査データより筆者作成。

る手段になることもある。例えば，教育が普及してみんなが学校に行けるように
なると，恵まれた社会集団は自分たちの子どもをみんなよりも一段階上の学
校に進学させようとすることはしばしば起こる。高校進学率が上がってくると，
恵まれた階層の人々は大学進学を目指す。大学進学率が上がると，有名な大
学・学部を目指したり，あるいは大学院を目指したりする動きが生じるのであ
る。この場合，「教育の拡大は社会の必要性に対して応える形で実現した」と
いうようなキレイな話だけでは片づけられない，社会集団間の少々イヤらしい
小競り合いのようなメカニズム（仕組み）が含まれることになる。教育の拡大
が起こっても必ずしも平等化が進むわけではない，という現象は世界中でしば
しば指摘されてきているが，その理由としてこのような社会集団間のコンフリ
クト（葛藤）があるとみるのは，1つの有力な説明図式である。[13]

　実際，日本の場合の近年の全国調査データを分析してみると，恵まれた社会
層とそうでない層の間の格差は，進学率の上昇傾向にもかかわらずあまり変わ
っていない。図1-5は，父親学歴別に調査対象者本人の学歴（教育を受けた年
数）の平均値の推移を描いたものである。[14]左側が高齢層，右側が若年層になる
ので，左から右にグラフを追っていくと，どの層でもグラフはおおむね右上が
りであり，高学歴化が進んだことがわかる。しかし同時に，社会階層間の格差

---

[13]　こうした集団間の小競り合いのようなメカニズムに社会現象の説明原理を求める考え方を，社会
学では「葛藤理論」と呼んでいる。

[14]　このグラフは JSPS 科研費特別推進研究事業（課題番号25000001）に伴う成果の一つであり，本
データ使用にあたっては2015年 SSM 調査データ管理委員会の許可を得た。

（3つのグラフの間のタテの間隔）自体は，教育拡大があったにもかかわらずほとんど縮まっていない。最も若い世代（20代）では，誤差の可能性もあるが，格差が拡がっているようにさえ見える。全体の進学率が上昇したからといって，それで格差が解消する方向に推移したと判断することはできないのである（第3章も参照）。

　このようなデータを見てもなお，「大学進学率の上昇は社会の技術革新による人材需要の高度化を反映している」とか「世の中はますます能力主義的になってきている」などの説明に簡単に納得しているようでは，教育の実態と向き合っていることにはならないだろう。むしろ，それらの言い回しは，様々な教育格差を見えにくくさせるための正当化の論理（イデオロギー）を提供しているだけかもしれないのだ。

　このように見れば，教育現象を社会という視点（とりわけ恵まれた層とそうでない層に区分けする社会階層という視点）から見ていくことが，教育の世界で起こっていることを理解するのに，かなり貢献するということがわかるだろう。本書全体を通じて「教育格差」が重要な視点となっている理由はこうしたところにある。私たちは，社会的視点から教育を見ること，とりわけ社会集団間の格差を意識しながら教育を見ることで，自分自身の個別体験や社会で広まっている通説を相対化し，複眼的に教育を理解することができるのである。

3　現場のための Q&A

・この章の知識は，学校現場でどのように役立てることができるのでしょうか。

　章題の「教育は社会の中で行われている」に対して，何をそんなあたりまえのことを…と思われたかもしれませんが，このことをさまざまな場面で意識して教育を論じていくということは意外に難しいのではないでしょうか。

　なぜなら，私たちは皆，自分自身が実際に教育を受けてきましたし，また大人世代であれば自分自身の子どもに深く教育的にかかわってきた経験を持っている人が多いため，その体験を基に誰もが教育について意見をいえるだけの情報を持っているからです。学校教師でさえ，豊富な実践経験を有するという違いはありますが，やはり自分の体験から教育を考えがちであることに変わりはありません。

　しかし，私たち自身が直接体験できる教育というものは，そこまで多様では

ありえません。小学校は日本全国で約2万校，中学校は約1万校，高校は約5000校，大学は約800校あります。学校教育だけをとってもこれだけ数が多いわけです。ましてや，各家庭の教育や各地域の子ども会や児童館の在り方，外国から来た子どもたちの教育なども含めれば，それこそもう無数といってもよい「教育体験」の種類がありうるのです。

　私たちがいくら教育の勉強を重ねたところで，それらすべての教育を知ることは難しいでしょう。しかし，多様な視点から教育の在り方を理解しておくことは，目の前の教育実践・教育政策・ひとりひとりの教育に対する考え方を豊かにすることに役立つはずです。そうした視点の複数性・立体性を確保する1つの有力な観点が「社会」なのです。「社会」は個人の体験には還元できない存在です。本書の各章を通して，誰でも言えてしまう体験的教育論とは一味違う教育の見方をぜひ活用してもらえればと思います。

・「社会化」という視点は，いまある社会の仕組みや考え方を受け入れることが前提になってしまっているのではないでしょうか。教育にはもっと社会を発展させる力があるはずです。

　「社会化」という考え方には，既存の社会システムの存続を前提としている面が確かにあります。ただ，本章で「社会化」という視点を強調したのは，既存のシステムの存続を望むからではありません。むしろ逆で，いまある教育の仕組みや考え方は，時代が違えば，あるいは社会が違えば，まったく異なるものになりうる，ということを考えたかったからです。

　いま学校で行われている教育のうち，社会や時代が変わればなくなってしまうこともたくさんあるのではないでしょうか。例えば，諸外国では部活動はあまり学校内で行われているわけではないとしばしば指摘されています（第13章）。しかし，日本では学校内で行われており，そこには規律や集団主義的規範，努力主義といった教育的な意味が付与されています。あたりまえに思える教育活動であっても，地域社会や国際社会のように違う「社会」の水準から考えることで，在り方を再考することが可能になるはずです。諸外国や歴史の事例には，そうした私たちの教育に関する固定観念を改めさせてくれることがあるのです。もちろん，単に外国や過去の事例を持ってくるだけではうまくいかないことも多いでしょう。現在の教育のやり方が，いまある社会で機能しているという面（つまり社会化の一翼を担っている面）を理解しつつ，でもそれが絶対ではないと

いう観点を確保するためにも「社会化」という観点は役立つのではないか，そのように考えてみてはいかがでしょうか。

・学校に通うことや「前」のある教室空間は，確かに近代特有なのかもしれませんが，いま私たちの住んでいる社会でもそれはあたりまえとなってしまっているので，あらためてそのことを考える意義がよくわかりません。

　学校に通うことがあたりまえである社会では，学校に通わないことの選択肢が過剰に狭められている可能性があります。学校の教員や保護者の中には，不登校の子どもは学校に戻すのが当然だと考える人もいるでしょう。しかし，どこまでそうした前提をとるのかということは実はかなり難しい問題です。不登校の問題を議論する際に，フリースクールなどの多様な代替的システムが議論されますが，学校復帰を目指す代替的システムもあれば，そうでない代替的システムもあるでしょう（第14章）。そしてこれらは一概にどの形態が優れているとはいいにくいものです。「学校があたりまえではない社会」が歴史的にも社会的にもありうるという議論を知っていることで，さまざまな選択肢を柔軟に現実の俎上に載せることが可能になるはずです。

　教室の構造が近代社会特有の性格を持つと理解しておくことで，将来的にそれとは異なる教室構造を前提とした新しい教育の選択肢も視野に入ってくるでしょう。黒板の配置が「前」だけではない教室，そもそも黒板ではない電子黒板やホワイトボードが入った教室，また教室が存在しないネット通信制高校やインターネットで公開された大学講義などはすでに現実に存在しています。さらに，これらの新しい試みが，従来の教室の持つ強みをさらにすすめるものなのか，逆に失わせるものなのか，という観点からの検討も可能になるでしょう。

　このように，いまの私たちの選択肢を制約しているもの（その多くには社会が関わっています）を理解することは，教育実践上の新しい選択肢を考えるきっかけを提供しうるのです。

・社会集団によって教育の意味が大きく異なる事例があれば教えて下さい。

　公立小中学校の学校選択制はさまざまな議論の末，一部自治体で導入されています（第4章）。学校間の競争が教育の質の向上につながるとの考え方もあるようですが，こうした議論は全国的に適用可能な理屈なのかどうかよく検討してみる必要があります。離島を含む非都市部には歩いて通える学校が1つしか

ない地域もたくさんあるわけですが，そうした事情がどれだけ議論の俎上にあがっているのでしょうか。都市部と非都市部・農村部の間での地域差は，教育を考える上で常に念頭におかなければならない問題ではないかと思います。

　また，親の社会階層によって教育への熱心さが異なるということはよく知られています（第3章・第7章など）。学校や教師には，家庭的背景への理解が実践上の助けになると予測されます（コラム1，第8章，第9章など）。その一方で，プライバシーや多忙化の問題もあって，家庭訪問はかつてほどやらなくなったともいわれています。児童・生徒の家庭的背景を理解しようとする実践を評価する上で，社会階層と教育機会・成果の関連の強さを知っているかどうかは，学校運営の意思決定を含む教育実践にも大きく影響するでしょう。

　ところで，学校の教員がどのような社会階層に分類されるのかといえば，社会学的には恵まれた層に分類されます。例えば，職業の威信を調べる調査のスコアでは専門職のグループとして高く位置付けられているのです（第6章）。ですから，学校の先生にとっては，自分自身よりもずっと恵まれない層の子どもたちを教えなければならない状況が頻繁にあるはずです。また逆に自分の体験では想像できないほど別世界の裕福な家庭の生活様式・価値観をそのまま学校に持ち込む子どもたちもいることでしょう。そのような時に，そうした多様な層の子どもたちを理解するための手掛かりを持っていることは有益なはずです。

4　演習課題

1　ツイート課題
①友達から聞いた，自分には意外だと思えた学校体験はありますか。
②実際に受けた社会化の例を挙げましょう。
③転校したり進学したりした時にどんな違和感を持ったか書き出してください。

2　レポート課題
①自分自身の学校体験を1つ取り上げ，グローバル社会・日本社会・地域社会という3つ社会の視点からそれぞれどう見えるか，書いてみてください。
②前近代社会の教育と近代以降の教育の違いは何でしょうか。具体的に論じてください。
③最も関心のある教育現象を1つ取り上げ，その現象について少なくとも1つ

以上の国について調べ，日本の教育と比較してみてください。

5　理解を深めるために

1　文献紹介

①苅谷剛彦，2005，『学校って何だろう――教育の社会学入門』ちくま文庫。

　オックスフォード大学で教鞭をとる教育社会学者が，日本の中学生を想定読者として，学校の問題を考えさせようとする教育社会学入門。大人が読んでも参考になる視点がたくさん詰まっている。本章で紹介した「教室空間」の話は，この本でも詳しく解説されている。

②酒井朗・多賀太・中村高康編，2012，『よくわかる教育社会学』ミネルヴァ書房。

　教育社会学の基本的な用語を見開き2ページで解説している。初学者が手元に置いておくと便利な教科書。本書での学習で理解を深めたいことが出てきたとき，参照するとよいだろう。

③日本教育社会学会監修，本田由紀・中村高康責任編集，2017，『教育社会学のフロンティア1　学問としての展開と課題』岩波書店。

④日本教育社会学会監修，稲垣恭子・内田良責任編集，2018，『教育社会学のフロンティア2　変容する社会と学校のゆくえ』岩波書店。

　日本教育社会学会が70周年を記念して刊行した論文集。1はさまざまな角度から教育社会学を反省的に検討する諸章からなり，2はサブテーマごとの研究動向を考察した論稿が収められている。

2　メディアの紹介

①吉野源三郎，2011，『君たちはどう生きるか』ポプラ社。

　原作初版は1937年。その後，岩波文庫をはじめ何度か再刊行されている古典的な名作。2017年にはマンガとして刊行され，200万部の大ベストセラーとなったことを憶えている人も多いだろう（羽賀翔一画，マガジンハウスより刊行）。15歳の少年「コペル君」が学校や友人とのさまざまな経験を経て考えたことの意味が，「おじさん」との手紙やノートのやりとりの中で解説される。「コペル君」が発見した「人間分子の関係，あみ目の法則」は，人々が生産関係やネットワークによって緊密に結びついていることを示す社会学入

門だし，家の事情で学校に来られなくなった浦川君の生活の描写は，現代にもつながる貧困や格差の問題を感じ取るヒントにもなる。一方で，その筆致や描写からは現代との時代の違いを感じることもできる。小説というスタイルだが，本章で強調した「社会」という視点をふんだんに含んだ教育論として読むことができる。

文献

Durkheim, Emile, 1895, *Les règles de la méthode sociologique*, F. Alcan.（菊谷和宏訳，2018，『社会学的方法の規準』講談社学術文庫。）

江森一郎，1990，『「勉強」時代の幕あけ——子どもと教師の近世史』平凡社。

下司晶・丸山英樹・青木栄一・濱中淳子・仁平典弘・石井英真・岩下誠編，2019，『教育学年報11　教育研究の新章』世織書房。

Hamilton, David, 1989, *Towards A Theory of Schooling*, The Falmer Press.（安川哲夫訳，1998，『学校教育の理論に向けて——クラス・カリキュラム・一斉教授の思想と歴史』世織書房。）

市川寛明・石山秀和編，2006，『図説　江戸の学び』河出書房新社。

川上泰彦・妹尾渉，2011，「教員の異動・研修が能力開発に及ぼす直接的・間接的経路についての考察— Off-JT・OJT と教員ネットワーク形成の視点から」『佐賀大学文化教育学部研究論文集』vol.16, No.1, 1 -20頁。

森重雄，1993，『モダンのアンスタンス——教育のアルケオロジー』ハーベスト社。

中村高康，2011，『大衆化とメリトクラシー——教育選抜をめぐる試験と推薦のパラドクス』東京大学出版会。

中村高康，2018，『暴走する能力主義——教育と現代社会の病理』ちくま新書。

大村はま，1973，『教えるということ』共文社。

大澤真幸・吉見俊哉・鷲田清一編，2012，『現代社会学事典』弘文堂。

佐藤学，2012，『学校を改革する——学びの共同体の構想と実践』岩波ブックレット。

柳治男，2005，『学級の歴史学——自明視された空間を疑う』講談社選書メチエ。

教育内容・方法は社会と深く関わっている

中村高康

1 総合学習は死んだか？

次の雑誌記事の一節を，まずは読んでほしい。

> 　授業のテーマは「昔のくらし」。児童一人ひとりが洗濯板など昔使用されていた道具について自らテーマを決め，自分自身で調べ，発表する。どの子の「研究成果」も，図書館の本の引き写しとは全く違う本格的なもの。……教室に所狭しと置かれた「自由研究」の成果も，教師たちを圧倒した。中には奇妙な鏡があった。左右が逆に映らない「正映鏡」と呼ばれる鏡だ。 3 年生のA君が自分で原理を調べ，母親に協力してもらって組み立てた。父親は技術者。A君も理科が大好きで，家でも母親と科学の話をよくする。
> 　「テレビを見るより，自分でものを作ることの方が楽しい」と話す。総合学習の導入が目指しているのは，A君のような子どもを増やすことなのだろう。（『AERA』2002年 3 月11日号より）

　こうした授業の様子に，教員を目指す多くの人たちはあこがれているかもしれない。しかし，この記事のタイトルは「総合学習は死んだか」であり，むしろ総合学習に批判的な記事だったのである（図2-1）。この記事には，授業を見学していた教師の次のようなインタビュー・コメントも掲載されている。

> 　「ここの子どもたちのレベルはあまりに高い。うちの学校の子どもたちは，総合学習以前に基礎的な読み書きさえままならないんです。多くの学

図2-1　総合学習は死んだか
出所：『AERA』2002年3月11日号

校ではむしろそれが普通ではないか」

　この記事は，昔から総合学習先進校として知られた某有名小学校での授業研究集会の模様のレポートだったのである。

　では，なぜこの記事は，これほどまでに総合学習に批判的だったのだろうか。それを考えるために，2つヒントを出しておこう。

　まずこの記事は2002年，つまり現在も教育課程にある「総合的な学習の時間」が導入された初期の頃の記事だということだ。2002年からずいぶんと時間もたち，「総合的な学習の時間」の中味も，持つ意味も変わっているだろう。おそらくいまの「総合的な学習の時間」とは実態も時代的な文脈も異なる点があるはずである。

　もう1つは，記事の中にあった「父親は技術者」「家でも母親と科学の話をよくする」のくだりにかかわりがある。「なるほど，家族とも協力しながら自由研究がんばったんだね！」という感想のほかに，家庭環境の影響を何か感じとれただろうか。

　本章では，「教えること」の中心にある教育内容・教育方法に時代的な変化の中でどのように社会が関わっているのか，また社会集団間の格差が教育内容・教育方法とどのように関わっているのかを考えてみたい。

2 　教育内容・教育方法と社会

■1■　教育内容はどのようにして決まるのか

　冒頭で紹介した「総合的な学習の時間」は教育内容も教育方法も統一的に規定されたものではなく，形式上は各学校の裁量に任されている。その意味では通常の「教科」とは異なるものであるが，各学校に裁量があるからこそ，現場ではいっそう自覚的に教育内容と教育方法の両者を絡めて考えざるを得ない面

もあるだろう。「教えること」を考える際には，このように教育内容と教育方法を明確に分けて論じることは厳密には難しい。しかし，ここでは話をわかりやすくするために，便宜的に2つを分けて考えてみよう。

　まず，教育内容について考えてみよう。教育内容はどのように決まっているのかと聞かれたら，あなたは何と答えるだろうか。素朴にみれば，それぞれの教科の教育内容は，その教科の知識の体系に従って必要な内容をその教科の専門家が議論して決定している，と考えられる。数学なら数学者や数学教育の専門家，社会なら社会科学研究者や社会科教育の学者や実践家，といった具合にである。だから，カリキュラムを作った人を完全に信頼するのであれば，私たちは必要なものを必要なだけ合理的に学んでいるということになる。

　しかし，当然ながら現実は違う。各学校段階でそれぞれの教科を教える時間は限られているので，おのずから内容の取捨選択をしなければならない。こういった現実的制約の中では特に，「どの内容を教え，どの内容を外すのか」ということをめぐって，知識体系とはかなり異なる事情が強く作用することも頻繁にあるのだ。

　このように，学校で教えられる知識には良かれ悪しかれ序列がある。これは「知識の階層化」と呼ばれている（Young 1998=2002）。私たちは，教える知識をある程度恣意的に選び，序列を付け，優先順位が高いと判断した知識だけを教えている。いいかえれば，現在の日本という社会で優先的に教えられる知識や技能が，別の時代の社会や他の社会においても同じように優先順位の高い知識や技能である保証はない，ということだ。だから，「学校で教えられる教育内容には偏りがある」という自覚が，教える側には必要になる。

　小学校で2020年度（中学校は2021年度，高校は2022年度）からスタートした新しい学習指導要領の内容を調べてみてほしい。[(1)] 小学校での外国語教育，プログラミング教育の導入など教育内容の大幅な組み換えが行われているが，専門家や研究者による多くの反対意見も，インターネットで検索すればすぐ見つけることができるだろう。だから，実際に採用された学習指導要領の内容が学問的・専門的な見地から異論のないものだと思い込むのは適切とはいえない。

　例えば外国語について見てみると，小学校では3年生から「外国語活動」が，

---

(1)　最新の学習指導要領については文部科学省ホームページにて誰でも簡単にみることができるので，ぜひ参照してほしい。https://www.mext.go.jp/a_menu/shotou/new-cs/1384661.htm

5年生から新教科として「外国語」が始まっている。小学校から英語を教科として教えることについては英語の専門家による批判にもかかわらず（大津ほか2013，鳥飼 2018など），導入が決められた。そこには，英文学・英語学や英語教育学の学術的知見を超えた論理，例えばグローバル人材育成などの論理が強く作用した可能性が高い。何らかの社会的事情によって，知識の階層内部での優先順位が引き上げられたのである。教育内容は，第1章でも述べたように，社会化のため，すなわち既存の社会システムを存続させていくために決められた側面もあれば，特定の利害を持つ集団の思想や政治的要求が反映しているとみることが可能な場合など，さまざまな社会的事情が反映されているのだ。このように，どのような教育内容を「正統」なものとして教えるのかということは，すぐれて「社会」的な問題なのである。

２　教育方法はどのようにして決まるのか

　他方，教育方法については，教師にかなりの程度裁量があるように思うかもしれない。しかし，これについてもさまざまな社会的規制が存在する。冒頭の「総合的な学習の時間」も，一見自由な授業スタイルが許容されるように思われるのだが，実は文部科学省の『小学校学習指導要領解説（総合的な学習の時間編）』（特に7章）を読むと，かなり事細かく指導法が例示されている[2]。そこには，「主体的・対話的で深い学び」や「資質・能力」「見方・考え方」といった新しい学習指導要領を特徴付ける教育思想が織り込まれ，その思想から導かれる体験の重視，一方的教授への戒めが透けてみえる。つまり，教育方法についてもかなりの方向付けが与えられているのである。

　これは他の教科でも同様であり，近年でもインパクトのあった制度的規制の1つは，中学校における「英語で英語を教える」という決定である。高等学校においては前回の学習指導要領改訂（2009年）ですでに導入されていたが，今回の改訂ではそれが中学校の学習指導要領においても規定されることになった。どの程度実現可能なのかはわからないが，この事例は，教育方法もまた「社会」の影響を非常に大きく受けているということを示すものといえる。

　なお，教育方法は政策だけによって規制されるわけではない。社会の持って

---

[2]　文部科学省ホームページ参照。https://www.mext.go.jp/component/a_menu/education/micro_detail/__icsFiles/afieldfile/2019/03/18/1387017_013_1.pdf

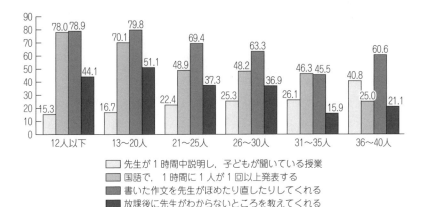

図2-2　学級規模と指導方法（「よくある」「ときどきある」の%）

出所：山崎編（2014：132）表9-1より作成。

いる文化や環境条件によってもさまざまな規制を受ける。文化的差異について
は後で紹介するので，ここでは最もわかりやすい環境条件の違いである学級規
模についてだけ触れておこう。

　学級規模は社会によって異なる教育環境であり，教育実践に関連があると指[3]
摘されることが多い。そのようなことを知らなくても，少し考えれば人数の少
ないクラスと多いクラスでは教え方が変わってくるだろうことは簡単に想像で
きる。山崎ら（2014）の小学生に対する調査の集計結果によれば，先生が説明
をする一斉授業形式，書いた作文をほめたり直したりする，国語で一人が一回
以上発表する，放課後に教えてくれる，などの指導方法はクラスの規模に影響
を受けている様子が読み取れる（山崎編 2014）（図2-2）。

　このように，教育方法もまた，どのような社会環境の中で実践されるかによ
って変わってくる。[4]

---

(3)　2018年における OECD 諸国の平均的な 1 クラスあたりの生徒数は，小学校レベルで21人，中学
　校レベルで23人であるのに対して，日本は27人と32人であり，最も学級規模が大きい国の 1 つであ
　る（OECD, 2020）。こうした傾向を受けて，日本でも小学校については2021年度より段階的に学級
　規模を縮小する政策がとられることになった。なお，学級規模によって教育効果がどの程度異なる
　のかということについてはさまざまな研究がある（第 4 章）。
(4)　情報化社会の進展の中で，あるいは新型コロナウイルス感染症拡大という世界的な環境激変の中
　で，教育の ICT 化も進むだろう。その環境の中で行われる教育方法もまた，大きく変化していく
　可能性がある。また，目の前にいる生徒集団の理解度や出身社会階層などによっても，教育方法は
　規制を受けるであろう。

3　教育内容・教育方法の変遷と社会

　本節でこれまで述べてきた「社会」の問題を，時間軸と空間軸にわけて考え
てみよう。時間軸とは教育の内容や方法の時代的な変化を考えるということで
あり，これにより私たちがいま行わなければならないとされている教育の歴史
的意味を知った上で教育を実践することができる。空間軸とは他の社会との比
較で教育の内容や方法を位置付けるということであり，これにより私たちがい
ま行わなければならないとされている教育の地域的特質を知った上で教育を実
践することができる。ここではまず時間軸について日本のケースで考えてみた
い。

　教育内容といえば，日本では先ほど例に挙げた学習指導要領のことを考える
人が多い。学習指導要領はおおむね10年に一度，定期的に改訂が行われており，
日本の学校教育で教えられるべき教育内容を統一的に規定しているものだ。改
訂のたびに時代に合わせてバージョンアップがなされている…と考えたいとこ
ろだが，実はそうとも言い切れないのがもどかしいところだ。というのも，日
本の教育内容は，これまで振り子運動のように行ったり来たりを繰り返してき
たといわれているからだ（志水 2005など）[5]。

　戦後すぐの時期にはアメリカの占領政策の影響から，アメリカの哲学者・教
育学者であるジョン・デューイの影響を受けた経験主義教育が導入された。経
験主義教育とは，書物から知識を観念的に学ぶのではなく，学習者が具体物と
関わりながら経験的に対象の概念やイメージなどを構築し，同時に対象に関わ
る能力や態度を身に付けるようにする教育だといわれる（日本生活科教育学会編
1995）。経験主義教育にしたがって，子どもたちの生活を中心に各教科の内容
を組む「生活単元学習」（個別の学問ではなく子どもの生活に関わることを単元とし
て構成する）や「問題解決学習」（問題を解決する過程で生きた思考をし，生きた知
識を習得させる）が大いにもてはやされたという。勘のいい人ならもうわかっ
たかと思うが，経験主義教育はずっと後の時代に導入される生活科や総合的な
学習の時間，さらに最近の「主体的・対話的で深い学び」とも親和的なものだ。

　しかし，日本経済が復興し始め高度経済成長が始まる1950年代あたりから，
こうした教育に批判が向けられるようになった。例えば，生活単元学習の単元

---

(5)　以下の学習指導要領の変遷の歴史については，ほかに文部科学省資料（https://www.mext.go.jp
　　/a_menu/shotou/new-cs/idea/__icsFiles/afieldfile/2011/03/30/1304372_001.pdf）や，水原（2010），
　　小針（2018）などを参照。

例として「稲作の研究」という授業内容があったが，これがどの教科書に掲載されていたかというと，何と中学の数学の教科書であった[6]。こうした例に見られるように，経験主義教育は教科本来の客観的・体系的知識の習得を困難にしてしまうのではないかという疑念が出されるようになった。そこにはおそらく，経済成長に連動して知識・技術の高度化や人材需要への対応が教育にも求められる時代となったことも関連があるだろう。そうした中で重視されるようになった教育理念が，系統学習である。系統学習とは，各教科の科学的系統性を重視し，児童生徒に主として演繹論理的な順序で教材を提示していく学習指導法である。この系統学習の思想に沿う形で作成されたのが1958年の学習指導要領である。

　その後しばらくは系統学習が支配的な時期が続いたが，1960年代後半に入ると高校進学率が上昇し，受験競争も激しくなってくるなどさまざまな教育問題が顕在化してきた。そうした社会的背景の中で，単に知識を系統的に教えるだけでよいのかという疑問が出されるようになった。この疑問を受けて1967年の教育課程審議会では，具体性に欠け，教師の説明が中心となりやすい系統学習の問題点が指摘された。以後，社会科と理科の内容を中心に新教科設置についての検討や合科的な指導の推進などがすでに1970年代には行われていた。そして，80年代半ばに政府によって組織された臨時教育審議会において，理科・社会を中心として児童の活動・体験を通じた総合的な指導が目指され，これが1989年の生活科新設に直接つながっていくことになった。臨時教育審議会は学歴社会の是正や個性重視の原則など現在の教育改革の基点になっているが，同時に1960年代以降の受験競争激化や系統学習への反省といった社会状況への反応とも見ることができるだろう。実際，1977年の学習指導要領では「ゆとり」を目指した改訂が行われたのである。

　これらの歴史的経緯は，戦後の経験主義に見られたような児童の体験を重視し総合的で合科的な指導を是とする教育観と，近代科学的な知識・技術の系統だった指導を是とする教育観との間の振り子運動のように見える（図2-3）。戦後すぐは経験主義的教育観に大きく振れた振り子は，高度経済成長の時期には系統学習的教育観のほうに振り戻された。しかし，成長の限界が露呈した時代には再び経験主義的な教育観へと回帰する。1998年の学習指導要領改訂で大

(6)　青木一ほか編，1988，『現代教育学事典』（労働旬報社）の「生活単元学習」の項を参照。

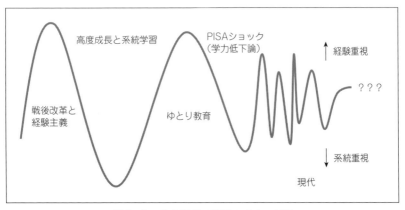

図 2 - 3　教育課程の変遷のイメージ図

出所：筆者作成

きな注目を浴びた「学習内容・時間の削減（ゆとり教育）」や「総合的な学習の時間」は，その意味では経験主義教育的な発想のリバイバルにも見える。しかし一方で，ゆとり教育の導入以降は学力低下が社会問題化し，「確かな学力」を強調せざるを得ない状況も生じた。2017年の学習指導要領改訂において強調された「主体的・対話的で深い学び」が「学力の 3 要素（資質・能力の三つの柱）」とともに強調されていることは，この振り子の両側に配慮した教育課程のようにも見える。その意味では，教育課程の変遷は単なる振り子には還元できない要素を含んでいる。

　特に現代においてはこの波のサイクルが早くなっているが，背景には，変化の激しい現代社会の性格もかかわっている。現代社会においては情報や技術の変転が激しく，将来的に必要な教育・必要な能力を確定することの難しさがある。同時に，社会全体の高学歴化と情報化が進展したことによって，これまで神秘化されていた教育知識の権威は容易にはがされやすくなり，そのため私たちは自らの教育や能力に自信を失い，かつてよりいっそう激しく教育や能力の中身を繰り返し問い直してしまう傾向がある。このような，ある種の「現代病」が，教育課程の変化の波のスピードを上げているようにも見えるのである（図 2 - 3 ）。

---

(7)　能力に関するこうした私たちの思考の特質を筆者は「メリトクラシーの再帰性」と呼んでいる（中村 2018）。

いずれにせよ，ここで理解しておきたいのは，それぞれの時代における教育内容・教育方法の変遷には，その時代特有の社会状況が刻まれており，教科内容や教育方法の中の論理だけによって動いてきたのではない，ということである。「社会」もまたその変遷の大きな動因なのだ。

教壇に立つにあたっては，自分が教える教育の内容や教育の方法が，時代の趨勢や風潮，歴史に大いに影響を受けたものであることに自覚的である必要がある。そうした自覚こそ，冷静な現状理解のもとで「いまのようではなくてもよかった可能性」を現実的に構想する足場となり，次の新たな教育実践を可能にするはずである。

4 教育内容・教育方法の国際比較

次に，空間軸で教育内容・教育方法と「社会」の問題を考えてみよう。

あなたは，高校生が「哲学」という科目を習い，受験科目で必修にもなっている国があることをご存じだろうか。それはフランスである。フランスの中等教育修了試験であり，なおかつ大学入学資格試験ともなっているバカロレア試験では，哲学が必修科目となっている。バカロレア試験で最初に臨む科目が哲学であり，4時間にも及ぶ記述式中心の試験が課される（坂本 2018）。問題も例えば，「認識するためには観察するだけで十分だろうか」など，日本の高校生ではとても答えるのに難儀するであろう問題がならんでいるという。そもそも中等教育の最終学年では文科系の場合は哲学の授業が週8時間も割り当てられていることからもわかるように，フランスの知識の階層上での哲学の位置はきわめて高い。哲学は特定のエリート層だけではなく，幅広くフランスの高校生に課されている科目なのである。

では，なぜフランスではここまで哲学を重視しているのだろうか。その理由は，「それまで生徒が習得してきた知識を統合しながら，考える力を鍛え，最終的には自律的かつ批判的に考え，行動できる市民となる準備を整えること」だとされる（坂本 2018：34）。こうしたフランスの「哲学重視」のカリキュラムは，日本のそれとはかなり好対照である。ここでもやはり，日本の文脈で考えているだけでは「哲学を週に8時間も高校生に教える」など不可能にしか思えないが，それが実際に行われている社会を参照することで，「いまのようではなくてもよかった可能性」を認識でき，新たな実践につないでいくことができるかもしれない。

　具体的な教育の仕方という点でも，社会による違いを検討した例として，ア
メリカと日本の家庭や学校での教育の方法の違いを，フィールドワークなどの
質的なデータを用いて研究したものがある（恒吉 1992）。アメリカと日本はし
ばしば，個人主義対集団主義といった枠組みで比較されがちである。そして，
個性を重視するアメリカに対して，没個性的な日本と説明されることが多い。
ここで話が終わるのであれば，誰でも思いつくよくある話である。しかし，恒
吉が試みたのは，この「個人主義対集団主義」という常識の解体であった。こ
こで実際に注目されているのは，個人主義対集団主義ではなく，集団同調の
「型」の違いなのである。

　日本人は外で子どもを叱るときに，「周りの人に迷惑でしょ！」と子どもの
感情や罪悪感に訴えて叱りがちである。一方でアメリカはというと，自分が大
人であるという権威をよりどころにして「とにかくいけません！」と叱るとい
う。これは，子どもを集団のあるべき規範に従わせる型の違いであって，日本
が集団主義でアメリカが個人主義という枠組みだけでは十分説明できない。な
ぜなら，権威に従わせるアメリカ流の叱り方は，アメリカ＝個人主義＝自由な
個性という常識とは逆のようにも見えるからだ。日本のように子どもの内面に
訴えかけて集団同調を達成しようとする型を内在型，アメリカのように教師の
権威によって集団同調を達成しようとする型を外在型と呼ぶことができる（恒
吉 1992）。2つの型はそれぞれの社会の大人や教師が文化的に内面化している
規範としてだけではなく，学校のなかにシステムとして組み込まれていたりす
る。例えば，日本の小学校はアメリカに比べて「反省会」をよく実施すること
で自省を促すともいわれる。[8]これは制度的構造にも内在型集団同調が反映され
ているということである。

　このように，アメリカの教育との社会学的比較によって私たちは，「日本は
没個性的な教育だから私の授業はそうならないようにしよう」と考えることに
対して「ちょっと待てよ…」と考え直すきっかけを与えられる。さらにいえば，
「集団同調自体が悪いわけではない。集団に同調させるにはさまざまな方法が
外国でも試みられているのだから，いままでと違う型を取り入れてみようか」
といったアイデアが得られる可能性もある。[9]

---

(8)　これは，正規のカリキュラムには書かれていないけれども，暗黙の内にある種の態度や意識を醸
　　成していくという意味で，隠れたカリキュラムとも呼ばれる（第5章も参照）。

　比較の視点は，「社会」の観点から教育内容・教育方法をみることを可能にする。もちろん，諸外国のモデルを過剰にもてはやし，性急に移植しようとすることは論外である。しかし，丁寧な比較考察で得られた社会学的研究成果は，多くの実践的・政策的ヒントをもたらす可能性がある。

5　教育内容・教育方法と格差

　ここまでは日本をはじめとする「社会」を，ほぼ国家と同一視する形で議論してきた。だが「社会」の単位は，地域，性別，社会階層などによっていろいろなカテゴリーごとに成り立っているともいえる（第1章・第3章・第4章）。だから，「社会化」という言葉に示されるように，国家の中で全員が同化作用を受けると考えることも可能だが，社会集団ごとに分断的に異なる教育を受けるということもあり得る。

　前者の例でいえば，教育を国家を支えるイデオロギー（観念の体系）を注入するための装置としてイメージすることもできるだろう。ある言語を「国語」として必修科目にすることは，その言語を社会の柱とする国家の様態を再生産することにつながっているとみることも可能だからだ。ただ，ここで取り上げたいのは後者，つまり社会集団ごとに異なる教育を受けるケースである。

　その例としては，恵まれた社会階層の子どもたちにはリーダーシップを，そうでない子どもたちには将来従順な労働力となるべく協調性や規範順守を求めるような教育を行うことによって，次の世代にも格差が再び生み出される（社会階級の再生産）とする古典的な研究がある。あるいは，学校という場で教えられる知識や推奨される行動・意識ないし特定の教え方は支配的な階級の文化

---

(9)　もちろん，アメリカあるいは日本といってもその内実は多様であり，ここで議論されている日米比較は1つのモデルを探る手続きとして行われていると考えた方がよい。アメリカは州によって義務教育年限が異なるなど，1つの社会として扱うにはあまりに多様な社会だからである。国際比較にはそうした注意も必要であろう。

(10)　ほかに，日米教科書を扱った岡本（2001），多文化教育の日米教育実践のフィールドワークを行った額賀（2003）などの優れた教育社会学的研究があるので，ぜひ参照してほしい。

(11)　アルチュセールはこれを「国家のイデオロギー装置」と呼んでいる（Althusser 1995＝2005）。ただし，この議論は単純に国家がある種の規範や行動を個人に一方的に押し付けてくる外在的な存在であるというよりは，個々の主体のなかに国家が不可分に入り込むという側面も描いているという点で，古典的社会化論とは少し趣が異なる。

(12)　これを対応原理という（Bowles and Gintis 1977＝2008）。なお，カリキュラムに関わって社会的不平等の再生産を指摘している論者にはアップルがいる（Apple 1979＝1986）。

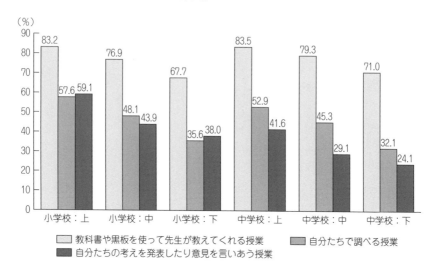

図2-4　文化的階層別・「受けたい授業」とした児童生徒の比率

出所：苅谷・志水編（2004：132）の表1より作成。

を強く反映しており，そうでない知識や文化・行動パターンしか持たない人た
ちにとっては，いくら形式的に同じ教育機会が与えられたとしてもどうしても
不利になってしまう，という研究もある。

　例えば，イギリスの社会言語学者であり教育社会学者でもあるバーンスティ
ンは，人々が日常使う言葉に注目した（Bernstein 1973=1980）。彼は，特定の文
脈に依存した言葉の使い方のパターンを「制限コード」，より広い文脈に対応
した，一定の抽象的表現も可能な言語の使用パターンを「精密コード」として
区別した。そして，労働者階級の子どもたちが制限コードを使いがちであるこ
とに着目し，学校での教育活動においてフォーマルに用いられる精密コードへ
の対応力が階級間で異なっていることから，労働者階級のみが学校で不利にな
る可能性があることを示唆した。[13]

　日本でも同様に，ある教育内容や教育方法が特定の層に有利になるという議
論はある。例えば，昨今推奨されている，自由度の高いそして児童・生徒の主
体的学習態度が重視される学力観やアクティブ・ラーニングは，子どもの出身
階層間の格差を生み出しやすいと指摘されている。図2-4は，文化的階層

---

(13)　人々が家庭環境から受け継ぐハビトゥス（知覚や慣習行動，趣味などの性向）が学校という場に
　　適合的であるかどうかで子どもたちの学校での適応状況が左右され，社会階級の再生産が行われる，
　　とするブルデューらの議論もこれに重なる（Bourdieu et Passeron 1970=1991）。

（≒社会階層）別に子どもたちが「受けたい授業」としてどのような授業がよいと考えているのかを示している。これを見ると，恵まれた社会階層出身の子どもほど，「調べ学習」や「発表・意見交換」に積極的に関わりたいと考えていることがわかる。社会階層が「下」のグループでは，意外にも伝統的教授スタイルの授業の肯定率が高く，アクティブ・ラーニング型の授業との差が「上」「中」の層の児童生徒よりも大きいように見える。「下」の生徒は従来型授業も含めて全般として消極的であるが，重要なのは，いま推奨されているアクティブ・ラーニング型授業を従来型授業よりもずっと苦手としている生徒が多い，という実態である。「格差」の視点は，教育実践場面でも，常に考慮しなければならない重要な要素なのである。

　教育実践に引き付けていうならば，特に総合学習型の授業においては，図2-4の「下」の児童生徒のように，アクティブになりきれない層が社会階層とも結び付いて存在しているということをどれだけ想像しながら授業を計画できるのかということが，その授業の成否を左右するかもしれない。家族の支援や家でのパソコンによる調べ学習などに頼る授業を計画すれば，即座にこの問題に直面するのではないだろうか。このことはとりわけ，2020年以降の新型コロナウイルス感染症拡大によってまさにそうした教育方法に頼らざるを得ない状況を経験した私たちにとって重要な論点である。

　またもう1つ，格差について見落とせないのは，形式的に公平な教育をするだけでは格差は縮まらないかもしれないということである。なぜなら，格差は入学前にすでにあるからで，公平な教育は格差を安定的に維持する行為にしかならない可能性さえある（第3章・第4章）。そのような問題意識にたって教育をしようとするならば，格差を縮めるのに成功した学校の実践方法や文化から学ぶことが大事になってくるだろう。[14] 実際にそうした研究群も，教育社会学にはあるのだ。

6　「社会」との関係から教育実践を見直す

　議論のポイントを以下にまとめよう。

---

[14]　そうした関心から発展してきたのが，「効果のある学校」に関する研究である（鍋島 2003，志水編 2009など）。

・学校で教える内容には，社会的な歪み・偏りがある。

・学校で教える方法にも，さまざまな社会的規制が働いている。

・教育内容・教育方法は，時代によって強く「社会」の影響を受けて変化している。

・教育内容・教育方法は，国際比較することでその特質が明瞭になる。

・教育内容・教育方法は，場合によっては社会階層による格差を拡大・維持・縮小する鍵となっている。

　あらためて冒頭の雑誌記事を見返してほしい。今度は，時代による違い，社会階層による違いがはっきり感じられるのではないだろうか。

　現代においては，「総合的な学習の時間」は導入から20年ほどたち，多くの実践が積み重ねられてきた。導入当初に比べればはるかに現場に馴染んでいるはずであり，そもそも多くの大学生はいまや「総合的な学習の時間」がなかった時代を知らないだろう。しかし，導入当初にさまざまな批判があったと知ることで，教師のコメントにあるような学校差の問題，あるいは本章で取り扱った学級規模の問題などによる社会的制約がいま現在の「総合的な学習の時間」にもあるということを理解できるはずだ。

　本書を読み進めていくと，恵まれた家庭出身の子どもたちが多いクラスと恵まれない家庭出身の子どもが多いクラスでは，おのずと教育の内容や方法は異ならざるを得ないかもしれない，ということにも気づくはずである。A君のような恵まれた家庭の子ばかりではないということは，実践の大前提になる。このことは，約20年前に導入された当時の「総合的な学習の時間」も，現代のアクティブ・ラーニングや「主体的・対話的で深い学び」も同じである。

　このように，教育内容や教育方法を含む「教えること」と社会の関係を知ることは，私たちの教育理解を一段深めてくれるのである。[15]

---

[15]　もちろん，社会学的視点のみで教育内容・教育方法を語ることは十分ではなく，教育方法学や教育課程論，学習心理学といった他の教育学の学習も進めることは，本章のような社会学的視点を生かす上でも非常に重要である。

3　現場のための Q&A

・この章の知識は，学校現場でどのように役立てることができるのでしょうか。

　学習指導要領が改訂されると，その内容のフォローや新たな授業計画・指導案の作成などの対応が必要になるでしょう。もちろん改訂には教育的な「良い」意味が付与されているので，その意図を理解しておくことは重要です。しかし，その改訂には，文部科学省によって公表され語られる「良い」意味以外の意味が隠れているのではないでしょうか。社会学的思考に慣れてくると，そんな疑問がわいてくるはずです。そのような時には，ちょっとインターネットで教育課程改訂の歴史を調べてみたり，過去の教育実践の歴史を検索してみたりすると，意外に役立つことが見つかるかもしれません。なぜなら，改革の論理はしばしば堂々巡りをしていて，昔議論された話が言葉を変えて繰り返されていることも多いからです。冒頭の雑誌記事はいまから20年も前の授業実践についてのものですが，こうした授業は現在でも模範とされる部分があります。それに気づいた時には，指導要領改訂の背景にある社会の力を想像してみましょう。その上で本当に個々の授業で受け止めなければならないことは何なのかを考えてみてはどうでしょうか。現実的には，授業において個々の教育内容をどう伝えるのか，何を素材とするのかという点は，かなりの部分で教師の裁量がきく部分です。学習指導要領を踏まえながらも，現代という時代，日本という社会，必ずしも学校適応的な子どもたち・生徒たちばかりではない現場の状況を組み込んだ，個別のコンテクスト（文脈）に合わせた授業計画を作るにあたって，教育社会学の知見は大いに助けになるはずです。

・やはり知識の詰め込みはよくないと思います。子どもたち・生徒たちが自ら進んで学んでいけるように，体験を重視したり，みんなで議論したりしながら学んでいく授業がもっと増えたほうがよいというのは，時代や社会を超えて通用する考え方ではないでしょうか。

　このように考える人も多いと思いますし，時代や社会を超えて普遍的に通用する考え方や方法があるという思いも大事です。なぜなら，教師の信念に基づいて行われるすばらしい教育実践もたくさんあり，それらを否定することが正しいとは言えないからです。

　この章で伝えたかったことは，そうした普遍的価値を目指した実践においても，時代や社会，赴任先の学校の特性，授業を受ける生徒集団，具体的場面などによって，その普遍的教育の効果は異なると考えるほうが自然だということであり，一般的・普遍的によいと思えるような実践であっても，個別のコンテクストを踏まえることは，実践の効果をより高める上でとても重要だということです。そして，そうした個別のコンテクストの理解こそ，教育社会学が積み上げてきた研究成果なのであり，それを踏まえた教育理解と実践が進むことを，私たちは期待しているのです。

・新しい学習指導要領では，「資質・能力の３つの柱」（「知識及び技能」「思考力，判断力，表現力等」「学びに向かう力，人間性等」）が強く意識されています。３つの学力要素をバランスよく学ぶことを目指しているように見えますが，ここには具体的にどのような社会的背景があるのでしょうか。

　３つの学力（学力の３要素）をバランスよく学ぶ，というのは，１つの常識的な教育イメージを示しているといえるでしょう。ただ，この３つをどのような場面で，いかにして育んでいくのかという点に関しては，かなりコンテクストに依存しています。同じ教育方法でやれば常に同じ効果が得られるというものではないと考えられます。また，現実にはこれらの３つの要素は相互に緊密に結びついていて，個別の内容や方法と一対一で対応付けることは難しい面もあります。しかし，新しい学習指導要領では，「知識及び技能」と「思考力，判断力，表現力等」を内容ごとに区分けするなど，一対一の対応を好んで行っている傾向が見られます。

　これは，高校教育・大学入試・大学教育をつないで改革を行おうとしている「高大接続改革」でも見られます。なかでも大学入試改革の議論では，従来の一般入試≒知識及び技能，記述式問題≒思考力・判断力・表現力等，調査書≒学びに向かう力・人間性等，といった対応付けがなされているように見えます。こうした考え方は，その是非は別として，いろいろある考え方の１つに過ぎないものであり，個別の理念と具体的制度を一対一で対応させる思考は，決して普遍的なものではありません。その意味で，時代や社会に規定されて出てきた思考なのではないか，と疑ってみる視点を持つことは，冷静な教育認識を持つ上で重要となるでしょうし，次の時代の教育を構想する上でも有効だと，私たちは考えています。

4　演習課題

1　ツイート課題
①あなたの好きなタイプの授業方法は？
②なぜこれを習うのかわからないと思った授業内容は？
③学校に必ずしも適応的でない子でも参加しやすい授業方法は？

2　レポート課題
①教育で教えられるべき内容には，社会によって異なる面があります。この点に関して，現代の日本とは異なる具体的な社会（過去の日本や現代の外国など）の例を1つ取り上げ，その違いを述べ，そうした違いが生じる社会的背景を考察してください。
②新しい学習指導要領で推奨されている「主体的・対話的で深い学び」を実践する際に，社会的観点からみて留意すべき点を論じてください。
③社会階層間の格差を助長してしまうような教育方法としてどのようなものが考えられますか。具体的な教育方法を取り上げ，その理由を論じてください。

5　理解を深めるために

1　文献紹介
①小針誠，2018，『アクティブ・ラーニング――学校教育の理想と現実』講談社現代新書。

　新しい学習指導要領のスローガンとなっている「主体的・対話的で深い学び」は，少し前までアクティブ・ラーニングと呼ばれていたものである。現在でも，アクティブ・ラーニングはその勢いを削がれることなく，これからの教育実践を支える考え方と見なされ，ますます広がっているようにみえる。そうしたなかで，「主体的・対話的」な学び方が社会学的観点から見ると理想からずれていってしまうということを，歴史をさかのぼって過去のアクティブ・ラーニング的教育実践を検討することで示した好著。アクティブ・ラーニングを否定する本として読むよりは，アクティブ・ラーニングを行う際に気をつけるべき「社会」の作用を学ぶための書として読むとよいだろう。

②**デイジー・クリストドゥールー，2019，『7つの神話との決別——21世紀の教育に向けたイングランドからの提言』松井佳穂子／ベバリー・ホーン監訳，大井恭子・熊本たま訳，東海大学出版部。**

　教育に関してイギリスで広く行き渡っている7つの考え方を取り上げ，それらには必ずしも明快な根拠があるわけでもないのに信じられていること，まさしく「神話」となっていることを論じた論争的な書。「神話」のいくつかを紹介すると「教師主導の授業により生徒は受け身になる」「転移可能なスキルを教えるべきである」「事実学習は理解を妨げる」等など，どこかで聞いたような話ではないだろうか。日本だけでなくイギリスでも似たような教育内容や教育方法に関する考え方が広がっていること，そしてそれを相対化する議論が出てきていることが，この本からわかる。教育内容・教育方法に関するグローバルな視点へのヒントをえられるかもしれない。

③**渡邉雅子，2004，『納得の構造——日米初等教育に見る思考表現のスタイル』東洋館出版社。**

　「作文」は日本でもアメリカでも学校で教えられている。学習指導要領をはじめとして中央統制的な教育をする日本と，自由な教育のイメージが強いアメリカという先入観で見ると，日本が書き方を教え込み，アメリカは自由に書かせる，となっていそうな気がする。しかし，アメリカと日本の複数の小学校を観察調査したこの研究によれば，そうではない。むしろ逆に，日本では体験をベースに心の変化を比較的自由に書かせるのに対して，アメリカでは型と技術の指導に重点が置かれている。この発見を足掛かりとして，作文教育の歴史，歴史教育，成績表など多角的な視点からそれぞれの社会にある「納得の構造」を描き出している。日本の研究者による教育方法の比較社会学を代表する成果の1つ。

2　メディアの紹介

①映画『いまを生きる』（1990年，ピーター・ウィアー監督）

　規律の厳しいアメリカの全寮制名門校にやってきた新任教師のジョン・キーティング。彼の破天荒な授業スタイルは，徐々に生徒たちに受け入れられていく。キーティング先生の授業や会話から繰り出される数々の名言は，大人が見ても考えさせられる要素を含んでいる。さまざまな角度から楽しむことのできる映画だが，この章の主題に関連させて言えば，厳格な学校の教育方

針と，自由で型にとらわれないキーティング先生の教育方針との対照が，アメリカの，しかも1990年という時代にどのように表現されているのか，という観点からみても面白いかもしれない。一方で，本章を読んだ後でこれを見ると，非常に恵まれた社会階層を対象とする学校の話だということも，すぐに気づくであろう。教育内容・教育方法はこうした社会環境に埋め込まれて存在しているということも感じることができる作品である。

文献

Althusser, Louis, 1995, *Sur la reproduction : idéologie et appareils idéologiques d'État*, PUF.（西川長夫ほか訳，2005，『再生産について――イデオロギーと国家のイデオロギー諸装置』平凡社。）

Apple, Michael, W., 1979, *Ideology and Curriculum*, Routledge & K. Paul.（門倉正美・宮崎充保・植村高久訳，1986，『学校幻想とカリキュラム』日本エディタースクール出版部。）

Bernstein, Basil, 1973, "Social Class, Language and Socialisation," Abramson, A.S., et al. eds., *Current Trends in Linguistics, Vol.12.*, Mounton.（潮木守一・天野郁夫・藤田英典編訳，1980，「社会階級・言語・社会化」『教育と社会変動』（下）東京大学出版会，237-262頁。）

Bourdieu, Pierre et Jean-Claude Passeron, 1970, *La reproduction : éléments pour une théorie du système d'enseignement*, Éditions de Minuit.（宮島喬訳，1991，『再生産――教育・社会・文化』藤原書店。）

Bowles,S. and Gintis,H., 1977, *Schooling In Capitalist America: Educational Reform And The Contradictions Of Economic Life*, Basic Books.（宇沢弘文訳，2008，『アメリカ資本主義と学校教育――教育改革と経済制度の矛盾』（Ⅰ・Ⅱ）岩波書店。）

苅谷剛彦・志水宏吉編，2004，『学力の社会学――調査が示す学力の変化と学習の課題』岩波書店。

小針誠，2018，『アクティブ・ラーニング――学校教育の理想と現実』講談社現代新書。

水原克敏，2010，『学習指導要領は国民形成の設計書――その能力観と人間像の歴史的変遷』東北大学出版会。

鍋島祥郎，2003，『効果のある学校――学力不平等を乗り越える教育』解放出版社。

中村高康，2018，『暴走する能力主義――教育と現代社会の病理』ちくま新書。

日本生活科教育学会編，1995，『大学の生活科テキスト』明治図書出版。

額賀美紗子，2003，「多文化教育における『公正な教育方法（equity pedagogy）』再

　　考——日米教育実践のエスノグラフィー」『教育社会学研究』第73集，65-83頁。

OECD, 2020, *Education at a Glance 2020: OECD INDICATORS*, OECD.

岡本智周，2001，『国民史の変貌——日米歴史教科書とグローバル時代のナショナリ
　　ズム』日本評論社。

大津由起雄・江利川春雄・斎藤兆史・鳥飼玖美子，2013，『英語教育，迫り来る破綻』
　　ひつじ書房。

坂本尚志，2018，『バカロレア幸福論——フランスの高校生に学ぶ哲学的思考のレッ
　　スン』星海社新書。

志水宏吉，2005，『学力を育てる』岩波新書。

志水宏吉編，2009，『「力のある学校」の探求』大阪大学出版会。

鳥飼玖美子，2018，『英語教育の危機』ちくま新書。

恒吉僚子，1992，『人間形成の日米比較——かくれたカリキュラム』中公新書。

山﨑博敏編，2014，『学級規模と指導方法の社会学——実際と教育効果』東信堂。

Young, M.F.D., 1998, *The Curriculum of the Future: From the 'new sociology of edu-
　　cation' to a critical theory of learning*, Falmer Press.（大田直子監訳，2002，『過
　　去のカリキュラム・未来のカリキュラム——学習の批判理論に向けて』東京都立
　　大学出版会。）

第3章

教育は階層社会の現実から切り離せない

松岡亮二

1 「ふつうの教育」は人によって違う

　高校１年生のＸさんが自分の受けた教育について話している。あなた自身の経験と比べて，どこが一致しているのか・乖離しているのか考えながら読んでください。

　　幼稚園の頃，スイミングスクールに通っていました。あれが初めての習い事だったはずです。近所の同じぐらいの年齢の子どもたちもだいたい通っていたと記憶しています。いつ辞めたとか，そのきっかけとかは，思い出せません。

　　小学校に入った後，ピアノと習字をはじめました。スイミングにはもう通っていませんでした。ピアノの練習をしないと母は「あなたがやりたいって言ったのよ」と怒っていたのですが，やりたいと言った記憶はありません。ピアノは母が選んだはずです。習字は確実に強制です。でも家の近くでしたし同級生と一緒だったので遊び感覚でした。

　　小学校も４年生になると駅前にある大手塾に通う友だちが出てきて，私も５年生がはじまる前の春期講習からお試しで無料参加しました。先生は学校の担任より若い，たぶん大学生で，テンション高くて楽しかったです。私立受験コースではない補習クラスにそのまま入塾して，近所の公立中学校に進学した後も同じ塾の中等部にそのまま進みました。塾では学校の定期テストの過去問を教えてくれるし対策講座もありました。学校の宿題と自習だけで内申点をよくするのは難しいですよね。中２の秋ぐらいからは

同級生とかテニス部の仲間の多くは，同じ塾か近くにある他の大手塾に通っていました。

　中3夏の最後の大会で負けて部活を引退してからは，友だちも来るし，家だと集中できなかったので，授業がない日でも自習室があるから塾に行きました。受験校を選ぶ時ですか？　両親が相談に乗ってくれました。父親が自分の経験を踏まえて大学受験まで視野に入れるべきだって珍しく私の教育に強めの意見を言ってきたので，各高校の卒業生がどの大学に合格したのかとか，受験対策をしてくれるのかとか，母親と一緒に調べました。あの時期，だいぶ悩みましたが，親だけではなくて塾の教室長とか学校の先生が親身になって話を聞いてくれました。第二志望の私立校に合格していたので，内申点と模試の結果からすれば落ちてもおかしくはなかったですけど挑戦して，地域トップの公立校に合格しました。努力が報われてよかったと思います。

　どのくらいあなたの経験と一致していただろうか。本章では，このXさんの未就学から高校入学までの経験が，日本社会において「ふつう」であるのかどうかを検討していこう。

2　教育格差の実態とメカニズム

1　「緩やかな身分社会」日本

　江戸時代までの前近代の日本社会は，武家に生まれた子が長じて侍になるように「どの親の下に生まれるか」が社会的地位を決める身分社会だった（第1章）。そのような身分の世代間継承は近代の始まりである明治時代に制度としては廃止されたが，戦後以降も本人が変えることのできない初期条件である「生まれ」によって人生の可能性が大幅に制限されてきたことに変わりはない。生まれ育った家庭（出身家庭）の社会経済的な（経済的，文化的，社会的な）有利さ・不利さを示す社会階層（出身階層）と本人がたどり着く社会階層（到達階層）には関連があり，その強弱は時代によって多少揺らぎがあるものの，関連そのものがなくなったことはない。

　もちろん，前近代社会のように例えば士族といった明確な職業的身分がそのまま受け継がれるわけではない。現代社会には，目には見えにくい，経済的，

文化的，社会的な資源量の多寡が細かい地層のように
折り重なっている社会階層があり，この相対的位置が
高い家庭出身の人は大卒となり，大卒となると社会的
に威信の高い職業を得るという傾向がある。初期条件
である「生まれ」（出身家庭の社会階層＝出身階層）が本
人の学歴達成を介して到達階層を左右するのである。

図3-1　OEDの関連
出所：筆者作成

　このメカニズムを示す三角形（triangle）をOEDトライアングルと呼び，「生
まれ」である出身階層（Origin），本人の学歴（Education），最終学歴後に到達
した社会階層（Destination）の関連を示している（図3-1）。OとEの結びつき
が，「生まれ」によって教育成果に差がある「教育格差」である。一方OEと
ODに関連がなく，E（最終学歴）と到達階層（D）だけが関連しているのであ
れば，機会が平等で，高学歴で示される能力（merit）によって階層的地位が決
まる能力主義社会(1)（meritocracy）といえる（ED）。しかし，これまでの研究に
よると，データが対象とする国や世代によってそれぞれの関連度合いに強弱は
あるが，概ね「教育格差」（OE）があり，本人の学歴達成を介さない世代間の
階層関連であるODもあると確認されている。

　日本のデータを用いた研究は，出身階層（O）と学歴達成（E）が強く関連す
る「教育格差」を繰り返し示してきた。本節では，第1章の図1-5と同様に
2015年に実施された「社会階層と社会移動全国調査」（以下，SSM2015）のデー
タを用いて世代間の大まかな傾向を把握する。

　本章では直感的に理解しやすいように父親が大卒かどうかという単純な分類(2)
によって作図した(3)。男性の結果をみると，2015年時点の年齢層別に70代から20
代まで，父親が大卒か非大卒かで，本人が4年制大学・大学院卒となるかどう
かの結果に大きな差があることがわかる（図3-2）(4)。70代と20代では父親の大

─────────────

(1)　学歴がそのまま能力を意味している限りにおいて成立する議論。

(2)　高学歴者は高収入という傾向があるので，個人の最終学歴と世帯収入は大きく重なる。父親「大
　　卒」には短大相当以上・旧制の高等教育卒を含む（松岡 2019）。なお，親の学歴が「わからない」
　　は非大卒に分類した。

(3)　性別によって学歴達成は大きく異なる（第11章）。

(4)　本章の図表は松岡（2019）からの再掲である。変数の定義などは松岡（2019）を参照。なお，表
　　内の数値はすべて小数点以下を四捨五入しているので，差が一致しない箇所がある。また，議論の
　　大半も松岡（2019）に基づく。各テーマについての文献は松岡（2019）の巻末のリストを参照のこ
　　と。

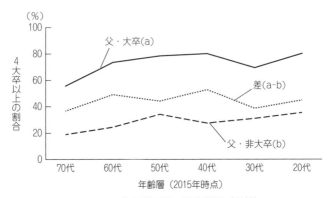

図 3 - 2　父親学歴別の最終学歴〈男性〉

出所：SSM2015

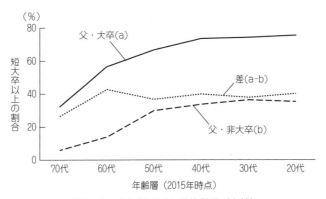

図 3 - 3　父親学歴別の最終学歴〈女性〉

出所：SSM2015

卒割合はだいぶ異なるが，全体的に大学進学率が高まる中，父親の学歴による子の達成学歴格差は安定して推移している。すなわち，父親が大卒であると本人が大卒となる明快な傾向が，すべての年齢層において存在することを意味する。この傾向は第1章の図1 - 5にあるように，父親の学歴分類を変えても確認できる。

　一方，図3 - 3は女性の結果である。男性の結果と同様に，父親が大卒であると，本人も短大を含む大卒以上の学歴になる傾向がすべての年齢層で見られる。男女ともに，戦後育ちのすべての年齢層が教育格差という実態と無縁ではないのである。

　なお，「教育格差」の一部である「子どもの貧困」が注目されるようになっ

たのは2000年代後半であるが，近年になって出現した現象ではない。1980年代の景気の良い時代にも相対的貧困[5]状態にある子どもたちは数多く存在し，その層の学歴達成は平均的に低いことがわかっている（松岡 2019）。

2　教育格差のメカニズム

　子ども本人には変えることのできない「生まれ」である出身家庭の階層が自動的に最終学歴へと変換されるわけではない。教育制度と選抜方法によって多少の違いはあるが，基本的には，一定以上の学力を有し，くわえて進学を希望し選択しなければ大卒になることはないのである。この階層が本人の学歴へと変換される具体的な過程（メカニズム）を明らかにしようとする研究は数多いが，生まれてから大学を卒業するまでの長く複雑な人生行路すべてを説明することができる１つの理論やデータは存在しない。本項では教育現場で実感しやすく，日本の社会でもデータで確認されているメカニズムを簡潔に紹介する[6]。

　教育格差の実態の詳細を示すには，経済的，文化的，社会的な特性を総合した社会経済的地位（Socioeconomic status，以下 SES）を指標として用いるべきだが，教育現場で保護者（親）の世帯収入，学歴，文化的行為，職業的地位などの詳細を把握することは現実的ではないだろう。そこで，本項では比較的把握し易い親の学歴などを指標とするデータを示しながら，教育格差のメカニズムとして，文化資本，子育てパターンの違い，努力格差・期待格差，学校間格差を概観する。なお，親の学歴と世帯収入は強く関連しているので，両親大卒層は他の層と比べてより多くの金銭（経済資本）を用いて子育てしていることになる。

文化資本　　文化資本には３つの形態がある。制度化された文化資本（学歴や資格など），客体化された文化資本（家庭の蔵書など），そして身体化された文化資本（言語能力，マナー，選好など）である。これらの多寡によって子の学歴達成に差があることはさまざまなデータで示されてきた。例えば，出身家庭の文化資本量の代理指標である家庭の蔵書数は学力と関連してい

---

(5)　相対的な貧困とは，世帯の人数を考慮した１人あたりの可処分所得（税金や社会保険料を引いた手取りの金額）が全国の中央値の半分未満の状態を指す。

(6)　本章で紹介するのは教育社会学研究が提示するメカニズムの一部に過ぎない。学術的な議論の全体像を俯瞰するためには章末の文献紹介で紹介した書籍，それに日本教育社会学会編（2018）を参照すること。

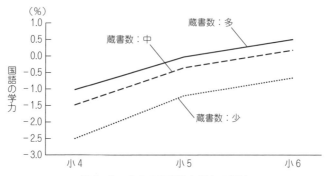

図 3 - 4　家庭の蔵書数と学力の関連
出所：埼玉県学力・学習状況調査

る。図 3 - 4 は同じ子どもを追跡した調査（パネル調査）で，学力は学年間で比較可能な指標を用いている。図にあるように，小学校 4 年生時点で家庭の蔵書数と学力には一定の関連があり，どの層も学年が上がるにつれて学力は向上しているが，蔵書数による学力格差は（平均的に）縮小も拡大もせず，維持されていることがわかる。同様の傾向は小 6 ～中 3 でも確認できる（松岡 2019）。

子育てパターンの違い

次に，教育現場で直に感じられる階層格差として，子育てロジックによる実践の違いが挙げられる。アメリカ合衆国の研究では，中流階級の親は，望ましい学力を含む能力の向上や態度形成といった目的のために子どもの生活時間に介入する「意図的養育（Concerted cultivation）」を積極的に行う傾向があると報告されている。具体的には，(1)子どもの日常生活を構造化し（習い事の利用，テレビやゲーム時間の制限），(2)大人との議論・交渉を奨励し，(3)子どものために教師・学校と交渉する。一方，労働者階級・貧困家庭の親は，子どもは自然に育つと考え「放任的養育」をする傾向がある。(1)子どもの日常生活は意図的に組み立てられておらず（テレビは一部内容を除いて時間制限を受けない），(2)親は子に対して命令口調が多く，交渉は期待されていない上，(3)親は学習については専門職である教師の仕事と捉え，大卒層ほど積極的に学校と関係を持とうとしない（教育現場での応用のための解説は第 7 章）。

　日本の教育現場でわかりやすいのは，放課後の時間の構造化度合いの格差だろう。特に世帯収入が平均的に高い両親大卒層は，保育園・幼稚園の利用開始

(7)　学力格差については親の学歴や世帯収入など他の階層指標を用いても確認されてきた。

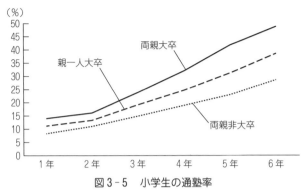

図3-5　小学生の通塾率

出所：21世紀出生児縦断調査（平成13年出生児）

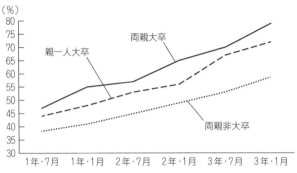

図3-6　公立中学生の通塾率

出所：21世紀出生児縦断調査（平成13年出生児）

時期が早く，子どもが小学校に上がる前から習い事に通わせ，テレビ・ゲームの時間を抑制する傾向にある。小学1～4年生までの間も，両親非大卒層と比べて，両親大卒層の習い事の参加割合は高い。これは英会話・音楽・習字などの文化的習い事だけでなく，スポーツについても同様である。ただし，大卒層では4年生あたりから習い事の参加率が減少し，通塾率が上昇する（図3-5）。[8] また，大卒層では博物館訪問などの文化的活動の頻度が減少する。これらは，学力選抜（中学・高校・大学受験）を見据えた大卒の親が，子育て方針の焦点を

(8)　ここでの大卒の定義は，父親は4年制大学以上，母親は短期大学以上である。両親が大卒でなければ「両親非大卒」（親大卒数0），どちらかが大卒であれば「親一人大卒」（親大卒数1），2人とも大卒であれば「両親大卒」（親大卒数2）。なお，大卒であると平均的に世帯収入が高い傾向にある。

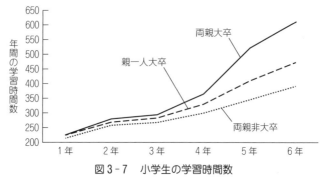

図3-7　小学生の学習時間数

出所：21世紀出生児縦断調査（平成13年出生児）

多種多様な経験を積ませることから，直接的な「勉強」へと移行していること
を示唆している。[9]

　子どもが中学校に入った後も同様で，公立校に限定してもSESの代理指標
である親大卒数によって，中学1年生7月の時点ですでに通塾率に差がある
（図3-6）。中学校生活が進むにつれ，親の大卒数で分類した3層のいずれも通
塾率は上がるが，格差は縮小せず，高校受験を控えた公立中学校の3年生であ
っても差はほとんど変わらない。

　なお，テレビ・ゲームの時間は小学校1年生から6年生まで一貫して大卒層
が抑制している傾向にある。義務教育9年間にわたって，学校外での時間の過
ごし方は（平均的には）親の学歴によって異なることを意味する。

努力格差・期待格差

　学習に対してどれだけ努力するのかは，出身階層に
よって異なる。学校外学習時間を学歴獲得競争に対
する努力量の代理指標と解釈して分析すると，さまざまな生徒や学校などの特
徴を調整しても，親学歴によって学習時間格差がある（図3-7）（松岡 2019な
ど）。小学校1年生から3年生の間は大卒別に差はあまりないが，学校外学習
時間には塾の授業時間も含まれることもあり，小学校4年生からは明確に拡大
傾向となる。

　中学校に入ってからも努力格差はあり，公立中学校の生徒に限定しても変わ
りはない（図3-8）。親大卒数別という大まかな3層であっても，中学1年生

(9)　大卒層は4年生から通塾を増やし習い事を減らすだけではなく，非大卒層よりもテレビやゲーム
　　の時間の増加を抑制し，博物館訪問などの文化的活動も減少させる（松岡 2019）。

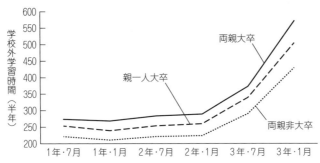

図3-8　公立中学生の学習努力量

出所：21世紀出生児縦断調査

表3-1　子と親の大学進学期待割合（％）

	小4			小6	
データ	TIMSS2015	X市			
親大卒者数	親	子	親	子	親
両親非大卒	39	29	48	33	50
親一人大卒	62	39	72	47	74
両親大卒	82	47	87	59	87

出所：TIMSS2015（全国調査）・X市（大都市部）

の7月時点で確認できる努力量の差は，2年生の1月まで少しずつ拡大する。受験学年である3年生の7月も同様で，さらに受験直前の1月にはかなり大きな差となる。重要なことに，子ども本人の「やる気」が強調されがちな高校受験直前期であっても親が大卒かどうかによる努力格差が確認できる。

　この努力格差の背景の1つに，教育期待の格差がある。同じ公立小中学校であっても，階層によって教育ゴール（最終学歴）をどこに置いているのかに大きな差が存在するのである。表3-1の「TIMSS2015」（「国際数学・理科教育動向調査」の2015年度調査）にあるように，子どもが小学校4年生の時点で，両親大卒層のうち82％が子に大学進学を期待している。一方，両親非大卒層では同時期に子どもに大学進学を期待しているのは半分に満たない39％である。また，子ども自身の大学進学期待にも親学歴による差が見られる。大都市部に位置するX市のデータによれば，両親が大卒の4年生のうち47％が大学・大学院への進学を期待しているが，両親が非大卒だと29％である。親の子に対する期待にみる親大卒数別格差は4年生と6年生でほぼ変わらない。一方，4年生から6年生にかけて子自身が抱く将来イメージの格差は拡大傾向といえる。

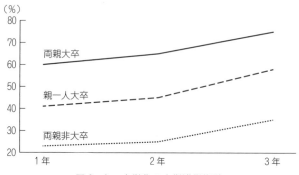

図 3‒9　中学生の大学進学期待
出所：21世紀出生児縦断調査

　子どもは長い時間をかけて親の期待を自らの価値として内面化していくと考えられるので，中学生ともなると親による期待と同じような階層格差が確認できる。同じ生徒を追跡したパネル調査を用いた図 3‒9 にあるように，中学校1年生の時点で親大卒者数によって大学進学期待割合格差があり，学年が上がると全体の大学進学期待割合は高くなるが差が縮小するわけではない。大学進学を前提とした子どもは，進学実績がよい高校に合格するために塾などの教育サービスを利用しながら学習努力をしていると解釈できる。

> **教育格差を解消するには不十分な学校教育**

　ここまで親の学歴を代理指標として階層による個人間の教育格差を見てきた。本節の最後に，教師にとって日々の実践を大きく左右する，学校間の格差を概観する。

　本章の冒頭で示したように，「生まれ」と学歴の関連は戦後に生まれ育ったすべての世代において存在する。戦後日本はずっと「教育格差社会」なのである。ただ，これは公立の学校が無力という意味ではない。もし義務教育がなかったら出身階層はより直接的に子どもに継承されることになるはずだ。「生まれ」と学歴に何の関係もない，理念的な公平性を達成するためには現在の教育制度では不十分だが，ないよりはずっとよいというのが妥当な評価といえるだろう。

　では，どのように不十分なのだろうか。日本の義務教育制度（詳しくは第4章）は他国と比較すると平等主義的であると指摘されている。特にアメリカ合衆国のような地方分権の国と比べると，その中央集権的な制度によって，地方への財政支援を含めて，すべての子どもに一定の質と量の教育機会を付与している国であることは確かである。しかし，学習指導要領でカリキュラムの内

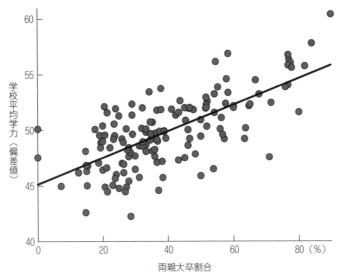

図 3-10　学力の学校間格差

出所：TIMSS2015

容を標準化し，大学で教員免許を得た教員を揃えたところで，人々が住む場所を強制的に決められるわけではない。大卒者は専門職など安定した就業先のある都市部に居住する傾向があるので，公立校間に子どもの家庭の SES 格差が存在することは避けようがない。この居住地域の階層的背景によって，学校ごとに広い意味での教育「環境」はまるで異なるという実態がある。

　例えば，日本社会全体を代表する小学校 4 年生のデータで生徒の学力の平均を出すと，学校間で学力に違いがあることがわかる。それも，ただ単に平均点が高い学校と低い学校があるだけではない。図 3-10 にあるように，各学校の児童の両親大卒割合によって学力が異なる傾向がみられる[10]。小学校では98％の児童が公立に通っているので，これらの大半は公立学校間の格差である。同様に，学校によって通塾率，それに親の子に対する大学進学期待も大きく異なる[11]。なお，親学歴にくわえて収入や家庭の蔵書数などの多元的な階層指標を用いれば，学力・通塾率・大学進学期待との関連はより強くなると考えられる。換言

---

[10]　相関係数は0.57。相関係数は変数の関連の強弱を示す指標で，無相関である 0 から 1 に近いほど正の関連が強いことを意味する。

[11]　両親大卒割合と通塾率の相関係数は0.59。同様に，両親大卒割合と大学進学期待割合の相関係数は0.73。

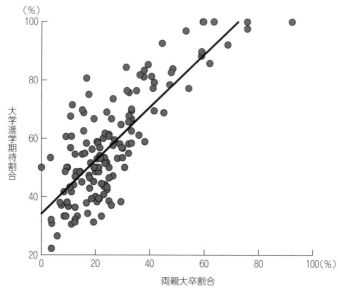

図 3-11　中学校間進学期待格差

出所：TIMSS2015

すれば，この図は実際よりも格差を小さく示しているといえるのである。

　同様のことは中学校においても指摘できる。特に都市部では私立中学校に進学する子どもも多いので，両親大卒割合と生徒の学力などさまざまな特徴が異なる。公立校に限定しても傾向は変わらず，両親大卒割合で代理的に示される生徒の出身家庭の平均的な SES によって，学力，通塾率，学習時間などの学校間格差を確認できる。図 3-11は，両親大卒割合と中学 2 年生本人の大学進学期待割合の関連である。階層によって進学期待に差があり住む場所や私立進学に偏りがあるので，大学進学期待を持つ生徒の割合は中学校間で大きな差がある。同じ義務教育段階の学校であっても，大学進学期待を持つ生徒が大半の学校と少数派の学校があり，その違いは両親大卒割合と無関係ではないのである。公立校であれば，教師自身が選んだわけではない勤務校の生徒の平均的な

⑿　相関係数は0.80。

⒀　図 3-11を作成するのに用いた TIMSS2015では設置者（国公立・私立）を特定できないが，他データで私立校に通学する生徒の親学歴が高いことは確認できるので（松岡 2019），両親大卒割合が高い中学校は私立である可能性が高い。よって，両親大卒割合が高く大学進学期待割合が高い学校（図 3-11）は都市部にある私立中と考えられる。

「生まれ」によって授業や指導のやり易さに違いがあると考えられる。

　義務教育であっても個人間と学校（地域）間で大きな階層格差があり，それが同級生のSESを含む教育「環境」の格差になっているという現実がある。恵まれていない子ども・学校に対する追加支援が必要だが，日本では異なる処遇をすることは差別感の温床になるとして忌避されてきた。「同じもの」を与えることが「平等」であるという表面的な解釈がなされてきたのである。しかし，そのような形式的な「扱いの平等」をしている限り，家庭と学校によってさまざまな格差がある以上，結果の差は縮小しないと考えられる（図3-4）。この実態に向き合った上で対策を打たないのであれば，「生まれ」と教育成果の関連度合い（「教育格差」）の維持という結果のはっきりした出来レースが，全体の動向として戦後ずっとそうであったようにこれからも続くことになる。

3　日本は「教育格差社会」である

　ここまでの研究知見を整理しておこう。

・「生まれ」によって教育の結果が異なる傾向は近年の現象ではなく，戦後ずっと存在してきた。本人が選んだわけではない「生まれ」によって到達する学歴に差があり（教育格差），学歴別に社会的便益が異なる（学歴格差）。日本は「生まれ」と到達階層に関連がある「緩やかな身分社会」といえる。
・日本においても文化資本と子育て実践による学力や進路の違いはデータで確認できるので，教育格差を説明するメカニズムとして一定の説得力があると考えられる。
・「生まれ」によって学習努力量・進学期待に格差がある。
・SESによって居住地域に偏りがあるので，公立小学校であっても学校間にSESを基盤とするさまざまな格差がある。
・教育「環境」の学校間格差がある現在の制度では，（平均的には）「生まれ」による格差を打ち消すことはできていない。公立小学校であっても「同じ」ではない。

　公立学校は初期条件（「生まれ」）の平等化装置（the great equalizer）としてアメリカ合衆国で設立された。日本においても義務教育制度があることで，どのような家庭出身であっても一定の教育機会を得ることができるのは確かだが，

現実には,「生まれ」の階層別にみると, 小学校に入学する際にすでに学習準備の差があり, 4年生の時点で明確な学力や進学期待などの格差が個人間・学校間に存在する。これらの格差は埋まらないまま中学校の終わりに高校受験という選抜が行われることになる。「生まれ」ではなく, 本人の「能力と努力」(メリット) によって社会的上昇を可能にする, という近代の「理想」を「建前」ではなく具現化するために学校関係者に寄せられる期待は大きい。

3　現場のための Q&A

・この章の知識は, 学校現場でどのように役立てることができるのでしょうか。

　冒頭の“「ふつうの教育」を受けた経験”の描写は, どれぐらいあなた自身の経験に近かったでしょうか。この「語り」は親が大卒で,(地方であっても県庁所在地のような) 比較的都市部に育ち, 教職科目を履修するような大学生に「ありがち」な経験をフィクションとして描いたものです。日本社会全体の動向を把握するデータによる計量分析の結果を基にしているので, 習い事や部活の種目が違ったり, 塾・予備校 (や通信教育) を開始した時期が多少前後したりするにしても, 大枠で当てはまっていたのではないでしょうか。

　このような教育を受けた経験は, 大学生になり教職を選択肢の1つとするような人にとっては「ふつう」かもしれません。しかし, 親が非大卒であったり人口が少ない地域の出身であったりすれば, 自身の経験と乖離を感じたとしても不思議ではありません。たとえ小中高とずっと公立校だったとしても, 早い時期から継続的に何らかの習い事や塾に通い, 同級生がちゃんと宿題をしてくることを「ふつう」だと思ったまま教師になると,「かつての自分と違う子ども」を受け持つ際, 困惑することになるかもしれません。

　本章の研究知見は, そのような「自分が受けた教育」と「目の前の子どもたち」の乖離に対して一定の説明を付与します。もし学校教育が階層社会の一部であるという現実を知らず言語化できないまま「かつての自分」と違う育ちの子どもたちを受け持つことになるのであれば, 自身が「ふつう」と思う経験から乖離しているからこそ理解できない子どもと親に対して否定的なまなざしを向けることになるかもしれません。その際,「最近の子どもと親は……」とデータによって裏付けられていないメディアに溢れているような言説で自らの考えを正当化するのであれば, 大卒の教師が非大卒の親子を断罪していること

になります。裏付けのない「説明」は現状認識として不正確である上，建設的な対話の成立を阻害し，担当する子どもたちの学力向上や進学といった結果にも結び付かないでしょう。低い学力だけではなく，宿題をしないなど「教師にとって望ましくない」言動をする子どもの背景に何があるのか考えずに，「私はあなたの年齢の時，ちゃんと勉強していたし校則を守っていた」と主張したところで，子どもたちの学力や振る舞いが突如変わるわけではないのです。

　研究知見に基づいて異なる出身階層の視点に立ってみることで，自分が教えるにあたって「理想的ではない」子どもと親がなぜいるのか，なぜ「かつての自分」とは違うのか，さまざまな仮説を立てて歩み寄りができるはずです。具体的にどのような実践が可能かは，本章が描く階層と教育の現実を踏まえた上で，第Ⅱ部（第7章～第15章）を参考にしてください。

・私の恩師は恵まれない家庭で育ち苦学したそうですが，教師を目指す同級生の親は大卒が多いです。教師の出身階層は変わってきたのでしょうか。

　初等中等教育の教師は教職課程が必修なので基本的に大卒であるため，男女とも（図3-2，図3-3）平均的には出身階層が高いといえます。全国規模の社会調査のデータで実態を確認しておきましょう。[14][15]初職（最初に就いた職業）別の父親大卒割合を図3-12にまとめました。[16]全体の大学進学率の上昇に伴い父大卒割合は高年層，中年層，若年層と次第に上がっています。ただ，初職によって上昇幅に違いがあります。図3-12にあるように，教師は専門管理職よりも中年層から若年層にかけて大きく父親大卒割合が上がっています。1971年以降に生まれた若年層の全体で見ると父親が大卒の人は21%ですが，初職が教師の人たちだと約2人に1人（46%）と高い割合です。

　なお，親が教師だと子本人も教師になる教職再生産は，年齢層によって大き

⒁　SSM（1995AB・2005J・2015）と「日本版 General Social Survey（JGSS）」（2000から2012年までの9回分）を用いた。SSM は JSPS 科研費特別推進研究事業（課題番号25000001）の助成を受けた2015年 SSM 調査データ管理委員会から，JGSS（大阪商業大学 JGSS 研究センター）は東京大学社会科学研究所附属社会調査・データアーカイブ研究センター SSJ データアーカイブから個票データの提供を受け二次分析を行った。

⒂　年齢層は3区分とした。高齢層は大学進学率の上昇期である1955年以前生まれ，中年層は進学率が停滞した1956～1970年生まれ，若年層は進学率が再上昇した1971年以降生まれを意味する。

⒃　職業は大まかな趨勢を見るために教師，専門管理，事務販売職，マニュアル・農業の4分類。専門職に分類される教師のうち，小中高校の教師だけ取り出した。

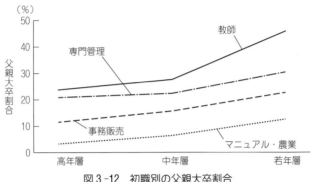

図3-12　初職別の父親大卒割合

出所：SSM・JGSS

く変わってはいません。最初の職が教師だった人のなかで親も教師であった割合は高年層17％，中年層17％，若年層15％です。一方，親が教職以外で教師になる人が多いとかつて指摘された農業出身者の割合は高年層18％，中年層11％，若年層3％，と農業人口減少とともに大きく減っています。これは高年層であれば「実家が農家」の先生が少なくなかったのですが，現代ではかなり珍しくなったことを意味します。重要なこととして，初職が教師という人の父職をみると，ホワイトカラー（「専門・管理」「事務・販売」「教師」）化が進んでいます。高年層でも62％と高いですが，中年層67％，若年層は72％です。

　これらのデータは，教師の出身階層が中流化傾向にあることを示唆しています。教師の父学歴では大卒割合が増加し，父職の観点ではホワイトカラー出身者割合が増しているのです。この分析の「若年層」は1971年生まれなので，2021年の50歳までを指します。より若年層ではさらに出身階層が中流化している可能性もあります。

　あらためて「誰」が教職を選んできたのか，そしてその意味合いを考えてみてください。「生まれ」を背景として学校を好きになり，良い成績を取ったり教師に褒められたりといった成功体験を積み重ねて学校教育と親和的になったことで，教師という立場で学校に戻る[17]。そのような経緯がやや特殊であると意識することは，さまざまな背景を抱えて学校に来る子どもたちを理解する土台になり得るはずです。

---

[17]　あくまで現状ではそのような人の割合が高いだろうという議論。受けてきた学校教育に違和感があるからこそ変革のために職場として学校を選ぶ人がいる可能性を否定しているわけではない。

　自身の特殊性を認識するには，通っていた学校が「ふつう」だったのかと問い直すことも有益でしょう。特に小学生は約98％が公立校に通っているので，「日本中どこでも同じような教育環境」という幻想が成立しやすいですが，通っている児童の「生まれ」は偏っています。教師の出身階層は平均的には高いので，大学進学や学校教育と親和性の高い同級生に囲まれて育った可能性が高いといえますが，この点を自覚することは難しいはずです。特に，出身校（母校）や同じ地域の学校を教育実習先にすると，自分自身と似た「生まれ」の子どもたちを相手にすることになり，個人間・地域間の教育格差という現実に触れることができないまま教員免許を取得することになります。たとえ自身が育った自治体で教師に採用されたとしても，公立校であれば勤務校に通う子どもの平均的な SES が母校と比べて低いことは珍しくはないので，いつかは教育格差の実態と向き合わなければならない時が来ます。その際，自分の「生まれ」に自覚的であれば，自身の学校経験と比較して「不真面目な子どもたち」であるとか「親も教育熱心ではない」と捉えてしまうことを回避できるはずです。

・私は両親とも高卒ですが子どもの頃から教職を目指してきました。教職科目を履修している同級生にも同じような人がいます。私たちは「ふつう」ではないのですか。

　大卒者と教師の出身階層の高さは社会全体で見たときの傾向ですので，全員にそのまま当てはまるわけではありません。父親が非大卒でも本人が大卒であったり（図3-2，図3-3），教職に就いたりする（図3-12）人たちは一定数存在します。ただ，親学歴以外の要素が有利だった可能性は残ります。例えば，両親が高卒でも経済的には恵まれていた，父親が非大卒であっても専門職だった，高卒の母親が教育に対して熱心だった，祖父母や親戚が大卒だったなど，さまざまなケースがあり得ます。特に，親の教育への意識や日常的な関わりは，他の家庭と比べることが難しいはずです。経済状態が芳しくなかったとしても，親の教育に対する姿勢を含む家庭の生活と学校教育に境目がなければ，学校に適応し易い条件があったといえます。それは必ずしも「ふつう」なことではありません。子どもに対して影響力を持つ教師という立場になる以上，親が非大卒であっても自分自身の学校教育との親和性が「ふつう」ではない可能性を探ることは，「教育を通した成功（achievement ideology）」を信じない子どもたちと接する際の視野を広げてくれるはずです。

　また，全体からすれば少数派ですが，経済的，文化的，社会的な観点のすべてにおいて不利な「生まれ」であっても大学に進学し教師を目指す人はいるでしょう。「生まれ」に関わらず自覚しておきたいのが，自分自身の学校教育との親和性が特殊である可能性です。現在，教職課程に在籍していたり現役の教員であったりすれば，周囲にいるのは，学校を職場とすることに強い違和感のない人たちが大半だと思われますが，ここでも少し「自分」を突き放して観察してみましょう。

　そもそも教職（第6章）とは社会全体から見たら特殊な職業です。例えば，大規模社会調査（SSM2015）では業務内容によって職種を172種類に分けていますが，幼稚園～大学までの「教員」は7種類に過ぎません。対象とする子どもの年齢を小学校から高等学校に限定すると「教員」は約100万人で，これは20～59歳の労働力人口約5300万人[19]の約2%[20]です。年齢層による偏りもあるので粗い見積もりですが，小中学校の同級生が100人いたら2人ぐらいしか教職を選んでいないことになります。近年の大卒者に限定しても25人のうち1人です[21]。教師にならない大半の人たちは小学校から高校まで教師を身近に見ているので「教師の職務内容を知っている」と思った上で他の職業を選んでいる，と考えられます。教職を志望したり実際に教員になったりしている時点で，良い悪いではなく，かなり学校教育と親和性が高い特殊な層といえるわけです。そんな「かつての自分」に自覚的になり，SESを背景とする教育期待の学校間格差（図3-11）を知っていれば，子どもや親が学校教育に対して否定的な言動をしたとしても，脊髄反射的に「正しい心構え」を押し付けようとしなくなるのではないでしょうか。

　なお，教職の印象を悪くするような事件やエピソードが多く報道されていますが，教職の職業的威信は現在も平均的には高く，社会階層の中でも上位に位置付けられます（第6章）。教職志望者自身と同級生（教師自身と同僚）は社会全体のなかで「ふつう」ではないわけです。

---

(18)　学校基本調査の年次統計によると，2020年度の教員数（国・公・私立の合計）は，小中学校，義務教育学校，高等学校，中等教育学校，特別支援学校，高等専門学校の本務教員数の合算で約99.6万人。

(19)　2020年の労働力調査（総務省統計局）における20～59歳の人数。

(20)　労働力人口には専業主婦など就労意志のない個人は含まれないので，対象年齢層における教職者の割合を出すと2%よりさらに低くなる。

(21)　20代の半分が大卒者で，大卒者のみが教員になるとしても約4%。

・「生まれ」で，学習意欲，学力，大学進学期待などに大きな差がある中で，教師にできることはあるのでしょうか。

　具体的な対応については第Ⅱ部（第7章〜第15章）を参考にしてください。本章の知見が示しているのは，「教育は階層社会から切り離すことはできない」という，教師が1人で抱え込んでも解決できない現実です。教師は子どもの家庭環境を変更できるわけではないので，どれだけ熱意を持って子どもに働きかけたところで，教室で初対面するまでの年月の積み重ねに基づく学校外の生活時間と同等の影響をもたらすことは難しいでしょう。子どもはそれぞれに異なる構造化された時間を過ごし（第7章の質的研究の解説を参照），目指す教育ゴールも違います。学習努力の経験量も階層によって大きく異なります。また，ひとり親家庭（母子・父子家庭）であれば，親が用いることができるさまざまな資源に制約があるはずです。これは収入だけの問題ではなく，ひとりの親が仕事と家事を負担することで子どもとの対話時間をつくるのが難しいことなども含みます。

　これらは教室の中だけで解決することには無理があるので，学童保育，NPOや学生による学習支援・居場所作りボランティア，スクール・ソーシャルワーカー（コラム1）などと協力関係を構築する必要があります。親の中には行政の支援の存在を知らなかったり，役所の手続きに慣れていなかったり，「公的」な組織と関わりを持ち交渉することに忌避感を持っていたりする可能性があります。同僚，学校長，教育委員会と協力して該当地域で受けることができる支援の選択肢をまとめ，親に「正しさ」を押し付けない形で示し，申請を手助けすることもできるはずです。

　この点と関連して，子どもに対する「扱いの平等」を止めることも重要です。時間を含む教師の資源が有限である以上，低SES家庭出身の子どもを底上げするための追加的措置が必要ですが，教室内でひとりひとりへの対応を変えることは難しく，教師個人でどうにかなる範囲でもないので，入手可能なあらゆる資源を使うことが現実的な対応といえます。学習支援員などによる補習を必要な子どもに対して実施するといった追加的な機会の提供が考えられます。

　親との対話においても，親の子育てパターンや教師への対応に階層差があることを踏まえて，子どものためになる関係性を持ちたいところです（詳しくは第7章）。大学に進学したことのない親が子に対して大学進学を望まないのは不思議なことではありません。自分に経験がないと，学費や生活費の額面が高

いこともあって，進学の便益を実感するのは難しいでしょう（第10章）。また，非大卒の親は健康や安全の確保は親の務めと理解していても，学習については専門職である教師に任せる傾向にあります。この階層性のある子育てパターンに対して，親が子の教育に非協力的だと非難するより，なぜ「非協力的」なのかその背景を考えるほうが有益なはずです。小学校高学年ぐらいになれば子どもに勉強を教えることが難しいかもしれませんし，学校の学習で成功体験を持っていない親であれば机に向かって勉強すること自体に忌避感があるのかもしれません。そもそも「教師」と話すことが苦手で，否定的評価を受けた自身の経験から苦痛すら伴う可能性もあります。自分より学歴が高い教師に見下されていると感じていることもあり得ます。

　同様に，子どもの言動や選好の背景にあるものを考えることも実践の一助になるはずです。児童が読書好きであれば，往々にして読書を楽しいと思えるような環境が家庭にあるでしょうし，その逆も然りです。「読書好き」なことを評価すると，間接的に「読書を好きになるような家庭環境」を褒めていることになるかもしれません。同様に，「勉強嫌い」な子を否定的に捉えるとしたら，それは「勉強を好きになる機会に乏しい家庭環境」を責めていることになり得ます。もちろん，家庭環境と子どもの言動・選好は常に一致するわけではないですが，言動・選好そのものに対して脊髄反射的に肯定したり否定したりと価値判断を下すのではなく，その背景にあるものを見たほうが建設的ではないでしょうか。

　学校間格差については学校関係者が共通認識として持っておくと有益でしょう。国勢調査の小地域集計を使えば，学区内の住民大卒率を算出することができます。この住民大卒率は学校の平均的な学力と（特に都市部において）高い相関関係にあることが知られています。就学援助を受給している子どもの割合でも同様の傾向を出すことができます。どのような社会経済的文脈に学校があるのかを数値で把握することは，どの程度の子どもたちが困難を抱えているかの目安になるはずです。

　この点を理解していれば，「全国学力・学習状況調査」（いわゆる全国学力テスト）の学校平均点に一喜一憂することはなくなるはずです。学校SESによって学校間の学力（図3-10），大学進学期待（図3-11），通塾率などに差があるので，学校平均点をそのまま教師の努力（だけの）反映とする理解は明らかに不適切なのです。

　最後に，筆者から一点お願いがあります。現状を適切に把握しなければ効果のある対策を打つことができないので，データと研究知見を使って「誰がどんな困難を抱え得るのか」と学校現場を解釈することは有効なはずですが，あくまでも子どもたちの成長が目的であることを忘れないようにしてください。例えば，就学援助を受給している子どもは平均的に学習意欲と学力が低いという知見を前提として，受給している子どもに高い期待を持たず教育的介入もしないのであれば，実質的に出身家庭によって負のラベル（第9章）を貼っているだけになってしまいます。換言すれば，「就学援助を受給している子だから，やっぱり宿題もやってこないし授業中も集中しないし，テストの点数も低い」といった「理解」で満足し対応を放置するのであれば，出身家庭の不利さが低い学力という結果に変換される過程に手を貸していることを意味します。データと研究知見はあくまでも子どもたちのため，すなわち現状を改善する努力のためだけに使ってください。ひとりひとりの力は大きくありませんが，義務教育と高校で合わせて約100万人いる国公私立の教員が意識すれば社会そのものを変えることができるはずです。

4　演習課題

1　ツイート課題

①親と自分の学歴に関連はありますか（図3-2と図3-3の「父大卒・自分大卒」「父大卒・自分非大卒」「父非大卒・自分大卒」「父非大卒・自分非大卒」の分類を参考にしてください）。

②あなたの親の子育てパターンは「意図的な養育」でしたか（習い事・塾はいつから何を？　テレビ・ゲームに制限あった？　門限あった？　誰と遊んでいたのか聞かれた？）。

③大学進学を意識したのはいつですか（大学進学という選択肢について初めて話した相手は誰？　どんな会話だった？）。

2　レポート課題

①あなたの親の学歴と子育てパターンを記述しましょう。子育ての具体的な実践については，3つの観点(1)「日常生活の構造化具合（習い事，娯楽への制限，門限など親の意図的介入の強さ）」，(2)「言語の使用法（議論・交渉の有無など）」，

(3)「社会的つながり（学校などとのつながり）」で，いくつかの教育段階（10歳あたり，中学・高校など）について，その変化および推測される背景・理由も含めて，書き出してください。

②あなたが通っていた小中学校の平均的な SES を記述しましょう。例えば親の学歴，家庭の本の冊数，習い事参加率，通塾率，宿題完遂率などが代理的な指標になるはずです。また，国勢調査の小地域集計を用いて，都道府県と自身の学区の住民大卒者割合を算出しましょう。最後に，自身の記憶と国勢調査の結果の類似点・相違点について論じてください。その上で，学校の SES を土台とした規範・期待，それに子どもの言動について書き出しましょう。

③大学進学期待を明確に持った時期（年齢・学年）を詳述しましょう。なぜ・どのようにして大学進学期待を持つようになったか，個人水準（親，兄弟姉妹，祖父母，親戚，教員，学校の友人，近所の人など）と集団水準（学校文化，同級生集団，近隣の文化・規範など）に分けて言語化してください。

5　理解を深めるために

1　文献紹介

①松岡亮二，2019，『**教育格差――階層・地域・学歴（ちくま新書）**』筑摩書房。

日本の教育格差の全体像を俯瞰的に示すために書きました。どの年齢層でも「生まれ」（出身家庭と出身地域）によって最終学歴が違うこと（1章）を踏まえた上で，未就学から高校まで各教育段階（2〜5章）についてさまざまな観点の格差をデータで示しています。さらには，国際比較（6章）から日本を「凡庸な教育格差社会」と位置付け，対策を含めた議論を展開しています（7章）。本章に興味を持った人は是非読んでみてください。

②中村高康・平沢和司・荒牧草平・中澤渉編，2018，『**教育と社会階層――ESSM 全国調査からみた学歴・学校・格差**』東京大学出版会。

日本における教育と階層研究の蓄積を概観し，実証知見に基づいた近年の実態を把握できる一冊です。

③ロバート・D・パットナム，2017，『**われらの子ども――米国における機会格差の拡大**』柴内康文訳，創元社。

「教育格差」は適切にデータが取得されたすべての社会で確認できる事象で

す（松岡 2019）。SES によって居住地が分離されているアメリカ合衆国は日本の近未来となり得ます。日本社会に生きる私たちが，世界でも群を抜くアメリカ合衆国の研究とデータに基づいて書かれた本書から学ぶことは多いです。

④平沢和司，2014，『格差の社会学入門──学歴と階層から考える』北海道大学出版会。

⑤鹿又伸夫，2014，『何が進学格差を作るのか──社会階層研究の立場から』慶應義塾大学出版会。

　2冊とも，社会階層論の主要な理論・議論を解説した上で，日本の社会調査のデータの分析結果を示しています。

⑥松岡亮二編，2021，『教育論の新常識──格差・学力・政策・未来（中公新書ラクレ）』中央公論新社。

⑦川口俊明，2020，『全国学力テストはなぜ失敗したのか──学力調査を科学する』岩波書店。

　日本の教育（政策）議論がいかに非科学的なのかを理解できる2冊です。

2　メディアの紹介

①映画『リトル・ダンサー』（2000年，スティーブン・ダルドリー監督）

　イギリスで制作された映画です（原題「Billy Elliot」）。新自由主義政策に揺れる1980年代のイギリス北部の炭鉱都市が舞台。非大卒の肉体労働者を父兄に持つ主人公ビリーの成長譚です。フィクションですが社会学の知見で主人公や他の登場人物の言動などを解釈するのにうってつけの映画なので，本書を通読後に鑑賞し，下記の質問について考えてみてください。(1)ビリーの出身階層について経済資本と文化資本という観点で具体例を挙げましょう。(2)労働者階級出身のビリーは，なぜ，バレエ・ダンサーという高い文化資本が求められる職業を夢見たのでしょうか。(3)ビリーの父兄の言動で階層性を感じる具体例を書き出してください。(4)ロンドンのオーディションでのビリーと父親の振る舞いの具体例と考え得る階層的背景とは何ですか。

＊ミュージカル版ではなく映画版を鑑賞してください。

文献

松岡亮二，2019，『教育格差──階層・地域・学歴（ちくま新書）』筑摩書房。
日本教育社会学会編，2018，『教育社会学事典』丸善出版。

第4章

「平等」なはずの義務教育にも学校間格差がある

山下 絢

1 井の中の蛙？

　以下は，教育格差をテーマとする大学での講義における教員の問いかけと学生のコメントの一部である。

　講義担当者：「今日の講義では，教育格差について考えます。義務教育段階では，子どもは全国どこでも同じような教育を受けていると考えている方も多いと思いますが，本当でしょうか。『どこでも同じ教育』や『みんな同じ教育』と言われてきたのに，実際は違ったと感じたことはありますか。あるいは，最近の教育政策の動きをみて教育格差について感じていることはありますか。」

　Aさん：「私は公立の小学校に通っていました。その学校は授業中はいつも騒がしく，ほとんど勉強ができない学級崩壊の状況でした。ですから，どの学校でも学級崩壊は起きているものだと思っていました。ところが，大学に入学してから，学級崩壊を経験したことがない人が結構いて驚きました。」

　Bさん：「私の小学校時代の担任の先生は，とにかくやる気のない先生でした。それが反面教師となって教職を目指していますが，最近よく『教職はブラックな仕事だ』といわれていることを耳にし，進路を考え直し始めています。私は教職はやる気の持てる仕事で満足度も高いと思っているのですが，教師の職務満足度は高くないのですか。」

　Cさん：「私の家から徒歩5分のところに中学校があったのですが，私は

その学校ではなく，徒歩20分のところにある住所で決められた学区の中学校に通学していました。中学では，バスケ部に入部したかったんですが，通学していた学校にはなく，徒歩5分の学校にはあったので，不公平に思っていました。」

Dさん：「コロナ禍の影響もあって，少人数学級が話題になっています。私の学校は少人数学級でしたが，個人的にはあまりそのメリットを実感したことがありません。少人数学級は本当に効果があるのでしょうか。」

　以上の会話のやり取りのなかで，共感する部分はあっただろうか。この章では，読者のみなさんが経験した義務教育の環境が，全体からみた場合にどの程度該当するものであり，また異なっているのかについて，データを用いて確認する。それらをもとに，教育の機会均等[1]が目指されているなかで，現行の義務教育段階に存在する教育における格差の実態や背景は，関係者のやる気や想いにのみ課題があるのではなく，教育制度や政策の課題であるということを示す。

2 教育格差の是正が可能な環境となっているか？

1 学習環境の格差

　授業の状況　公立学校には，家庭背景に起因する教育格差を縮小・是正する平等化装置としての機能が期待されているにもかかわらず，十分にその機能を果たせていない実態があり，平等化の実現に向けた困難さが理論的，実証的に明らかにされている（赤林・直井・敷島編 2016；松岡 2019）。そのようななかで教育格差の是正に向けて期待される実践の1つが，日常の授業である。特に低学力層に対しては，授業で十分な学習時間が確保され，学力が向上することが理想であるが，実際にそのようになっているのだろうか。冒頭のエピソードには，学習環境が整っている学校とそうではない学校が存在していることが示されている。そこで，児童生徒は授業をきちんと受けることができているのかについて，OECD（経済開発協力機構）が教師に対して実施したTALIS（国際教員指導環境調査）[2]のデータで確認する。

---

(1) 教育の機会均等は，法制度としては，教育基本法第4条によって3つの内容が規定されている。第1は形式的平等の実現（すべての人を法的に均等に取り扱う），第2は障害者の支援，第3は実質的平等の実現（経済的な理由による修学困難者の支援）である（広沢 2009）。

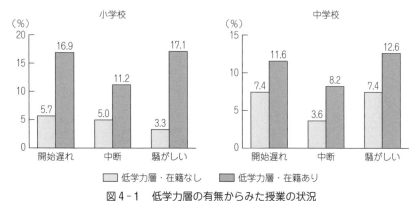

図4-1　低学力層の有無からみた授業の状況

出所：TALIS 2018をもとに筆者作成。

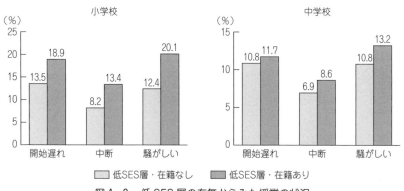

図4-2　低 SES 層の有無からみた授業の状況

出所：TALIS 2018をもとに筆者作成。

　図4-1は，学級に低学力層がいるかどうかと授業中の状況との関連を示している。この図からは，低学力層がいる学級といない学級を比較すると，「授

(2)　TALIS（Teaching and Learning International Survey：国際教員指導環境調査）は，OECD が実施している学校の学習環境ならびに校長および教員の勤務環境についての国際調査である。TALIS 2018の日本を対象とする調査は全国の約3600名の教師を対象として行われている（国立教育政策研究所編，2019）。本章の分析に際してのサンプリングウェイトは，教師ウェイトを用いる。
(3)　TALIS の質問紙において，学業成績が低い児童がいると教師が回答している場合を，低学力層が在籍している学級として定義する。
(4)　授業の状況の指標として，TALIS の質問項目から，以下の３つを用いる。(1)「授業を始める際，児童が静かになるまでかなり長い時間待たなければならない」（開始遅れ），(2)「児童が授業を妨害するため，多くの時間が失われてしまう」（中断），(3)「教室内はとても騒々しい」（騒がしい）。

業の開始遅れ」「授業の中断」「授業中の騒がしさ」のいずれの項目においても低学力層がいる学級で数値が高くなっている（例えば，「授業の開始遅れ」については，小学では11％，中学校では 4 ％の差がある）。図 4 - 2 は，学級に低 SES (socioeconomic status：社会経済的地位) 層がいるかどうかと授業の状況を示している。この図からは，低 SES 層がいる学級といない学級を比較すると，「授業の開始遅れ」「授業の中断」「授業の騒がしさ」のいずれの項目においても特に小学校では低 SES がいる学級で数値が高くなっている。つまり，特に小学校においては，低学力層や低 SES 層がいる学級で，十分な学習時間が確保されていない実態が示されている。

　「授業の開始遅れ」「授業の中断」「授業の騒がしさ」といった授業の成立が難しい状況は，学級崩壊として議論や調査がなされてきた。なかでも小学校 1 年生時点で，児童が学習に集中できず授業が成立しない状態が数ヶ月にわたって続くことは，小 1 プロブレムとして議論されている（文部科学省 2010；東京都教育委員会 2009）。東京都教育委員会が都内1313名の校長に対して行った調査結果からは，校長の約20％が小 1 プロブレムが発生していると回答しており，そのうちの過半数の校長が，発生時期は学期の始まりである 4 月であり，年度末までこの問題が継続すると回答している（東京都教育委員会 2009）。またその要因として，約66％の校長が「児童に基本的な生活習慣が身に付いていなかったこと」を指摘している。基本的な生活習慣が身についていないために授業が成立しないことは，入学前の準備が十分にできていないスクールレディネス (School Readiness：入学前の準備度合) の問題として議論されることがある。近年の研究では，スクールレディネスと親の社会経済的地位には関係があると明らかにされている（松岡 2019; Yamashita & Masuyama 2019）。

2　教師の職務満足度

　みなさんの担任だった先生は，楽しく満足そうに勤務していただろうか，それとも，子どもの目からも明らかに疲弊していたであろうか。学校が舞台のテレビドラマでは，往々にして，学級運営が困難な学級を担当する主人公の若い教師は，やる気に満ち，児童生徒との関係を熱心に構築していく様子が描かれ

---

(5) TALIS の質問紙において，教師が社会経済的に困難な家庭環境にある児童がいると回答している場合を，低 SES 層が在籍している学級として定義する。

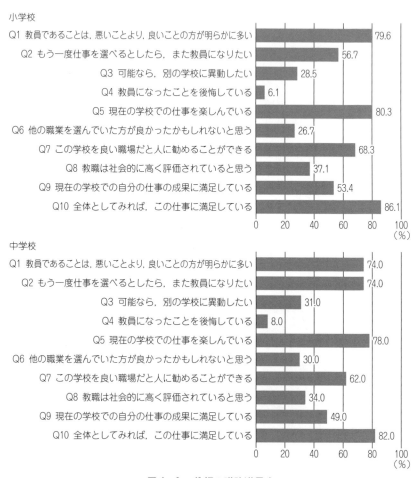

小学校

Q1 教員であることは，悪いことより，良いことの方が明らかに多い　79.6

Q2 もう一度仕事を選べるとしたら，また教員になりたい　56.7

Q3 可能なら，別の学校に異動したい　28.5

Q4 教員になったことを後悔している　6.1

Q5 現在の学校での仕事を楽しんでいる　80.3

Q6 他の職業を選んでいた方が良かったかもしれないと思う　26.7

Q7 この学校を良い職場だと人に勧めることができる　68.3

Q8 教職は社会的に高く評価されていると思う　37.1

Q9 現在の学校での自分の仕事の成果に満足している　53.4

Q10 全体としてみれば，この仕事に満足している　86.1

中学校

Q1 教員であることは，悪いことより，良いことの方が明らかに多い　74.0

Q2 もう一度仕事を選べるとしたら，また教員になりたい　74.0

Q3 可能なら，別の学校に異動したい　31.0

Q4 教員になったことを後悔している　8.0

Q5 現在の学校での仕事を楽しんでいる　78.0

Q6 他の職業を選んでいた方が良かったかもしれないと思う　30.0

Q7 この学校を良い職場だと人に勧めることができる　62.0

Q8 教職は社会的に高く評価されていると思う　34.0

Q9 現在の学校での自分の仕事の成果に満足している　49.0

Q10 全体としてみれば，この仕事に満足している　82.0

図 4 - 3　教師の職務満足度

出所：TALIS 2018をもとに筆者作成。

るが，そうしたシナリオは現実的なのだろうか（教師の勤務状況については第 6
章を参照）。

　図 4 - 3 は，教師の職務満足度を10項目から検討した TALIS の調査結果を
まとめたものである。まず全体的な傾向として，小中学校ともに「全体として
みれば，この仕事に満足している」の割合が約80％以上である。逆に，「教員
になったことを後悔している」の割合は小中学校ともに10％に満たないことか
ら，多くの教師は仕事に対する満足度が高いといえる。

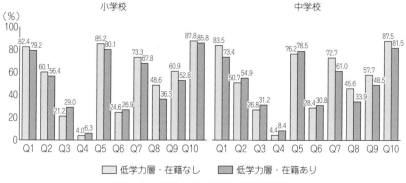

図4-4 低学力層×教師の職務満足度

出所：TALIS 2018をもとに筆者作成。

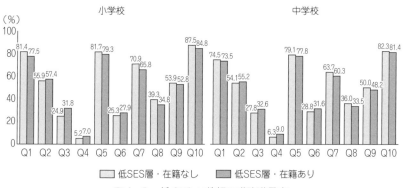

図4-5 低SES×教師の職務満足度

出所：TALIS 2018をもとに筆者作成。

小中学校ともに「教職は社会的に高く評価されていると思う」は40％以下と，半数を割っている（第6章を参照）。ここで注目したいのは，全体として教職への満足度は高い一方で，満足していない教師も一定数存在しているということである。では，どのような考えの教師が満足していないのであろうか。例えば，さきほど，授業で学習指導に時間が十分確保できない学級とできる学級があることを確認したが，その違いによって教師の仕事の満足度は異なるだろうか。

図4-4は受け持ちクラスに低学力層がいるかどうか，図4-5は受け持ちクラスに低SES層がいるかどうかによる教師の満足度の割合を示している。同図からは，低学力層や低SES層がいるかどうかによって，教師の満足度にはほとんど違いがみられないことがわかる。一方で小学校では，「可能なら，別

の学校に異動したい」「現在の学校での仕事を楽しんでいる」「この学校を良い職場だと人に勧めることができる」「教職は社会的に高く評価されていると思う」「現在の学校での自分の仕事の成果に満足している」の回答において，5％以上の違いが確認できる。特に，「教職は社会的に高く評価されていると思う」では12％と比較的差が大きい。中学校では，「教員であることは，悪いことより，良いことの方が明らかに多い」「この学校を良い職場だと人に勧めることができる」「教職は社会的に高く評価されていると思う」「現在の学校での自分の仕事の成果に満足している」「全体としてみれば，この仕事に満足している」の回答において 5％以上の違いが確認される。特に，「この学校を良い職場だと人に勧めることができる」「教職は社会的に高く評価されていると思う」では12％と大きな差がある。

　受け持ちクラスに低 SES 層がいるかどうかによる回答の差は，小学校では，「可能なら，別の学校に異動したい」「この学校を良い職場だと人に勧めることができる」において，5％以上の差が確認できる。中学校では，5％以上の差が確認できるものはなく，ほとんど差がなかった。

　これらの結果を踏まえると，小中学校ともに受け持ちクラスの置かれた状況と職務満足度に関係があるといえるが，低 SES 層がいるかどうかよりも，低学力層がいるかどうかによって教師の職務満足度に違いが見られた。[6] 先に確認したように，低学力層や低 SES 層がいる学級では，児童生徒が学習指導を十分に受ける環境が整っていないという状況を踏まえると，教師の職務満足度が低く，子どもの学習環境が整っていない場合には，学習環境において一種の負のスパイラルが生じやすいともいえるであろう。[7]

■3■　公立私立間における格差

　ここでは，公立学校と私立学校の格差について確認する。そもそも，私立学校に通学する小中学生はどの位いるのだろうか。表4-1は学校種別に在籍者

---

(6)　このような背景として松岡（2019）は，TALIS を用いて，中学 2 年を担当する教師のデータ分析を行い，学校の置かれている社会経済的状況が生徒の行動を媒介して教師の職務満足度と関連しているとともに，高 SES の学校では生徒の問題行動が少なく，そのことが教師の職務満足度の高さの要因になっていることを指摘している。

(7)　アメリカにおいては，一部の公立学校で教師不足が生じていることの背景には教師の異動と生徒の人種や成績が強く関連していることが指摘されている（Hanushek, Kain & Rivkin 2004）。

表 4 - 1　設置主体別にみた児童生徒の在籍者数の割合

	小学校 （総計：630万693名）	中学校 （総計：321万1219名）	義務教育学校 （総計：4万9677名）
私　立	1.3%	7.5%	0.3%
国　立	0.6%	0.9%	6.8%
公　立	98.2%	91.6%	92.9%

注：義務教育学校は小中一貫校のことである。
出所：文部科学省『学校基本調査（令和 2 年度）』より筆者作成。

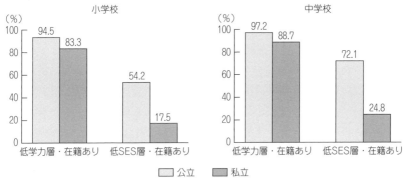

図 4 - 6　リッチフライトおよびブライトフライトの実態
出所：TALIS（2018）より筆者作成。

の割合を示したものであるが，義務教育段階では90％以上が公立学校に在籍している。

　それでは，公立学校と私立学校における格差にはどのようなものがあるだろうか。その 1 つは，私立学校には低学力層や低 SES 層の児童の少ないことが挙げられる。理論的には，このような状況は，ブライトフライト（Bright flight：優秀者の逃亡）（苅谷 2001）あるいはリッチフライト（Rich flight：恵まれた家庭の逃亡）（藤田 2006）という概念で議論されている。これらの "flight" とは逃走や脱出を意味する。つまり，学業成績が低い児童や社会経済的に困難な家庭環境の児童が公立学校に多く在籍し，学力の高い層や裕福な家庭は，公立学校から「脱出」して私立学校を選択しているということである。図 4 - 6 からも，小中学校いずれにおいても，私立学校の方が低学力層や低 SES 層が少

――――――――――
(8)　TALIS では，社会経済的に困難な家庭環境を，「住居や栄養，医療などの生活上必要な基礎的な条件を欠いている家庭環境のこと」として設問を設定している。

ないと確認できる。特に，低 SES 層の在籍している割合は，小中学校ともに，公立学校の方が高い。

4　改革の潮流

　次に，2000年前後から規制緩和と地方分権を基調として本格的に実施されてきた教育改革について取り上げる。一連の政策は教育格差の是正に寄与することが期待されているが，問題点はないのだろうか。ここでは，学校選択制と少人数学級を事例として，問題点について検討する。

学校選択制

1990年代後半からの教育分野における規制緩和の流れのなかで，学校選択制が導入された。学校選択制を実施するかどうかは市町村教育委員会に決定の権限があるが，文部科学省の調査によれば[9]，2012年度において，小学校段階では246の市町村教育委員会が学校選択制を導入しており（15.9%），また中学校段階では204の市町村教育委員会が導入している（16.3%）。義務教育では就学する学校は原則的には居住地に基づいて決定されるが，学校選択制が導入されている自治体では就学する学校を選択可能である。学校選択制を導入している東京都品川区の保護者を対象とした意識調査からは，学校選択制は教育改革の方法として有効であると過半数の保護者が認識していることが明らかにされている（山下，2021）。たしかに，学校選択制は保護者に支持されているが，問題点はないのだろうか。例えば，学校選択制の導入による入学者数の偏りが，いわゆる人気校あるいは不人気校の問題として報道されていることを，どのように捉えたらよいだろうか[10]。

　このことは，社会経済的地位の高い家庭に生まれた児童生徒が，ある特定の一部の学校にすくい取られていく問題として，理論的にはクリーム・スキミング（cream-skimming）と呼ばれる。欧米の学校選択制の事例においてこの現象が確認されているが，日本でも，特に小学校で，子どもに対する進学期待が高かったり，通塾させていたり，家庭教育に積極的に関わっていたりという教育

---

(9)　文部科学省（2012）「小・中学校における学校選択制等の実施状況について（平成24年10月1日現在）」（https://www.mext.go.jp/component/a_menu/education/detail/__icsFiles/afieldfile/2013/09/18/1288472_01.pdf）。他方で，近年一部の自治体において，導入していた学校選択制の実施を見直したり取りやめたりしているところが，小学校段階では5教育委員会，中学校段階では2教育委員会ある。

(10)　「こんなにある都内小中学校の人気格差　公立小中学校選択制ランク」（『AERA』2004年11月22日号）や「公立中学の『選択格差』」（『AERA』2008年9月15日号）。

に熱心な家庭の児童が特定の学校に多く集まっていることが確認されている（山下 2021）。このように，学校選択制の導入によって，ある特定の学校には教育熱心な家庭の子どもが集まり，逆にそうではない家庭の子どもが特定の学校には集まるといった問題が生じる可能性が指摘できる。

少人数学級) 　2011年度の義務標準法等の一部改正[11]によって，小学校1年生において35人学級が導入され，日本における少人数学級の実現として注目を集めた。また2020年度には，コロナ対策の1つとして少人数学級の実現がより一層求められ，2021年度から，小学校において35人学級を全学年において順次進めていくことが決定した。

　少人数教育をめぐる概念についてまず整理をしておきたい。少人数教育とは，少人数指導と少人数学級の2つからなる概念である。少人数指導とは，生活集団と学習集団を一体化せず，生活集団としての学級の規模そのものは変化させずに，算数などある特定の教科に限って，学習集団としての学級の規模を小さくする方法のことである。例えば，ティームティーチング（TT）という方法がある。少人数学級とは，生活集団と学習集団を一体化して捉え，小規模の集団を作る，すなわち少人数の学級を編制することである[12]。

　では，実際の少人数学級の効果[13]はどの程度のものだろうか。ここでは，少人数学級の効果に関する最も著名な研究として知られる，アメリカテネシー州で実施された Project STAR（Student Teacher Achievement Ratio）の実験研究を紹介する。この実験研究は，1985年から1989年にかけてテネシー州で幼稚園（kindergarten）から小学校3年生（K-3）までを対象として行われた。46の学区において，79校の329学級に所属する6000人以上の児童が参加した大規模実験研究である。この実験研究では，少人数学級（13-17名），通常学級（22-26名），通常学級に補助教員を配置した学級の3つのタイプの学級を比較することによって，学級規模が学力テストの結果に及ぼす効果の測定を試みた。その結果，以

---

[11]　公立義務教育諸学校の学級編制及び教職員定数の標準に関する法律および地方教育行政の組織及び運営に関する法律の一部を改正する法律が施行された。

[12]　山崎編（2014）および教職員配置の在り方に関する調査研究協力者会議（2005）「今後の学級編制及び教職員配置について（最終報告）」（https://warp.ndl.go.jp/info:ndljp/pid/11402417/www.mext.go.jp/component/b_menu/shingi/toushin/__icsFiles/afieldfile/2017/07/11/1212333_004.pdf）を参照。

[13]　教育心理学の視点から学級規模の効果をめぐるレビューを行ったものとしては，山森（2013）がある。

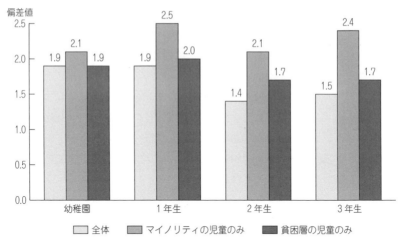

図4-7　標準化されたテスト得点への少人数学級の効果

注：Schanzenbach（2010）では，縦軸が標準偏差で示されているが，ここでは読者の理解のしやすさを考慮して，縦軸を学力偏差値に換算して表示している。標準化されたテスト得点は，平均0，標準偏差1となるように変換した得点である。学力偏差値は，平均50，標準偏差10となるようにテスト得点を変換した値であり，個人の相対的な位置を示す値である。

出所：Schanzenbach（2010）をもとに筆者作成。

下のようなことが知見として得られている（図4-7）。第1に，少人数学級は学力面で効果があると確認された。全体の平均で見た場合の少人数学級の効果の大きさは，偏差値に換算するとプラス1.5程度である。第2に，学力に対する効果は，とりわけ幼稚園段階と第1学年においてみられた。第3に，就学援助を受けている貧困層やアフリカ系アメリカ人などのマイノリティの児童にとっては学力面でより大きなメリットがあると確認された。

　しかし他方では，テネシー州の事例のように少人数学級導入の効果が見られず，少人数学級を導入したことによってむしろ，教育条件（環境）が悪化した事例もある。なぜ悪化する事態になったのか，カリフォルニア州での事例から紹介する。テネシー州での少人数学級導入の効果を肯定的に捉えたカリフォルニア州は，1996年に小学校低学年を対象とした少人数学級に関する法案を制定し，学力格差の是正を図った。少人数学級の導入に際して，新しく教員を短期間に大量に採用する必要があり，結果として，少人数学級導入後に新任教員や正規の免許を持たない臨時教員が12％程度増加した（星野 2015）。また，州内の貧しい学区においては，給与の低い非常勤教員の割合が10％から30％程度増大し，少人数学級の導入によって教員歴の浅い教員や非常勤教員が増加すると

いった教員の質の低下問題が生じることになった（Jepsen & Rivkin 2009）。つまり，学力の格差是正が期待される少人数学級の導入がかえって学習環境の格差を拡大させる可能性があることをカリフォルニア州の事例は示している。その後，教員の質の低下に対応するために，カリフォルニア州では，教員の職能開発を義務付け，その結果，一斉授業だけではなくグループ学習や個別指導といった複数の授業方法が採用されるようになり，少人数学級の1つの効果である教授法の改善が行われている（星野 2015）。

　日本ではアメリカのように少人数学級の効果を検証する大規模な実験研究は行われていないが，文部科学省が実施する全国学力・学習状況調査（対象：小学校6年生および中学校3年生）を利用した教育経済学の研究からは，中学校3年では効果が確認されず，小学校6年生の国語では効果が確認されている（Akabayashi & Nakamura 2014; 妹尾・北條・篠崎・佐野 2014）。また，自治体が独自で実施している学力調査データをもとに検証した教育経済学の研究においては，少人数学級の学力に及ぼす影響は限定的であること（Ito, Nakamuro, & Yamaguchi 2020; 田中 2020），自制心，自己効力感，勤勉さといった非認知能力（心理特性）に対しては，明確な効果が確認されていない（Ito, Nakamuro, & Yamaguchi 2020）。ただし，対人関係，向社会的行動，ソーシャルサポート，メンタルヘルスに関わる心理学的尺度を用いて学級規模の効果を検証した教育心理学の研究では，学級規模が大きいことがこれらの心理特性に対してマイナスの影響があることが確認されている（伊藤・浜田・村山他 2017）。

教員をめぐる政策：義務教育費国庫負担金制度と義務標準法

　2000年以降の教員に関する大きな教育制度改革としては，義務教育費国庫負担金における国庫負担割合の変更と義務標準法の改正が挙げられる。

　義務教育費国庫負担金制度とは，義務教育段階における公立学校の教職員の給与の都道府県と国との負担分を規定する制度である。この制度によって地域間における財政状況による格差の是正を行い，教員の給与水準を全国で一定にし，全国どこでも継続的かつ安定的に教職員を確保することで，国による義務教育の最低保障を企図した（小川 2019）。2005年度までは，教員（県費負担教職員）の給与は国と自治体がそれぞれ2分の1ずつ負担をすることになっていたが，それ以降は国が3分の1，自治体が3分の2を負担することになっている。

　義務標準法とは，学級を単位として必要となる教職員数（定数）を算定するものである。必要となる教育予算の算出において重要な役割を果たす法律であ

り，学級を単位とする点に教育機会の均等を実現する方法としての特徴を見出すことができる。欧米では，個人間の差異を重視し，児童生徒1人あたりの教育費用を算出したのちに，児童生徒数に応じて教育費を配分する「個の平等」のアプローチがとられている。一方，日本では個人間の差異よりも集団性を重視し，まず学級規模（学級における児童生徒数）の上限を決め，それをもとに必要な教職員の数を算出し，その教職員数に応じて教育費を配分する「面の平等」のアプローチが取られている。個の平等のアプローチでは個人を単位として資源配分における平等が考えられているが，面の平等のアプローチでは集団的・空間的な集合体を単位として資源配分の平等（標準化）が考えられているという違いがある（苅谷 2009）。このような学級を基準とした面の平等アプローチをとることによって，集団性を重視し，学級を基盤とする教育活動が行われるが，その一方で集団性を重視するがゆえに，特別な支援を必要とする子どもや社会経済的に不利な状況に置かれた子どもに配慮した教育活動や指導が十分に行われていないことも指摘されている（小川 2019；末冨 2016）。

3　現場のための Q&A

・この章の知識は，学校現場でどのように役立てることができるのでしょうか。

　日本の義務教育は，教育機会の均等を実現するように制度設計がされています。しかし実際には，本章で指摘したように，学習環境や教育制度そのものが，格差を維持あるいは拡大する可能性があると知ることができたはずです。また，学習環境の相異や教師の置かれている状況についても，「感覚」や「経験」からだけではなく，データ分析の結果に基づいて実証的に俯瞰することができるようになったはずです。そして，教育格差が生じているのは，必ずしも教師をはじめとする関係者のやる気や想いに課題があるからではなく，日本における教育制度や政策に由来する課題があるからだという視点を得ることができたのではないでしょうか。

・学校選択制は全面的に廃止する方がよいのでしょうか。例えば通学距離が長い場合，近くの学校には入部したい部活があるのに，自分が通学する学校にはその部活がないというのは，やはり不公平ではないでしょうか。

　このようなケースについては，「通学区域の弾力化」という制度によって対

応が可能です。通学区域は，就学校の指定に関わる恣意性の排除や不公平感の軽減を目指して，市町村教育委員会が設定していますが，通学区域の弾力化とは，いじめや不登校の問題といった教育的配慮が必要な場合や通学距離が長すぎる場合といった限定的な理由で，かつ，教育委員会に承諾された場合に，住民基本台帳に基づいて指定される就学校とは異なる学校に就学することを可能にする制度です（文部科学省 2009）。学校を選択できる点では学校選択制と共通ですが，通学区域の弾力化が学校選択制と異なるところは，入学する学校の変更理由が限定的である点と変更理由の承諾が教育委員会によってなされる必要がある点です。

・教育政策を実施するにあたって，対象者を限定しない場合と限定する場合がありますが，このことについてはどのような議論がなされていますか。

　ある政策を実施する際に，地域を選ばず全国一律に実施したり，関係者全員に対して実施したりすることを普遍主義（universalism）といい，必要度の高い，ある特定の地域や集団に絞って実施することは選別主義（selectivism）といいます[14]。日本においては，教育政策は全国一律にすべての児童生徒を対象として実施されることが多いですが，アメリカにおいては，すべての児童生徒を対象として実施されるのではなく，低所得やマイノリティの割合が高い地域に対象を絞って政策を実施する場合があります。このような実施方法は，少人数学級の実施が，一種の補償教育（compensatory education）[15]の性格を有していることを示唆しています（山下 2008）。

4　演習課題

1　ツイート課題

①学校間の格差と聞いて思い浮かべることは何ですか？

---

[14] 「選別主義と普遍主義」濱嶋朗・竹内郁郎・石川晃弘編，2018，『社会学小辞典　新版増補版』有斐閣，p.382を参照。

[15] 補償教育とは，貧困状態にある子どもが受ける教育プログラムを拡大し改善することによって，社会的に不利な状況を補償することを目的とした教育のことである。アメリカではヘッドスタート・プログラムやペリー幼児教育プログラムの実験が代表的な補償教育として知られている（Guthrie 2003）。

②学校間の格差を実感した個人的な経験はどんなことですか？

③その格差は許容範囲ですか？

2　レポート課題

①教育段階ごとに，学校間にはどのような格差があり，またその格差はなぜ起きているのか，その実態と背景について論じて下さい。

②教師の立場からすると，学校間に存在している格差是正のためにどのような点に着目すればよいか，また是正をするためにどのような課題が残されているのかについて論じて下さい。

③学校間に存在している格差是正のために，教育政策にはどのようなことが可能か，またどのように実施していけばよいのかについて論じて下さい。

5　理解を深めるために

1　文献紹介

①志水宏吉監修，2019，『シリーズ・学力格差』（第1巻〜第4巻）明石書店。

本書は，第1巻〈統計編〉，第2巻〈家庭編〉，第3巻〈学校編〉，第4巻〈国際編〉の4巻で構成され，学力格差に関する理論や実証方法に加えて，その実態やメカニズムを総合的に学ぶことが出来ます。

②山下絢，2021，『学校選択制の政策評価──教育における選択と競争の魅惑』勁草書房。

本書は，学校選択制について，「選ぶ側」である児童生徒と「選ばれる側」である教師の両者の視点から，定量的なデータ分析に基づいて実証的に検討しています。

③山崎博敏編，2014，『学級規模と指導方法の社会学──実態と教育効果』東信堂。

本書は，学級編制をめぐる政策の変遷を整理すると同時に教員に対して行ったアンケート調査の分析や，子どもの学力に対する学級規模縮小の影響の分析を通じて学級規模縮小の効果について網羅的に検討しています。

2 メディアの紹介

①映画『*Waiting for "Superman"*』(2010年, directed by Guggenheim, D.)

この映画は, アメリカにおける教育格差を取り上げたドキュメント映画である。会員数が2万5000人を超す全米教育学会 (AERA: American Educational Research Association)[16] の2013年の年次大会においても取り上げられました。アメリカにおける教育の事例ですが, 当然視されていた学校の平等とは実のところ平等ではなく, 教育 (学校) にはどのような格差があり, またその格差是正に向けて, 関係者がどのような取り組みをしているのか, その実態と課題を学ぶことができます。

② DVD『プロフェッショナル 仕事の流儀 中学教師 鹿嶋真弓の仕事 人の中で人は育つ』NHK エンタープライズ。

この DVD は2007年4月に NHK 総合テレビにて放送された『プロフェッショナル 仕事の流儀』で紹介された, 東京都足立区の中学校教師であった鹿嶋真弓氏 (2020年1月現在は立正大学特任教授) の実践が, ドキュメント映像として記録されています。本章では, 学校間の格差として授業時間の格差を取り上げましたが, 格差是正のための1つの方法として鹿嶋氏は構成的エンカウンターという方法に取り組んでいます。さまざまな教育実践をするにも教師の情熱だけではどうしてもうまくいかない, あるいは, よい実践を知っていたとしてもその実践が成立するためには素地ができていなければならないこと, そして, そのためのヒントを学ぶことができます。

文献

Akabayashi, H., and Nakamura, R., 2014, "Can small class policy close the gap? An empirical analysis of class size effects in Japan," *Japanese Economic Review*, 65(3), 253-281.

赤林英夫・直井道生・敷島千鶴編, 2016, 『学力・心理・家庭環境の経済分析——全国小中学生の追跡調査から見えてきたもの』有斐閣。

藤田英典, 2006, 『教育改革のゆくえ——格差社会か共生社会か』岩波ブックレット。

Guthrie, J., 2003, W. *Encyclopedia of Education*, MacMillan Reference Books.

Hanushek, E. A., Kain, J. F., and Rivkin, S. G., 2004, "Why public schools lose teachers," *Journal of Human Resource*, 39(2), 326-354.

[16] 2018年9月時点で会員数は約2万5000人である。https://www.aera.net/About-AERA/Who-We-Are/AERA-By-The-Numbers (最終アクセス日: 2020/01/29)

Hattie, J., 2008, *Visible learning: A synthesis of over 800 meta-analyses relating to achievement.* Routledge.（山森光陽監訳，2018，『教育の効果──メタ分析による学力に影響を与える要因の効果の可視化』図書文化。）

広沢明，2009，「教育法の理念と構造」姉崎洋一・荒牧重人・小川正人・金子征史・喜多明人・戸波江二・廣澤明・吉岡直子編『ガイドブック教育法』三省堂，2-20頁。

星野真澄，2015，『アメリカの学級規模縮小政策──カリフォルニア州に焦点をあてて』多賀出版。

伊藤大幸・浜田恵・村山恭朗・髙柳伸哉・野村和代・明翫光宜・辻井正次，2017，「クラスサイズと学業成績および情緒的・行動的問題の因果関係──自然実験デザインとマルチレベルモデルによる検証」『教育心理学研究』65（4），451-465頁。

Ito, H., Nakamuro, M., and Yamaguchi, S., 2020, "Effects of class-size reduction on cognitive and non-cognitive skills," *Japan and the World Economy*, 53, 100977.

Jepsen, C., and Rivkin, S., 2009, "Class size reduction and student achievement the potential tradeoff between teacher quality and class size," *Journal of Human Resources*, 44(1), 223-250.

苅谷剛彦，2001，『階層化日本と教育危機──不平等再生産から意欲格差社会へ』有信堂。

苅谷剛彦，2009，『教育と平等──大衆教育社会はいかに生成したか』中公新書。

国立教育政策研究所編，2019，『教員環境の国際比較 OECD 国際教員指導環境調査（TALIS）2018年調査報告書』ぎょうせい。

松岡亮二，2019，『教育格差──階層・地域・学歴（ちくま新書）』筑摩書房。

文部科学省，2009，「公立小学校・中学校における学校選択制等についての事例集」（https://www.mext.go.jp/a_menu/shotou/gakko-sentaku/1288665.htm）。

文部科学省，2010，「幼児期の教育と小学校教育の円滑な接続の在り方に関する調査研究協力者会議（第9回）配付資料　資料1-2幼小接続・座長試案（https://www.mext.go.jp/b_menu/shingi/chousa/shotou/070/shiryo/attach/1299926.htm）。

小川正人，2019，『日本社会の変動と教育政策──新学力・子どもの貧困・働き方改革』左右社。

Schanzenbach, D. W., 2010, "The economics of class size," *The Economics of Education*, Academic Press, 321-331.

妹尾渉・北條雅一・篠崎武久・佐野晋平，2014，「回帰分断デザインによる学級規模効果の推定」『国立教育政策研究所紀要』143，89-101頁。

末冨芳，2016，「義務教育における「標準」の再検討」『日本教育行政学会年報』，42，36-52頁。

田中隆一，2020，「根拠を活用した教育政策形成へ向けて——自治体教育データを用いたクラスサイズ縮小効果の検証」『社会保障研究』5（3），325-340頁。

東京都教育委員会，2009，「東京都公立小・中学校における第1学年の児童・生徒の学校生活への適応状況にかかわる実態調査について」(http://www.city.tama.lg.jp/cmsfiles/contents/0000001/1513/H250725_tamakko5_shiryo5.pdf)。

山森光陽，2013，「学級規模，学習集団規模，児童生徒−教師比に関する教育心理学的研究の展望」『教育心理学研究』61（2），206-219頁。

山崎博敏編，2014，『学級規模と指導方法の社会学——実態と教育効果』東信堂。

山下絢，2008，「米国における学級規模縮小の効果に関する研究動向」『教育学研究』，75（1），13-23頁。

山下絢，2021，『学校選択制の政策評価——教育における選択と競争の魅惑』勁草書房。

Yamashita, J., and Masuyama, M., 2019, "Socioeconomic Status and School Readiness in Japan," *Journal of School Improvement and Leadership*（日本学校改善学会），1, 108-124.

第 5 章

制度が隔離する高校生活

松岡亮二

1 「ふつう」の高校生活

第3章冒頭で出てきたXさんが高校生活について話している。あなた自身の経験と比べて，どこが一致しているのか，あるいは乖離しているのかを意識しながら読んでください。

　第一志望の公立高校に受かったのは良かったですが，地域で勉強できる人ばかりが集まっていたので授業についていくのは大変でした。中学校の頃は定期試験の前の週になっても全然真面目に取り組まない同級生がいましたけど，高校ではみんなちゃんと取り組んでいて，良い成績取るぞっていうこだわりとかやる気がすごかったので，かなり刺激を受けました。中学校と違うといえば，勉強だけではなくて，本とか映画とか，そういう趣味とか，好きなものが似ていて，話が合いました。今でも仲が良い友達は高校時代の同級生と部活仲間が多いです。高校の先生が授業でたまに煽っていたのもあると思いますけど，まだ1年生のうちに，来年の文理選択をどうするとか，どの大学狙うとか，進路についても考える機会がよくありました。中学校のときはそういう話をすると真面目扱いを受けていたので，高校は居心地がよかったですね。
　学校の成績が微妙だったので，部活の先輩と同じように推薦は結構早い時期に諦めました。1年のときから予備校に行っていた同級生もいましたけど，学校の授業が受験対策になっていたのもあったので，3年の夏から通うことにしました。中学校のときみたいにほぼ全員通う感じではなかっ

たですけど，予備校に通ってなくても同級生はみんな頑張り屋さんだった
んですよ，学校とか市立図書館でずっと自習していました。私は部活の先
輩に憧れていて，同じ大学を目指していたから相当追い込みました。受験
直前は母も「無理しないでいいのよ」って言うぐらいピリピリしていまし
た。学校の先生も熱心でしたよ。志望大学に合格したときは，自分のこと
のように喜んでくれました。振り返れば違う選択肢もあったのかなとは思
いますけど，自分なりの努力が報われたのでだいたい満足しています。

　どれぐらいあなたの経験と一致しているだろうか。はたして，このＸさんの
高校入学から大学合格までの経験は，日本社会において「ふつう」なのだろう
か。

2　高校教育制度

■1■　トラッキングによる学校間の SES 格差

　学力などを基準に生徒を異なるプログラムに振り分けることをトラッキング
(tracking) と呼ぶ。スタートからゴールまでの道筋が決まっている陸上競技の
走路（トラック）のように，特定の教育プログラムに入ると，カリキュラム，
学力や学習意欲が似た同級生，教師からの期待などによる社会化過程を経て，
卒業生と同じような進路にたどり着くことを意味する。日本では大まかに分け
ると 1 つ 1 つの高校がトラックになっている。毎年同じような学力の生徒が入
学してくるので，ひとりひとりはそれぞれ違う個人であるのに，学校全体では
卒業生の進路が数年で大きく変わることはあまりない。

　日本の後期中等教育制度は，高校受験によって学力を基準にした高校階層構
造を持つ。出身階層による学力格差が義務教育（第 3 章・第 4 章）の終わりに存

---

(1)　普通科，農業科・工業科などの職業訓練を目的とした専門学科，これら 2 学科の特徴を併せ持つ
　総合学科など，学科によってカリキュラムが異なる。入口（入学）と出口（卒業後の進路）のつな
　がりがカリキュラムによって強く水路付けられるので，入学難易度を示す学力偏差値による学校間
　のトラッキング（between-school tracking）だけではなく，カリキュラム・トラッキング（curricu-
　lum tracking）と呼ぶ。地域や時代によって違いもあるが，研究では専門学科を高校階層構造の下
　位に位置付けることが多い。
(2)　学科によって入学難易度を示す偏差値が異なる場合は，同じ学校内に複数トラックあることにな
　る。

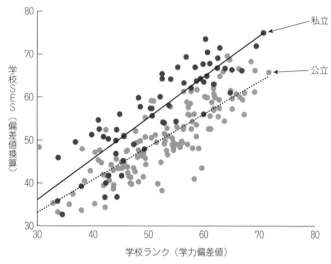

図5-1　SESの学校間格差（公私）

出所：PISA2015

　在したまま高校受験という制度的な教育選抜を行うので，結果として学校間に出身階層格差ができる。この実態について，高校に入学して約3ヶ月時点の全国の高校1年生を対象とした調査データ[3]で確認してみよう。

　出身階層の代理指標として，経済・文化・社会などの多様な側面を統合した社会経済的地位（Socioeconomic status，以下SES）を用いると[4]，入学難易度を示す学校ランク（生徒の学力の学校平均）と学校SES（生徒SESの学校平均）は高い相関関係にあることがわかる（図5-1）[5]。例えば，全体のなかで上位2％ぐらいである偏差値70の進学校だと，学校SESも同じぐらい高い。これは，どの地域であっても進学校と評される高校に通う生徒の出身家庭の平均SESが，

---

(3)　経済協力開発機構（OECD）によるPISA（Programme for International Student Assessment）調査の個票データを用いた。

(4)　PISAデータには社会経済的地位（SES）を示すESCS（Index of Economic, Social and Cultural Status）という指標が含まれていて，この親学歴も含んだ変数を使うことで簡便に社会階層と教育の関係を理解することができる。なお，親が大卒かどうかだけを用いても，本章で紹介している傾向は変わらない。

(5)　本章の図表は松岡（2019）の再掲である。変数の定義など詳細は松岡（2019）の5章pp.199-230を参照。なお，表内の数値はすべて小数点以下を四捨五入しているので，差が一致しない箇所がある。また，議論の大半も松岡（2019）に基づく。各テーマについての文献は松岡（2019）の巻末のリストを参照のこと。

表 5 - 1　学校ランクと学校 SES

学校ランク （学力偏差値）	母大卒％	父大卒％	両親大卒％	本の冊数平均
40以下	24	20	12	96
40以上50未満	33	33	20	119
50以上60未満	49	48	34	144
60以上	68	67	54	187

出所：PISA2015

100人の中で上から 2 番目あたりであることを意味する。学力偏差値が約70の
うち最も学校 SES が低い高校でも上位16％である60を超えている（図 5 - 1）。
出身家庭が社会経済的に恵まれた順番に10人の生徒を並べたとしたら 1 番目か
2 番目の生徒が，その学校の生徒の平均像ということになる。

　設置者区分で見ると，学力が偏差値70でも学校 SES が比較的低い高校は公
立である。同じランク（偏差値帯）であれば，私立校（図中の●）のほうが平均
的な SES は高いが，公立校間であっても学校ランクと学校 SES に関連がある
ことに変わりはない。すなわち，高ランク校（進学校）とは，勉強ができる生
徒が集まっている学校であると同時に，高 SES 家庭出身の生徒が集まってい
る学校を意味する。同様に，入学難易度が低く生徒の学習意欲や行動に課題が
あるとされる「教育困難校」はどの地域にも存在するが，そのような学校は出
身家庭の SES が低い生徒を受験によって集めているということになる。高校
入試という選抜によって学力だけではなく出身階層が（平均的には）各学校の
中で均一化されているのである。

　SES にはさまざまな要素が含まれているので，表 5 - 1 では，より想像しや
すい親学歴と家庭の蔵書数を学校ランク層別に示した。大まかな分類だが，学
校ランク（学力偏差値）によって生徒の親の学歴と家庭の蔵書数に差があるこ
とがわかる。例えば，学校ランクが40以下の高校だと両親とも大卒の生徒は10
人のうち 1 人ぐらい（12％）だが，大学進学希望者が大半を占めるであろう学
校ランクが偏差値60以上の進学校だと，生徒 2 人のうち 1 人（54％）は両親と
もに大卒である（表 5 - 1）。学力以外の点でも生徒は学校ごとに集団として大
きく異なるのだ。

――――――――――――――――――

(6)　使用データ（PISA）では短大と専門卒を区別することができないので，この「大卒」は専門
卒・短大卒・高専卒・ 4 年制大学卒・大学院卒を意味する。

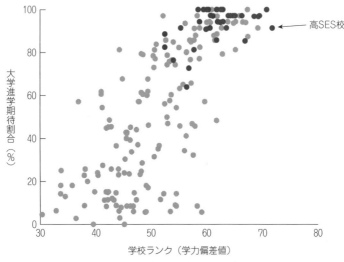

図5-2　進学期待の学校間格差

出所：PISA2015

2　隠れたカリキュラム・生徒文化

　高校の学校案内のホームページやパンフレットを見るとカリキュラム，教員，施設などが強調されているが，その学校の学力や進学実績は「どんな生徒」が入学してくるかに大きく依存している。換言すれば，学校の特性を読み解く上で重要なのは，そこに通う生徒が「誰」なのかである。高校階層構造（ランキング制度）は株価のようには乱高下しないので，基本的に毎年似たような学力・SESの生徒が入学してくる。「誰」が入ってくるかに大きな変化がないので，各高校の学校文化や進学実績は毎年大きく変わらないのである。

　この点について視覚的に確認しよう。図5-2は学校ランクと大学進学期待を持つ生徒の割合の散布図で，図中の●は学校SESが上位約16％と高いことを意味する。横軸の学校ランクが高いほど，大学進学を卒業後の進路と回答する高校1年生の割合が高いことがわかる。この観点だけだと「学力が高い学校だから大学進学期待を持つ生徒が大半」という能力主義的な理解になるが，学校ランクが高く，大学進学期待割合も高い学校の多くは学校SESも高い（図中の●）という実態がある。一方，学校ランクが高くても進学期待割合の低い学校は図の真ん中よりやや右下に見られるが，高SES校（濃い●）ではない。高SESの生徒は高い学力を身につけて進学校に合格するので，学力だけではな

表 5 - 2　生徒文化の学校間格差（相関係数）

	授業の雰囲気	学ぶ喜び	協同姿勢	成功へのこだわり	学校への帰属意識
学校ランク（学力偏差値）	0.45	0.33	0.46	0.69	0.62
学校 SES	0.29	0.44	0.40	0.65	0.59

出所：PISA2015

く SES も進学校の特徴の土台となっている。

　学力と SES が高い進学校においては大半の生徒が大学進学を前提にしていて，この高い進学期待割合は目には見えない「規範」となり得る。必修・選択の教科科目，卒業要件，時間割，校則といった学校の公式（顕在的）カリキュラムとして明文化されているわけではないが，進学校では，教師からの期待や有名大学を目指す同級生たちに囲まれていることが「ふつう」の生活となる。このような「生徒文化」や「学校文化」とも呼ばれる集合的な規範・価値・期待は「隠れた（潜在的）カリキュラム（hidden curriculum）」として知られている。

　この「隠れたカリキュラム」は，学校 SES と無縁ではない。各学校における生徒文化と学校ランク・学校 SES の相関係数（表 5 - 2）[7]を見ると，学校ランク・学校 SES・「生徒文化」がそれぞれ重なっていることがわかる。すなわち，学校ランクが高い学校は SES も高く，授業の雰囲気は良好で，生徒は学ぶ喜びを感じ，同級生と協同する姿勢があり，成功への強いこだわりを持ち，学校への帰属意識もある。一方，低ランク校の SES は低く，授業の雰囲気は好ましいものではなく，学ぶ喜びに乏しく，協同する姿勢に欠け，成功へのこだわりは弱く，学校への帰属意識も低い。

　同様に，どの高校から中退者が出るのかも，学力だけではなく SES が背景にある。各学校の校長回答によると，前年度退学者がまったくいなかった学校（48%）とあった学校（52%）[8]では学校 SES と学校ランクが異なる。前年度に退学者がいない学校には，「退学者を出さない」という公式カリキュラムに明記されていない規範があると考えられるが，そのような学校に通う生徒の平均的な SES は比較的高い（表 5 - 3）。

---

(7)　相関係数は変数の関連を示し，無相関だと 0 で，1 に近いほど正の関連が強いことを意味する。
(8)　質問紙の設問は%で聞いているので回答には 0 %以上 1 %未満は存在せず，0 以外の最小値は 1 である。

表5-3　中退と学校 SES・ランク

前年度退学者	学校 SES	学校ランク（学力偏差値）
なし（0％）	54	54
あり（1％以上）	46	46

出所：PISA2012

　一方，退学が現実的な選択肢である学校ランクと学校 SES は低く，中退者割合が10％を超える学校に限定すると，平均的には学校 SES が39（下位13％あたり）で学校ランクは37（下位の約10％）である。どの地域にあったとしても「教育困難校」扱いされるランクの学校だが，中退者割合が高いこれらの学校に通う生徒の出身家庭 SES の平均が低いという実態がある。なお，学校 SES は，ランクや公私立の別などを調整しても，中退者の有無と関連している。

3　生徒の行動・教育選択

　各学校の隠れたカリキュラムによって生徒の行動は社会化されていくと考えられる。例えば，生徒個人の SES だけではなく学校ランクと学校 SES によっても，塾・予備校通いには学校間格差がある。個人と学校の SES，それにランクが高いほど，高校1年生の夏前の時点で塾・予備校を利用する傾向にあることがわかっている。出身家庭の SES が高い生徒が同じ高校に集まることで，ランクの高い大学を目指すことを多くの生徒が当然と考え，高校入学後間もない時期にすでに学校外で追加的学習機会を（親の影響も含めて）選択している，と解釈できる。なお，高 SES 校に在籍している高 SES 生徒は，よりいっそう学校外の学習機会を利用する傾向にある。難関大学を目指す同級生たちの「熱」にさらに強く反応しているためだろう。

　同じように，生徒個人だけではなく学校のランクと SES はいずれも授業外の学習時間とも関連している。すなわち，高ランク・高 SES である学校に通っている生徒は，より長い時間学習をしているのだ。一方，授業外の学習時間がゼロの高校1年生も存在するが，学校間で偏りがあり，低ランク・低 SES の学校に集中している。事実，学校ランクが高くなるほど授業外学習時間ゼロの生徒割合は低くなる（図5-3）。また，学校 SES が60以上（SES が上位約16％・濃い●）の高校の大半は授業外学習時間ゼロの生徒割合が低いことも確認できる。

　生徒行動の学校間格差は学習についてだけではない。「テレビゲームをする」

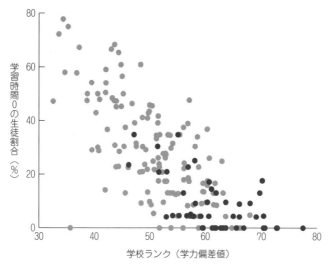

図 5-3　学習時間 0 の生徒割合

出所：PISA2012

「友達に会ったり，電話で話す」「アルバイトをする」といった時間の使い方も，学校ランク・学校 SES によって差が存在する[9]。これらの行動は直接的に学習につながらないと解釈できるとはいえ，必ずしも非教育的で進学と親和性が低いわけでもない。ただ，入学後約 3 ヶ月の時点で従事するアルバイトが成長に資する内容か疑問であるし，低ランク・低 SES 校においてより高い割合で「アルバイトをする」は観察されている。具体的には，アルバイトをする生徒がまったくいない学校のランクは平均で57（上位約24％）と比較的高いが，4人に 1 人以上がアルバイトをしている学校のランクは41（下から約18％）である。同様に，学校 SES の平均もアルバイトをしている生徒がゼロの高校で57（上から約24％）だが，25％以上がアルバイトをしている高校の SES は37（下位の約10％）である。各学校のランクと SES によって，入学後間もない時期にアルバイトをすることが「ふつう」かどうかに差があるということである。

4　高校教師の期待・態度

　ここまで見てきたように，生徒の学力と SES は学校間で大きく異なってい

⑼　PISA2015を使用。「友達に会ったり，電話で話す」は質問紙の原文のまま。

表5-4　教師期待と学校 SES・ランク

生徒に対する教師の期待が低い	まったくない（17%）	非常に少ない（61%）	ある程度はある・ある（22%）
学校 SES	57	49	47
学校ランク（学力偏差値）	56	49	46

出所：PISA2012

る。これはさまざまな学校で働く教師にとっても重要な意味を持ち得る。校長
による報告によれば，教師の生徒に対する期待が高い学校のランクと SES は
平均的に高く，「生徒に対する教師の期待が低い」への回答が「ある程度はあ
る」ないし「ある」という学校のランクと SES は比較的低い。表5-4にある
ように，「まったくない」だと学校ランクの平均は56（上から27%）だが，「あ
る程度はある」「ある」は46（上から66%）である。[10]

表5-5　教師の学業成績重視と学校 SES・ランク

教師は学業成績を重視している	まったくその通りである（10%）	かなりあてはまる（56%）	あまりあてはまらない・まったくあてはまらない（33%）
学校 SES	58	52	43
学校ランク（学力偏差値）	55	52	45

出所：PISA2012

表5-6　教師の勤務校に対する誇りと学校 SES・ランク

教師は本校に誇りをもっている	まったくその通りである（16%）	かなりあてはまる（70%）	あまりあてはまらない・まったくあてはまらない（13%）
学校 SES	55	49	46
学校ランク（学力偏差値）	55	49	47

出所：PISA2012

　「教師は学業成績を重視している」と「教師は本校に誇りをもっている」に
ついても同じ傾向が見られる（表5-5・表5-6）。すなわち，教師が生徒の学
業成績を重視している学校，そして教師が勤務校に誇りを持っている学校のラ
ンクと SES は平均的に高いのである。一方，学業成績を重視せず，勤務校に

---

(10)　学校ランクだけではなく学校 SES でも同様の傾向なので，一方だけに着目すると学力と SES そ
れぞれの過大評価になるといえる。

誇りを持っていない教師が働く学校のランクと SES は平均の50より低い。学校文化の基盤といえる「誰」が生徒であるかに大きな学校間格差が存在することは，高校で働く教師の日々をも左右すると考えられるのである。⁽¹¹⁾

5　走路（トラック）に沿う生徒たち

　ここまでの学校間格差はすべて高校1年生の夏前に収集されたデータで確認できる。進学校の生徒の大半は，学区や通学が可能な範囲における社会経済的な「上澄み」である高 SES 家庭出身者である。それに対して，「底辺校」や「教育困難校」と揶揄される低ランク校の生徒の多くは低 SES 家庭の出身者という現実がある。SES という切り口，すなわち教育格差の視点がないと，学校間のあらゆる違いが，入学難易度を示す「学力偏差値」で理解されてしまうことになる。

　高 SES 校である進学校（高ランク校）には低ランク・低 SES の「教育困難校」とは異なる前提がある。進学校の生徒は親の支援を受け，学習意欲に溢れ，塾・予備校に通い，学習時間も長い。同級生がお互いに刺激し合いながら大学進学に向かう進学校の「文化」の背景には，生徒の比較的恵まれた社会経済的な家庭環境があるのだ。幼児期から学校内外で教育を受けてきた経験の蓄積（第3章）があり，高校受験を突破した成功体験を持つ生徒たちが大半なので，学術的なカリキュラムに沿って授業を進めやすいと考えられる。

　一方，低ランク校で教えることが困難なのは，低学力だけが理由ではない。たとえ教師が強く働きかけても，教育と親和性の低い家庭環境で育ち，学習における成功経験を積み重ねることができないまま高校受験を迎えた生徒たちには響きづらいだろう。さらには，自分自身と似たような SES の家庭出身で学力・学習意欲が高くない同級生に囲まれている以上，卒業生と同じようなトラックに沿った進路を自発的に選択することになっても驚きはない。

　高校階層構造は，「生まれ」による教育格差という現存する不平等を再生産する機能を持っている。よって，卒業生の大学進学率が低い農業科・工業科などの職業訓練を目的とした専門学科（職業科），あるいは低ランク校の普通科の生徒たちは，予備校などの学校外教育サービスを利用しないのであれば，実質

---

(11)　これらの傾向は広域人事異動のある公立校に限定しても変わらない。よって，配属された高校の生徒の学力と SES によって教師の生徒に対する期待値が変わっていると解釈できる。

表5-7　高校ランク別の進路希望・学習行動の割合（％）

学校ランク別	大学進学希望	就職希望	長時間学習	勉強しない割合
上位25％	88	2	58	6
平均上25％	61	9	24	28
平均下25％	35	28	8	57
下位25％	20	42	3	68

出所：平成17年度高等学校教育課程実施状況調査

的に（少なくとも有力）大学への受験競争の蚊帳の外に置かれていることになる。実際に，高校1年生の時点で観察される高校（トラック）間の違いは，学年が上がっても大きな変動はない。高校3年生11月時点で実施された全国調査のデータ[12]を分析すると，進路希望（大学進学・就職）と学習行動について大きな学校間格差を確認することができる（表5-7）。

全体のうち54％の生徒が大学進学を希望し，就職希望者の割合は19％に留まる。「長時間（学校の授業以外で平日に3時間以上）学習」すると回答した生徒は全体の25％で，「（まったく・ほとんど）勉強しない」生徒の割合は39％だった。それぞれの回答をした生徒は各学校に均等にいるわけではなく，高ランク高校ほど大学進学希望と長時間学習をする生徒の割合が高かった。ランクが上位25％（偏差値換算で約57より上）だと，進学と学習が学校の規範となっていることがうかがえる。一方，「底辺」である下位25％（学力偏差値43より下）の高校では，10人に4人が卒業後に最も希望する進路として就職を選んでいる。これらの学校では18歳で就職することは特別な進路ではないのだろう。高校1年生の夏前に大学進学希望の学校間格差が明確にあり，その格差は高校生活を通して各トラック（高校）の規範に沿ったままであると考えられる[13]。

6　高校階層構造によって隔離された高校生活

・本章の知見をまとめよう。SESと学力に関連があるまま高校入試によって選抜を行うので，学校間に大きなSES格差が生じる。「勉強ができる」「恵まれた生徒」が進学校に，「勉強ができない」「恵まれない生徒」が低ランク

---

[12] 表5-1～6・図5-1～3で用いたPISAとは別のデータ（平成17年度高等学校教育課程実施状況調査）を用いている。下位校の就職希望率が高いのは2005年に収集されたデータであるからだと考えられる。詳細は松岡（2019）を参照。

[13] ランクによる学校間格差が大きく変わるほどではないが，進路多様校では4年制大学進学に進路を変更する4大シフト現象（中村 2011）が報告されている。

校に集中する。

・似たような SES の生徒が集まることで，各高校には階層性のある学校文化
　が立ち上がり，それが隠れたカリキュラムになるといえる。高 SES 生徒が
　集まる進学校では大学進学が進路の前提となる一方，低ランク校では中退も
　現実的にあり得る選択肢となる。

・生徒の行動や学校文化は学校ランク・学校 SES と無縁ではない。

・高校教師の生徒に対する期待や態度の背景には学校ランクと学校 SES があ
　るといえる。低ランク・SES 校では，教師は生徒にあまり期待せず，学業
　成績も重視せず，学校に誇りを持たない傾向がある。

・生徒の進路希望と学習行動の学校間格差は 1 年生の夏前ですでに大きく，3
　年生の秋になっても傾向は変わらない。高校への入学と卒業後の進路はまる
　で走路（トラック）のようにつながっていることがうかがえる。

　本章で提示した知見は，現行の高校制度には階層社会の現実を固定化し，再
生産する機能があることを示唆している。SES によって学力格差や努力格差
（第3章）があるまま高校入試という学力選抜を行うことで，（間接的に）「生ま
れ」で隔離されている実態が見えづらくなる。その結果，「誰」が進学校で教
育を受けることができるのかという機会は，「能力」に応じて正当かつ適切に
配分された，という見做しが成立する。

　このような学力偏差値で輪切りした高校階層構造は，近代社会に普遍的な制
度というわけではない。例えば，アメリカ合衆国は普通科と職業科を分けるカ
リキュラム・トラッキングを行っていない。一方で，日本よりもっと低年齢の
段階で子どもたちを大学進学トラックと職業トラックに分離しているドイツの
ような国もある。一般的には，トラッキングの開始年齢が早ければ高 SES 家
庭出身者が大学進学トラックに進むといったように，出身階層とトラックの結
びつきは強くなると言われている。[14]

⒁　詳しくは松岡（2019）の国際比較（6章）・政策論（7章）および多喜（2020）を参照。

3　現場のための Q&A

・この章の知識は，学校現場でどのように役立てることができるのでしょうか。

　冒頭の"「ふつう」の高校生活"は，どれぐらいあなた自身の高校生活に近かったでしょうか。第3章と同じく，この「語り」は教職科目を履修するような大学生に「ありがち」な高校生活をフィクションとして描いたものです。研究知見に基づいているので，大学入試で推薦・AO（アドミッションズ・オフィス）入試を利用したなどの違いはあるかもしれませんが，当てはまる記述もあったのではないでしょうか。もちろん，2節の知見にあるように，この高校生活は同年齢の同級生全員にとっての「ふつう」ではありません。

　教師の出身階層は平均的に高く（第3章），多くは進学校を経由して大学生・大卒となっています。比較的高ランクの進学校出身であれば，あなたの同級生のSESも平均的には高かったはずです。このような自身の教育を受けてきた軌跡が社会全体の「ふつう」ではないと自覚することが研究知見を活かす第一歩といえるでしょう。

　高校教師という集団そのものが「生まれ」（出身家庭のSES）を出発点に進学校の学校生活を経験して大学に入学したという，同年齢層の中でもかなり偏った層であることを理解できれば，自身が教師として持つべき経験について考え直すことができるはずです。例えば，教育実習先が進学校である母校ないし他校でも高ランクであれば，異なる学力層・SES層を相手にした教育経験が不足していることになります。公立の場合，どの都道府県・政令指定都市であっても，非進学校，例えば偏差値50やそれ以下のランクの高校が（最初の）勤務校となっても不思議ではありません。比較的高SES家庭出身の生徒が集まっていた進学校での教育実習や塾などで教えた経験を基に授業を組み立てても，生徒のSESと学力が似てなければ同じような反応を期待することはできません。教師として「空回り」する危険性もあります。

　大学進学期待，学習行動，授業の雰囲気，学ぶ喜び，協同姿勢，成功へのこだわり，学校への帰属意識など「学校文化」として解釈されるさまざまな生徒集団の特徴は，受験制度による学校間トラッキングの帰結です。この点を理解しなければ，自分が教師として「空回り」しているのは「低学力」で「やる気がない」生徒が悪いのだ，と思い込むことになりかねません。そして，自身が

思い描いていた授業ができない日々が続くと，教師も人間である以上，勤務校の生徒に対して期待を持たず，学業成績を重視せず，学校にも誇りを持たなくなったとしても驚きはありません。

　現行の高校階層構造を形成している制度が変更されない限り，教師にとっての教育難易度が学校間で大きく異なる現状が変わることはないでしょう。ひとりひとりの教師にできることは，進学校に通っていた「かつての自分」とは違い，学習意欲を持てないまま高校に入ってきた生徒たちに対してどのような教育実践が効果的であるのかの模索です。第7章〜第15章に教育社会学の知見に基づいた具体的な対応策が紹介されているので参考にしてください。

・進学校に勤務する教師にできることは何ですか。

　学区や地理的に通学可能な範囲の中で上位校として知られる進学校であれば，生徒の出身家庭のSESは公立校であってもかなり高いはずです。生徒は，恵まれた家庭環境を土台に，高校入学時点で高い学力，安定した学習習慣，それに大学進学意欲を内在化し，全般的な知識欲も高いでしょう。すでに学習準備が整っているので，動画授業で自習したり，生徒同士で教え合ったりといった方法でも学び続けることができるはずです。情報通信技術（ICT）を用いた新しい授業方法などの模索も比較的し易い条件があるといえます。

　ただ，学校のSESが平均的に高くても，それは社会経済的な困難を抱えている生徒がまったくいないことを必ずしも意味しません。両親が非大卒かつ経済的に厳しくて予備校などの教育サービスを利用できない生徒にとっては，唯一頼れる身近な大卒の大人は高校の教師だけかもしれません。家庭の経済状態が芳しくなければ，たとえ学力が高くてもどのような支援策があるのか調べないまま，大学進学は現実的でないと自分で期待を「冷却する」こともあり得ます。あるいは，学力が高く進学校に入学することになったけれど，高SES家庭出身の生徒のように明確な大学進学期待をそもそも持っていないかもしれません。たとえ大学進学を望んでいたとしても，最初から私立大学は選択肢から除外する，または，学問的な興味関心よりも安定した職業につながりそうな学部しか視野に入れないかもしれません。第10章が描く社会の実態を理解した上で家庭の事情も含めて進学相談に乗る，大学の奨学金情報を高校生にとってわかり易い形で伝える，同じような困難を抱えながらも大学生となった卒業生をロールモデル（模範・手本）として引き合わせるなど，できることはあるはず

です。

　生徒の出身家庭の SES が平均的に高く，学力も高い進学校だからこそできる実践として，本人には変えられないもう1つの初期条件である性別に着目して意図的な介入をすることも考えられます。高 SES 家庭出身で進学校を経由して4年制大学に進学するにしても，有名大学や理数系学部は男性の割合が高い実態があります（第11章）。進学校であっても大きく意図的な働きかけをしないのであれば，毎年同じような進路結果になると考えられます。第10章（進路）と第11章（ジェンダー）を参考にして，性別によって大学卒業後のキャリアも含めて人生の選択肢が制限されている社会の実態を共有し，生徒たちが十分な理解の上で自覚的な選択をできる手助けをしたいところです。

　もう1つの「生まれ」である出身地域に着目した教育実践も考えられます。地方の公立進学校によっては，進学先として地元国立大学が優先で，都市部の私立大学は避けるべき，という規範があるようですが，それは生徒ひとりひとりの人生にとって長期的に望ましいことでしょうか。同様に，都心部の高ランク校であっても，卒業生と同じような進路，すなわち自宅から通える地域にある大学に進学するのが最善なのでしょうか。本人の志望や適性から，地方や海外の大学を選択肢として提示してもよいかもしれません。卒業生のおもな進路によって無意識のうちに選択肢を狭めるというトラッキングの作用に自覚的な教育実践があり得るわけです。

・進路多様校（中位ランク校）・教育困難校（下位ランク校）に勤務する教師にできることは何ですか。

　自分自身が高校生だった時を基準にすれば，高校階層構造で中位〜下位ランクの高校に勤めると，なぜこの子たちはこんなにも勉強に興味を持たないのだろうか，と憤ることもあるでしょう。教職を選んだ人の多くは，大学受験に向けて一生懸命勉強する「ふつう」の生活を送ったでしょうから，かつての自分とは違う，勉強に向かわない子どもたちを見て思わず呆れてしまっても，それは自然なことです。ただ，なぜかつての自分と同じではないのかと考えずに，脊髄反射的に「正しい」指導をすると，低 SES 家庭出身の生徒ばかりを叱責してしまうことになり得ます。

　高校生の学力や行動の背景には，家庭や小中学校における長期間の社会化過程（第3章）があるので，教師が対応を1人で抱え込むことは現実的ではあり

ません（第3章のQ&A）。他の教員やスクールソーシャルワーカー（コラム1）などと連携する必要性があります。そのような人的資源が不足しているのであれば，（本来は教員の仕事ではありませんが）加配によってどのような教育成果を出すことができるのか，学校長，教育委員会，都道府県議会などに説明することも1つの選択肢ではないでしょうか。

　人的・物的資源に限りがある中でも教師に期待されるのは，高校中退（中卒）だと相対的貧困に陥る可能性が高くなるので（第10章），生徒を学校につなぎ止めることです。自分自身と生徒の経験の距離を自覚した上で，あなたが赴任する以前から存在する「隠れたカリキュラム」となっている学校文化を，教育と親和性が高く，中退を抑制する方向へと少しずつ変えていくことが求められます。具体的な生徒対応については，高校の教師生徒関係（第8章）や非行逸脱（第9章）など第Ⅱ部（第7章～第15章）でテーマ別に論じてあるので参照してください。

　なお，進路多様校・教育困難校でも進路として「成功例」だとされる進学をした卒業生がいるはずです。同じ学校出身のロールモデルとして他の生徒に対して紹介したくなるかもしれませんが，低ランク高校を経由して大学を卒業した人たちは比較的出身階層が高かったことがわかっているので（松岡 2019），生徒の出身家庭SESが同水準であるのかを確認したほうがよいでしょう。高SES家庭出身であっても何らかの理由で進路多様校や教育困難校に進学することはあります。学校のトラックは低いことになりますが，それでも，大卒の親，兄姉，親戚などをロールモデルに持ち，学校外でも予備校などの教育サービスを受けられたのであれば，学校の平均とは異なる恵まれた社会経済的な条件を学校外で持っていたことになります。そのように学校外で有形無形のさまざまな機会を持っていた生徒の「成功」エピソードを「この高校でもちゃんと勉強すれば結果が出る」という事例として賞賛したところで，異なる家庭SESの生徒が同じ結果を出すことは難しいでしょう。自らの主張に都合のよいエピソードで異なる条件を持つ生徒を煽っても結果につながらない可能性には自覚的になりたいところです。

・高校生全員に大学進学を促すべきなのでしょうか。

　もちろん，大学進学だけが目指すべきすべてではありません。一方で，低SES層や低ランク校では，テレビやゲームに長い時間を費やすなどの行動か

ら，打ち込むべきものが見つかっていない生徒も多いと考えられます。高校生になるまでの長期間の社会化過程（第3章）で学校の勉強をうまくできてこなかった負の経験に基づいて自分の可能性を諦めている生徒に，「がんばれ」や「夢を見つけなさい」などと漠然とした叱咤激励をしたところで目に見えた効果は期待できないでしょう。

　高校がトラックとして機能していることを生徒に伝えるのは一案なはずです。通っている高校の先輩と同じように日々を送っていたら，だいたい同じような進路と職業キャリアになるであろうという可能性に言及するわけです。例えば，文献紹介に挙げた荒川（2009）にあるように，個性や夢の追求を称揚しても，音楽など多くの生徒が憧れる職業で生計を立てていくことができる人数は限られています。高校卒業後に専門学校に通うなどして自らの目標を追いかけることは1つの選択ですが，何年か経って方向を転換する時，他職においては経験と技能がないところからはじめなければなりません。

　特に教育困難校では，このような不安定な進路と職業キャリアを歩んでいる卒業生を見つけることは難しくないはずです。意識的に準備しなければ卒業生の大半と同じような進路になる可能性が高いことを伝えた上で，他の選択肢について，何をいつまでにしなければならないのか，そのために教師と学校はどのような手助けができるのか，どのような公的援助などがあるのか，といった具体的な手順の提示が求められます。

　大学進学しないにしても，将来的に経済・労働市場の変化によって新しい知識・技能の学習を迫られることになるので，目標を自ら設定し，適切な努力を継続し，実際に目標を達成する，という経験を高校時代に重ねて自己効力感（self-efficacy）を得ることは長い人生において役立つはずです。高校入学までに学習を苦手としてきた生徒が多いのであれば，目標を細分化して短期間で達成を感じられるようにするなど，授業や課題の出し方などの範囲内で教師が手助けできることを模索すべきではないでしょうか。

4 演習課題

1 ツイート課題

①あなたが卒業した高校の主な進学先は？
②あなたが通った中学と高校の同級生の違いは？

③あなたの出身高校の「隠れたカリキュラム」といえば？

2　レポート課題

①卒業した高校の特徴（学力偏差値，生徒の平均的な SES，主な進路・規範・教師からの期待度など，校則などで明示されていないけれど生徒の行動を左右している「隠れたカリキュラム」）を可能な限り書き出しましょう。

②大学の同級生から卒業した高校の話を聞き，それらの特徴（①と同じ）の共通点と相違点を詳述してください。

③低ランク校に進学した中学校の同級生に，高校の特徴（①と同じ）について聞き取り調査をしましょう。もしそのような同級生がいない場合は，実家から通学可能範囲の低ランク校の公開情報や受験情報を集め，①に近い観点で高校の特徴をまとめてください。

なお，②と③は多くの対象者に聞き取りをすると，同じような発言が浮かび上がってくるはずです。

5 理解を深めるために

1　文献紹介

①松岡亮二，2019，『教育格差——階層・地域・学歴（ちくま新書）』筑摩書房。

本章のデータと記述の多くは，高校教育（5章）と国際比較（6章）に基づきます。この日本の学校間トラッキング制度は，「効率」と「優秀さ・卓越性」を追求していると解釈できます。詳しくは第7章の政策・制度論を通読し，自らの教師としての社会的役割について考えてみてください。

②荒川葉，2009，『「夢追い」型進路形成の功罪——高校改革の社会学』東信堂。

高校の個性化・多様化を推進する教育改革によって，中・低ランク高校において大学進学につながるカリキュラムが削減されたことを明らかにしています。これは低 SES 家庭出身で中・低位トラックに入った生徒にとって，大学への進学準備機会が減ったことを実質的に意味します。制度変更によって受ける影響が SES によって一様ではない好例といえるでしょう。大学進学がすべてではないと言うのは簡単ですが，さまざまな進路がひとりひとりの人生にどのような意味を持つのか，本書の第10章の知見も踏まえて考えてみてください。

③中澤渉・藤原翔編，2015，『格差社会の中の高校生——家族・学校・進路選択』勁草書房。

④尾嶋史章・荒牧草平，2018，『高校生たちのゆくえ——学校パネル調査からみた進路と生活の30年』世界思想社。

　社会階層論に基づく高校生研究で比較的近年発表された2冊です。

⑤多喜弘文，2020，『学校教育と不平等の比較社会学』ミネルヴァ書房。

　各国の中等教育制度の特徴を踏まえた上で，出身家庭のSESがどのような過程で結果の差になるのかを計量分析によって検証した学術書です。アメリカ合衆国やドイツを中心とする他国と比較することで，日本の高校階層構造の特徴を理解することができます。

2　メディアの紹介

①映画『フリーダム・ライターズ』（2007年，リチャード・ラグラヴェネーズ監督）

　アメリカ合衆国の実話に基づいた映画です（原題「Freedom Writers」）。貧困と人種間対立に揺れるロサンゼルス近郊の公立高校で，新任教師のエリン・グルーウェルが奮闘する様を描いています。経済的な困窮，ひとり親家庭，人種，居住地域の貧困，身近な犯罪など，本人が選んだわけではない教育「環境」に生徒たちは翻弄されます。また，学校内における進学クラスと基礎クラスといったトラッキング，トラック（クラス）間の人種の偏り，教師の期待格差なども明らかです。本書の知見を通して鑑賞すれば，登場人物の言動など，まるで教育格差を学ぶための副教材として作られたのかと思うほど理解・解釈できることが多いはずです。日本では目に見えづらい階層が肌の色と重なることで教育格差が可視化されていることにも意識を向けてみてください。

文献

荒川葉，2009，『「夢追い」型進路形成の功罪——高校改革の社会学』東信堂。

松岡亮二，2019，『教育格差——階層・地域・学歴（ちくま新書）』筑摩書房。

中村高康，2011，『大衆化とメリトクラシー——教育選抜をめぐる試験と推薦のパラドクス』東京大学出版会。

多喜弘文，2020，『学校教育と不平等の比較社会学』ミネルヴァ書房。

第 **6** 章

教師は社会的存在である

金子真理子

1 教師が忘れない，ある日の出来事

　次のエピソードは，40代の経験豊富な教師が，後にも先にもはじめて「学校に行きたくない」と思った若き日の出来事を，昨日のことのように語ってくれたものだ。

　　若い小学校教師は，ある日，図工室に入って衝撃を受けた。中学年の陶芸作品が十何個も叩き壊されていた。いったい誰が，なぜこんなことを？確証はないが，高学年のいくつかの顔が浮かんだ。すぐ同僚に報告したが，その学校は当時荒れていたので，よくある日常の一コマとして扱われそうになり，さらに衝撃を受けた。が，やっちゃった子を見つけてあげなければならない，と思った。「みんなに現場をみせてください。…とにかく，おおごとにしてください。」

　　名乗り出る子どもは最後まで現れなかったが，少なくとも教師が見過ごさないことは伝わった。同じ事件が繰り返されることはなかった。

　当時この人は20代で，教師になって2校目の小学校に赴任した1年目だった。最初は呆然とし，それから怒りよりも悲しくなって，「壊されたことよりも，これをやっちゃった子を何とかしないと」という思いで行動したという。この教師が受けた衝撃は，個人の感受性や学校の特殊な文脈に依存した，個人的出来事であろうか。いや，教師ならば，似たような経験を1つや2つするかもしれない。本章は，「社会のなかの教師」という視点から，ひとりひとりの教師

が置かれた個々の文脈を取り巻く，より大きな社会的文脈を明らかにすることで，教師の行為や経験の社会的側面を浮き彫りにする。これにより，このエピソードの社会的意味も解き明かされてゆくだろう。

　教職を志望する学生にとっては，近親者に教師がいたり，そうでなくても学童期から出会う大人が教師であったりというように，教師は身近な存在であるかもしれない。しかし，〈職業としての〉教師には，児童・生徒からは見えない側面がある。また，教師になる人々の認識や経験の範囲は，実は限定されているにもかかわらず，それが所与のもの，自明のものとして捉えられがちである。よって，教師という職業が外からどう見られているのかを含め，社会構造全体をつかむ視点を持たなければ，独りよがり／教師よがりの実践を招きかねない。

　そのため，以下ではまず教師の社会的地位に関するデータを読み取りながら，児童・生徒の側から教師の側に移行する学生，そして教師自身に，〈自分が所与のものとしている認識の相対化〉と〈視点の変化〉を促したいと考えている。次に，教師という集団の組織と文化に注目しながら，〈教師として働く〉ことにまつわる課題を提示する。その際に強調しておきたいのは，ひとりひとりの教師が抱えている困難は個人的なものではなく，教師という職業の社会的特質に起因して立ち現れている可能性である。教師がこの視点を持つことこそ，問題の個人化と分断の罠が仕掛けられた袋小路から抜けだす糸口になると考えている。

2　社会のなかの教師

1　教師の役割範囲の広さと不透明な遂行可能性

　学校を思い浮かべよう。そこには，さまざまな家庭的背景を持つ多様な子どもたちがやってくる（第3章・第4章参照）。そして学校は，すべての子どもに，生きていくのに必要な認知的スキルを伝達する場である。同時に学校は，集団生活を通して，子どもが社会のなかでなんとかやっていく情緒的スキルを学ぶ場でもある。ただし，教師の役割範囲がどこまでかというのは，社会によって異なる。日米の小学校を比較調査した酒井朗は，アメリカの教師はもっぱらteach や instruct といった言葉を用いて自らの教育行為を表現するが，日本の教師は「指導」という言葉を頻繁に用いることに気づいた。アメリカでは

teach や instruct の後に続く目的語は特定の知識やスキルに限定されているのに対し，日本の指導という言葉は生徒に対するありとあらゆる働きかけにおいて使われていたのである（酒井 2000：41）。

　このような日本の教師の社会的文脈において，冒頭の教師は作品を壊された子どもをケアするだけでなく，壊した子どもを「何とかしないと」，「見つけてあげなければ」という思いから教育的働きかけをするし，傍観者になりがちな周囲の子どもにも学んでもらおうとした。こうした教師の役割行為は，教師になって問題を抱えた子どもたちと出会うことによって自覚されてゆくものだが，実際には冒頭の事例のように勤務する学校の環境や条件によって，どこまで遂行可能かは一概に言えないところがある。

　教師の役割範囲の広さと，それだけに不透明な遂行可能性——この点から見ても，教師の仕事の成果は，百かゼロかでは捉えられない性質のものといえる。だから，問題が起きても，冒頭の事例のように「よくある日常の一コマ」として扱われそうになることもあれば，「少なくとも教師が見過ごさないことは伝わった」ところでよしとすることもある。こうして多くの教師は，理想と現実の狭間を行きつ戻りつしながら，目の前の教育行為を行っているのだ。

　そして，理想と現実のギャップが大きいほど，また若ければなおさら，教師は衝撃を免れえない時がある。どのような人々が教師になるかを考えてみると無理もない。近年，4年制大学進学率は50％強，短大を含めた大学進学率は60％弱あたりを推移していることから，ほとんどが大卒者である教師は教育機会に恵まれた人々といえる（第3章も参照）。また，教職を志望する大学生は，志望していない大学生に較べて，児童・生徒だった頃から教師的な視点を内面化し，例えば教師不在の場面などで，好むと好まざるにかかわらず教師的役割を演じてしまうような，向学校的な行動傾向があることがわかっている（太田 2012）。

　このような教師の卵たちが都道府県の教員採用試験に合格し，公立学校に勤務する場合，一般的には広域人事で数年ごとの転任を重ね，さまざまな背景の子どもたちと出会うことになる。一口に学校といっても，地域によって人々の生業の比率は異なり，子どもたちの家庭の文化・経済的環境にも違いがある。当然，保護者や子どもの学校への向き合い方や態度もさまざまだ（第3章〜第5章を参照）。だから若い教師は，自分が受けてきた教育経験のなかで作り上げてきた学校像と目の前の学校とのギャップに，多かれ少なかれ衝撃を覚えるも

のだ。

　衝撃の多くは自分の通った学校と自分の勤務する学校が置かれた社会的文脈の違いから生じるが，それだけではない。たとえ同じ学校であったとしても，児童生徒として教わる立場で経験する学校と，教師として教える立場で経験する学校では，まったく違う風景が見えるからだ。前者では自分の学びに集中していればよかった。しかし後者では，多様な子どもひとりひとりが学べるよう，すべての子どもに配慮することが求められるのである（高井良 2006）。

　若い教師は，自分が生きてきた環境とは異なる環境に置かれた子どもたちに出会うことで，「いったい誰が，なぜこんなことを？」と驚くだろう。そして，この衝撃がもたらす「なぜ？」という問いは，その学校の環境に慣れ，現状を切り回している中堅・ベテラン教師に一石を投じることがしばしばある。冒頭の出来事は，若い教師が「おおごと」にしたのが功を奏した例である。教師としての学びは，ベテランから若手への「指導」だけでなく，「日常」を破る若い教師の衝撃からも生まれ得るし，それが学校組織の更新に一役買うこともある。このように振り返ってみると，この出来事は，日々の学校現場で児童・生徒が起こす「事件」というだけでなく，教師の教育行為と文化，さらには教員組織の特徴についてあらためて考える契機を与えてくれる。この点は，後でもう一度言及することにしよう。

2　教職の威信は低下したか

　社会のなかで教師は人々からどう見られているのだろうか。この問いには職業威信研究を参照することで回答できる。広義の職業威信とは，個々の職業の一般的な望ましさや地位の高さを示すものである。人々がこれをどう捉えているかを調べるために，幅広い年齢層を対象とした「社会階層と社会移動全国調査」（SSM調査）では，操作的に次のような質問をしている。

　「ここにいろいろの職業名をかいた用紙があります。世間では一般にこれらの職業を高いとか低いとかいうふうに区別することもあるようですが，いまかりにこれらの職業を高いものから低いものへの順に5段階にわけるとしたらこれらの職業はどのように分類されるでしょうか。」[1]

---

(1)　調査対象者は，1995年と2016年の調査では回答票上の選択肢を選ぶ方法で，1955年と1975年の調査では職業名の書かれたカードを評定基準によって分けられたボード上に並べる方法で，回答した。

表6-1　職業威信調査の概要

出 典	SSM 調査			元治調査
調査年	1955	1975	1995	2016
評定者	全国：20〜69歳の男性	全国：20〜69歳の男性	全国：20〜69歳の男女	全国：20〜69歳の男女
有効サンプル数	3677	1296	1214	722
被評定職業数	32	82	56	130

注：元治調査は，A〜C票の3種類の調査票を用いて，共通職業10職業に加え，各調査票40職業に対する評定から，130職業の職業威信スコアを算出した。

出所：日本社会学会調査委員会編（1958），富永編（1979），1995年SSM調査研究会編（1998），元治編（2018）を参考にして作成。

この質問への回答結果に，「最も高い」＝100，「やや高い」＝75，「ふつう」＝50，「やや低い」＝25，「最も低い」＝0と点数を割り振り，各職業の平均値を出す。これが，職業威信スコアと呼ばれるものである。

以下では，1955年，1975年，1995年のSSM調査と，2016年の元治恵子らによる調査[2]における職業威信スコアを使用する。「小学校の教諭」もしくは「小学校の先生」の職業威信は，すべての調査で尋ねられているので，4時点間の推移を確認できる。各データの概要は表6-1に示した通りで，それぞれ32，82，56，130の職業を評定してもらっている。評定者が1975年までは男性のみ，1995年以降は男女である点に注意を要するが，職業評定における男女差は1995年調査で検出されていないため（元治・都築 1998），厳密ではないが比較は可能としてみていく。

図6-1は，各年度の被評定職業の職業威信スコアをプロットした散布図である。1955，1975，1995，2016年における小学校の教諭（先生）の職業威信スコアは，それぞれ小数点以下を四捨五入すると70，63，64，68で，年度別の被評定職業のスコアの平均値（それぞれ48，50，57，53）より高く，安定している。ただし，各年度の全スコアのばらつきの大きさを表す標準偏差は，18.5，15.7，13.4，12.5と，全体的には縮小傾向にある。1955年から1995年までの推移を見ると，職業威信スコアの全体分布が底上げされ，分散が縮小するなか，「小学校の教諭」の威信スコアは，職業全体の平均値に近づき，相対的には低下する

---

(2)　元治編（2018）の「2016年版職業威信スコア」の使用にあたり，「雇用多様化社会における社会的地位の測定研究プロジェクト」の許可を得た。感謝の意を表する。

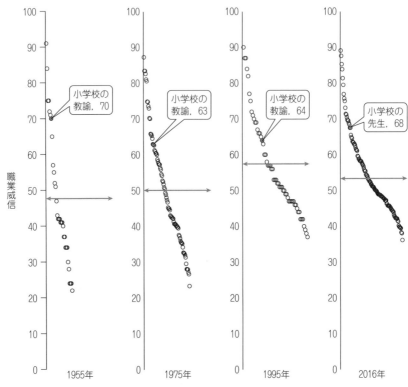

図6-1　職業威信スコアの散布図

注：各年度のすべての被評定職業の職業威信スコアを○でプロットし，小学校の教諭（先生）のみラベルとスコア
　　を表記した。両矢印の水平線は，年度別の被評定職業のスコアの平均値を表す。○はできるだけ重ならないよ
　　うに適当に横にずらしてある。
出所：1955年のスコアは日本社会学会調査委員会編（1958：15），1975年は直井（1979：446），1995年は1995年
　　SSM調査研究会編（1998：229），2016年は元治編（2018：112-115）のデータを参照して作成。

傾向がみられた。だが，2016年の元治らによる調査では，「小学校の先生」の
職業威信スコアは，「教諭」からのワーディング変更があるにしても，職業全
体の平均値よりかなり高くなっている。

3　職業威信を左右するもの

　職業威信スコアは，一般的には，各職業における在職者の平均収入および平
均教育年数と強く相関することがわかっている（直井 1979：450，太郎丸 2014：
2）。では，小学校教諭の場合はどうだろうか。1949年に新制大学が発足する
に伴い，師範学校ではなく，高等教育機関である大学における教員養成が制度

化された。1955年当時の「大学（学部）への進学率」はわずか8％だったことを考えると（金子・早坂 2020：507），教師の学歴の高さは，師範学校出身の教師が学校現場ではまだ大半を占めていた時代にあっても，人々に印象づけられたことだろう。

これに対し，平均収入についてはどうだろうか。終戦直後から1960年代にかけての新聞投書欄の投稿記事を分析した河野誠哉によれば，一般の人々の眼に，「教員の生活難や安月給」は自明で，「学校教育のクオリティの良し悪しが，教員の待遇問題と結びつけて語られる論理構造」（河野 2013：38）が広く共有されていた。すなわち，1955年当時の小学校教諭の職業威信の高さは平均収入によるのではなく，むしろ，「学歴はあるのに清貧」というアンバランスともいえる教職イメージを背景としていた可能性がある。

このような世論が教師の待遇改善に結びつくには，1974年の「学校教育の水準の維持向上のための義務教育諸学校の教育職員の人材確保に関する特別措置法」（以下，人確法）の成立を待たねばならなかった。この法律により，教育職員の給与は，「一般の公務員の給与水準に比較して必要な優遇措置」（第3条）が講じられることになった。とはいえ耳塚寛明らによれば，人確法以降，教師が受ける経済的報酬はそのごく初期（初任給）と終期（退職金）においては民間企業や一般公務員より優位に立ったものの，医師，法律家等と比較すると著しく低いものだった（耳塚・油布・酒井 1988）。なるほど，それ以前の教師の薄給は，学校教育のクオリティの良し悪しの点からも人々に心配されるほどであったのだから，人確法の意義は大きい。だが河野に言わせれば，「教員たちが遅ればせながら経済発展の果実にありつき，ようやくにして中流並みの生活を獲得できた時には，日本の高度成長は既に終焉を迎え，安定成長と呼ばれる期間に入っていた」（河野 2013：39）のである。

奇しくも人確法成立以降にあたる1975年と1995年の小学校教諭の職業威信スコアは，平均以上を保ちながらも1955年に較べて低下した。[3] しかし2016年の結果には，再び上昇の傾向が見られる。近年目立ってきた社会全体の雇用労働環境の悪化が，安定した身分と生活が保障されている教師の職業威信を相対的に

---

(3) 学歴水準の異なる3つの地域社会住民を対象とした池田秀男の調査では，高学歴者ほど「優秀な人が先生になる」という意見が少なく（池田 1975：253），また教師の社会的地位を低く見積もる傾向があった（池田 1975：256）。耳塚・油布・酒井（1988）は，社会全体の高学歴化が，教師の社会的地位の低下を招く可能性を指摘した。

高めたのかもしれない。だが，教師の身分と生活は本当に保障されていると言えるのか。近年問題視されているのは，人確法の形骸化ともいえる実態である。

4　長時間労働と給特法

　日本の教師の労働時間が長いことは，OECD が2018年に実施した「国際教員指導環境調査」(TALIS) からも明らかである。非常勤教員を含む中学校教員の週末や夜間など就業時間外を含めた１週間の労働時間は，調査に参加した48ヶ国・地域のなかで日本が最長で，平均の38.3時間を大幅に上回る56.0時間であった（国立教育政策研究所編 2019）。

　しかも，1971年に公布された「公立の義務教育諸学校等の教育職員の給与等に関する特別措置法」(以下，給特法) により，公立学校の教員は給料月額に加えてその４％分を教職調整額として支給されるかわりに，「時間外勤務手当及び休日勤務手当」は支給されない。広田照幸によれば，給特法には長い歴史がある。戦後間もない1949年の給与法改正から一般公務員には時間外勤務手当が制度化されたのに対し，教員には若干の俸給上の優遇と引き換えに，それがなされなかった。その後，教員の超過勤務の賃金未払いは問題となり，文部省 (当時) は1966年に「教員勤務実態調査」を行い，週あたり小学校で１時間半，中学校で２時間半の超過勤務がなされているという調査結果を示した。給特法で支給される教職調整額，すなわち給料月額の４％分とは，この結果をもとに算出されたものであった（広田 2020：18-22）。これが近年の教師の勤務実態とかけ離れていることは言うまでもない。2016年10月〜11月に文部科学省がフルタイムで働く小・中学校教員を対象に実施した「教員勤務実態調査」[4]で概観しておこう（リベルタス・コンサルティング 2018）。

　表6-2に示す通り，教師が学校内で仕事をしている時間は，すべての職種で正規の勤務時間（１日あたり７時間45分，１週間あたり38時間45分）を大幅に超えている。平日１日あたりの平均勤務時間を見ると，小・中学校ともに，最長の副校長・教頭が12時間台，続いて教諭が11時間台で，１日あたりの時間外勤務は教諭で３時間半に及ぶ。中学校教諭の場合，土日も１日あたり平均３時間22分働いている。１週間あたりの平均勤務時間は，小学校教諭で57時間29分，

---

(4)　小学校400校，中学校400校を全国から抽出し，当該校においてフルタイムで勤務する教員（校長，副校長，教頭，主幹教諭，指導教諭，教諭，講師，養護教諭，栄養教諭）を対象に実施された。

表6-2 教員の学内勤務時間（持ち帰りの仕事時間は含まない）（時間：分）

	平日1日あたり		土日1日あたり		1週間あたり	
	小学校	中学校	小学校	中学校	小学校	中学校
校長	10：37	10：37	1：29	1：59	55：03	56：00
副校長・教頭	12：12	12：06	1：49	2：06	63：38	63：40
教諭	11：15	11：32	1：07	3：22	57：29	63：20
講師	10：54	11：16	0：57	3：10	55：21	61：36
養護教諭	10：07	10：18	0：46	1：10	51：07	52：48

注：勤務時間については，職種ごとの平均を小数点以下を切り捨てて表示。「教諭」は主幹教諭・指導教諭を含む。
　　1週間あたりの勤務時間から，調査の回答時間（小学校64分，中学校66分）を一律で差し引いている。有効サンプル数は，小学校教員7036，中学校教員8049。うち小学校教員882人（12.5％），中学校教員719人（8.9％）が，土曜日・日曜日のいずれかが1週間の調査期間中に勤務日に該当していた。
出所：リベルタス・コンサルティング（2018：45-50）をもとに作成。

中学校教諭で63時間20分に及び，そのうちそれぞれ約19時間と約25時間は時間外勤務にあたる。ひと月あたりに換算すると，小学校で80時間，中学校で100時間程度の残業が平均的に行われている計算になるが，これはいわゆる過労死ラインに匹敵する長時間労働である。[5]

　ここには実はもう1つ隠れた問題がある。フルタイムで働く教員のなかには，正規採用教員だけでなく，臨時的任用教員といわれる常勤講師も含まれる。彼らは，1年ごとの期限付き任用で身分が不安定ながら，学級担任や部活動など正規採用教員と同様の職務を担っている者も多い。表6-2の「講師」は臨時的任用教員の勤務時間を表している。臨時的任用教員は，正規教員が産休や育休等の取得により勤務できない一定期間の代替として任用されるケースと，その他の事由で正規の教職員に欠員が生じた場合の補充として任用されるケースがある。後者は本来の教員定数の不足を補うための定数内教員だが，[6] 公立の小・中学校の教員定数に占めるその割合は，2005年度には5.6％であったのに

---

(5)　いわゆる過労死ラインとは，厚生労働省労働基準局の通達「脳血管疾患及び虚血性心疾患等（負傷に起因するものを除く。）の認定基準について」（基発第1063号　平成13年12月12日）において，「発症前1か月間におおむね100時間又は発症前2か月間ないし6か月間にわたって，1か月あたりおおむね80時間を超える時間外労働が認められる場合は，業務と発症との関連性が強いと評価できる」とされたことを根拠としている。ここでいう時間外労働時間数は，1週間あたり40時間を超えて労働した時間数である。

(6)　学校ごとの教員定数は「公立義務教育諸学校の学級編制及び教職員定数の標準に関する法律」により各学校の学級数等に応じて機械的に計算される基礎定数と，政策目的に応じて配分される加配定数によって決まっている。

対し，2012年度には7.1％，2020年度には7.5％と拡大してきた[7]。さらに，表にはないが，学校で働く非正規教員には，主に特定教科の授業を担当する時間給の非常勤講師もいる。公立小・中学校の正規採用教員，臨時的任用教員，非常勤講師の実数が，2005年度はそれぞれ59.7万人，4.8万人，3.6万人だったが，2013年度には58.5万人，6.4万人，5.2万人となり，非正規教員は実数および教員総数に占める割合の双方で増加傾向にある[8]。

5　魅力は衰退したか

　このように教職は職業威信の高さにもかかわらず，労働条件や身分の面には疑問も呈されてきた。それでは，いまあなたの目から見て，教師の仕事はどう映るだろうか。次の質問項目に回答してみてほしい。

Q　「学校の先生」の仕事とは，どんな仕事だと思いますか。

	とても あてはまる	まあ あてはまる	あまり あてはまらない	まったく あてはまらない
1）楽しい仕事	1	2	3	4
2）世の中のためになる仕事	1	2	3	4
3）子どものためになる仕事	1	2	3	4
4）やりたいことが自由にできる仕事	1	2	3	4
5）みんなから尊敬される仕事	1	2	3	4
6）苦労が多い仕事	1	2	3	4
7）給料が高い仕事	1	2	3	4
8）忙しい仕事	1	2	3	4
9）責任が重い仕事	1	2	3	4
10）休みが多い仕事	1	2	3	4
11）頭がいい人がつく仕事	1	2	3	4
12）人気がある仕事	1	2	3	4

出所：愛知教育大学（2016）

---

[7]　2005年度と2012年度の数値は，文部科学省「教職員定数改善の必要性」（https://www.mext.go.jp/component/a_menu/education/micro_detail/__icsFiles/afieldfile/2012/09/18/1325940_03.pdf）（2021年1月20日に利用）。2020年度の数値は，文部科学省「令和の日本型学校教育」を担う教師の養成・採用・研修等について（参考資料）（2），p.158　（https://www.mext.go.jp/kaigisiryo/content/20210426-mxt_kyoikujinzai01-000014457-25.pdf）（2021年5月13日に利用）。

表6-3　教師の仕事に対する教師と子どもの認知（%）

	教師の回答			子どもの回答		
	小学校教師 （1482）	中学校教師 （1753）	高校教師 （2138）	小学生 （605）	中学生 （1014）	高校生 （473）
責任が重い仕事	**99.2**	98.7	98.1	86.1	90.9	94.1
忙しい仕事	98.0	98.3	96.0	92.7	93.0	94.1
子どものためになる仕事	98.0	96.7	95.3	91.4	90.7	90.7
苦労が多い仕事	94.2	95.2	91.6	88.8	93.4	96.0
世の中のためになる仕事	88.0	88.0	87.6	84.7	85.1	86.2
楽しい仕事	**81.6**	**74.5**	71.8	65.6	59.2	65.1
みんなから尊敬される仕事	37.1	31.5	31.4	**67.3**	**66.8**	**71.9**
やりたいことが自由にできる仕事	**36.0**	30.1	35.1	25.6	26.0	30.9
給料が高い仕事	23.9	23.4	21.6	**46.9**	**41.7**	**49.0**
頭がいい人がつく仕事	21.0	22.7	25.3	**62.6**	**72.0**	**77.6**
休みが多い仕事	17.5	5.5	7.5	15.2	14.4	**21.4**
人気がある仕事	14.4	14.4	22.2	**41.0**	**41.8**	**61.7**

注：数値は，あてはまる（「とてもあてはまる」「まああてはまる」の合計）と回答した割合（%）。無回答を含めて
　　計算してある。（　）内の数値は人数。同じ学校段階の教師と子どもの回答間で10ポイント以上大きい数値は太
　　字で示した。
出所：金子（2016：18）をもとに作成。

　さて，どう回答しただろうか。次に，みなさんの回答を，表6-3と見比べ
てみよう。これは，北海道教育大学・愛知教育大学・東京学芸大学・大阪教育
大学によるHATOプロジェクトの一環として愛知教育大学が主催した「教員
の魅力プロジェクト」が，全国の常勤の主幹教諭・指導教諭・教諭および愛知
県の子どもに対して同じ質問をした結果である。表中の質問項目は，小学校教
師があてはまる（「とてもあてはまる」「まああてはまる」の合計）と回答した割合
が高い順に並べている（金子 2016）。

⑻　文部科学省初等中等教育局財務課調べ。「教育再生の実行に向けた教職員等の体制の在り方等に
　　関する検討会議　提言資料編」（2014年）p66。https://www.mext.go.jp/a_menu/shotou/hensei/
　　003/1351656.htm（2021年1月20日に利用）。2014年度以降の非正規教員数は，管見の限り実数ベー
　　スでは未公開のため，見えにくくなった。非正規教員の増加の背景については金子（2014）等。
⑼　子ども調査は愛知県の小学6年生・中学3年生・高校3年生を対象に2014年に実施され，教師調
　　査は2015年に実施された。いずれも学校通しによる質問紙調査。（愛知教育大学 2016）
⑽　ただし，子ども調査では，「あなたは『学校の先生』の仕事は，どんな仕事だと思いますか。」と
　　いうワーディングで尋ねた。

　まず，教師だけでなく子どもも，教師の仕事の社会的重要性と苦労を驚くほど認識していることがわかる。「責任が重い仕事」「忙しい仕事」「子どものためになる仕事」「苦労が多い仕事」「世の中のためになる仕事」と答えた子どもは，いずれの学校段階でも 8 〜 9 割に及ぶ。一方で，「やりたいことが自由にできる仕事」と答えた教師の割合は小学校教師36.0％，中学校教師30.1％，高校教師35.1％で，子どもはそれよりもさらに低い割合にとどまっている。

　次に，教師の社会的地位に関連する項目に着目すると，教師の仕事について大半の教師は，「みんなから尊敬される仕事」や「人気がある仕事」とはみなしていない。これに対して子どもは，「みんなから尊敬される仕事」と回答したのが 7 割（小学生67.3％，中学生66.8％，高校生71.9％），「人気がある仕事」と回答したのが小・中学生で 4 割，高校生では 6 割もいる。同様に，「給料が高い仕事」や「頭がいい人がつく仕事」と思っている教師はそれぞれ 2 割強しかいないのに対し，「給料が高い仕事」と思っている子どもは 4 割以上（小学生46.9％，中学生41.7％，高校生49.0％），「頭がいい人がつく仕事」と思っている子どもは小学生で 6 割強，中学生で 7 割強，高校生では 8 割弱に及ぶ。すなわち，少なくとも子どもの間では，教職の社会的地位や人気は，教師が思っている以上に高いのである。[11] 一方で，教師の仕事を「楽しい仕事」と答えた教師は，そんな子どもたち以上に多い。これは，しばしば対立することもある教師と子どもの間のつながりが垣間見えるデータである。

　近年，教師の長時間労働が社会問題化し，職業としての威信や人気が低迷していると見る向きもある。教職は割に合わない，報われない仕事だと思う人も，たしかにいるだろう。だが，教師の労働環境に危機感が集まるということ自体，少なくない人々が教職の社会的重要性を認識していることの裏返しとも言えるのではないだろうか。また，忘れてはならないのは，教師という職業が，少なくとも子どもには依然として魅力や人気がある職業だということや，教師自身によって「楽しい仕事」と評価されていることだ。教職は，割に合わない側面を色濃く持ちながら，子どもとの関係性に救われている側面がありそうだ。ただし，このことが教職における「やりがい搾取」[12]の構造を延命させてきた可能

---

(11)　ただし，子どもの教職に対する認識には地域差がありうることには，留保が必要である。

(12)　本田由紀が名付けた「やりがい搾取」とは，「働かせる側が，適正な賃金や労働時間という条件を保証することなく，働く者から高水準のエネルギー・貢献・時間を動員するために，『やりがい』を仕事に付加して『自己実現系ワーカホリック』を生み出すこと」（本田 2020：2）

性には，注意を払わなければならない。教師の労働環境問題が，いまや子ども
にまで認識され，気遣われるレベルだとすれば，根の深い問題である。

6　教師集団の年齢構成

　教師の教育行為をとりまく社会的文脈として，教師の社会的地位についての
マクロな変化を確認した上で，教師と子どもがそれぞれ教職に対して持ってい
るイメージを明らかにした。以下では，教師の組織や文化，教職労働の特徴と
いった学校の内部過程に注目したい。まず「文化」という概念について確認し
ておこう。

> 　社会学で文化という場合，ある集団の成員に共有されている意識や行動様
> 式の体系，あるいは「意味」の体系をさす。学校は，複数の教師と複数の
> 生徒からなる集団である。そして，それぞれの集団は，ものの見方や考え
> 方を共有することで，教師の文化，生徒の文化，さらにはそれらを含む学
> 校の文化を形成している。このようにみると，学校はひとつの社会が次の
> 世代に継承すべき文化の伝達の場であると同時に，時間と空間と活動を共
> 有することで，学校に独自の文化をつくりだしている場であると言うこと
> ができる。(苅谷 1998：122)

　再び冒頭のエピソードを振り返ると，ある「事件」に直面した若い教師の言
動は，教師の文化にも影響を与えた可能性がある。教師文化がこのような可能
性に開かれているかどうかは，教員組織の特徴とも関係がありそうだ。そこで，
組織の問題に注目して，教師文化の継承や変革について考えよう。
　文部科学省が実施している「学校教員統計調査」によると，公立小学校にお
ける本務教員[13]の年齢構成は，2004年と2016年では，図 6 - 2 に示す変容を遂げ
た[14]。つまり，2004年には若手教師が少なく，40代を中心とした中堅層が膨らみ，
グラフはつぼ型だった。それが2016年になると，2004年当時の中堅教師が50代
になってボリュームゾーンを形成し，大量定年退職時代に突入した。同時に，
2004年に若手教師が少なかった影響で2016年には中堅層が薄くなっており，そ

---

(13)　当該学校に籍のある常勤教員
(14)　「学校教員統計調査」では，小学校ほどではないが，中学校や高校でも同様の傾向が読み取れる。

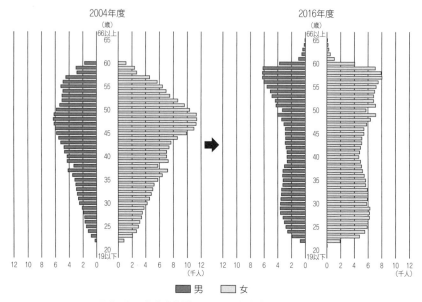

図6-2　公立小学校における本務教員の年齢構成

出所：文部科学省（2018）「平成28年度学校教員統計調査（確定値）の公表について」（平成30年3月28日）
https://www.mext.go.jp/component/b_menu/other/__icsFiles/afieldfile/2018/03/28/1395303_01.pdf（2021
年1月5日に利用）

れを補う形で若手教師の採用が進んでグラフはひょうたん型になった。[15]これか
ら先は何が起こるのだろうか。

　第一の予測としては，2016年時点でひょうたん型の年齢構成になっているの
で，このまま若手教師の採用数が順調に伸びていけば，2020年代半ば以降にな
ると，若手にボリュームゾーンが来るピラミッド型になると予測される。すな
わち，ベテラン層が少なく若手教師の多い構成になるというわけだ。ただし，
実際にそうなるかは社会の動きと政策に左右される。憂慮されるのは，少子化
の将来予測と教員の年齢構成の平準化などを理由に正規採用が抑えられる可能

---

[15]　ただし，教師の年齢構成は地域によって異なる。2016年度の学校教員統計調査の都道府県別教員
年齢データを政府統計ポータルサイト e-Stat で確認すると，2016年度時点で，東京・神奈川・大
阪・愛知などの都道府県ではひょうたん型の年齢構成が進行したことで，教師の平均年齢が40歳前
後にまで低下した。一方で，例えば秋田県は教師の平均年齢が唯一50歳を超えており，教師の年齢
構成のグラフ形は逆ピラミッド形に近いため，数年後に退職者の増加とともに若手の採用数が増え
てゆく可能性がある。（e-Stat　https://www.e-stat.go.jp/stat-search/files?page=1&toukei=0040000
3&tstat=000001016172（2021年1月21日に利用））

性だ。そうでなくても財政事情から，抜けていく正規教員の穴を埋めるために，臨時的任用教員や非常勤講師などの非正規教員が増える傾向にあった。しかしながら，2020年12月，コロナ禍で学校内の「3密」回避が課題となるなか，公立小学校の1学級の児童数の上限を現行の40人（小1はすでに35人）から35人に引き下げるという政策決定[16]がなされた。これにともない，非正規教員の正規雇用化が促進されるのか，今後も目が離せない。

　いずれにしても，経験豊富なベテラン・中堅層が少なくなることは変わらない。このような近未来は，教師文化の継承にどのような変化をもたらすだろうか。以前ならば，学校に新採用教師が入ってくると，周りには多くの中堅教師がいた。中堅層はベテランと若手教師をつなぐ役割を果たし，仕事のやり方や教師文化は，公式な研修だけではなく日々の学校生活のなかでインフォーマルにも継承された。インフォーマルな機会に，若手が意見や疑問を口にすることができ，周囲にはそれに応える余裕がある者も少なからずいたと思われる。ところが年齢構成がピラミッド型になると，文化の継承，さらにはそれにともなう意見や疑問の表明は，どう変わるのだろうか。危惧されるのは，ベテラン・中堅教師と若手教師の間で繰り広げられるコミュニケーションの量的変化のみならず質的変化である。以下では，近年の政策動向を含めて検討しておこう。

7　教師の成長と文化の継承

　2006年中央教育審議会「今後の教員養成・免許制度の在り方について（答申）」は，「教員の多忙化と同僚性の希薄化」により学校組織の機能が低下していると指摘し，「今後，大量採用期の世代が退職期を迎えることから，量及び質の両面から，優れた教員を養成・確保すること」を重要課題に挙げた。地方自治体にも動きがあった。例えば東京都教育委員会は2008年，東京都の教育に求められる教師像，経験や職層に応じて身につけるべき力を明らかにした上で，研修やOJTなど，人事に関する様々な仕組みや制度を人材育成の観点から体系化した，「東京都教員人材育成基本方針」を策定した[17]。ここでは，大量退職・大量採用時代の到来が，「組織的な人材育成」という考え方を「学校組織

---

[16]　2021年度は小2で実施し，2025年度までに小学校全学年を段階的に35人以下にする方針。

[17]　東京都教育委員会（2008）「東京都教員人材育成基本方針」（平成20年10月）https://www.kyoiku.metro.tokyo.lg.jp/staff/personnel/training/files/development_policy/jinzaiikuseihosin.pdf（2021年1月5日に利用）

に定着させるチャンス」と捉えられた。同基本方針は，これまでの学校現場における人材育成について，「校内研修や集合研修など人材育成の機会は設けられていたが，個人の意欲や自己研さんに基づくという考え方が根底にあるため，教員個々の意識に委ねられている面が多く，人材育成を意図的・計画的に行うといった発想が弱かった」と指摘し，「組織的に人材育成を行う体制」の必要性から，校長，副校長，主幹教諭，主任教諭，教諭という各職層に応じて求められる能力や役割を整理して示している。このような職階化を通して〈指導する─指導される〉という関係のラインを意図的につくることによって，「組織的な人材育成」への転換が目指されたのである（金子 2010a）。

　現在，教員養成現場には「実践的指導力」が，学校現場には「組織的な人材育成」が求められている。これは，定型化可能な知識やスキルの伝達においては有効かもしれない。しかし，教師の成長や文化の継承という意味では，必ずしも十分とはいえない。教師のライフコース研究やライフヒストリー研究は，教師の成長の契機は意図的に作り出せるものばかりではないことを繰り返し記述している。例えば松平・山﨑（1998）によれば，教師は教職生活のさまざまなステージで越え難い壁にあたるが，それを契機に同僚，児童生徒，保護者とのかかわりのなかで支えられ鍛えられ，その壁を自ら打開することによって成長していく。つまり教師の成長は，「右肩上がりの連続した段階を登るような，力量を量的に蓄積していくようなモデル」ではなく，「変化する状況（社会・職場・子ども）に対応しながら，教師個々人の直面した課題を解決するために，困難さを克服するための新しい力量を獲得していくことによって，あたかも旧い衣を脱ぎ捨てながら新しく変容していくようなモデル」に近い（山﨑編 2009：202）。こうした研究を受けて油布佐和子は，教師の成長を，教師が組織のなかの役割期待を認知し，それぞれの職階に期待されている役割を獲得していくという「役割の変容と獲得」として捉えるだけでは一面的・表層的で，教師の成長は後からそれと認識される〈契機〉となる出来事によって誘発されるが，その乗り越え方は多様であり，契機の前と後が必ずしも順接するものとはならないという「教師の成長＝転機と飛躍」の局面がより重要であると指摘した。つまり，教師の成長は，「一次関数のようなリニアモデル」では語れないというのである（油布 2010a）。

　このような成長観に立つと，個々の教師の成長も，教師文化の継承も，行政が前提とする意図的方法に頼るだけでは難しいように思われる。教師は，初め

て教壇に立った時はもちろん，転任の度に，今まで出会ったこともないような子どもと出会うかもしれない。例えば冒頭のエピソードのような予期せぬ場面に直面した時には，〈指導する―指導される〉関係によるベテランからの手厚い指導というより，むしろさまざまな経験の幅と個性の厚さを持った教師集団がいることが重要になってくるのではないだろうか。そこではベテランも若手もそれぞれの立場から意見が言える環境であることが望ましい。アプローチが１つではないということに気づいたり，誰かがある方法でトライ＆エラーを起こしても互いにカバーしあえたりするからだ。すなわち，教師という仕事につきものの予期せぬ出来事への対処に際しては，若手もベテランも自らの解釈や考えをぶつけあえる環境であることが，問題解決に有効に働く可能性がある。冒頭のエピソードは，このような教員組織のあり方を，あらためて思い起こさせてくれる。さまざまな年齢層の教師たちが経験と時間を共有することで，教師文化は，常に変化にひらかれながら，ベテランから若手へと緩やかに継承されてきたと考えられる。大量退職・大量採用期と言われる現在，年齢構成の変化に組織的に対応しようとするあまり，このような文化的プロセスが看過されてはならないだろう。

■8　教職労働の社会的特質とストレス

　最後に，教職労働の社会的特質から，教師が抱えこむ問題について検討しよう。文部科学省によれば，2019年度の公立学校の教育職員の休職者数は8157人，うち精神疾患による休職者数は5478人である。病気休職者数の在職者比は0.88％であるが，特徴的なのは，病気休職者に占める精神疾患の割合が67.2％に及ぶことである。この割合は，1999年度43.0％から徐々に高まり，2002年度に５割を，2006年度に６割を超え，2017年度65.1％，2018年度65.6％，2019年度67.2％と近年さらに高まる傾向にある。[18]

　教師はストレスにさらされやすい職業だとすれば，それは，佐藤学（1994）のいう次のような特質からきていると考えられる。１つは，例えば「授業中に子どもたちが私の話を聞こうとしない」など，自らの教育行為に対する反応・評価が絶えずブーメランのように返ってくる「再帰性」。２つには，教える相

---

(18)　金子（2010ｂ）および文部科学省「令和元年度公立学校教職員の人事行政の状況調査について」（https://www.mext.go.jp/a_menu/shotou/jinji/1318889.htm）（2021年１月20日に利用）。

手が変われば，以前のやり方が通用するとは限らない「不確実性」。3つには，ここまでやればよいというゴールが見えにくく，仕事が際限なく入り込んでくる「無境界性」だ。

　さらに付け加えると，教職は感情労働でもある。例えば航空機の客室乗務員は，顧客にサービスするにあたって思いやりと好意を持ち，真心のこもった笑顔で接することが雇用者から奨励され，自らの感情を管理することが要請されている。このような他律化された「感情管理」により，労働者は「自己感情からの疎外」という心理的コストを払わなければならない（Hochschild 1983＝2000）。教職労働も，同様に他律化された感情労働を強いられているのではないか。この問いに対し伊佐夏実は，教師に対するインタビュー調査をもとに，次のように分析した。教師が教授行為そのものを成立させるためには，子どもの感情を規定するのと同時に，自己の感情を規定することが求められる。このような教職の再帰的特徴のために，教師は自ら進んで戦略的に感情労働を行っているのだ，と（伊佐 2009）。一方で，近年の新自由主義的な改革や成果主義の導入が，教師に他律的な感情労働を強いる可能性を高めるおそれも指摘されている（油布 2010b）。

　教師のストレスを緩和するために，私たちの社会は何ができるだろうか。教職の再帰性や不確実性という特質は変えられないとしても，せめて無境界性にくさびを打ち込み，長時間労働を解消する努力が求められる。その際には，教師の仕事の精選やスリム化のみならず，教員の定数改善をはじめとした環境整備も不可欠だ。また，教職には感情労働がつきものであるとして，それが教師の戦略によって自律的に行われているうちはまだいい。近年の教育施策が教師に意図的・組織的・他律的な感情労働を強いる結果を招いていないか，見極める必要がある。長時間労働の実態についても，教師がこうした教職労働の社会的特質の面から相互に議論し改善していけるような，組織環境や研究風土が学校に残されていなければならない。

3 現場のためのQ&A

・この章の知識は，学校現場でどのように役立てることができるのでしょうか。
　本章は，教師の行為や経験を，それが良いとか悪いとか評価するような見方を退けて，「社会のなかの教師」という視点から読み解いています。教師は，

幾層にも重なった社会的文脈のなかで，時に意識的，時に無意識的に教育行為を行っています。すべてが個人の意思や裁量に基づくわけでも，目先のルールだけに縛られているわけでもありません。

　教師の行為を取り巻く社会的文脈として本章で取り上げたのは，教師の社会的地位と教員組織・文化ですが，意外なデータや興味深い発見はあったでしょうか。あるいは，もっと重要な文脈があるぞという提案があるかもしれません。みなさんが教職の社会的・文化的特徴について思考をめぐらし，自覚できれば，子どもに向けるまなざしを振り返り，相対化する手助けになるはずです。ただ，こうした知識を「使える」道具にするためには，知識を吸収して終わるのではなく，味わって考えることを必要とします。この章が，教師の仕事の社会的な側面を知り，さまざまな感情（疑問，怒り，希望…）をもって議論するきっかけになればよいと願っています。[19]

・私は中学校で，学級担任，部活動，主任を任され，仕事にやりがいを感じつつも，仕事を早めに切り上げて帰宅する同僚を見ると，不公平感を覚えます。

　これは，教師に限らず，どんな職場でも多かれ少なかれあることではないかと思います。なかでも公立学校の教師の場合，2節で見たように，「時間外勤務手当及び休日勤務手当」が支給されない給与体系にあります。ですから，不公平感を抱くのは無理もありません。

　文部科学省が2016年度に実施した教員勤務実態調査によれば，「年齢が若い」「男性」「6歳児未満の子供がいない」「担任学級の児童生徒数が多い」「部活動日数が多い」「主任を担当している」といった特徴を持つ教諭の勤務時間がより長くなっています。反対に，早めに帰宅する人のなかには仕事を持ち帰っている人もいるのではないでしょうか。同調査によると「持ち帰り業務時間」は，平日で平均30分程度，土日で平均1時間程度ですが，これも個人差や学校間格差があるでしょう。

　しかし，立ち止まって考えてみると，そもそもの問題は，「教員の善意による無定量残業に支えられた教育の仕組み」（広田 2020：32）にあるのではない

---

[19]　本章では，教師を取り巻く社会的背景や文脈（の変化）が，教師の具体的行為にどう影響するかについては十分に扱う紙幅がなかったが，教育社会学には，教師の行為がどのように現れるかをミクロに描き出す研究もある。一例として，吉田（2007）はアカウンタビリティを背景とした「教育困難校」の生徒指導のありようを描き出している（第8章も参照）。

でしょうか。現行制度の問題を抜きに同僚の行動を責めても，長時間労働を是とする職場文化の醸成に貢献するだけで，教師集団全体に降りかかる労働問題を解決することにはなりません。もちろんあなたが個人的に過重な負担を引き受け続ければ済む問題でもありません。誰もが家庭の事情や心身の状態が変われば，それができなくなるかもしれないのです。それならば教師同士助けあい，できる人がカバーしあえばよい，という問題でも実はないのです。忘れてはならないのは，諸田裕子の言葉を借りれば，「教師個々人自身も自らの意識へのみ目を向けてしまうその手前，そして，現場が組織として工夫してしまうその手前にかろうじてふみとどまって」（諸田・金子 2009：531），「そもそもの問題」を問い直すことではないでしょうか。

・仕事に追われて疲れています。職場からのプレッシャーも重く，自分には教師としての資質能力が足りないのではないかと思っています。

　教師のストレスは，教職の社会的特質に起因する構造的・社会的問題と解釈できます。それを，個人の資質能力の問題に還元する見方は，教師の間に孤立や分断をもたらすという弊害しかありません。本章で見たように，教職労働は，再帰性，不確実性，無境界性という特質を持っています。だから，予期せぬ出来事が起こり，対応したらまたその結果が自分にはね返ってきます。しかも，どこまでやれば終わりというゴールが見えにくく，やろうと思えば際限なくできる仕事という特徴もあります。そういう仕事だから，まじめな人ほどストレスを抱え込みやすいといえます。教職という仕事はこのような特質を持つ労働である，ということを踏まえた上で，教師を支える教員組織や教師文化が，かつていかに育まれてきたかを理解することは，教師の労働環境の改善に向けて，今の教育改革の既定路線にこだわらない見方を与えてくれるはずです。

4　演習課題

■1■　ツイート課題
①子どもにとって教師とはどんな存在？
②教師って大変だなあ，と思う時は？
③心に残っている教師は誰？

2　レポート課題

①本章では，教師の行為を取り巻く社会的文脈として，教師の社会的地位と，教師の組織や文化を取り上げました。そのうちのどちらかを選び，それが教師の行為に，具体的にどのような影響を及ぼしているか検討してください。

②近年の教育改革の動向を調べてみましょう。それらは，教師の組織や文化にどのような影響を与えているでしょうか。分析してみましょう。

③現実には難しそうだけれど，あなたが本当はやってみたい教育実践はありますか。それが難しい理由が，どのような社会的文脈とかかわっているかを検討してみましょう。その上で，実現の可能性や方法をもう一度考えてみてください。

5　理解を深めるために

1　文献紹介

①ウィラード・ウォーラー，1957，『学校集団──その構造と指導の生態』石山脩平・橋爪貞雄訳，明治図書。

　高校教師の経験を持つアメリカの社会学者ウォーラーが1932年に書いた本だが，現代日本の教師が読んでも共感や発見がある。教師－生徒関係や教師－保護者関係についての生き生きとした描写と鋭い分析はいまも一読の価値がある。図書館で手にとるなどして語り継いでほしい一冊。

②ポール・ウィリス，1996，『ハマータウンの野郎ども──学校への反抗，労働への順応』熊沢誠・山田潤訳，ちくま学芸文庫。

　ウィリスは，イギリスの労働階級の生徒12人からなる「野郎ども」が反学校文化を開花させる姿を描きながら，その親たちの学校不信はあながち的外れではないという。「学校はその業務をそれ自身のやり方でそつなくこなしているだけだ。だが，道義上の権威を信じて学校をきりまわす，その確固たるやりかたが，世俗の混乱と妥協を身に帯び，なお抵抗の気がまえを隠し持っている労働階級の文化からすれば，やはりまったく空々しいのである」（188頁）。耳が痛い指摘とともに，社会学的視野が拓ける一冊だ。

③内田良，2015，『教育という病──子どもと先生を苦しめる「教育リスク」』光文社新書。

　学校教育の問題は，「善さ」を追い求めることによって，その裏側に潜むリ

スクが忘れられてしまうこと，そのリスクを乗り越えたことを必要以上に「すばらしい」ことと捉えてしまうことによって起きているという指摘。どれだけの教師が，学校内でまかり通っている「あたりまえ」の論理に潜む問題点に気づいているか。本書は，学校文化のネガティブな側面にも目を向けて，子どもと教師を守る視点を提供してくれる。

2　メディアの紹介

①映画『二十四の瞳』（1954年，木下惠介監督）

小豆島を舞台に，若い女性教師と12人の子どもたちの1928（昭和3）年から1946（昭和21）年までのふれあいを描いた作品（主演高峰秀子）。教育の民主化の時代に，戦争を知っている人々によって制作された。「文部省特選映画」に選定されており，年配者のなかには，学校の先生が見せてくれたという思い出を語る方もいる。まさに「社会のなかの教師」が描かれ，「過去」を合わせ鏡にして「現在」が見えてくる。原作は壺井栄（1899-1967）による同名小説。

文献

1995年SSM調査研究会編，1998，『現代日本の社会階層に関する全国調査研究　第5巻　職業評価の構造と職業威信スコア』

愛知教育大学，2016，『教員の魅力プロジェクト報告書』

元治恵子編，2018，『雇用多様化社会における社会的地位の測定』明星大学元治恵子研究室。

元治恵子・都築一治，1998，「職業評定の比較分析――威信スコアの性差と調査時点間の差異」1995年SSM調査研究会編『現代日本の社会階層に関する全国調査研究　第5巻　職業評価の構造と職業威信スコア』45-68頁。

広田照幸，2020，「なぜ，このような働き方になってしまったのか――給特法の起源と改革の迷走」内田良・広田照幸・高橋哲・嶋﨑量・斉藤ひでみ『迷走する教員の働き方改革――変形労働時間制を考える』岩波書店，18-32頁。

Hochschild, A. R., 1983, *The Managed Heart: Commercialization of Human Feeling*, University of California Press.（石川唯・室伏亜希訳，2000，『管理される心――感情が商品になるとき』世界思想社。）

本田由紀，2011，『軋む社会』河出文庫。

本田由紀，2020，「教員の働き方は『やりがい搾取』か？」（内田良らによる2020年8月9日のオンラインイベントにおける発表資料。内田良の学校カエルちゃんねる

URL より入手。)

池田秀男，1975，「高学歴社会における教師像」新堀通也・潮木守一編『高学歴社会の教育』第一法規，219-261頁。

伊佐夏実，2009，「教師ストラテジーとしての感情労働」『教育社会学研究』84，125-144頁。

金子真理子，2010a，「教職という仕事の社会的特質――『教職のメリトクラシー化』をめぐる教師の攻防に注目して」『教育社会学研究』86，75-96頁。

金子真理子，2010b，「教師の多忙化，バーンアウト」酒井朗・多賀太・中村高康編著『よくわかる教育社会学』ミネルヴァ書房，66-67頁。

金子真理子，2014，「非正規教員の増加とその問題点――教育労働の特殊性と教員キャリアの視角から」『日本労働研究雑誌』645，42-45頁。

金子真理子，2016，「教師の教職観と自己像」愛知教育大学『教員の魅力プロジェクト報告書』，17-25頁。

金子真理子・早坂めぐみ，2020，「創成期の東京学芸大学と学生生活――学生対象質問紙調査から見えてくるもの」『東京学芸大学紀要．総合教育科学系』71，507-521頁。

苅谷剛彦，1998，「学校の組織と文化」天野郁夫・藤田英典・苅谷剛彦『改訂版　教育社会学』放送大学教育振興会，121-131頁。

河野誠哉，2013，「高度成長期における教員の社会的地位をめぐる一考察――教員養成の『修士レベル化』に寄せて」『大学改革と生涯学習――山梨学院生涯学習センター紀要』17，29-44頁。

国立教育政策研究所編，2019，『教員環境の国際比較 OECD 国際教員指導環境調査（TALIS）2018調査報告書』ぎょうせい。

松平信久・山﨑準二，1998，「教師のライフヒストリー」佐伯胖ほか編『岩波講座 現代の教育 6　教師像の再構築』岩波書店，119-146頁。

耳塚寛明・油布佐和子・酒井朗，1988，「教師への社会学的アプローチ――研究動向と課題」『教育社会学研究』43，84-120頁。

諸田裕子・金子真理子，2009，「教育改革の社会学――地方分権化時代の教育課程と教師」『東京学芸大学紀要　総合教育科学系』60，523-545頁。

直井優，1979，「職業的地位尺度の構成」富永健一編『日本の階層構造』東京大学出版会，434-472頁。

日本社会学会調査委員会編，1958，『日本社会の階層的構造』有斐閣。

太田拓紀，2012，「教職における予期的社会化過程としての学校経験」『教育社会学研究』90，169-190頁。

リベルタス・コンサルティング，2018，『「公立小学校・中学校等　教員勤務実態調査研究」調査研究報告書』https://www.mext.go.jp/component/a_menu/education

/detail/__icsFiles/afieldfile/2018/09/27/1409224_005_1.pdf　（2021年1月10日利用）

酒井朗, 2000,「いじめ問題と教師・生徒」苅谷剛彦・浜名陽子・木村涼子・酒井朗『教育の社会学』有斐閣, 1-73頁。

佐藤学, 1994,「教師文化の構造」稲垣忠彦・久冨善之編『日本の教師文化』東京大学出版会, 21-41頁。

高井良健一, 2006,「生涯を教師として生きる」秋田喜代美・佐藤学編著『新しい時代の教職入門』有斐閣, 103-127頁。

太郎丸博, 2014,「『先生』の職業威信」『日本労働研究雑誌』645, 2-5頁。

富永健一編, 1979,『日本の階層構造』東京大学出版会。

内田良, 2015,『教育という病――子どもと先生を苦しめる「教育リスク」』光文社新書。

Waller, W., 1932, *The Sociology of Teaching*, John Wiley and Sons.（石山脩平・橋爪貞雄訳, 1957,『学校集団――その構造と指導の実態』明治図書。）

Willis, P., 1977, *Learning to Labour; How Working Class Kids Get Working Class Jobs*.（熊沢誠・山田潤訳, 1996,『ハマータウンの野郎ども――学校への反抗, 労働への順応』ちくま学芸文庫。）

山﨑準二編, 2009,『教師という仕事・生き方』［第2版］日本標準。

吉田美穂, 2007,「『お世話モード』と『ぶつからない』統制システム――アカウンタビリティを背景とした『教育困難校』の生徒指導」『教育社会学研究』81, 89-109頁。

油布佐和子, 2010a,「教師の成長と教員評価」苅谷剛彦・金子真理子編『教員評価の社会学』岩波書店, 155-175頁。

油布佐和子, 2010b,「教職の病理現象にどう向き合うか――教育労働論の構築に向けて」『教育社会学研究』86, 23-38頁。

第Ⅱ部

学校現場で使える教育社会学

第 **7** 章

保護者・子どもの言動の
背後にあるものを見据える

山田哲也

1 ある若者の選択

　保護者や子どもを理解する重要さは，教育に関わる人々にひろく共有されている。他方で，実際の教育現場では「学校に理解のない保護者」や「指導に手を焼く子」への嘆きが後を絶たないようにもみえる。次に示す事例を，あなたはどう思われるだろうか。

　　高等専修学校を卒業してすぐ四月に彼は飲食店に就職したが，その約三ヶ月後に退職した。退職理由はお店が忙しかったからだという（中略）。年が明けた頃，「たまりにたまったものが」あり，「家庭でいろいろあった」。長期に渡って継父と弟との喧嘩が絶えず，ついに大喧嘩になったのだという。ずっと雄貴と母親は喧嘩に加わらずに見ていたが，このとき雄貴は「いい加減にしろよ！」と「爆発した」。彼は「気づいたら，外にいた」と語り，「何を言ったか覚えていない」ほど混乱していたという。彼は「すごいこと言っちゃった」ため「家には帰れない」と思い，twitterで知り合った人の家（一軒目）に泊まるようになる。
　　母親には「戻ってきたきゃ戻っていいよ」と言われていたが，「家にいても何も進歩しない」し，「実家っていう中で暮らしていたらずっと甘えちゃうだろうな」と思っていたため，「いい機会だなと思って，そこは振り切って」家には帰らないことにした。
　　雄貴は，しばらくして，twitterで知り合った人（Tさん）の家（二軒目）に同居するようになり，「食事，洗濯，掃除，買い物は全部」しながらア

ルバイトをしている。Tさんは雄貴と同じ年齢の専門学校生であり，母子世帯で育ったが，高二の時に母親が他界していた。そのことを聞いた時，「あっこれ俺が絶対守んないとだめだって一番はじめに思った」という。雄貴は，「(自分が)母子家庭で長男なんで，一番お母さんのこと見て」きているため，「母性本能が強い」という。つまり，「お母さん像みたいなものが自分のなかででき上がってて，こうしていかないとこの子（Tさん）はだめだなって自分で考えて（家事役割を）やっちゃっている」と語った。当面は，このままTさんの家に同居しながらアルバイトを続ける予定である。(林　2016：162-163「twitter」表記は原文通り)

　ここに登場する「雄貴」(仮名)は，教育社会学者の林明子が生活保護世帯の子どもを調査するなかで出会った若者である。彼は中学時代に両親の離婚と不登校を経験し，友だちの紹介で高卒資格と調理師の資格が取れる私立の高等専修学校に進学する（林　2016：131-133）。引用した事例はその学校を卒業した後の経緯である。次のような疑問が浮かぶ読者もいるのではないか。

・忙しさを理由に3ヶ月で飲食店を辞めるなんて根気がないのでは。
・インターネットで知り合ったばかりの人の家に泊まるなんて無謀過ぎる。
・なぜ雄貴の保護者は家出を許し，無理にでも連れ帰らないのか。
・同じ年齢の「Tさん」を「俺が絶対守んないとだめだ」と考える雄貴が，アルバイトで自活できる状況になさそうなのは矛盾しないか。

2　何が保護者・子どもの言動を規定するのか

1　「他者の合理性」を探る

　雄貴の経験談には，たしかに理解しがたい点がある。だが，「不可解に思える行動にも必ず理由がある」と掘り下げて考えてみればどうだろうか。
　「根気のなさ」と思われる行動は，こう考えることもできる。人が根気よく物事に取り組むためには，過去に類似した成功経験がある，あるいは今後の状況が改善する見通しを持てるなど，一定の条件が必要になる。これまでの経験が制約となって，雄貴はねばりづよく物事に取り組むことが難しいのかもしれない。よく知らない人を頼る点はどうだろうか。SNS上の知人を頼る選択は，

10代の若者が単身街中で過ごすのと比べ，リスクがより少ないとの判断もあり得る。あるいは，いざという時に頼れる人間関係が限られているから，インターネットを通じてできた関係に依存せざるを得ないのかもしれない。不干渉とも思える保護者たちの振る舞いは，子どもの自主性を尊重する態度としても解釈できる。

　「Tさん」への思いにも理解しがたい点がある。だが，雄貴がこれまでの経験で培った（他者への気づかいを意味すると思われる）「母性本能」が，彼を支える柱だからこその思いだろう。つまり雄貴は誰かを守ることで不安定な自己をかろうじて保持しているのではないか。

　学校に通う子どもやその保護者が抱える個別の事情を深く理解し，教育活動を通じて彼らのニーズに的確に応答できるのは，やはりその学校に勤務する教師たちだろう。しかしながら，ときに教師は子ども・保護者の言動を学校的な論理に則して一面的に評価・応答し，彼らの切実な願いを看過してしまうことがある。どうすればそれを回避できるのか。

　社会学者の岸政彦は，「私たちにはあまり縁のない人びとの，一見すると不合理な行為選択の背後にある合理性やもっともな理由」を「他者の合理性」と呼ぶ（岸・石岡・丸山 2016：29）。たとえ不合理で理解しがたい行為に思えたとしても，当事者が持つ固有の論理に即して考えると，第三者にも納得できる理由が見つかるかもしれない。

　もちろん，学校で出会う子どもや保護者は「縁のない人びと」ではない。だが，意図的・体系的に教育を行う学校では，特定の役割や観点に則して各人の行為が理解されがちである。例えば「学級の秩序をいかに維持するか」という観点を優先すると，子どもとその保護者，あるいは教師などの教育に関わる当事者それぞれに固有な物の見方・感じ方が捨象されてしまう。そこには型にはまった「理解」の枠内にはおさまらない多様な意味があるはずなのに，そのユニークさが見逃される恐れがあるのだ。そのため，教育現場で子どもやその保護者の言動を捉える際には，教師として学校に身を置くことで生じるある種の「バイアス（偏り）」を意識しなければならない。多様な背景をもつ子どもや保護者の言動を理解する際には，自らの限られた経験に立脚した「常識」に頼るのではなく，理解しがたい行為選択を可能にする論理を探る姿勢，すなわち「他者の合理性」を探究する姿勢が重要になる。

　他者の合理性の把握を目指すアプローチは，人々の行為を，彼らが置かれた

社会的状況と不可分なものと捉える地点から始まる。きわめて私的な個別事例に着目する場合でも，個人と社会を二項対立的な存在とみるのではなく，両者を相互に分かちがたく結びついたものとして捉える点に社会学の特徴があり，他者の合理性を捉える試みもこうした視座のもとでなされている。

2　学校という舞台で生じる異なる立場の衝突

　教師が保護者や子どもの言動の背後にある事情を捉え損ねてしまう理由の1つに，学校に関与するアクター間の立場の違いに起因した，学校に抱く関心の違いがある。

　社会学者のウォーラーによれば，学校には先行世代の優れた文化を後続世代に伝える目的があるために大人と子どもとでは世代間対立が生じやすく，さらに子どもたちは必ずしも学びたくて通学するわけではないことから教師と生徒との関係は葛藤をはらんだものになりがちである（Waller 1932=1957：137-138, 249-251）。さらに，ウォーラーによれば，親はわが子の全人的な成長を望むのに対して教師は主として知育に力点をおき，あくまでも授業を中核に子どもと関わるという立場の違いがある以上，学校では親（保護者）と教師の間にも根本的な対立が生じがちであるという（Waller 1932=1957：96-97）。学校に関わる人々は，異なる立場からそれぞれの利害関心を抱いてこの舞台に参加するため，学校で生まれる葛藤が各人の言動の理由を見えづらくする。まずはこの点を確認しておく必要があるだろう。

　保護者と子どもには教師とは異なる固有の立場があるといっても，当然ながらそれらは一枚岩ではない。ウォーラー自身は，おもに地域社会の学校への関与という観点から，職業などの親の社会的な地位の違いが子どもの学校生活に与える影響を論じた。教育という営みの中核を担う学校は，外部社会から切り離され相対的に自律した制度ないし組織であり，そこには固有の秩序がある。他方で，学校の外側に広がる地域社会（例えば子どもの親たちの社会的な地位）は，間接的だが強い影響を学校に与える。そのようにウォーラーは捉えていた。

　ここで重要なことは，学校とは外部の社会から間接的な影響を受ける存在，すなわち相対的に自律している存在だということである。相対的に自律した制度であることによって，学校は恵まれた家庭環境が子どもに有利な影響を与えるという現実から目をそらさせ，その結果生まれる格差を「公正」な教育の結果として人々に認めさせる力を持つのである（Bourdieu et Passeron 1970=1991）。

3 子育て・教育スタイルにみられる階層差

　教育についての社会学のさまざまな研究は，この学校の相対的自律性に着目し，異なる背景を持つ保護者やその子どもが学校と取り結ぶ関係の諸相を明らかにしてきた。膨大な研究の蓄積から，ここではひろく影響を与えた知見をとりあげる。

　それは，アメリカの社会学者，A・ラローが綿密な調査をもとに提示した，全面発達に向けた計画的子育てである「意図的養育（concerted cultivation）」と自然な成長に任せた子育てを意味する「放任的養育（accomplishment of natural growth）」という2つの類型である（Lareau 2011）。人種，ジェンダー，宗教など，保護者の子育て様式と密接に関連した社会的属性はさまざまあるが，ラローはそのなかでも階級に着目する。彼女はフィールドワークで12家族の日常生活を詳細に観察し，中産階級と労働者階級・貧困層の家族では異なるやり方で子育て・教育に関与していることを明らかにした。

　「意図的養育」とは，中産階級に特徴的な子育てスタイルである。このタイプの子育てを行う保護者たちは，教育的な関心が非常に強く，子どもたちの日常に積極的に関与し，スポーツや芸術などのさまざまな活動を幅広く経験させることで，彼らの才能を全面的に伸長させることを目指す。これに対して「放任的養育」とは，労働者階級・貧困層に顕著な子育てスタイルである。彼らは「子どもは自然に育つものだ」という信念を持っており，基本的な生活環境を整える以外の干渉は避け，のびのびした子育てを志向する。

　このように整理すると，「意図的養育」だけなく「放任的養育」も教育熱心な保護者が行う子育て・教育様式の1つにみえるかもしれない。だがよくみるとそうはいえない点に注意する必要がある。たしかに中産階級の経済的にゆとりある保護者にも「子どもに任せる」姿勢を大切にした子育てを重視する人々がいる。だが，そこでの関与は一見すると放任のようでありながら，「このような方向に成長して欲しい」という保護者の理想像が暗黙のうちに想定されるのが常である。そのため，子どもたちは知らないうちに特定の方向へと水路づけられている。子どもの個性を重視し彼らの意志を尊重する子育て・教育スタイルやそこでの間接的で見えづらい働きかけは，完全な自由放任とは異なりかなりの計画性が存在することから，ラローの区分では「意図的養育」の1つのバージョンとみたほうが妥当だろう。一見すると放任のようで，子どもからも見えにくいがよく観察すると細やかで濃密な教育的配慮の行き届いた関与を

「見えない〈教育（ペダゴジー）〉」と呼ぶ論者もいる（Bernstein 1996＝2000）。

　2つの子育て・教育様式に優劣はなく，どちらも一長一短がある。「意図的養育」では子どもの才能が伸ばされる蓋然性が高くなるものの，親子ともさまざまな活動に追われ，過密スケジュールになるため強いストレスがかかる。なお，この養育方針を採用する保護者は，自らの意見を通すべく学校などの制度に対して積極的に働きかけ，時にはタフな交渉者として子どもをサポートするため，教師は時にやりづらさを感じることもある。これらの結果，「意図的養育」という方針のもとで成長した子どもたちは世界に対して自分は積極的・能動的に関与できる存在だという感覚（the sense of entitlement）を抱き，自力で大人と交渉する経験をさまざまな場面で積むことになる。

　他方で「放任的養育」には，子ども同士の密な関わりを通じて自主性が養われるという長所がある。しかしながら，保護者の助けを借りつつ積極的・能動的に大人と交渉する機会は乏しいため，子どもたちはさまざまな制約の存在を前提とするようになり，特に学校などの制度的な場面で消極的に振る舞いがちになる。「放任的養育」という方針のもとで成長した子どもたちは，世の中は制約で満ちていて，思い通りに物事が進むのは稀だという感覚を身につけてゆくのである。

　ラローの議論のポイントは，本来ならば優劣がないはずの2つの子育て様式のうち，中産階級に特徴的な「意図的養育」のもとで成長する子どものほうが，学校で高く評価される特性を身につけがちだというところにある。学校教育にうまく適応して自らの地位を獲得した中産階級の保護者が採用する子育て様式のほうが学校という制度になじみやすく，結果的にいまの社会における地位の不均等な配分を支えるのである。

　ラローの問題意識を引き取りつつ類似のアプローチを採用した日本での調査によれば，ある局面では意図的に「きっちり」と細かな介入を志向し，別な局面では自然な成長を促すよう「のびのび」した子育てを行う折衷的で熱意に満ちた子育て様式を高階層の家庭の母親は採用している。ただし社会経済的な属性が子育てに与える影響はラローが明らかにしたような2つの類型への分岐というよりは，ある種のグラデーションをなしているという（本田 2008）。日本の家庭の多くは子どもの教育に熱心で，母親は学校と良好な関係を維持しつつ子育てを行っているが，なかでも社会経済的に恵まれていて，子育て・教育に多くの資源を投入できる家庭では，子どもに良いと思われることにはいろいろ

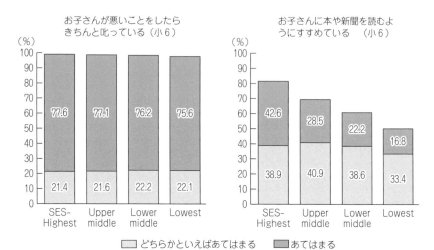

図7-1　子どもとの接し方（SES グループ別・小学校）
出所：お茶の水女子大学（2018：215）掲載の表の一部をもとに作成。

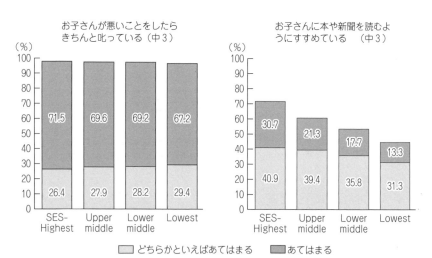

図7-2　子どもとの接し方（SES グループ別・中学校）
出所：お茶の水女子大学（2018：215）掲載の表の一部をもとに作成。

と手を出す傾向がより顕著だといえよう。

　ここである調査の結果をみてみよう。図7-1と図7-2は，2017年度の「全国学力・学習状況調査」（全国学力テスト）にあわせて抽出で実施された保護者調査のデータを用いて家族の社会経済的な地位（Socioeconomic status：SES）をもとに小6と中3の子どもを持つ保護者をグループ分けし，子どもとの接し方や子どもへの期待について比較した調査結果の一部である。

　図7-1・図7-2とも左では「悪いことをしたらきちんと叱っている」など，子どもが将来の社会生活を送る上で身につけたほうがよい基本的なことがら（ここでは善悪の区分）について尋ねた結果を示している。この結果にはSESグループによる違いはほとんどない。これに対して学校教育やそこで成功を収める基盤となる知的なことがらに対する姿勢については，SESグループでかなり異なる結果になっている。図の右側では一例として「お子さんに本（電子書籍は含むが，漫画や雑誌，教科書，参考書は除く）や新聞（電子新聞を含む）を読むようにすすめている」かどうかと尋ねた結果をまとめたが，SESの高いグループほど「あてあまる」あるいは「どちらかといえばあてはまる」と答える割合が高くなる。

　他にも「お子さんと何のために勉強するかについて話している」「計画的に勉強するようお子さんに促している」「お子さんが外国語や外国の文化に触れるよう意識している」などの設問においてSESが高い保護者ほど肯定的回答をする割合が高くなる（図は省略）。

　日本の学校教育では高校入試による選抜によって保護者の社会経済的な背景が子どもの進学する学校の序列へと変換され，諸外国と比較すると学校内の階層格差は小さい反面，学校間の階層格差は大きくなる（第5章を参照）。こうした構造のもとでは，どの高校に進学したかがその後のライフチャンスを左右する傾向が強くなる（多喜 2020など）。子育て・教育様式におけるSES間の異同は，学校教育と職業資格との結びつきが弱く，進学をめぐる一元化された競争が生じやすい「受験競争モデル」（多喜 2020）という特徴を持つ学校教育制度を最大限に活用する教育戦略を用いるかどうかの違いとみることができる。

　「受験競争モデル」の教育制度に合致した子育て・教育戦略を積極的に採用するのは主にSESの高い保護者だが，先にみたように子育てスタイルがアメリカほどにはっきり二分されずにある種のグラデーションをなしていることからは，学校での成功を望む価値観が保護者の社会経済的な地位を問わず共有さ

れている様相もうかがえる。この点をどう考えればよいのか。

　「最近の大人は子育てについての自信を失い，子どもをしっかりとしつけなくなった」などと「家庭の教育力」の低下を嘆く俗論が妥当なのかどうかを検証した広田照幸は，過去のさまざまな調査データをひもときながら，「家庭の教育力」の低下を裏づける確たる証拠はなく，保護者は「教育熱心でなければならない」という規範が階層を越えて共有され，子育ての責任を家族が一手に引き受けざるを得ない状況になったことが，家庭の教育力が低下したという言説に説得力を与えたと指摘する（広田 1999）。子どもの成績や学歴を重視する「教育する家族」は，1960年代に階層を越えて大衆化し，その後，地域共同体や学校の権威が衰退するなかで，家族こそ子育て・教育の最終責任者だという見方が私たちの社会に定着する。望ましいとされる子育て・教育のあり方が，地域や階層の違いを超え，規範化された理想像へと収斂していった。

　2000年代半ばから子どもの貧困が社会問題化し，その対策のために法律が制定された今日においては，子育て・教育の責任を家族のみに負わせる傾向には一定の歯止めがかかりつつある。しかしながら，規範化された理想の子育てのあり方が保護者の社会経済的な地位を越えてゆるやかに共有され，その理想に則して子育て・教育を行うべきだという圧力の高い社会状況は，いまなお続いているとみてよい。家族や周囲の人々がこうした規範から自由になることなしに，保護者や子どもにとって望ましい子育て・教育のあり方をともに考えてゆくことは難しいだろう。

4　経済的に厳しい保護者たちによる模索

　ここでいまいちど，冒頭でみた「雄貴」と保護者との関わりを想起してほしい。雄貴が受けた子育てのあり方は，ラローのいう「放任的養育」に近いように思われる。雄貴の保護者は，子育てや教育に割ける資源が制限されているため，子どもの自然な成長に期待し，干渉を避ける育て方を選んだのかもしれない。一見すると根気がなく周囲に流されているようにみえる雄貴の振る舞いだが，世の中は制約で満ちており，自分の思い通りに物事が進むのは稀だという感覚を身につけたことに起因する振る舞いである可能性が高い。

　他方で次のように考えることもできる。アメリカと比べ，子育てスタイルが明瞭に区分されていない日本においては，どのような社会経済的な地位の保護者であっても「熱心な子育て・教育」を望ましい目標として抱くことが可能で

ある（あるいは「自分には無縁な子育て」とは感じにくい）。少ない資源で子育てを行う保護者であっても，それぞれがさまざまな工夫を行い，自らが置かれた状況のなかで最善と思われる関わりを子どもにしているのではないか，と。

　そこで，以下ではとりわけ厳しい状況におかれた保護者たちに焦点をあててみたい。ここで検討するのは，私も共同研究者として関わった調査の結果である（長谷川編 2014，山田編 2019）。私たちの共同研究では，北日本の地方都市Ｂ市の公営住宅Ａ団地の住民を対象にした調査を複数時点にわたって実施しているが，ここでは2009-2011年に行った調査での対象者にその後の状況を聴き取った2015年実施の継続インタビューの知見を紹介する。

　調査対象となったＡ団地は地方都市の公営住宅である。入居にあたっては所得要件があるため，そこに住む人々は総じて経済的に厳しい状況にある。ただし，経済的に厳しいとはいっても，住人のなかには相対的に経済的安定を得ている人々と，必ずしも安定していない人々があり，そこには分岐が生じている。保護者の学歴もさまざまで，高卒者と高校中退者の占める割合が高く中卒者も散見されるなど総じて学歴は低い傾向にあるとはいえ，専門学校や短大・大学卒業の学歴を持つ人もいる。

　住民の背景にみられる違いに着目してＡ団地住民の教育戦略を分析した小澤浩明は，資本の総量・構成というブルデューの理論的な枠組みを援用し，保護者の子育て・教育のあり方がどう分岐するかを検討した（小澤 2019）。

　小澤は，団地に住む子育て世代の保護者たちが採用する戦略を，①学歴による教育的再生産戦略，②早い自立を目指す教育戦略，③手に職・資格志向の戦略，④その他の戦略に区分している[1]。調査を通じて文化資本を把握する方法はさまざまだが，小澤は子育てや教育についての実践が生起する場（界）で一定の価値を有する，制度化された文化資本の指標として保護者の学歴に着目している。以下，それぞれの戦略の概要をみてみよう。

①学歴による教育的再生産戦略

　経済資本にかかわりなく分布するが，特に専門学校卒業以上の学歴を得た文化資本が相対的に多い世帯に多くみられ，なるべく高い学歴（典型的には大卒学歴）を子どもに与えることで，安定した地位の獲得を目指す。最終学歴が相対

---

(1)　中間報告書（山田編 2019）に掲載されている分類。

的に高い保護者は，この戦略を採用する傾向がある。

②早い自立を目指す教育戦略

　経済資本が相対的に少ない世帯，なかでも学歴が相対的に低い世帯で顕著にみられる。大学への進学をそもそも想定していない点が特徴的で，進学は高校まで，高校卒業後は職に就き「なるべく早いひとり立ち」に至ることを望む傾向が強い。ラローのいう「放任的養育」に近い戦略といえよう。

③手に職・資格志向の戦略

　看護師，介護士，美容師，保育士など，特定の職業資格を取得する，あるいは資格という形で必ずしも制度化されていない場合でも熟練の過程を経て「手に職をつける」進路を選好させることで子どもの自立を促す。より具体的な資格取得の展望を持つ点が「早い自立」戦略とは異なる。経済資本が少なく，文化資本が相対的に多いワーキングプア世帯の多くがこの「手に職・資格志向」戦略を採用していた。職業世界への参入を強く志向する語りの理由づけとしては，大学進学の意義を認めないという価値観を示すほか，「結婚・出産を経ても一生働き続ける職につく」ことを重視するケースや「高卒後，大学に行かせる余裕がないので手に職を付けて欲しい」と望むケースもあった。

④その他の戦略

　子どもの進路は「本人次第」，とにかく生活力があればよいと考え，具体的な進路を想定していない，あるいは未定・不明などのケースがこのカテゴリーに分類されている。

　経済的に厳しい状況にある保護者たちの教育戦略にこのような分岐が生じることを，私たちはどう考えればよいのだろうか。子どもの貧困が社会問題化し，対策のための法律が施行されるなかでさまざまな自治体が実施した調査は，貧困状態にある子どもたちは経済資本だけでなく人的資本や社会関係資本の形成・蓄積という点でも不利な状況にあること，他の子どもたちと比べ経験の幅がせまく，学校で不利な状況におかれがちなこと，保護者は不安定な経済状況にあるために子どもと関わる機会が制限されがちで，健康上の不安や高いストレスを感じやすいことなどを明らかにしてきた（山野編 2019など）。これらの大

規模調査から得られた知見は，私たちの調査研究とも合致する。他方で小澤の分析が示すように，経済的に厳しい状況にある保護者たちの間にも保持する資源には相対的な違いが認められ，資本の総量やその構成（文化資本と経済資本のどちらが多いか）によって異なる教育戦略を選びとる傾向が認められる。

　つまり，経済的に厳しい状況にある保護者たちは共通の困難に直面しているものの，子育てや教育にどのような資源が利用できるのかは個別のケースで異なり，厳しい状況のなかで，いわば「手持ちのカード」を最大限に活用して困難に立ち向かっていく様相がうかがえるのである。そして彼らが採用する戦略には，日本社会で標準とされるような，「『いい高校→いい大学→いい企業』という企業型成功モデル」（小澤 2019：114）とは異なる方向性を打ち出す戦略が含まれていた。受験での成功に焦点化した日本版の「意図的養育」とは異なる子育て・教育戦略が，社会経済的に厳しい状況にある保護者たちから見いだされた点は興味深い。とはいえ，資源の制約，とりわけ経済的な障壁が保護者たちの試みの成否を大きく左右することも確かである。

　ここでは経済的に厳しい状況にある保護者に着目したが，別の調査では「非大卒家庭の子育てが社会関係資本を活用した似かよったものである一方，大卒層の子育てには，全資本活用型と文化資本活用型，経済資本活用型というバリエーションが見られた」（伊佐編 2019：217）と，相対的にゆとりのある保護者たちの間にも子育てスタイルにある種の分岐がみられることが指摘されている。

　これらの知見を踏まえると，日本の子育て・教育をめぐる状況をひとまず次のように整理できるだろう。個々の家族による子育て・教育を丹念にみてゆくと，ある種の類型が観察される。これらの子育て・教育戦略に影響を与える要因としては保護者自身の教育経験と経済力の多寡があり，それによって子育て・教育への関与のあり方はグラデーションをなす。したがってゆるやかに区分された類型は，着眼点によってグラデーションとしても観察しうる，そのように整理できるのではないか。家族が養育・教育責任を一手に引き受ける規範がひろく共有され，学年が上がるほど教育への経済的な負担を求める傾向が強くなる日本社会では，アメリカでラローが明らかにしたような子育ての分極化は生じないかわりに，ある種の理想化された子育て・教育のあり方がひろく共有されてきた。他方で理想を実現するために利用可能な資源の多寡や資本の構成によってゆるやかな分岐が認められるように思われる。なお，本章では階級（階層）を重視してきたが，ジェンダー（第11章参照）とエスニシティ（第12章参

照）も保護者が行う子育て・教育に影響を与える社会的な属性である。

5　認識のバイアスを乗り越えるために

　これまで紹介してきた状況のもとで，学校教育と親和的ではない家庭教育を経験した子どもたちは，教師から否定的に評価されがちであることが，さまざまな研究によって明らかにされてきた。学校教育という制度には，社会的なマジョリティ（多数派）の利害関心を優先する側面がある。また，高い学歴の取得を目指す教育戦略を選び，そのねらいを首尾良く果たすためにはさまざまな資源が必要で，なかでも経済的に厳しい状況におかれた人々は，そうでない場合と比べて学校をうまく利用できない傾向がある。

　社会的に不利なポジションにある子どもやその保護者にこうした制約がある以上，社会構造が与える影響について省察せずに教師たちが自らの職務を遂行するだけでは，子どもや保護者の言動の背後にある論理に迫ることができないばかりか，不利な地位を次世代まで持ち越すことに教師自身が手を染めている可能性すらある。日本には社会経済的な背景の違いにかかわらず「子どもたちを特別扱いしない」見方が学校で共有されているため（第3章・第4章），そこに起因する差異に対し，教師が個人の裁量を越えて組織的・制度的に対応することは難しい（第4章）。そんな制約を踏まえた上で，学校や教師にできることとして何があるのか。容易なことではないが，本章の議論からは以下のような手がかりを得ることができる。

　第1に，個々の子どもや保護者たちの言動を社会的なことがらと不可分のものとして捉える視座の重要性をあらためて確認しておきたい。彼らの言動を個別の事情に還元して「特別扱いはできない」とするのではなく，あるいは逆に「経済的に厳しい状況にある保護者は子どもを放任しがちだ」などといったステレオタイプに依拠して物事を理解したつもりになるのでもなく，いずれからも距離をとる必要がある。

　私たちが子どもや保護者の言動を深く理解し，適切に対応するためには，個人の行為を社会的なことがらの結節点として捉え，社会的な状況の制約を受けつつもそれぞれの行為者が可能な限りの合理性を発揮して振る舞っていると理解するところから出発する必要がある。先に示した小澤（2019）の分析にみるように，資源が厳しく制約された状況でも，人々は手持ちのカードを最大限に活用し，より望ましい選択を模索していた。冒頭で示した「雄貴」の試行錯誤

には大卒である教員からすれば不可解で非合理に思える行為も含まているが，雄貴が置かれた社会的な状況とあわせてその言動を捉えることによって，彼の振る舞いの背後にある固有の論理が浮かび上がるだろう。

　第2に，上記の指摘は子どもやその保護者だけでなく，教師にも当てはまる。学校という場に身を置くこと自体が教師のものごとの捉え方にバイアスをもたらすが，他方で教師も社会構造に規定されつつ主体性を発揮し日々の教育実践を創造する存在とみることができる。日本の学校・教師に「変わりにくさ」があるとしてもそれは不変のものではなく，日々の取り組みを通じて変容可能なことがらでもある（第6章）。自らの置かれた状況を冷静に認識し最善を尽くすなかで，特定の子どもや保護者の「特別扱い」をタブー視する見方は少しずつ変化してゆくだろう。

　第3に，学校教育はそもそも複数の目標を掲げる制度であることに着目する必要があるだろう。アメリカの学校教育の歴史的展開を社会学的な視座から検討したD・ラバリーによれば，学校は「民主的平等」「社会移動」「社会的効率」という，時に矛盾・対立するため同時に追求することが難しい目標を担いつづけてきた。学校は外部社会から政治的／経済的要請に応答すると同時に個人の自由を保障しつつ社会的な次元における集団的な要求をも充足するというきわめて困難な調整を図らなければならない（Labaree 2010=2018：17）。

　ラバリーが指摘するように，学校は競合する複数の目標を抱きつつ日々の教育活動を行っているため，そこには社会的なマジョリティによる想定にはないことが起こりうる。学校教育を根底から変えるにはかなりの時間と労力を要するので，いきなりの変革は難しい場合でも，社会経済的な背景がもたらす不利に対応する手助けの試みを教師が行うことは十分に可能である。例えば，先に紹介した生活困難層による「手に職・資格志向」の教育戦略は，いわゆる「受験競争モデル」とは異なる学校の社会的機能の活用といえる。制度としての学校が有する相対的自律性は，不利な立場にある保護者たちの子育て様式の長所を正当に評価し励ますことによって，これまでにない新しい教育を構想する余地を与えてもくれるはずである。学校は既存の関係を温存するよう機能しがちだが，他方で格差を是正し，公正な社会を築き上げる礎にもなり得るのである。

　望ましい未来に向けた社会構想が実現するかどうかは，実のところ，学校で幾度となく繰り返される日常生活によって決まる。というのも，個人と社会とが分かちがたく結びついているということは，個々の人々の振る舞いやその背

景となっている意味づけが変わることで今後の社会のあり方が変わってゆくということでもあるからだ。日々の生活に追われていると，いまある社会の姿は容易には変わらないように思える。だが，10年単位の時間軸でみると，私たちが予想する以上に社会は大きくその姿を変えることがある。社会の変わりにくさと予想を超えた大きな変化というういずれをも生み出す制度的な特質が学校教育にはあるのだ。

　教育の営みがより望ましい社会の未来構想と結びついているのであれば，私たちは日々の活動を振り返り，よりよい社会の実現に向けて何ができるのかを模索してゆく必要がある。もちろん，何が「望ましい未来」なのかは一意ではなく，そこには相反する見解や鋭い対立が存在する。良かれと思ってなしたことが最悪の帰結に至る事例も後を絶たない。それでも私たちは，より望ましい，あるいはよりましな，さらにいえばこれ以上ひどくならない方向へ社会が変化するよう教育に関与しつづけるほかない。社会構造の規定力を直視しつつ「他者の合理性」を探究する姿勢は，こうした難しいがやりがいのある課題に取り組む手助けとなるはずである。

3　現場のためのQ&A

・この章の知識は，学校現場でどのように役立てることができるのでしょうか。

　本章では具体例をあえて「雄貴」だけに絞り，あなたが実際に現場で保護者と子どもの言動を解釈する際に使える抽象度の高い認識枠組みの提示に力点をおきました。本章で紹介した枠組みを参照して現場で生じるさまざまな出来事を捉える，あるいは逆に抽象化した概念でことがらを整理した後に，具体的な事例に立ち戻りその意味を再考する，そのように抽象と具体を往復する作業の手がかりを示したつもりです。

　例えば，「受動的でやる気がない」と思われる子どもの言動は，制約が多い状況で「放任的養育」を受け，自分を取り巻く状況を変更できないものとして受け入れてしまった結果として生じたと解釈できます。わが子の進路に無関心に思える保護者の姿勢は，単なる放任ではなく学校教育と職業生活との結びつきが弱い現状を踏まえた「手に職」路線の教育戦略かもしれません。もしそうならば，教師の立場から何ができるのか。その解答は現場の個別具体的な文脈に則したものになることでしょう。迂遠に見えるかもしれませんが，マニュア

ル的な解答を覚えておくよりも，研究知見から導き出された抽象的な枠組みを
理解し・応用してゆくことがより「役立つ」のではないでしょうか。

・「個人的なことがらと社会的なことがらが不可分に結びついている」と言わ
れても実感がわきません。もう少し具体的に理解の手がかりとなる素材を教え
てください。

　具体的な事例として，比較的近年に刊行された入手が容易で読みやすい書籍
として，上間陽子『裸足で逃げる』（上間 2017），打越正行『ヤンキーと地元』
（打越 2019）をお薦めします。同じ沖縄を舞台にしたこれらの研究成果では，
貧困と暴力に満ちた世界でそれでも主体的に生きる人々の姿が活写されていま
す。2つの著作をあわせて読むことで，周辺化された人々の生活を既存のジェ
ンダー秩序がどのように枠づけているのか，理解を深めることができます。
「その人でしかありえない」という個人的なことがらを，彼らの振る舞いを可
能にする条件となる社会的なことがらと不可分なものとして捉える点が，社会
学的なものの見方の特徴だと筆者は考えています。

・子どもやその保護者がおかれた社会的な状況に起因するさまざまな制約は，
教師にはどうすることもできません。結局教師には何ができるのでしょうか。

　理論的なポイントとしてあらためて確認できるのは，学校の相対的自律性を
どう考えるかということです。学校の相対的自律性は，教育を通じて既存の社
会秩序（資源の不均等な配分を含みます）を反復＝再生産する働きを有すると同
時に，既存の秩序を改変し，社会を新しい方向に変えてゆく可能性にも開かれ
ています。この両義性をどう引き取るのかが個別の実践で問われています。そ
こで留意すべき点は，問題となっていることを個人の心構えや個別の配慮で終
わらせるのではなく，組織的・集団的な対応へとつなげてゆくこと，さらに学
校だけで対応するのではなく他の制度・組織との連携も図ることでしょう（コ
ラム1を参照）。近年の中央教育審議会で示されたいわゆる「チーム学校」論が
打ち出す方向性には，さまざまな専門性を持つ人々が学校に参画することで子
どもの福祉（well-being）を追求し子どもの発達を援助するという外部の諸機関
と連携する学校教育像が提示されています。これらの新しい展望から使えそう
なものを積極的に活用することが，まずもってできることではないでしょうか。

4　演習課題

1　ツイート課題
①「子どもの自由に任せる」教育の具体例をあげてください。
②あなたなら，経済的・文化的な資源を自分の子育てにどう活用しますか？
③貧困状況にある子どもは何が制約されているか考えてみましょう。

2　レポート課題
①自治体が調査を通じて子どもの貧困の現状を把握した報告書を読み，学校に
　できること・できないことは何か，あなたの考えを述べなさい。
②これまでの経験を振り返り（あるいは，自分たちが受けてきた教育を比較・議論
　して），家族がどのようなスタイルの子育て・教育を行ってきたのか，その
　成果がいかなるものであったかについて，本書で紹介した概念を踏まえつつ
　考察しなさい。
③学校外の有償の教育サービスにどのようなものがあるのかを調べ，経済的な
　資源が豊富な家族とそうでない家族との間にどのような教育上の格差（違
　い）が生じるのかを具体例を示しながら論じなさい。

5　理解を深めるために

1　文献紹介
①テス・リッジ，2010，『子どもの貧困と社会的排除』渡辺雅男監訳，中村好
孝・松田洋介訳，桜井書店。
　　貧困による社会的な排除の経験を子ども独自の視点から明らかにした本です。
　例えば，経済的な資源の欠乏は単に貧しい生活を強いるだけでなく，消費を
　通じて友人と交流する機会を断たれることを意味するのだと，子どもの語り
　を通じて明らかにされています。同書のもう１つの特徴は，さまざまな機会
　を得て自分でお金を稼ぐなど，子どもたちが主体性を発揮し困難に対処する
　様相を描き出した点にあります。受動的な存在ではなく，厳しい制約のなか
　で生きる術を模索する子どもの姿を捉えなければ子どもの貧困を真に理解し
　たとは言えません。

②サンドラ・ウォルマン，1996，『家庭の三つの資源』福井正子訳，河出書房新社。

　ロンドンで生活する八組の家族を対象に，彼らが時間・情報・アイデンティティという生活に関わる資源をどう利用するのかという観点から家族生活を描き出した著作です。人類学者のウォルマンは，家族を「資源システム」として把握し，それぞれのメンバーが「資源」を活用し日常生活を編成するプロセスこそが，家族というまとまりを形成すると主張します。子育ての分析に特化した本ではありませんが，手持ちのカードをうまく使いながら，たくましく生きる家族の姿を活写した同書は，困難な状況にある保護者の言動を理解するためのさまざまな手がかりを与えてくれるでしょう。

③小野田正利，2015，『それでも親はモンスターじゃない！』学事出版。

　ある時期から「モンスター・ペアレント」という言葉が使われるようになりましたが，保護者の言動を批判するこうした見方に対し，異なる見解を冷静かつ保護者に共感的な姿勢で示した本です。学校と保護者との間でトラブルが生じる社会的な背景は何か，これらの問題への応答を試みた近年の制度改革にはいかなる課題があるのか，保護者の言動をどう理解し対応すれば，教師と良好な関係を築くことができるのか等々，具体的な事例とともに学校現場を励まし，展望をひらくヒントが提示されています。

2　メディアの紹介

①映画『家族を想うとき』（2019年，ケン・ローチ監督）

　カンヌ国際映画祭で最優秀賞を獲得した『わたしは，ダニエル・ブレイク』をはじめとする多数の話題作を手がけた英国の名匠が，ICT を駆使したギグエコノミーと呼ばれる「新しい働き方」を選んだ父親とその家族が抜き差しならない状況に追いつめられてゆく姿を描き出した作品です。原題の "Sorry, We missed you" は宅配便の不在票の定型文で，映画ではそれが別の意味を持つことが徐々に明らかにされます。学校や教師はほとんど登場しませんが，逆にそのことが教師には見えない多数の困難があることを端的に示しているように思います。

文献

Bernstein, Basil, 1996, *Pedagogy, Symbolic Control and Identity: Theory, Research,*

Critique, Taylor & Francis Ltd.（久冨善之ほか訳，2000，『〈教育〉の社会学理論——象徴統制，〈教育〉の言説，アイデンティティ』法政大学出版局。）

Bourdieu, Pierre et Passeron, Jean-Claude, 1970, *La reproduction : éléments pour une théorie du système d'enseignement*, Éditions de Minuit.（宮島喬訳，1991，『再生産——教育・社会・文化』藤原書店。）

長谷川裕編，2014，『格差社会における家族の生活・子育て・教育と新たな困難——低所得者集住地域の実態調査から』旬報社。

林明子，2016，『生活保護世帯の子どものライフストーリー——貧困の世代間再生産』勁草書房。

広田照幸，1999，『日本人のしつけは衰退したか——「教育する家族」のゆくえ』講談社。

本田由紀，2008，『「家庭教育」の隘路——子育てに強迫される母親たち』勁草書房。

伊佐夏実編・志水宏吉監修，2019『学力を支える家族と子育て戦略——就学前後における大都市圏での追跡調査』明石書店。

岸政彦・石岡丈昇・丸山里美，2016，『質的社会調査の方法——他者の合理性の理解社会学』有斐閣。

Labaree, David F., 2010, *Someone has to fail: the zero-sum game of public schooling*, Harvard University Press.（倉石一郎・小林美文訳，2018，『教育依存社会アメリカ——学校改革の大義と現実』岩波書店。）

Lareau, Annette 2011, *Unequal childhoods: class, race, and family life*, 2nd. ed., University of California Press.

お茶の水女子大学，2018，『「保護者に対する調査の結果と学力等との関係の専門的な分析に関する調査研究」報告書』（https://www.nier.go.jp/17chousa/pdf/17hogosha_factorial_experiment.pdf）。

小澤浩明，2019，「生活困難層における教育戦略の分析」山田哲也編，2019，『公営住宅居住者の生活・子育て・教育をめぐる困難とその乗り越えに関する実証研究（中間報告書）』，99-115頁。

Ridge, Tess, 2002, *Childhood Poverty and Social Exclusion*, The Policy Press.（中村好孝・松田洋介訳，2010，『子どもの貧困と社会的排除』桜井書店。）

多喜弘文，2020，『学校教育と不平等の比較社会学』ミネルヴァ書房。

打越正行，2019，『ヤンキーと地元』筑摩書房。

上間陽子，2017，『裸足で逃げる』太田出版。

Waller, Willard, 1932, *The Sociology of Teaching*, John Wiley.（橋爪貞雄訳，1957，『学校集団——その構造と指導の生態』明治図書出版。）

山田哲也編，2019，『公営住宅居住者の生活・子育て・教育をめぐる困難とその乗り越えに関する実証研究（中間報告書）』一橋大学機関リポジトリ（https://hdl.

handle.net/10086/30244)。

山野則子編著，2019『子どもの貧困調査——子どもの生活に関する実態調査から見え
　てきたもの』明石書店。

コラム 1

スクールソーシャルワーカーと協働して教育格差に向き合おう

藤本啓寛

1．スクールソーシャルワーカーと見立てを共有する

スクールソーシャルワーカー（以下，SSW）とは，2008年度から全国的な活用が開始された「児童の福祉に関する支援に従事する[(1)]」社会福祉の専門職である。いじめ・不登校（第14章），問題行動・非行（第9章），子ども・保護者との関係（第7章），貧困などの家庭環境，児童虐待，発達障害，性的・文化的マイノリティ（第11章・第12章），そして進路（第10章）支援など諸課題に対応しうる専門職として政策的に注目され，その人数は2009年度以降増加の一途にある。本コラムでは，教員がSSWと協働する意義と方法を踏まえた上で，社会全体で教育格差に向き合っていく道筋を考えていこう。

教職課程における教科教育法の科目で学習指導案の「指導上の工夫」について書く時，「児童生徒の実態」を踏まえることが求められるだろう。同様に，指導・支援を有効に展開するためには，児童生徒がどのような状況にあり，どのようなニーズを有しているのかを理解しなければならないのである（教育相談等に関する調査研究協力者会議2017）。その際，教員とは異なる専門性を有するスクールカウンセラー（以下，SC）やSSWを交えて，チームで見立てを共有し合うことは有効に働く。SCは心理の専門性を有し，人の内面（心）に着目した支援を得意とする。SSWは社会福祉の専門性を有し，人をとりまく環境に着目した支援を得意としている。両者の職務はかなり重なっているが（野田 2016），いずれも教員とは異なる専門性を持ち，有効な指導・支援を展開する助けとなりうる。

2．協働する方法——児童虐待への対応を例に

児童生徒が抱える課題の兆しを感じたら，ためらわずに早期からSSWに相談しよう。SSWと協働するには，すでに配置されている一部の学校を除けば，まずは教育委員会などへの「依頼」が必要となる。したがってあなたが勤務する（予定の）自治体におけるSSWへの依頼方法を確認しておき，課題の兆しを感じた時にはためらわずに依頼をかけて早期からSSWに相談する（第8章）ことが協働への第一歩となるだろう。もし管理職がSSWの必要性を十分に理解していないと考えられる場合は，児童生徒を多角的に見立てる必要性や他校での協働事例を教職員内で共有することから始め，管理職の説得

---

(1) 学校教育法施行規則第六十五条の三，中学校・高校にも準用。

を試みてほしい。

　ところが日本の学校は分業化の度合いが低い（恒吉 1999）ため，SSW との協働に教員集団内で理解が得られないことがある。何を問題とするのか，そして解決のために誰にどのように問題を受け渡すのかというゲートキーピングの機能を担う教員（保田 2014）が，児童生徒の問題をぎりぎりまで抱え込んでしまうため，関係機関を交えた支援の開始が遅れてしまうことがこれまで度々生じてきた。たとえば教員が家庭における児童虐待の可能性に気づいた場合は，法律でも児童相談所への通告が求められるが⁽²⁾，実際には確証の持てなさや後々の支援の見通しの立ちにくさから通告が躊躇われることもある。もし早期に SC や SSW を交えた校内ケース会議を行うことができれば，学校の指導・支援だけでは好転しない状況と子どものニーズとを踏まえた，早期の通告につなげる道を開きやすくなるだろう。

　このように多職種でチームを組むことで，児童生徒の抱える課題についての見立てを共有し，担任が抱え込んでしまうのを防ぐことができる。したがってあなたが教員として現場に立つ時には，校内でチームを組んで対応するための工夫を行ってほしい。例えば，小学校における児童虐待への対応についてインタビュー調査を行った西野（2018）は，校内のチーム力を高める具体的な工夫として，①「総合的なコーディネーター」役を決めること，②管理職・養護教諭・コーディネーター・SC・SSW などの学校全体を支援するメンバーが集まるコアチーム会議を毎週設定すること，③校外の関係機関との連携が可能な SSW が校内スタッフとしてケースを管理することを挙げている。学校ごとの課題や学年，SSW の配置形態などの条件に応じた形が求められるが，いずれにしろ誰か1人の個人的な努力に任せきりにしない校内チームの形成が重要といえる。

　もっとも，教員と SC・SSW にできる支援は重なっているところもある。例えば，SSW が児童福祉法で認められた一時保護の権限を有しているわけではないので，教員が児童相談所への連絡を直接入れてよい。しかし，学校教育と福祉的支援は狙いや焦点が異なり，相互不理解ゆえに無理な依頼をしたり，十分に力を発揮できないことがある。SSW がチームの一員として"調整者"や"翻訳者"の役割を担うことで，各機関が持ちうる力を十分に発揮して協働できれば，スムーズな連携が可能となるだろう。

3．教育格差に向き合う——貧困家庭への対応を例に

　近年，低所得や不安定な雇用によって十分に子どもをケアできない家庭に対する支援が学校に求められている状況がある（倉石 2018）。教員が過剰な期待を一手に背負って潰されないためにも，各機関固有の強みの理解（梅山 2020），すなわち「学校だからこそできること」と「関係機関だからこそできること」を区別して考える必要がある。そ

---

(2)　児童福祉法第二十五条

こで，第14章で取り上げられている「あつしくん」に対する SSW の取り組み（大田2015）を事例として，学校と関係機関にできることを考えてみよう。

　小学 3 年生の頃から 1 年以上不登校だったあつしくん宅への家庭訪問を重ねる中で背景として見えてきたのは，自宅が散らかり放題で家族間で会話がまったくないという家庭環境の問題である。そうした状況の原因は，あつしくんの母がひとりで大きな借金を返すために夕方から翌朝まで複数の仕事を掛け持っていることにあった。このような実態を理解した SSW は，あつしくんへの働きかけの前に家庭の安定が欠かせないと見立てた。SSW は母と法律相談所へ赴き債務整理を行い，生活保護の受給や家事支援の利用を手助けしていき，徐々に家庭環境を安定させていった。その上であつしくんの意思を尊重し，SSW との家庭学習を始めた。校長・担任教諭が用意してくれたプリント課題に家庭で取り組み，それを 2 週間ごとに教員が確認し，あつしくんへコメントを返すというやりとりを進めていったのである。このような家庭学習を継続して 4 ヶ月目に入った頃，あつしくんは学校に登校することができるようになった。

　あつしくんのケースにおいて「学校だからこそできること」は，学校に登校できないあつしくんに対してつながり続けることであった。プリントやコメントのやりとりは，学校に来ていないあつしくんと学校をつなぎ止めていたといえる。SSW が関わる前は，複数の先生が家まで来て自宅から 3 分の距離にある学校まで 2 時間かけて強引に登校させたこともあったそうだが，その後の登校にはつながらなかった。あつしくんの気持ちと家庭の状況やニーズを見立てた上で支援しなければ，子どもを思っての関わりも徒労に終わり得る。児童生徒が登校したいと思えるような学校をつくっていくことは「学校だからこそできる」重要な役割である。また不登校となった児童生徒が学校に復帰した後には主たる支援者となっていく教員が SSW や関係機関に支援を丸投げするのも望ましくはないだろう。

　一方，「関係機関だからこそできること」は，債務整理や生活保護の受給，家事支援であった。ひとり親家庭のため子どもの養育まで手が回っていなかったあつしくんの母に対しては，SSW が法的・福祉的な支援を取り付けたことが有効に働き，それがあつしくんの学校復帰を下支えしていったといえよう。学校・教員による保護者への支援には限界があるが，社会には家庭の生活を支えるさまざまな支援・資源がある。"調整者"や "翻訳者" の役割を担える SSW が加わることで，「学校だからこそできること」と「関係機関だからこそできること」を分けつつも重ね合わせて共に教育格差に向き合っていくことができるだろう。

　もちろん，教育格差に向き合うとは，単に大人が考える幸せを押し付けることではない。とりわけ何らかの点でマイノリティである児童生徒の支援においては，その児童生徒が生まれ育った環境への帰属と社会経済的な成功に必要な資源の獲得がトレードオフとなる「多様性と平等のジレンマ」（第12章）が生じ得る。このような場合においても，

SSWは子どもの権利条約に倣い，社会による「子どもの最善の利益」の保障[3]と子ども自身の「意見の尊重」[4]を組み合わせ，ケースに応じて個別的に解を見つけることを手助けしていく。したがって，直面する教育格差に対して児童生徒が自ら自律的に向き合っていくための支援をするのが，ソーシャルワークを基盤とするSSWの支援であるといえるだろう。

4．協働を積み上げ，そのニーズを“声”に

このように教員がSSWと協働することで，児童生徒の状況の把握とニーズの理解に基づいた見立てを共有し，有効な指導・支援を展開することが可能となる。協働を進めるためには，ためらわずに派遣依頼をかけ，SSWを交えた校内チームを組むための工夫をする必要がある。そうすることで，学校と関係機関のそれぞれができることを分けつつも重ね合わせた上で，教育格差に向き合っていくことができるだろう。

ここまでSSWの意義を説いてきたが，SSW活用事業の拡充は端的に言えば不十分である。2019年度時点で，公立中学校数（１万222校）対SSW人数（約2700人）の比は約４:１，すなわち平均すると１人のSSWが４中学校区を担当しており，時間的余裕がない中で仕事をしていることがわかる。

教育予算が限られている以上，SSWよりも正規雇用の教員を増やすべきという意見もあるかもしれないが，非正規職員の雇用拡大はSSWだけではなく，教員を含む教育政策全体の問題である。2004年に義務教育費国庫負担金の総額の範囲内で給与額や教職員配置に関する地方の裁量を大幅に拡大する「総額裁量制」が導入されてから，非正規教員は実数と割合のいずれも増加傾向にある（金子 2014）。少ない予算の中で人数を増やすことが求められる新自由主義的な予算設計によって新たな政策を展開して新規予算を獲得するという文部科学省の方針は，非正規専門職を増設し，結果として正規雇用の教員との間で分断を招くという構造的な理解に至ってほしい。

公立・私立の区別なく学校は公の性質を有することに加え，公立校の教員は公務員として「全体の奉仕者性」[5]という理念や地域独占的な公共財の供給といった公務労働（松尾 2017）を果たすことが求められる。したがって教員になることは単に「教える」役割を果たすに止まるものではなく，広く社会のために働くことであると念頭に置いてほしい。学校において福祉的支援のニーズがあるのは，児童・生徒の教育格差を社会全体で十分に支援できていないという現実を反映している。それらの現実を根拠に，予算そのものを拡げていけるような声を現場・研究双方から共に上げていこう。

---

(3)　児童の権利に関する条約第３条
(4)　児童の権利に関する条約第12条
(5)　教育基本法第六・八条

文献

金子真理子，2014，「非正規教員の増加とその問題点——教育労働の特殊性と教員キャリアの視角から」『日本労働研究雑誌』56（4），42-45頁。

倉石一郎，2018，「生存・生活保障と教育の結び直し・再論——公私融合の現実にどう立ち向かうか」『教育学研究ジャーナル』22，35-41頁。

教育相談等に関する調査研究協力者会議，2017，「児童生徒の教育相談の充実について——学校の教育力を高める組織的な教育相談体制づくり（報告）」

松尾孝一，2017，「公務改革と公務労働の変化」『社会政策』8（3），14-30頁。

西野緑，2018，『子ども虐待とスクールソーシャルワーク——チーム学校を基盤とする「育む環境」の創造』明石書店。

野田正人，2016，「スクールソーシャルワーカーとスクールカウンセラーの違い」山野則子・野田正人・半羽利美佳編著『よくわかるスクールソーシャルワーク』第2版，ミネルヴァ書房，28-29頁。

大田なぎさ，2015，『スクールソーシャルワークの現場から——子どもの貧困に立ち向かう』本の泉社。

恒吉僚子，1999，『「教育崩壊」再生へのプログラム——日米学校モデルの限界と可能性』東京書籍。

梅山佐和，2020，「スクールソーシャルワークから連携協働を考える」『更生保護』71（4），8-13頁。

保田直美，2014，「学校への新しい専門職の配置と教師役割」『教育学研究』81（1），1-13頁。

第 8 章

教師はどのように生徒と関わってきたのか

知念　渉

1 高校時代を思い出してみよう

　授業のチャイムが鳴る。先生が教室に入ってくる。授業が始まる。あなたが頭の中に浮かべている教室はどのような雰囲気だろうか。そこへ男子生徒がフライドポテトを食べながら入ってきたとしよう。みなさんの想像の中の先生はどのような反応をするだろうか。

　授業開始直後に，男子生徒がフライドポテトを食べながら教室に入ってくる。これは私が高校で調査をしていたときに実際にあった出来事である。先生がどのようにこの生徒の行動に実際に対応したのか，その答えは本章の最後までとっておくことにしよう。

　教職希望者の多くは，自分が過ごしてきた学校生活をもとに教師になりたいと考える。私たちの経験は限られたものだから，それは仕方のないことだ。ただ，現実にはさまざまな学校がある。公立学校であっても，学校によって子どもの学力や家庭背景はさまざまである（第3章～第5章・第7章）。なかには，外国につながる子どもが多く通う学校もある（第12章）。そのような現実を知らなければ，生まれ育ったのとは違う地域の学校で勤務することになった際，理想と現実の乖離に苦しむことになるだろう。

　学校がさまざまであることは，義務教育についても言えることとはいえ（第3章・第4章・第7章），日本ではとりわけ高校の多様性が際立っている。高校入試という学力選抜があるために，学校ランクによって学校の様子は大きく異なっているからだ（第5章）。そこで本章では，高校段階，そのなかでも特に「教育困難校」と呼ばれるような高校を念頭におきながら，教師の教育活動お

よび教師と生徒の関係がどのように営まれているのかを見ていく。一般的に，教師‐生徒関係は「○○先生は良い人だ」，「○○は見本となる生徒だ」のように個人の特性として理解されることが多い。それに対して本章では，個人的な特性に還元されがちな教師と生徒の関係性が，学校ランク，教育政策，時代状況といった環境によって条件付けられているという教育社会学の見方を解説しよう。

　もちろん，高校に焦点を当てるからと言って，本章の知見が小・中学校の教師に役立たないということにはならないだろう。高校よりも緩やかだとはいえ，小中学校にも学校間格差（第3章・第4章・第7章）があるので参考になるはずだ。

2　教師‐生徒関係を考える

■1■　高校階層構造というトラッキング・システム

　どの高校に入学するかによってその後の進路が大きく制約されることを，陸上競技の走路になぞらえてトラッキングと呼ぶ（第5章）。入学難易度を示す高校ランクによる学校間の違いはさまざまな側面に及ぶが，ここでは教師‐生徒関係について考えるために，授業の雰囲気に着目する。まず，表8-1に，学校ランク[(1)]で高校を4グループ（偏差値40未満／40以上50未満／50以上60未満／60以上）に分け，授業の雰囲気に関する項目に「いつもそうだ」と「たいていそうだ」と答えた生徒の割合を合算して示した。この表に示される項目はネガティブなものばかりであるが，学校ランクが低い「40未満」や「40以上50未満」で回答の割合が高いことがわかる。学校ランクの違いによって，授業の雰囲気が大きく異なる実態がうかがえる。

　このようなデータをみると，学校ランクが低い学校で働く教師は大変そうだと思うかもしれない。教科内容を伝えるためにいろいろ工夫したとしても，「先生の言うことを聞いていない」「授業中は騒がしくて，荒れている」のであれば，授業準備の努力は報われない。このように毎日生徒と対立・葛藤する関係にあるというのは，どんなに疲れるのだろう。できればそのような高校では

(1)　各学校の学力の平均を学校ランクとした。なお，集計の際には欠損値を除外し，ウエイトを付して処理している。

表8-1　学校ランク×授業の雰囲気

偏　差　値	40未満	40以上 50未満	50以上 60未満	60以上
生徒は，先生の言うことを聞いていない	15.3	9.2	5.4	5.8
授業中は騒がしくて，荒れている	15.9	10.4	5.3	4.0
先生は，生徒が静まるまで長い時間待たなければならない	13.6	10.0	5.1	4.5
生徒は，勉強があまりよくできない	26.8	16.6	8.4	4.9
生徒は，授業が始まってもなかなか勉強にとりかからない	15.9	9.2	4.7	3.5

注：「いつもそうだ」「たいていそうだ」と答えた生徒の割合
出所：PISA2018のデータをもとに筆者作成。

表8-2　学校ランク×国語の先生

偏　差　値	40未満	40以上 50未満	50以上 60未満	60以上
先生は，国語で良い成績がとれるように自信を持たせてくれた	55.5	55.1	45.0	46.3
勉強の仕方について，先生は私の考えを聞いてくれた	49.9	50.5	44.6	44.0
先生は私を理解していると思った	57.4	56.9	51.1	52.3

注：「まったくその通りだ」「その通りだ」と答えた生徒の割合
出所：PISA2018のデータをもとに筆者作成。

働きたくないな……，と学校ランクによる生徒の違いを知るにつれ，そう考えるようになっても不思議ではない。

　しかし，これらのデータは実態の一端を捉えてはいるが，同時に，現実はそれほど単純ではない。表8-1と同じ調査では，国語の先生を生徒がどのように捉えているのかも尋ねているので，[2]それらの項目と学校ランクの関係をみてみよう。表8-2にあるように，学校ランクと回答の傾向にはあまり強い関連性はみられない。むしろ，わずかではあるが，学校ランクの低い「40未満」や「40以上50未満」の高校の方が肯定的な回答の割合が高いことがわかる。

　つまり，学校ランクが低い高校には，勉強ができなかったり社会経済的に困難を抱えたりする生徒が多いが（第5章），かといって，必ずしも教師と生徒が対立しているというわけではないのである。「勉強があまりよくできない」し，

---

[2]　PISA調査はOECDが3年に一度行っている国際学力調査であり，読解力，数学的リテラシー，科学的リテラシーについて，各国の15歳の知識や技能に関する情報を収集している。主要三分野のうち，毎回1つの分野が重点分野として調査される設計になっており，本章が利用した2018年度調査の重点分野は読解力であった。そのため，「国語の先生」について尋ねた項目となっている。日本は学校間格差が大きいので（第5章），他科目で見ても同じ傾向が確認できると考えられる。

「授業は騒がしくて，荒れている」。しかし同時に，生徒にとって先生は，「良い成績がとれるように自信を持たせてくれた」し，「私を理解している」存在である。勉強ができなかったり授業の雰囲気が騒がしかったりしても，それがそのまま教師への反発や不信につながるわけではないようだ。なぜ，そうなっているのだろうか。その理由は，教師たちは目の前の生徒の学力や背景を踏まえた上で自分たちの教育活動を何とか成立させているからだ。次に，「現場の教授学」という考え方を手がかりにそのことについて考えよう。

2　現場の教授学

　1980年代に，自ら講師として働きながら教育困難校と呼ばれる高校で調査を行った古賀（2001）は，学校現場の社会的文脈に合わせながら教師たちが教育活動を行っていることを明らかにし，そうして構築された知を「現場の教授学」と名付けた。ここでは，「現場の教授学」という概念を手がかりに，教師－生徒関係について検討しよう。

　そもそも，教師が生徒と対立ばかりしていては，授業やその他の教育活動を円滑に進めることができない。学校に順応する生徒が多いランク上位校であれば，逸脱行為（第9章）に対して停学や中退のように罰則を重くすれば，生徒たちはおとなしくなるかもしれない。しかし，逸脱傾向にある生徒の割合が高い下位校で同様の対応ができるだろうか。また，そうした対応は適切だろうか。

　多くの学校では，それぞれの学校の生徒の実情に合わせて，教育内容や教育活動の調整が行われている。例えば，基礎学力を身に付けていない生徒が多い場合，中学校の教科内容を念入りに復習する。教科書を解説しているだけではほとんどの生徒が眠ってしまうのであれば，授業中に生徒の主体的な活動を多くしたり，冗談を言ったりする。「茶髪は禁止」という校則があっても適用は緩やかにする。というように，現場の教師たちは明文化され公式に求められている学習指導要領や校則などを生徒たちに機械的に押し付けているのではなく，生徒たちの様子を考慮に入れた上で教育活動を展開しているのである。

　生徒たちと折り合いをつけたこの教育活動は，教師たちのあきらめや本来の仕事からの撤退によって成立しているわけではない。むしろ，社会的文脈に応じて教育活動を組み立てるというのは，教師という仕事の根幹であるといっても過言ではない。例えば，茶髪を禁止する校則があるとする。生徒の髪が茶色な理由はファッションに限らない。毎日の部活動による日焼けが原因かもしれ

ないし，生まれながらの色なのかもしれない。[(3)] このような理由を考慮することなく一律に校則違反として処理するのは理不尽だろう。

　このように考えれば分かるように，校則のようなルールを運用する際は，ある程度の「曖昧さ」が必要なのだ。さもなければ，教師は「杓子定規に校則を押し付けるだけ」（石飛 1995：152）の機械になってしまう。生徒の成長のために，文脈や状況に応じて，いまここでどのように対応するのが適切かという「教育的配慮」を行うのが教師の仕事の根幹であり，ルールを厳密に運用することは教師の本来の仕事からの撤退とさえ言えるだろう。

3　現場の教授学の危機？——教師のおかれた時代状況の変化

　文脈や状況に応じて教師が「教育的配慮」を行っていることは1980年代に行われた古賀の調査（古賀 2001）から導かれた知見だが，それは現在の教師にも当てはまるだろう。とはいえ，学校や教師のおかれた状況が大きく変わってきたのも事実である。

　管理教育への批判が高まり，[(4)] 1990年代には従来の全体主義的で画一的な生徒指導のあり方に見直しが求められた。「心の理解」やカウンセリングマインドが強調され，生徒の個性を重視した個別的な生徒指導への理念上の転換が図られたのである。とりわけ高校では「多様化」や「個性化」といったスローガンのもとで教育改革が進められ，「総合学科」などの名称で特色ある学科やコースが新設されることになり，進路指導においても生徒の「やりたいこと」に基づいて「自己実現」させることを重視する方向へ舵を切った（荒川 2009）。こうした流れは一般に「指導から支援へ」と呼ばれている。

　同時期に，学校や教職に対しては外からの評価が必要だという声が高まり（金子 2010），いわゆるアカウンタビリティ（説明責任）が学校に課せられるようになった。「この人物は教員として相応しいのか」「なぜこのような校則があるのか」「なぜこのような指導をしているのか」といった生徒や保護者，地域

---

(3)　荻上チキと内田良が行った日本における調査によれば，地毛の色が「茶色」と答えた割合は約8％だったという（荻上・内田編 2018）。この結果は「日本人は黒髪」という前提が全員に当てはまるわけではないことを意味している。また，外国につながりのある子どもたちが増えている現在においては，「日本の学校に通うのは日本人だけだ」という前提も実態を反映していない。

(4)　管理教育とは，体罰や行き過ぎた校則，内申書による脅迫等によって，教師が生徒を過剰に管理する学校の体制を指す。おもに1970〜80年代に学校の体制を批判する際に使われた言葉である。

住民からのさまざまな説明を求める声に，学校が答えなければならなくなったのである。

　こうした変化は，現場の教師‐生徒関係にも大きな影響を与えたと考えられる。もっとも，「心の理解」や「指導から支援へ」という理念があったとしても，単に生徒の要求に応えるだけでは，学校空間の秩序は維持できない。首都圏の「教育困難校」における調査（吉田 2007）によれば，そこで編み出されたのが2000年代の生活指導のあり方，すなわち「お世話モード」と「ぶつからない」統制システムである。

　学校は立番・巡回・5分カウント制⁽⁵⁾などの生徒と直接「ぶつからない」ための統制システムをあらかじめ構築し，その基準に届かない生徒には，「○○しないと留年するよ」と「お世話」の姿勢（モード）で対応しようとする。例えば，「ぶつからない」ための統制システムとして「5分遅刻すると欠課として扱う」というルールを作り，授業が始まっても教室に入らない生徒がいれば，「欠課になるよ。回数が増えると進級できないよ」というように，その基準がゆらぐことはないことを前提にしつつ「お世話」モードを発動するのである。こうした工夫によって，教員同士の指導を統一することができ，生徒といちいち校則やその基準をめぐって対立することも少なくなり，保護者への説明も可能となる⁽⁶⁾。

　対立や葛藤を避けるために「ぶつからない」統制システムとしてあらかじめルールをきめこまかに設定し，それを前提としてひとりひとりに「お世話モード」で指導する。一見したところ丁寧な対応だが，ルールや基準を自明視し，どの生徒に対しても杓子定規に適用しており，生徒の個別性をほとんど考慮していない。

　2018年に大阪府で，生まれつき茶色い髪を黒く染めるように繰り返し指導さ

(5)　立番は生徒が校外に抜け出さないように通用門や正門，体育館裏などに教師が立つこと，巡回は生徒を廊下から教室に入れることを目的とした教師による校内巡回，5分カウント制は5分単位で授業の欠課時間を把握することを意味している（吉田 2007）。いずれも吉田の調査対象校で見出された教師の役割・ルールであるが，同時に2000年代以降の高校には広くみられるものでもある。

(6)　このような指導法は，高校だけでなく小中学校でも広がっているようである。例えば，「○小スタンダード」と呼ばれる取り組みは，1日の流れ，授業の展開の仕方，服装まで事細かに設けている。保護者や地域に対するアカウンタビリティ，加えて，教職員の若年化に対応するためだとされているが，本章で述べた教職の特質を踏まえるのであれば，スタンダード化による弊害もある（詳しくは内山 2018）。

れたのに対して女子生徒が訴訟を起こしたことで社会問題となった「地毛証明書」の問題も，このような視点から理解することができるだろう。全員に黒髪というルールを強要し，例外的な対応が必要な場合には生徒に「地毛証明書」を提出させる。そうして「曖昧さ」を排することで，生徒や保護者への説明責任に応えていく。「地毛証明書」に象徴される理不尽な校則問題は，説明責任に応えようとするがあまり，「曖昧さ」を徹底的に排していった結果として生まれてしまったルールの典型といえよう。[7]

　このように考えるならば，現在の学校は，ルールに「曖昧さ」を組み込みつつ教師が状況に応じて個別に対応することが，かつてよりも難しくなっている。それは，「あの時・あの子にはそう対応したのに，なぜここではその対応と違っているのか」といった，外部からの要求に対して応じられないということでもある。教師たちが足並みを揃えてどんな状況にも機械的に規則を適用していく背景には，教師のおかれた状況の変化があるということである。

　生徒や保護者に説明を求められる教師の立場からすれば，ルールを明確化し，それを機械的に運用することには一定の合理性があるのだろう。しかし，それによって教師がそのときどきの状況や生徒の個別性を無視した機械となってしまう危険性があることを，見逃してはいけない。[8]

4　生徒の「学校内活動」の増大──生徒のおかれた時代状況の変化

　次に，生徒側の変化について考えてみよう。関東二県で1979・1997・2009年の３時点において同一の高校を対象に行った質問紙調査を分析した大多和は，「学校が楽しい／楽しくない」という項目と「学校に不満がある／ない」という項目をかけあわせて４つの生徒類型を作成し，その分布がどのように変化し

---

(7)　理不尽な校則が生まれる背景には，地域住民からの目線を感じるがゆえに学校が身なり指導を厳しくせざるを得ないという事情もあるので（荻上・内田編 2018），学校だけに教育を押し付けている「学校化社会」の問題でもある。

(8)　管理教育と呼ばれた時代と現代の教師‐生徒関係を比較した金子は，1979年・1997年・2009年の３時点で実施された教師を対象にした質問紙調査を用い，「全体的にみると，生徒を教え込みや統制の集団的対象としてみる“問題視型”から，さまざまな生徒タイプを認める“許容型”へと変化した」（金子 2014：76-77）が，他方で，2009年の教師たちは，1979年よりも「学校に対して，不満や意見を堂々と主張する生徒」や「授業中，納得するまで自分の意見をひっこめない生徒」に関して「好ましい」と評価する割合の減少を報告している。金子（2014）によれば，1979の教師たちは，教師への反抗も生徒の成長に欠かせない過程として前向きに捉えていた面があったが，2009年では教師たちからそうした視点が失われているようである。

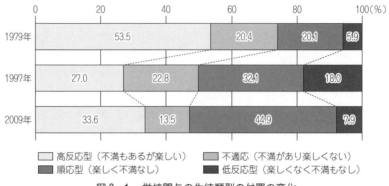

図 8 - 1　学校関与の生徒類型の付置の変化

出所：大多和（2014：88）

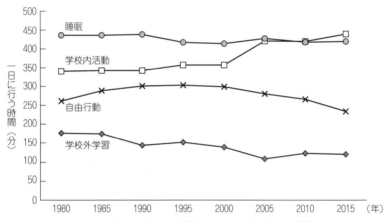

図 8 - 2　調査年別に見た各種行動の平均時間（平日，単位：分）

出所：加藤（2020）の表 5 を参考に筆者作成。

ているのかを確認した（大多和 2014：88）。その結果が図 8 - 1 である。1979年
時点では，「不満もあるが楽しい」とする「高反応型」の割合が半数以上を占
めていたのに対して，2009年には「順応型」が半数近くを占めている。

　関西でも同一の高校を対象にして1981年・1997年・2011年に行われた別の調
査がある。そこでは，近年ほど授業や勉強，部活に「熱心」である一方で，
「校則違反」や「遅刻」，「無断欠席」をしなくなった高校生の姿が明らかにさ
れている（尾嶋・荒牧編 2018：25）。少なくとも自己評価・自己認識のレベルで，
自分を「まじめ」と判断する高校生が増えているのである（尾嶋・荒牧編

2018：31）。

　さらに，全国レベルの調査の分析でも上記の傾向と重なる結果が示されている。図8-2は，1980年から2015年にかけての高校生の生活時間の変化を分析した加藤（2020）を参考にして作成したものである。図を見るとわかるように，2000年代に高校生の「学校内活動」の時間が長くなっている。「部活動の朝練等によって朝早くから学校に行く高校生が増え，夕方以降も授業や部活によって，より遅くまで学校で過ごす高校生が増加」（加藤 2020：106）しているのである。「学校外学習」および「自由行動」の時間数が1980年代に比べて2010年代では低下しているが，それは「学校内活動」の時間数が増えているからだろう。

　これらの調査の結果から，近年の高校生は，部活動をはじめとする「学校内活動」に活発で，学校に「順応」し，「まじめ」になってきた様子がうかがえる。このような生徒の変化は，なぜ生じたのだろうか。

　まず考えられることとして，先に述べたような教師側の指導の変化がある。教師たちが指導の際に生徒と対立するのを避けて「お世話モード」で接するようになってきたことで，学校に順応する生徒の割合が増えたという解釈である。理不尽な校則やルールは現在も残っているが，教師はかつてよりも生徒に「優しく」，「許容的」に接するようになった。その結果として，高校生は，少なくとも表向きには教師と特に対立することなく，学校の活動にかつて以上に従事するようになっているのかもしれない。

　それに加えて，大学入試制度が変容してきたことも大きく関わっているように思われる。中村（2020）によると，以前であれば大半の入学試験では筆記方式の学力試験の結果で合否が決められていたが，近年になるほど学力以外の側面，すなわち高校在学時の平常点や課外活動などを選抜基準として組み込む入試が増えてきた。そのため，生徒は日ごろから校則を守り，「学校内活動」に活発に取り組み，かといって「勉強」も手を抜かない。そうした状況が，生徒たちを「順応」的で「まじめ」な振る舞いに駆り立てているとも考えられる。筆記試験から多様な観点による評価へと言えば響きはよいが，それは受験日だけではなく高校生活全体が評価の対象となるということであり，生徒にとっては息苦しい管理が進む。「まじめ」になったのは，大学入試制度の評価の観点が多様になることによって促された生徒側の変化とも考えられる。

　学校への「順応」，「まじめ」化，「学校内活動」の増大という質問紙調査か

ら明らかになった生徒側の変化は，教師にとっては一見どれも望ましい変化のように思える。しかしながら，上述したように，その変化は生徒たちのおかれた息苦しい状況を示しているとも解釈できる。いずれにしても，日常的には個人特性として理解されることが多い教師 - 生徒関係も，このように考えてみれば，社会の状況にかなり条件づけられていることがわかるだろう。

5　社会的文脈を考慮した生徒への対応

　ここまで概観してきた教師 - 生徒関係の研究を踏まえた上で，本章の冒頭で示したエピソードの続きを見てみよう。2010年に私が高校で調査をした時の，教師の実際の対応である（知念 2018：93-4）。

　　始業の鐘が鳴り，山本先生が出席を取り始める。約1分後，ダイがフライドポテトを食べながら教室に入ってきた。山本先生はすかさず「食べながら授業受けない。もうそこ（空席を指す），置いて」と注意した。ダイは，それに「はーい」と応じる。その直後，シュウがソバを持って教室に入ってきた。山本先生は二人続いて食べ物をもって教室に入ってきたので，「シュウ…（食べ物）もって教室入らないで」と苦笑した。するとシュウは，教室に入る前に麺を一気に吸い，汁を飲み干した。「ずずっ」という音に，山本先生は「吸ってるし」とツッコミを入れながら，授業（「食物としての生物」）に関わる質問をする。

　　山本：じゃあ，もう，食べてるついでに。なんで食べてるん？
　　シュウ：うまいから。
　　山本：うまいからだけ？
　　シュウ：おなかすいたから。
　　山本：おなかすいているのはなんで？
　　ダイ：食べないと死ぬから。
　　シュウ：食欲。

　　シュウはそのやりとりをしながら席に着く。そして，そのやりとりをきっかけに山本先生は授業に入っていった。

　この舞台は，学区の学校ランクにおいて下位に位置付けられた高校である。
教師と生徒のこうしたやりとりは，大学進学を前提とした高校で学校生活を送
った人には新鮮に映るものかもしれない。実際，私が大学の授業でこの高校の
様子を紹介すると，学生たちから「なぜ先生たちはもっと厳しくしないのか」，
「生徒たちは基本的な礼儀もできていないのか」といった意見が出てくる。

　もちろん，学校ランクで下位に置かれていても，こうした生徒の行動に厳格
な対応措置をするという学校もあるだろう。先述したように，説明責任を求め
られることが多いために，さまざまな統制システムを用意し，その基準を画一
的に適用していくという高校もある。そうした立場からすれば，事前に「授業
に関係のない物を教室に持ち込んではならない」というルールを作り，それを
破った生徒に対して教室へ入れないという罰則を課すことにすれば処理できる。
しかし，そうした対処をとれば，このような授業遅刻を繰り返す生徒たちは欠
席が重なり，最終的に高校を中退することになるだろう。そうすれば，たしか
に表面的には問題は解消する。「ぶつからない」統制システムと「お世話モー
ド」という指導体制は，生徒の中退という形で問題を解消するのである（中退
の帰結は第10章）。

　適切な対応について考えるために，この事例になった高校の社会的文脈をも
う少し詳しく説明しておこう。まず，生徒の約半数はひとり親家庭で育ってお
り，約3割の家庭は生活保護を受けている。家庭環境が不安定であるために生
活リズムが整っていなかったり，夜遅くまでアルバイトをしたりしている生徒
も多い。生徒たちは，そうした社会的背景を背負って学校に通ってくるのであ
る。こうした社会的文脈がある中で，「ぶつからない」統制システムによって
生徒に対応し中退を招くのであれば，学校が社会的不平等の再生産に寄与する
ことになってしまう。上記のエピソードを観察した高校では，可能な限り生徒
たちを中退させることなく卒業させようとし，生徒の卒業後の生活がどうにか
安定したものとなるように日々の教育活動を行っていた。先のエピソードをよ
く読めばわかるように，厳格に授業の遅刻へ対応しないからと言って，教師は
授業内容の伝達を諦めているわけではなかった。むしろ，生徒たちの行動や発
言を積極的に授業の内容と接続させようと努めていた。

　そもそも学校内の秩序を維持することは，教科内容を伝達するための手段で
あるはずだ。統制システムを厳格に運用することは，手段のための手段，すな
わち秩序を維持するための秩序の維持になってしまう。本来，教師が生徒と関

わる上で大切なのは，生徒たちのおかれた社会状況を踏まえながら，生徒たち
への教育効果が最大になるように働きかけることであるはずだ。換言すれば，
生徒たちの社会的背景，学習内容，学校のルール，卒業後の進路などを考慮し
ながら，その場に応じて生徒への対応を調整していくことが，教師の仕事なの
である。

3　現場のための Q&A

・この章の知識は，学校現場でどのように役立てることができるのでしょうか。

　端的には，各学校の社会的文脈によって，生徒への対応を変える必要がある
ということです。日本では高校入試があるために，高校の入学難易度によって
生徒の学力が大きく異なります。学力はその生徒の出身階層と関連しているの
で（第3章・第4章），高校によって生徒の学力が異なるということは，高校に
よって生徒の社会的出自が異なるということを意味します（第5章）。日本の高
校は学習指導要領によって生徒に教える教育内容が学年ごとに一律に定められ
ていますが，どのような生徒が通っている学校かによって，それを伝える方法
を変えなければなりません。

　教職志望者や現役の教師は学校文化に親和的な人が多いでしょう（第3章）。
そのため，実際に学校現場に出ると「教育困難校」に通う生徒たちの振る舞い
（第9章）や保護者の対応（第7章）に違和感を覚えるかもしれません。イギリ
スやアメリカでは，貧困層・労働者階級やエスニックマイノリティの生徒に対
して中流階級出身の白人の教師が理解のない対応をすることがわかっています
が（第12章），日本でも同様の問題は生じます。教師がそうした理解のない対応
をするのであれば，無自覚にせよ，あるいは無自覚だからこそ，教育社会学が
これまで指摘してきたように，教師が「不平等の再生産」の主体になってしま
います。

・教師としてどうあるべきでしょうか。

　教師の役割は多層的かつ重層的ですが，「あるべき姿」ばかり語られがちで
す。「教員は生徒の模範であるべきだ」「教員にふさわしいのは○○のような人
だ」といった語り方です。しかし実際の教師の仕事は，一元的な役割を遂行す
るだけでは務まりません。役割を固定化してしまうと，「あるべき」教育活動

を実践できない学校に勤務することになった時，理想と現実に挟まれて苦しくなるかもしれません。生徒たちがさまざまな社会的背景を背負って学校に通ってくる以上，教師の役割も多様であると認識しておくべきでしょう。

・社会的文脈に応じて「教育的配慮」を行うことは，「特別扱い」や「えこひいき」にならないでしょうか。

　日本の学校は，「特別扱いしない」学校文化を有すると言われます。たとえ子どもの家庭が貧困であったとしても，あるいは外国につながる子どもであっても，特別な配慮や支援を行わずにすべての子どもを形式的に同様に扱うという意味で，「形式的平等主義」と呼ばれることもあります。小学校入学時点で「生まれ」による格差が存在するので（第3章），形式的に同じように扱うことは，もともとある不平等をそのまま維持・強化・正当化してしまうことになります。社会的文脈に応じて教育的配慮を行うことは，実質的な平等，すなわち公正性（equity）を達成するための努力なのです（第12章参照）。

・何らかの社会的困難を有する生徒に対して，教師が配慮するように心がければよいのでしょうか。

　「特別扱いしない」学校文化があるといっても，現実には個々の教師は子どもの社会的困難にかなりの配慮を行ってきたはずです。例えば，制服が汚れたままの生徒がいれば，こっそり声をかけて洗濯をしてあげたり，部活動の試合に参加するための費用を持たない生徒がいれば，周囲に気付かれないように電車代を渡したりすることもあるでしょう。また，家庭の事情で毎日昼食を持参していない生徒がいれば，弁当を作ってくるといったこともあるかもしれません。こうした教師の個別対応は美談として語られがちですが，長い目でみれば，「特別扱いしない」学校文化の延命にしかならない対応とも言えます。なぜなら，放置すれば表面化するはずの学校が抱える課題を，教師の個別対応によって見えなくしてしまっているからです（盛満 2011）。

　では，どうすればよいのでしょうか。個人ではなく，教師以外の専門職を含めた集団で取り組むべきなのです（コラム1参照）。学校組織としての実践例は日本でも増えつつあります。例えば，2013年に「子どもの貧困対策の推進に関

---

(9)　複数の役割の間で葛藤する教師の姿を描いた研究の1つとして，中村（2015）がある。

する法律」が制定されました。文部科学省は学校を子どもの貧困問題を発見・
対応していく拠点とする「学校プラットフォーム」構想を提示しています。子
どもの低学力や問題行動の背景に貧困があることがわかっていても，日本の学
校は組織として対応できていませんでした。「学校プラットフォーム」構想は
組織としての仕組を作ろうという動きで，目的通りに運営するためには，課
題の発見と共有が欠かせません。教職員の専門性を向上させて貧困を発見し，
専門職であるスクールソーシャルワーカー（コラム１）や外部機関と連携する
必要があるのです（末冨編 2017: 255）。このような状況のなかで，均質的で同
調圧力が強い学校空間とは異なる空間を子どもに提供するために「居場所カフ
ェ」を設置する学校も出てきています（居場所カフェ立ち上げプロジェクト 2019）。

・いわゆる「進学校」で働く場合には，この章の知見は役に立たないのでしょ
うか。

　本章では，おもに「教育困難校」に焦点を当ててきました。しかし，本章の
内容は進学校や中堅校にもつながる問題でもあります。たしかに，進学校や中
堅校では，大学進学という目標がある程度共有されているために（第5章），厳
格にルールを運用してもほとんどの生徒たちはその対応に順応するかもしれま
せん。しかし，進学校には家庭背景に恵まれた者が多いとはいえ，そうではな
い生徒がいることも事実ですので，まずその点を忘れずにいた方がいいでしょ
う。

　その上で，特に意識してほしいことがあります。日本には「特別扱いしな
い」学校文化があると述べましたが，これは隠れたカリキュラム（第5章）と
して日本の学校特有の平等観を生徒に伝えていると考えられます。すなわち，
教師が「特別扱いしない」実践をすることで，無自覚なまま，画一的な指導＝
形式的平等主義を「平等」ないしは「公正」と生徒に教えていることになりま
す。家庭背景に恵まれている生徒は，高い学力を身につけて進学校にいること
を他ならぬ自分自身の純粋な能力と努力の結果だと理解しているかもしれませ
ん。現実には，学力をめぐる競争において家庭や地域の環境が関係している
（第3章〜第5章・第7章）にもかかわらず，です。自分にとって有利なルール
や競争を，「中立」的なルールや「平等」な競争だと誤認したまま大人になっ
てしまうと，不利な立場にある人々やマイノリティに対する理解が誤ったもの
になり得ます。進学校に通っているということは，その後大学に進学し，やが

て人を管理する職業や社会的影響力の大きい地位に就く可能性が高いということでもあります（第10章）。そうした人々が画一的な処遇を「平等」だと思い込んでしまう弊害は，これからの社会をつくっていくうえで非常に大きいと言えるのではないでしょうか。

4　演習課題

■1■　ツイート課題
①どんな時に高校の学校ランクを意識した？
②あなたの学校にあった理不尽な校則は？
③あなたは 4 つのタイプ（高反応／不適応／順応／低反応）のうち，どれ？

■2■　レポート課題
①あなたの住んでいた地域の学区（出願・通学が可能な範囲）の高校の偏差値や卒業生の進路状況を表に整理しましょう。その上で，本章の説明を踏まえて，あなた自身の経験と学区の状況を解釈してください。
②あなたの学校の「明文化された校則」を思い出し，実際にそれがどのように運用されていたかを整理しましょう。そのうえで明文化された校則と実際の指導との間に，どのようなギャップがあったのかを論じてください。
③「特別扱いしない」学校文化ないしは形式的平等主義について，あなた自身が小学校から高校までの学校生活の中で見聞きした具体的なエピソードについて記述した上で，「同じ扱い」による帰結とその功罪について論じてください。

5　理解を深めるために

■1■　文献紹介
①知念渉，2018，『〈ヤンチャな子ら〉のエスノグラフィー──ヤンキーの生活世界を描き出す』青弓社。
　本書は，〈ヤンチャな子ら〉と呼ばれる男子生徒12名を高校 1 年生から20歳を過ぎる頃まで追跡調査し，彼らが学校生活を送り，学校を離れ，仕事に就いていく過程を描き出しています。大学進学以外の進路を想定していなかっ

た人に特に読んでほしい1冊です。

②**古賀正義，2001，『〈教えること〉のエスノグラフィー──「教育困難校」の構築過程』金子書房。**

著者自身が「教育困難校」の教師として働きながら行った調査に基づいた本書を読めば，困難校で働くことが教師の視点からどのように認識され，経験されているかがよくわかるでしょう。1980年代の「教育困難校」の様子が記録された貴重な資料としても読むことができます。

③**大多和直樹，2014，『放課後の社会学』北樹出版。**

本論ではあまり触れられませんでしたが，学校だけではなく，インターネットやショッピングモールなどの消費空間も，子ども・若者にとって重要な場です。本書では，学校外の生活（放課後！）についてデパート，ディズニーランド，鉄道，ケータイ，Jポップ，学校，制服といった身近な世界を扱っています。

2　メディアの紹介

①**映画『学校』（1993〜2000年，山田洋次監督）**

山田洋次監督の映画「学校」シリーズはⅠ〜Ⅳまであり，それぞれの舞台・テーマは，夜間中学校，全寮制の養護高等学校（現在の特別支援学校高等部），職業訓練校，不登校です。この構成からわかるように，制度の周辺に置かれた「学校」から，「学校とは何か」を考える映画です。

文献

荒川葉，2009，『「夢追い」型進路形成の功罪──高校教育改革の社会学』東信堂。

知念渉，2018，『〈ヤンチャな子ら〉のエスノグラフィー──ヤンキーの生活世界を描き出す』青弓社。

居場所カフェ立ち上げプロジェクト，2019，『学校に居場所カフェをつくろう！──生きづらさを抱える高校生への寄り添い型支援』明石書店。

石飛和彦，1995，「校則問題のエスノメソドロジー──「パーマ退学事件」を事例として」『教育社会学研究』57：145-161頁。

金子真理子，2010，「〈教職という仕事の社会的特質──『教職のメリトクラシー化』をめぐる教師の攻防に着目して」『教育社会学研究』86：75-96頁。

金子真理子，2014，「教師生徒関係と『教育』の意味変容──教師の生徒に対するまなざしの変化からみえてくるもの」樋田大二郎・刈谷剛彦・堀健志・大多和直樹

編『現代高校生の学習と進路——高校生の『常識』はどう変わってきたか?』学事出版, 72-85頁。

加藤一晃, 2020,「1980年代以降高校生の学習時間変容と『学校化』——学校内活動（授業・部活動）の拡大に注目して」『子ども社会研究』26：89-110頁。

古賀正義, 2001,『〈教えること〉のエスノグラフィー——「教育困難校」の構築過程』金子書房。

大多和直樹, 2014,「生徒と学校の関係はどう変化したか」樋田大二郎・苅谷剛彦・堀健志・大多和直樹編『現代高校生の学習と進路——高校生の「常識」はどう変わってきたか?』学事出版, 86-97頁。

盛満弥生, 2011,「学校における貧困の表れとその不可視化——生活保護世帯出身生徒の学校生活を事例に」『教育社会学研究』88：273-294頁。

中村瑛仁, 2015,「教員集団内における教職アイデンティティの確保戦略——アイデンティティ・ワークの視点から」『教育社会学研究』96：263-282頁。

中村高康, 2020,「生活全部が『受験』になる…大学入試改革『主体性評価』の危うさ——高校生活の『受験従属システム化』」『現代ビジネス』（https://gendai.ismedia.jp/articles/-/71054）。

荻上チキ・内田良編, 2018,『ブラック校則——理不尽な苦しみの現実』東洋館出版社。

尾嶋史章・荒牧草平編, 2018,『高校生たちのゆくえ——学校パネル調査からみた進路と生活の30年』世界思想社。

末冨芳編, 2017,『子どもの貧困対策と教育支援』明石書店。

内山絵美子, 2018,「学校現場における授業スタンダードの普及——作成プロセスと活用の実態に焦点を当てて」『教育行政学会年報』44：62-81頁。

吉田美穂, 2007,「「『お世話モード』と『ぶつからない』統制システム——アカウンタビリティを背景とした『教育困難校』の生徒指導」『教育社会学研究』81：89-109頁。

第9章

非行は学校教育と
密接に結びついている

岡邊　健

1　非行少年を排除する学校

　以下は，筆者が司会を務めた啓発イベント（シンポジウム〜非行少年の社会的
自立を図る支援の在り方と住みよいまちづくりに向けて〜，2017年10月22日，アクロス
福岡イベントホール）の発言録（未刊行）からの抜粋である。

　　警察の少年補導職員：私たちが関わる子供たちの中には，暴力団に入る
　子供たちがいますが，なぜあの子たちが暴力団に入らないといけないのか
　というと，そこまでにあらゆる所からの排除を体験しているわけです。
　ルールを守られなければ学校に入れてもらえない，学校に入れてもらえな
　ければ高校には行けない（中略）算数ができないので仕事ができない，ず
　っと負の連鎖がそこからつながっていきます。
　　更生保護施設の施設長[(1)]：うちに来る子たちというのは（中略）学校に入
　れてもらえなかったりして，疎外感をものすごく受けています。だから，
　学校に対してものすごく強い恨みを持っている子もいます。
　　保護観察官[(2)]：中学生で保護観察になってきた子の場合，なかなか学校に
　定着していないという中で，保護観察になったことを機に，私たちとして

---

(1)　更生保護施設とは，何らかの罪を犯して矯正施設に送致された後，身寄りがないなどの事情から
　すぐに自立更生ができない人を一定期間保護して，円滑な社会復帰をサポートする民間の施設であ
　る。
(2)　保護観察官は，罪を犯した人に対する保護観察（通常の社会生活を送らせながら，円滑な社会復
　帰のための指導・監督を行う制度）を担う国家公務員である。

はやはり学校に戻して本人の居場所を作りたいという思いがあります。しかし，やはり学校の先生方は大変で，問題を起こすのだったら登校をさせない，別室登校というような形で対応してしまって，そこでまた彼らもやり直そうと思ったきっかけがあったのに，やはり排除されるのだなということで，気持ちが折れてしまうということも多々あります。

　非行にかかわった子どもたちに対する学校からの「排除」が，彼らに「強い恨み」や「疎外感」を抱かせ「負の連鎖」を生み出している様が，読みとれると思う。彼らは大げさに語っているわけではない。また，これらを特定の地域における特殊な例に基づく発言であると捉えるべきではない。非行問題の関係者の目に映る学校・教師の姿は，日本全国どの地域でも，上記の語りと大差ないと思われる。誰でも無自覚的に「負の連鎖」を維持する教師になり得るということである。

2 　非行とは何か？　非行はどうなっているのか？

■1　非行・逸脱概念の特徴

　逸脱とは社会学の術語である。「ある基準から外れた望ましくない行動や社会事象」といった意味で用いられる。犯罪や非行は逸脱行動の代表例だ。

　この定義を読んで，疑問を感じるかもしれない。「ある基準」とはどんな基準なのか。「望ましくない」との判断は，誰かが恣意的に下しているだけではないのか——。実はこれらの疑問は，逸脱（そして非行）を考える上で，きわめて重要な論点である。

　学校現場では「問題行動」という言葉がよく用いられるが，この概念も同様の恣意性をはらんでいる。これに関しては，文部科学省による全国調査の名称が，2016年度に従前の「児童生徒の問題行動等生徒指導上の諸問題に関する調

---

(3)　公平を期すために付け加えれば，このシンポジウムでは学校・教師の言動により子どもたちが好転していく様も，事例を交えて紹介された。

(4)　近代社会学の父とされるデュルケムは，自殺という逸脱行動についての研究を残した（Durkheim［1897］1960=1985）。彼は信仰する宗教や経済情勢などによって自殺の多寡が左右されることを発見し，自殺を社会学の対象にした。

(5)　以下，「非行・逸脱」と表記するがこれは「非行を含む逸脱」の意である。

査」から「児童生徒の問題行動・不登校等生徒指導上の諸課題に関する調査」へと変わった点が注目に値する。不登校を並置したことで文科省が「不登校は問題行動ではない」という認識を明確にしたと解釈できるだろう。

　一般に，逸脱（そしてその下位概念である犯罪や非行）という概念は，相対的な性質を有している。例えば筆者は中学生の時，丸刈りを校則で強制されていた。いまから思えば，この校則にあえて違反していた「不良」たちの振る舞いは，学校という場の人権意識の希薄さを時代に先駆けて世間一般に問題提起する，革新的な行動であったのかもしれない。

　では犯罪と非行のちがいは何か。狭義には未成年者によってなされる犯罪が非行ということになるが，非行という概念はこれより広く捉えられることが多い。警察は少年法に根拠のある「非行少年」とは別に「不良行為少年」という[6]概念を用いているが，2019年の1年間に不良行為により警察に補導されたのは37万人余りで，このうち深夜徘徊が約21万人，喫煙が約10万人となっている（警察庁生活安全局少年課 2020）。深夜徘徊や喫煙が非行とみなされるのは，学校現場の感覚に比較的近いと思われる。

　なお，警察の使う不良行為少年という概念には法律上の根拠がないこともあり，警察による補導活動の不当な拡大を批判する声もある（日本弁護士連合会 2005）。

　「非行とは何か」は，学問的にも重要な論点である。このことを学校現場に即して考えれば，次のような留意点を指摘できるだろう。すなわち，目の前にいる児童・生徒がみせる言動を「非行である」「問題行動である」と名指す時，その場面であたりまえのように存在している前提が，もしかしたら脆弱なものかもしれないということである。

2　公式統計でみる日本の非行情勢

　統計にはあらわれないが実際には存在する社会的事象のことを暗数と呼ぶ。犯罪や非行でいえば，警察が認知できないものは公式統計には計上されない。被害者が警察に届け出なかったり，警察が何らかの理由で余罪の追及をゆるめたりすれば，暗数が発生する。仮に実態が変化しなくても，警察に届け出る人が増えたり，警察が取締り方針を厳しくしたりするだけで，認知件数や検挙件

---

(6)　本章では，性別の区別なく「少年」という語を用いる。

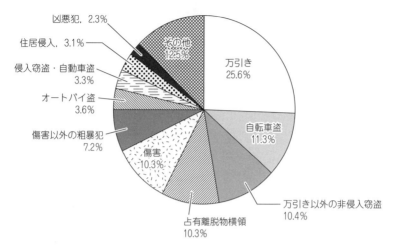

図9-1　2019年の少年刑法犯の非行の種類（n=19914）

出所：警察庁生活安全局少年課（2020）より筆者作成。

数は増えることになる。また，万引きなどの比較的軽微な非行は圧倒的に暗数が多い。よって，相対的に軽微な非行の方が，公式統計に計上される数が実態以外の理由により変化しやすいということになる。

　これらの留意点を踏まえた上で，狭義の非行（刑罰法令違反）について，公式統計に基づいて概観してみよう。図9-1は，2019年の1年間に警察に刑法犯で検挙された犯罪少年の数（検挙人員）を，非行の種類別にみたものである。最も多かったのは万引きで5107人，以下，自転車盗などが続く。占有離脱物横領のほとんどは放置自転車の乗り逃げであり，比較的軽微な非行が多いことがわかるだろう。それぞれの非行が犯罪少年全体に占める割合は，大まかにいえばこの図に示したような状況が長期的に続いている。

　少年非行が社会的に注目を集めるのは，結果が重大な殺人などの事案であろう。警察は，殺人・強盗・強制性交等（以前の強姦）・放火をまとめて凶悪犯と分類している。2019年に凶悪犯で検挙された少年は457人で，検挙された少年

---

(7)　犯罪の重さと暗数の少なさが比例しない場合もある。例えば性犯罪は暗数が多い。

(8)　自転車盗との区別は外形的にはつきにくい。刑法学の重要な争点だがここでは触れない。

(9)　非行に経時的な変化がないわけではもちろんない。例えば中高生対象の信頼できる全国調査によると，1996年，2008年，2017年の時点で喫煙経験を持つ者の割合は，それぞれ，中学男子で35％，12％，5％，高校男子で54％，25％，7％と変化してきた（尾崎 2019）。

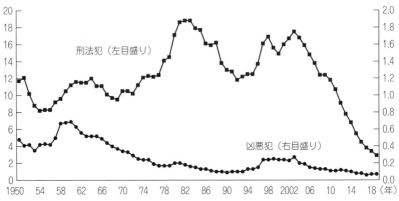

図9-2　少年刑法犯・凶悪犯の検挙人員の推移（単位：人口1000人あたり・人）
出所：警察庁編『犯罪統計書』（各年版）より筆者作成。

全体に占める割合は2.3%であった。このうち殺人は未遂も含めて43人で[10]，全体の0.2%ほどだ。

　以上をまとめると，比較的軽微な非行が過半数を超える割合を占めており，殺人などの凶悪犯は全体のなかではごく少数にすぎない。マスメディアは衝撃的な事件ばかりに目を向けるので，報道を基に少年非行を一般化して語るのは避けるべきだろう。

　次に，図9-2のグラフをみてみよう。■でプロットされた値は，刑法犯で検挙された犯罪少年の人数（人口1000人あたり）の長期的な推移を示したものである。第2次世界大戦後の日本の少年非行には3つの波があるといわれてきた。1951年，1964年，1983年をピークとする波は，それぞれ第1の波，第2の波，第3の波と呼ばれている。グラフからそれを読みとることができる。

　これまでの教育社会学の説明では，第1の波は戦後の混乱を，第2の波は経済の高度成長を，第3の波は豊かな社会の到来を，それぞれ背景とする動きであるとされてきた。しかし，このような単純な説明は妥当性を欠いていると，筆者は考えている。なぜなら，統計を年齢別・非行の種類別にみてみると，波を形成する最大の要因は，相対的に低い年齢層による窃盗の増減であることがわかるからである（岡邊 2013）。先述の通り，少年が手を染める窃盗の多くは万引きや自転車盗であり，警察の取締り方針や被害者の通報率の影響を受けや

────────────

[10]　公式統計によれば殺人は既遂よりも未遂が多い。

すいのはまさにこれらの非行である。また統計を細かく読み解くと，第3の波を形成するのに年少少年（14〜15歳）の粗暴犯の増加が寄与したことがわかる。この増加は，1980年代に入って多くの中学校が校内暴力事件を警察に通報するようになった結果であるとする広田（2001）の解釈は説得的だ。つまり，非行の3つの波を実態の変化だけに帰する説明は，公式統計の読み取り方として適切ではないということである。[11]

　では，暗数の影響を受けにくい凶悪犯の推移はどうであろうか。同じ図の，●でプロットされた値をみてみよう。■でプロットされた刑法犯全体とはまったく異なる動きがみてとれるだろう。数値は1960年にピークを迎え，その後1980年前後にかけて減少したのち，低位で安定している。図には示していないが，凶悪犯のうち殺人の検挙人員だけをみると，1960〜70年代の検挙人員の減少は凶悪犯全体の傾向と共通している。殺人で検挙された少年は，1960年には10万人あたり3.9人であったのに対して，2004年以降は毎年1人を下回っており，2019年には0.6人であった。「少年非行は近年凶悪化している」との主張が時に聞かれるが，それはまったくの誤りである。

3　非行・逸脱を説明する理論

　教育社会学や犯罪社会学の領域では，非行・逸脱の要因や発生過程を説明する理論が数多く提唱されてきた。ここではおもな3つの理論を説明しよう。

学習理論　学習理論は，通常の意味での学習と同じ過程で，犯罪・非行行動が学習されると考える理論群の総称である。学習理論の1つに非行サブカルチャー論がある。コーエン（Cohen 1955）は，非行少年が持っている独特のサブカルチャー（価値観や行動様式）に着目した。アメリカ社会の諸制度は中流階層が有利になるように構築されており，下流階層出身者はそこから疎外されている。とりわけ中流階層の価値で満たされた学校への適応は下流階層出身の少年にとって難題だ。学校で落ちこぼれたために将来の社会的成功が望めないことを悟って高ストレス状態を強いられた彼らの一部は，それを

----

(11)　1990年代後半から2000年代前半にかけてのピークを第4の波と評する議論もあるが，このピークも警察の取締り方針の変化を受けて生じている形跡がある（近藤 2010）。神戸連続児童殺傷事件などをきっかけとして，この時期に少年非行が社会問題化したが，現実がどうであれ，ひとたび非行の社会問題化が進めば，警察活動が活発化して統計上の非行は増加する（鮎川 2002）。実際，警察庁は1997年に「少年非行総合対策推進要綱」を制定し，少年事件に係る捜査力の強化を図っている。

解消しようと，中流階層の規範を否定し，中流階層が支配する社会に敵対的に向きあう。そのような境遇の少年たちが自然発生的に集団を形成し，独自の非行サブカルチャーを形成して非行へと向かうことになる――というのが，非行サブカルチャー論の概要である。

コントロール理論

コントロール理論は非行を抑制する要因に着目し，その不足が非行を惹起させると考える理論群の総称で，代表的論者としてハーシがいる。彼が提唱したボンド理論は，少年の持っている社会的ボンド（絆）が多いほど非行が抑制されるとする（Hirschi 1969=2010）。学習理論とは逆に，犯罪を「行わない」理由への説明を与えた点が特徴的である。

　ハーシによれば，社会的ボンドには4種類ある。第1の愛着は，両親や学校の教師などの「重要な他者」に対して抱く親愛の情を指す。愛着を有している少年は，非行によって身近な人を悲しませる行為をとりにくい。第2の投資は，非行に走らなければ維持できる利益のことである。順調に学校生活を続けている少年は，非行をすれば退学させられ将来を台無しにしてしまうから，非行には走らない。第3は巻き込みである。ハーシは，日々の生活が仕事や学業などを中心にまわっていれば非行に走りにくいと考えた。反対に，暇のある人ほど非行行動をとりやすいということである。第4は信念である。例えば「法に背くことは悪である」という規範を強く内面化できていれば非行は抑止されるという考え方である。ボンド理論は，少年への質問紙調査に基づく実証研究によってその妥当性が確かめられたこともあって，その後の非行・逸脱研究に大きな影響を与えた。

ラベリング論

ラベリング論は逸脱者へのラベリング（レッテル貼り）がさらなる逸脱を生み出すとする考え方であり，1960年代にベッカー（Becker [1963] 1973=2011）によって体系化された。はじめは軽微な非行をしたにすぎない少年であっても，周囲から社会的反作用（非難や処罰）を受け続けることで本人のなかに非行少年としてのアイデンティティが確立されてしまい，やがて本格的な非行少年になっていく――。これがラベリング論に基づく非行の増幅メカニズムである。

　ベッカーの主張には，大別して2つの論点がある。第1に，逸脱が「特定の人々に適用される」点である。私たちは日常生活のなかで，「セレクティブ・サンクション（selective sanctions）」と呼ばれる規則の不公平な適用をしばしば

経験する。ラベリング論は，下流階層出身者や各種のマイノリティ（少数派）など社会のなかで相対的に権力を持たない人々が規則の適用を受けやすく，逸脱者とされやすいことを暴露した。

　第2は，「ラベルを貼る」ことで逸脱が生みだされる，あるいは増幅されるという点である。この点に関しては，ベッカーに先立って提起されたレマートの議論を参照するとわかりやすい。レマートは逸脱を2種類に区別した。第一次的逸脱は，多くの人々が多種多様な形態で日常的に行っている逸脱で，周囲の人からそれが非難されることは通常はない。しかし，時として逸脱に対して恣意的な形で制裁が加えられることがあり，それは当人に逸脱者としてのアイデンティティを形成させてしまう。「札付きの非行少年だ」と周囲からラベリングされることで，当人が非行少年としてのアイデンティティを持つようになるというのが，その一例である。逸脱者としてのアイデンティティを身につけた状態でなされる逸脱を，レマートは第二次的逸脱と呼んだ。この段階に至ると，その当人は一般社会から排除され，逸脱を続けることでしかアイデンティティを維持できなくなる。すなわち，ラベリングが常習的な逸脱者（逸脱の増幅）を生み出すことになるのである。

　ラベリング論は，私たちが日々行っている日常生活におけるラベリングをも問題にしている。私たちは，罪を犯した人を「よそ者」あるいは得体のしれないモンスターのように捉えて，彼らを排除してしまいがちだ。ラベリング論はそのような振る舞いの不当性を示唆している。

4　少年非行に関する実証研究とその含意

学校と非行との関係

非行・逸脱の理論を踏まえると，学校は非行を抑制することも促進することもあるといえる。ハーシのボンド理論に即して考えれば，学校は子どもたちにさまざまなボンドをもたらす。教師との「愛着」や，学校に通って諸活動に時間を費やすことによる「巻き込み」は，ボンドとなり得る。[12] また，学校に通い続けることで得られる利益を学校から離れることの不利益よりも高く見積もることができる場合には，「投資」のボンドが生まれ非行を抑制し得る。他方で，学校は非行を促進する

---

[12]　部活動の充実度が成績下位層の生徒の学校満足度を高めるという実証研究がある（藤田，2001）。部活動については第13章参照。

要因にもなり得る。コーエンの非行サブカルチャー論に立脚すれば，学校が期待する規範への不適応こそが非行の原因となる。学校教育を受ける意味を見出すことができなくなれば，「投資」のボンドは必然的に弱まってしまう。教師との「愛着」のボンドがほとんど形成されていない場合，やがてその子は学校以外ですごす時間が長くなり，「巻き込み」のボンドも効かなくなっていくだろう。児童・生徒を学校につなぎとめておくことにはたしかに非行を抑える側面があるが，一方で彼らを非行に駆り立てたり彼らへのラベリングを強化したりする要素も，学校は不可避的に持ち合わせているということである。

　学校の具体的な教育活動が非行の防止に与える効果に関しては，アメリカを中心にいくつかの評価研究が知られている。例えば，複数の州の小学校5〜6年生1600名を対象としたBattistich et al.（1996）によれば，話し合いを重視する学習活動，多様性への理解を促す読書活動，児童が共同体意識や連帯責任意識を尊重することを促す共同体構築活動等を組み合わせて小学校で実施することにより，中学生になってからの非行ならびにアルコールや薬物の使用を減らすことができたという。

　なお，コーエンの非行サブカルチャー論についていえば，この理論が前提としている階級間の文化的な対立が日本には明確に存在するとは言い難い点に留意が必要だ。もちろん日本にも上層，下層という階層構造は明確に存在し，後述するようにそれは非行と関連している。ただ，大多和（2001）によれば，1970年代後半には地位欲求不満（自分の置かれた地位の低さによって生じる不満）で逸脱を説明することができたものの，1990年代後半には，出身階層が下位になるほど地位の低さが逸脱と結びつきにくくなったという。第3章にあるように，「教育を通した成功」を信じるかどうかには出身階層によって違いが存在するのだが，日本の状況で興味深いのは，「教育を通した成功」を信じない層が，必ずしも学校や教師に対する明確な反発をみせるわけではないという点であろう。

　　　　　　　　　　社会階層と非行との明確な関連を示した国内の先行研究はき
　階層と非行　　　わめて少ない。比較的大規模な研究としては，古くなるが麦
島・松本（1967；1973）と清永（1984）が有名だ。これらの研究はいずれも，親の職業や家庭の経済的水準が少年の学業達成に影響を与え，学業達成の程度が非行の発生へとつながっていると結論づけている。出身階層が低いほど非行経験が多くなることは，別のデータから松本（1970）も指摘している。

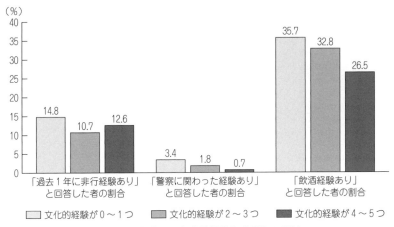

図9-3　家庭での文化的経験と非行との関連

出所：筆者作成。

　近年の調査だと2019～2020年にはじめて日本で実施された国際比較調査ISRDがある。調査地は近畿地方のZ市で，この市内にある私立を含む全中学校に在籍する生徒を母集団として対象者を無作為に抽出し，最終的に約1200名から自己申告法による回答を得た（岡邊・相澤・大塚 2019；上田・相澤・大塚 2020；ISRD-JAPAN実行委員会 2020）。階層に関しては，自宅にある本の数，過去1年の家庭での文化的な経験（図書館，博物館等，クラシックコンサート等，国内旅行，海外旅行の5種類）が尋ねられた。

　過去1年間に何らかの非行を経験したと回答したのは全体の12.2%だった。これまでに非行により警察に関わった経験は2.0%，飲酒した経験は31.7%の中学生が持っていた。階層と非行との関係をみたところ，自宅にある本の数との関連は見いだせなかった。一方，文化的な経験（経験ありと回答した数，最大5）との関連をみると，警察に関わった経験や飲酒経験があると回答した中学生の割合は，文化的な経験が多いほど低かった（図9-3）。過去1年の非行経験と文化的な経験の関連は，明確にはみられなかった。

　以上をまとめると，家庭の文化的側面に着目すれば，非行経験にある程度の階層性があるとはいえそうだ。ただ，本の数との相関がみられないなど，結果は必ずしも一貫していない。家庭での文化的な経験の多寡は，子どもへの適切な関与の多寡とも捉え得る。[13]結果の解釈には一定の慎重さが必要だろう。

　日本では，親の学歴・職業などSESをより直接的に測る質問が含まれた非

行調査の実施例はほとんどない。同様に，地域間や学校間の格差（第3章・第4章）も調査されていない。しかしこれらのことが，階層や地域と非行とが無関係であることを意味するわけではない。今後の課題である。

ラベリング論の
示唆すること

先述の通り，ラベリング論は，非行への制裁に恣意性があること（セレクティブ・サンクション），および非難や制裁自体が逸脱増幅効果を持つことを明らかにした。特にベッカーが重視したのは，逸脱を統制する立場の人間によるラベリングの負の効果である。警察官や裁判官はもちろんだが，学校の教師も逸脱統制の重要な主体である。軽微な逸脱を行った生徒へのラベリングがきっかけとなり，当該生徒が自他ともに認める非行少年になってしまう可能性があるということを，ラベリング論は警告している。これについて実証研究が多いアメリカの知見を紹介しよう。

　まず，非行少年を更生させるために導入されたスケアード・ストレート（Scared Straight）というプログラムの効果に関する研究である（Petrosino et al. 2003=undated）。このプログラムは，非行少年を刑務所に連れて行き，彼らに刑務所の見学をさせるとともに成人受刑者の話を聞かせることで，将来の犯罪・非行の抑制を目指している。話のなかでは服役中の惨めな生活が生々しく語られる。「脅えさせて立ち直らせる」という名前の通り，「お前たちもこんなふうになりたいのか！」といった具合に展開される。厳しくすることで犯罪を防止したり抑制したりすることができるという一般的な感覚に合致したこのプログラムは，1979年にテレビ番組で取り上げられたことをきっかけに，アメリカでは一般市民にも知られるようになった。ただしプログラムの効果については，有効とする研究と無効または逆効果であるという研究の両方があり，論争が続いていた。2003年に出された系統的レビュー[14]が，その論争に決着をつけた。結論は，このプログラムを受けさせると，将来より多くの犯罪を行うようになるという衝撃的なものであった[15]。

　社会で流布している「厳しくすることで人は更生する」という信念に見直し

---

(13)　法務総合研究所編（2020）によれば，少年院入院者のうち，男子で35％，女子で55％が被虐待経験を持っている。被虐待経験率がこれらよりさらに高いことを示す調査結果もある（法務総合研究所 2001）。
(14)　信頼できる研究結果を複数集めて，それらの結果を総合的に考察して結論を導く手法のこと。メタ分析ともいう。
(15)　その厳密なメカニズムは未解明である。しかし，不安を喚起し自尊心を低めることがネガティブな結果を導いたのだとすれば，まさにラベリング論の主張通りである。

を迫る研究は他にも数多い。例えばアメリカでは1970年代後半以降，少年犯罪に対する重罰化政策が進められ，多くの州で少年裁判所（日本でいう家庭裁判所）ではなく刑事裁判所（日本でいう地方裁判所）で扱うことができる少年事件の範囲を広げた。少年犯罪の抑止効果を高めることを狙って，成人対象の制度に移送することのできる範囲を拡大するための移送法を制定したのである。しかし，系統的レビューにより出された結論は，移送されることが逆効果であり，彼らの再犯を増やしてしまうというものであった（McGowan et al. 2007）。[16]

　日本とは社会状況が大きく異なる国の，なおかつ比較的重い罪を犯した少年を対象とした研究ではあるが，これらの研究知見から私たちは，「厳しく罰することは逆効果を招きかねない」という教訓を読みとることができるだろう。もっとも，教師として刑事司法システムにつながるような少年と接する機会は，そう多くはないかもしれない。しかし，いざそのような事態に直面すれば，彼らを司法システムへと引き渡すか否かを決める重要なゲートキーパー役を，教師は担うことになる。ラベリング論の見解を踏まえれば，自らの仕事の仕方次第で教師が子どもたちを悪い方向に導いてしまうことは，十分考えられるのである。

　本章の冒頭で紹介した通り，非行に関わった少年たちのなかには，小中学校在籍時の教師の言動によって傷つき，排除された感覚を持つ者が少なくない。教師からの働きかけは，大なり小なり逸脱的な児童・生徒の人生を方向付ける。「負の連鎖」を断ち切ることは，もちろん教師だけの力でできるわけではないが，だからといって教師が無力かといえば，そんなことはない。教師は，彼らの抱えている問題に真摯に向き合い，励まし，ポジティブなアイデンティティを持たせるように導くことのできる数少ない存在である。[17]本章で述べてきた教育社会学の理論や実証研究の知見は，子どもたちに向き合う際の指針として活用できるのではないだろうか。

---

(16) その理由について，同様の趣旨で研究のレビューを行った Redding（2010=2020）は，ラベリングによるネガティブな効果などを指摘している。

(17) ポジティブな方向でのラベリングを行うと言い換えてもよい。

3　現場のための Q&A

・この章の知識は，学校現場でどのように役立てることができるのでしょうか。

　まず，国内の少年非行の情勢を適切に把握しておくことは，目の前の子どもたちを理解するために欠かせません。適切な現状認識があって，はじめて適切な対応を考えるスタート地点に立てるのです。少年非行の凶悪化や低年齢化といった言説は根拠が疑わしい俗説です。

　また，ラベリング論の主張を理解することで，罰を与えれば人は改悛する，反省させなければ人は変わらないといった思い込みを捨てることも実践的に有用です。スケアード・ストレートの事例が典型ですが，個々の児童・生徒への対応のしかたによっては，かえってその子たちの状況を悪化させてしまうことがあるのです。高校では問題を起こした生徒に自主退学を迫ることが常態化しています。「問題行動 3 回で退学」のような機械的な運用も珍しくありません。それが最善の選択なのか，立ち止まって考えてください。「厳しくすれば常に良い結果が導かれる」という信念は，勇気をもって捨てましょう。

　非行・問題行動の社会的背景を知ることも，実際の現場で活きてくるでしょう。大学生や教師の多くは，比較的恵まれた家庭で育ち（第 3 章），大多数は進学校の高校に通っていたはずです。だとすれば，非行に走る子どもたちの言動やその背後にある彼らの思いを想像することは簡単ではないでしょう。私たちは，自分とは共通性の少ない人間に警戒心を抱き，彼らを単純化して理解しがちです。しかし，そのような思考パターンは知識によって修正できます。非行に走る児童・生徒の多くは家庭環境の面で不利な状況にあること，重篤な非行を犯したり非行を繰り返したりする場合はよりその傾向が強いこと，非行少年は加害者であると同時に被害者性を併せ持っていること——。このような非行理解に基づいて児童・生徒に接することで，ラベリングによる逸脱増幅の悪循環に陥るリスクはかなり低減できるはずです。

　社会一般において自己責任論が幅を利かせるなかで，非行を犯した少年に対しても成人と同等の責任を負わせて厳しく罰するべきであると考える人が多くいます。例えば最近の世論調査では，少年法の適用年齢を20歳未満から18歳未満に引き下げることに85％もの人が賛成と回答しています（読売新聞2018年 4 月25日付け朝刊）。教師はそのような社会一般の見方から距離を置き，非行に走っ

た少年への対応にあたって，まずは彼らのよき理解者であってほしいと思います。教師は，自己責任論の誤謬を啓蒙するオピニオンリーダーとして，生徒や地域社会に対して影響力を発揮できる存在だと思います。

・非行少年に対する司法や福祉の対応の仕組みについても，教師は知っておくべきでしょうか。

　現状では，教職課程のなかでこれらを学ぶ機会はほぼ皆無です。勤務を始めてからの研修でも，あまり多いとは言えないでしょう。しかし，筆者は小・中・高校を問わず，少年司法の基本的なあり方は教師にとって必須の知識であると考えています。少年院ではどのようなことが行われているのか。刑務所とどう違うのか。少年鑑別所とはどういう施設か。少年審判はどのように行われるのか。家裁調査官は何をするのか——。これらを知っておくと，いざ自分の目の前に大きな問題を抱えた児童・生徒が現れた時に，冷静に対応することができるでしょう。機会をつくって，近隣の少年院や児童自立支援施設を見学してみてください。どの施設も見学者を積極的に受け入れています。

・非行の問題に対して学校が責任を負わされすぎている気がするのですが。

　非行の端緒を把握し，それへの対応策を考えるという意味では，学校そして教師の役割はきわめて大きいといえます。とはいえ「学校が責任を負わされすぎている」と感じるのは，無理もないことです。文科省は最近，教師だけで対応することが教師の多忙化の一因である等の理由から，スクールカウンセラー，スクールソーシャルワーカー（コラム1参照）などの専門職を交えた「チーム学校」としての対応を推奨するようになっています。基本的にこの方向性は肯定的に評価できると思います。加えて筆者は，非行問題に限らず教師・学校のなすべき業務や抱える責任が今日では大きくなりすぎていると理解しており，教師や教師以外の専門職の増加が不可欠であると思います。

　とはいえ少なくとも短期的には，教師の多忙さが改善をみることは期待できない。そこで，非行問題に関していえば，学校以外の資源の有効な活用が鍵になると考えます。例えば，県庁所在地を中心に設置されている少年鑑別所は「法務少年支援センター」という別称を掲げて各地域における青少年一般の育成に関する支援業務を担っています。ここでは非行問題に精通した専門職が家庭だけでなく学校への援助も行っています。学校だけで問題を抱え込まず，外

部資源を適切に活用することは，もっと考えられてよいでしょう。

4　演習課題

1　ツイート課題

①非行少年と聞いて連想するのはどんなもの（こと）？

②自分がどんな状況に置かれたら非行に走っていたと思いますか？

③いま非行から抜け出そうとしている人に，どんな言葉をかける？

2　レポート課題

①法務省のウェブサイトで現在と過去の数時点の犯罪白書を読んで，そこから「非行の低年齢化」がいえるかどうかを考えてください。「低年齢化」の定義を明確にすることを意識しましょう。

②本文で触れられた非行・逸脱の説明理論を用いて，小学校から高校までの学校生活においてあなた自身が経験したことや見聞きした周りの児童・生徒（そしてその保護者）の言動を，説明してください。

③私たちが日々行っているラベリングの例をあげて，そのようなラベリングがなぜ生じるのか，ラベルを剥がすためにはどのようなやり方があるかを考えてください。

5　理解を深めるために

1　文献紹介

①大村英昭，2002，『非行のリアリティ──「普通」の男子の生きづらさ』世界思想社。

"不満"のアノミー，"不安"のアノミーなどの概念を駆使して，現代日本の少年非行のリアリティに迫り，非行をめぐるマスメディアの論調や人々の思い込みを，データの解読と明晰な分析によって打ち砕いています。フーコー，ゴフマンなどの学者の犯罪論も学ぶことができます。

②土井隆義，2010，『人間失格？──「罪」を犯した少年と社会をつなぐ』日本図書センター。

少年たちはなぜ罪を犯すのか？　その罪は彼らだけの責任なのか？　少年犯

罪の動向とそれを取締まる側の分析を通して，現代社会のありようを批判的に考えるとはどういうことかを知ることができます。人々の価値観が投影されているという意味においても，犯罪は「社会を映す鏡」であるということが実感できるはずです。

③**岡邊健編，2020，『犯罪・非行の社会学──常識をとらえなおす視座』[補訂版] 有斐閣。**

非行を通して子ども・若者について考えてみたい教育関係者や，社会のなかで自らの仕事の位置づけを再確認したい犯罪・非行関連の実務家の方に向けた教科書です。犯罪や非行に関する主要な論点が整理されており，本章で扱わなかった犯罪報道，犯罪被害者，監視社会などのトピックも取り上げられています。

④**岡邊健編，2021，『犯罪・非行からの離脱』ちとせプレス。**

犯罪・非行からの離脱・立ち直りに関する研究知見を学ぶのに好適な入門書です。少年本人，少年院，更生保護施設等のアクターに着目した研究が紹介されており，離脱がどのようになされているのか（なされることが目指されているのか）を知ることができます。また，「犯罪・非行からの離脱」という発想そのものが持っている前提を批判的に問い直す論考も収載されています。

2 メディアの紹介

①**紡木たく，1986-1987，『ホットロード』集英社**

紡木たくによる少女マンガ（コミックス全4巻）。中学校2年生の少女が主人公で，2014年に能年玲奈（後にのんに改名）主演で映画化されています。ティーンエイジャーの感じる大人への反発，社会への憤懣やるかたない気持ちが，見事に描かれています。全国各地で暴走族が走り回っていた1980年代の時代状況を知ることもできます。

文献

鮎川潤，2002，『[新版] 少年非行の社会学』世界思想社。

Battistich, V., E. Schaps, M. Watson and D. Solomon, 1996, "Prevention Effects of the Child Development Project: Early Findings from an Ongoing Multisite Demonstration Trial," *Journal of Adolescent Research*, 11(1): 12-35.

Becker, H. S., [1963] 1973, *Outsiders: Studies in the Sociology of Deviance*, Free

Press.（村上直之訳，2011，『完訳アウトサイダーズ——ラベリング理論再考』現代人文社。）

Cohen, A. K., 1955, *Delinquent Boys: the Culture of the Gang*, Free Press.

Durkheim, É., [1897] 1960, *Le suicide: étude de sociologie*, Presses Universitaires de France.（宮島喬訳，1985，『自殺論』中央公論社。）

藤田武志，2001，「中学校部活動の機能に関する社会学的考察——東京都23区の事例を通して」『学校教育研究』16：186-199頁。

広田照幸，2001，「〈青少年の凶悪化〉言説の再検討」藤田英典ほか編『子ども問題』世織書房，115-150頁。

Hirschi, T., 1969, *Cause of Delinquency*, University of California Press.（森田洋司・清水新二監訳，2010，『非行の原因——家庭・学校・社会へのつながりを求めて』［新装版］文化書房博文社。）

法務総合研究所，2001，『法務総合研究所研究部報告11——児童虐待に関する研究（第1報告）』法務総合研究所。

法務総合研究所編，2020，『令和2年版犯罪白書——薬物犯罪』昭和情報プロセス。

ISRD-JAPAN実行委員会，2020，『国際自己申告非行調査（ISRD）研究報告書——2019年度実施調査の概要と基礎的分析』（https://crimrc.ryukoku.ac.jp/isrd-japan/）。

警察庁生活安全局少年課，2020，『令和元年中における少年の補導及び保護の概況』（https://www.npa.go.jp/publications/statistics/safetylife/syonen.html）。

清永賢二，1984，「少年の再非行化過程と学校問題」『教育社会学研究』39：43-58頁。

近藤日出夫，2010，「少年鑑別所・少年院入院者から見た日本の少年非行対策——戦後少年非行の『第四の波』とは何だったのか」浜井浩一編『刑事司法統計入門』日本評論社，159-198頁。

松本良夫，1970，「社会階層構造内における少年非行の分布——東京・ナッシュヴィル間の比較」『社会学評論』20（4）：2-18頁。

McGowan A, et al., 2007, "Effects on Violence of Laws and Policies Facilitating the Transfer of Juveniles from the Juvenile Justice System to the Adult Justice System: A Systematic Review," *American Journal of Preventive Medicine*, 32(4 Suppl): S7-28.

麦島文夫・松本良夫，1967，「1942年生れ少年における非行発生の追跡的研究（第2報）——非行発生と少年の出身階層および教育歴との関連」『科学警察研究所報告防犯少年編』8（2）：67-73頁。

麦島文夫・松本良夫，1973，「出身階層，教育上の進路と非行発生——2つのコーホートの分析」『科学警察研究所報告防犯少年編』14（1）：55-63頁。

日本弁護士連合会，2005，『「少年非行防止法制の在り方について（提言）」に対する意見』（https://www.nichibenren.or.jp/library/ja/opinion/report/data/2005_46.

pdf)。

岡邊健, 2013, 『現代日本の少年非行——その発生態様と関連要因に関する実証的研究』現代人文社。

岡邊健・相澤育郎・大塚英理子, 2019, 「国際自己申告非行（ISRD）調査の国内実施に向けての諸課題——日本チーム発足からプレ調査実施までの経緯をふまえて」『日本犯罪社会学会第46回大会報告要旨集』97-98頁。

大多和直樹, 2001, 「『地位欲求不満説』再考」『犯罪社会学研究』26: 116-140頁。

尾崎米厚 2019 『飲酒や喫煙等の実態調査と生活習慣病予防のための減酒の効果的な介入方法の開発に関する研究　平成30年度総括・分担研究報告書』（https://mhlw-grants.niph.go.jp/project/27105/1)。

Petrosino, A., C. Turpin-Petrosino and J. Buehler, 2003, "'Scared Straight' and Other Juvenile Awareness Programs for Preventing Juvenile Delinquency (Updated C2 Review)," *The Campbell Collaboration Reviews of Intervention and Policy Evaluations (C2-RIPE)*, Campbell Collaboration.（津富宏訳, undated, 「少年非行を防止するための『スケアード・ストレート』等の少年の自覚を促すプログラム」（https://crimrc.ryukoku.ac.jp/campbell/library/crimejustice.html)。）

Redding, R. E., 2010, "Juvenile Transfer Laws: An Effective Deterrent to Delinquency?" *Bulletin*. U.S. Department of Justice, Office of Justice Programs, Office of Juvenile Justice and Delinquency Prevention.（岡邊健訳, 2020, 「少年移送法は, 非行に対する効果的な抑止力となるのか？」葛野尋之・武内謙治・本庄武編『少年法適用年齢引下げ・総批判』現代人文社, 187-215頁。）

上田光明・相澤育郎・大塚英理子, 2020, 「国際自己申告非行調査（International Self-Report Delinquency Study: ISRD）の日本における展開」『罪と罰』57（3）: 60-72頁。

第10章

進路が実質的に意味する生徒の未来

日下田岳史

1 中高生が選ぶ進路

　図10-1は，2009年3月に卒業した全国の中学生を1000人とした時に，何人がどういう進路をたどったのかを表している。例えば，中学校を卒業するとおもに5つの進路がある。高校進学者は970人，高等専門学校進学者は9人，高等専修学校進学者は2人，専修学校一般課程または公共職業能力開発施設等進学者は2人，そして就職者が5人だ。これらの人数を足しても988人で1000人にならないのは，紙幅の都合上，その他の進路をとる人が図10-1から省略されているためである。就職者については就職後3年以内に離職したかどうかも表示しているが，中卒就職者5人のうち3人は3年以内に離職しているということがわかる[(1)]。

　図10-1を丹念に読むと，生徒が選びうる進路にはたくさんの種類があるということ，さらに，進路に応じて就労状況が異なってくるということが浮かび上がってくる。「みんなが選んでいる標準的な進路」はそもそも存在しないのだが，現実感を持って「標準的な進路」を想像することは難しい。中高時代の同級生や大学の友人が選んだ進路は，あなたの選択とかなり似通っているのではないだろうか。義務教育では地域格差があり（第3章・第4章），高校は階層構造による学校間格差が大きいので（第5章），自分とは異なる進路を歩む人との接点が少ない。図10-1は，「隔離」された高校生活（第5章）を過ごしてき

---

(1) 厚生労働省によれば，就職後3年以内に離職する人は，中卒で7割，高卒で5割，大卒で3割となっている。こうした現象は七五三現象（内閣府 2007）と呼ばれている。

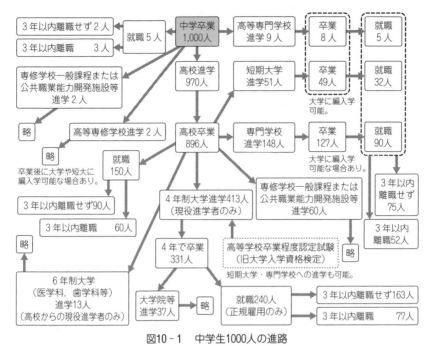

図10 - 1　中学生1000人の進路

注：文部科学省『学校基本調査』，厚生労働省『新規中卒就職者の事業所規模別離職状況』・厚生労働省『新規高卒
　　就職者の事業所規模別離職状況』・厚生労働省『新規大卒就職者の事業所規模別離職状況』，東京大学政策ビジ
　　ョン研究センター（2014）を利用した。専門学校進学者の中退率は，東京大学政策ビジョン研究センター
　　（2014）を参考に14％だと仮定した。
出所：児美川（2013）を参考に筆者作成。

た私たちが身近に知っている以外の選択肢を実際に選んだ人たちがたくさんい
ることを教えてくれる。

　進路指導とは，生徒が受験する模擬試験の偏差値に応じて合格圏内の学校を
提示することだけを意味しているのではない。生徒は学校卒業後どのような暮
らしを望んでいるのか，そして希望を実現するにはどのような進路がありうる
のか。こういった問いに生徒が向き合う機会を設け，個々の適性を踏まえて必
要な指導や支援を行うこと。進路指導という言葉にはこういった意味合いが込
められている。

2　学歴社会と教育機会

1　学歴の現実的意味合い

　日本社会では，学校を出ていちど働き始めてから再び学校に入学して学び直す人はとても少ない。中学や高校を卒業した直後の進路選択により，最終学歴が事実上決まる。

　こうしたことはあたりまえだと思う人もいるだろうが，他国をみるとそうではない。事実，大学入学者の平均年齢は日本では18歳だが，OECD加盟国では22歳である（OECD 2020）。日本以外のOECD加盟国の場合，高校を卒業して何年か経ってから大学に進学するという選択肢が珍しくない。これに対して日本は，大学進学の機会が18歳に事実上限定されている。日本の大学卒業率は約9割にのぼるということも踏まえると，最終学歴は18歳の時点で実質的に決まると言っても過言ではない。本書の各章の知見を踏まえると，最終学歴は18歳以前にある程度決まっていると思う人もいるだろう。いずれにしても，社会に出る前に最終学歴が決まるのが日本の特徴だと言える。では，中学や高校の卒業直後に最終学歴が実質的に決まるということは，ひとりひとりの人生にとってどのような意味を持つのだろうか。

　手掛かりとなるのが，「個人の取得した学歴が，社会的地位や報酬などの配分の基準として重視され，実際に学歴が社会的経済的な地位達成を大きく左右する社会」（日本教育社会学会編 2018：612-613）を意味する「学歴社会」という概念だ。教育社会学は日本が学歴社会であることを示すデータや知見を積み重ねてきた。曰く，学歴が高い人ほど専門職に就きやすい傾向があること，学歴は学校卒業後に初めて就く職業や40歳時点で就いている職業に影響を与える傾向があること，そしてそれらの傾向は長期的に見て安定しているということが，全国的な調査から確認されてきた（近藤 1997；原・盛山 1999；平沢ほか 2013）。

　無論，暮らしの豊かさを決めるのは職業や賃金だけではない。例えば，私たちを取り巻く人間関係の質は，暮らしの豊かさを決める大事な要因だ。もし学歴が社会的経済的な地位達成に関わるばかりでなく人間関係にまで関係してくるとすれば，「中学や高校の卒業直後に最終学歴が決まるということは，ひとりひとりの人生にとってどのような意味を持つのだろうか」という問いに対する答えも，おのずと見えてくる。

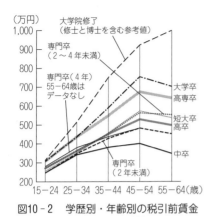

図10-2　学歴別・年齢別の税引前賃金
（正規雇用の男性）

出所：『就業構造基本調査』（2017年）より筆者作成。

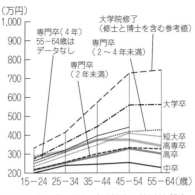

図10-3　学歴別・年齢別の税引前賃金
（正規雇用の女性）

出所：『就業構造基本調査』（2017年）より筆者作成。

　そこで本節では，社会経済的な地位達成を賃金に，人間関係を友人関係と配偶者選択に代表させて，それらと学歴との関係を確認しよう。もっとも，賃金・友人関係・配偶者選択という3つの要素が暮らしの豊かさのすべてを規定するわけではないが，人生における主観的な幸福感を部分的に説明するということは実証的に示されているので，各進路の実質的意味合いを考える材料になるはずである。

> 賃金は学歴ご
> とに異なる

賃金と学歴との関係はどのようになっているのだろうか。2017年時点における正規雇用者の年齢別の税引前賃金を線でつなぎ，その線を学歴別に描いてみたものが，図10-2・図10-3である。この線は，学歴別の賃金カーブまたは賃金プロファイルと呼ばれている。

　賃金カーブの読み取りには少々注意が必要だ。賃金カーブは，15～24歳の人が55～64歳を迎えるまでの40年間，その人の賃金の変化を追跡した結果をグラフ化したものに見えるが，そうではない。2017年時点で55～64歳の人が受け取っているのと同額の税引前賃金を，15～24歳の人も40年間働き続ければ受け取ることができるだろうという仮定を設けて，年齢別の税引前賃金を線でつないだものが，賃金カーブなのである。

---

(2)　例えば宍戸・佐々木（2011）を参照。

(3)　こうした仮定を受け入れることで，賃金を将来に渡りどれくらい得ることができそうかという見通しを描くことができる。ただし，賃金カーブの形状がフラット化してきたという指摘や，女性は男性より就労が非連続的である場合が多いことには注意が必要である。

　男性の場合（図10-2），賃金の学歴差は20代前半までは小さいが，20代後半以降になると学歴による差が目立ち始め，50代半ばを迎えると差はかなり大きくなる。中卒，高卒，大卒と学歴が上がるに従い賃金が高くなる様子が読み取れる。専門学校卒・短大卒の賃金は高卒とそれほど変わらない。高専卒，大卒，大学院修了者の賃金の高さが目立っている。[注(4)]

　女性も男性と同じように，学歴が高い人ほど賃金が高いという傾向があるようだが（図10-3），女性で非正規雇用者という割合（2017年）は男性の21.9％と比べて55.5％（内閣府 2018）と高いことに留意が必要である。さらに，図10-2と図10-3を比べると，同じ正規雇用者でも女性は男性より賃金水準が全体的に低いという様子が読み取れる。総じて，女性は雇用形態や賃金において男女格差という課題に直面しているものの，男女のいずれの場合も正規雇用の人は学歴が高い人ほど賃金が高いという傾向があることは確かだ。

　進路選択に直面している10代の若者にとって賃金の学歴差が大きくなる40代や50代は遠い未来のことに思えるだろうが，学歴が高い人ほど教育費がかさんでいるのである。若いうちにしっかりとお金を稼ぐことを重視する人は，高い学歴を得たとしても，その教育費に見合うほどの高い賃金を若いうちに得ることは難しいため，高い学歴は必要ではないかもしれない。そのため，図10-2・図10-3が示すように大卒の賃金が高卒より高いとしても，その増加額は教育費に見合っていると言えるのだろうかという疑問が湧いてくる。

　ここで私的内部収益率と呼ばれる指標を導入すると，その疑問に簡潔に答えることができる。私的内部収益率とは，教育費の支払いを個人による投資だと考えて，その利回りの大きさを示す指標のことである。以下ではこの指標についてもう少し具体的に説明しよう。

　教育費をかけて大学に進学するということは，大学銀行に教育費を預けるようなものだ。[注(5)]大学銀行の金利がプラスならば，預金には利息（収益）がつく。そして後日，預金口座から元金と利息を引き出すことができる。大学銀行に教育費を預けた時に期待できる収益は，高卒での税引後賃金と大卒での税引後賃金の差額，すなわち大学を卒業することによって生じる手取りの増加額に対応

---

(4)　大学院修了者には教育年数が異なる修士課程修了者と博士課程修了者が混在しているため，参考値として示すに留める。

(5)　一般的な銀行の場合，預金者は何もしなくても銀行が倒産しない限り収益の獲得が期待できる。大学銀行の場合，本来，卒業のための努力なくして収益の獲得は期待できない。

している。大学教育の私的内部収益率とは，大学銀行に教育費を預けた時の金利を指すものとして解釈することができる。

　高校卒業後にはさまざまな進路があるように，教育費を預ける先の銀行にはさまざまな種類がある。短大銀行や高専銀行，専門学校銀行などもある。教育費を預金するとより多くの収益が期待できる銀行はどこだろうか。先ほどの疑問は，「大学銀行に教育費を預ける時の金利（私的内部収益率）は，他の銀行の金利よりも高くなっているのだろうか」という問いに置き換えることができる。いずれの銀行の金利もマイナスならば預金すると損をしてしまうので，タンス預金をしておくのがよさそうだ。

　では，私的内部収益率はどのような方法で計算できるのだろうか。ここでは以下の5点を押さえよう。

　第1に，私的内部収益率を計算する時の教育費には，授業料のように教育機関に納付する費用や教材費といった直接費用だけでなく，機会費用と呼ばれるものも含まれている。大学で4年間学ぶということは，高校卒業直後に就職していたとすればそれから4年の間に稼いだはずの税引後賃金を放棄することを意味している。大学で4年間学ぶという選択とともに放棄した税引後賃金を，大学教育の機会費用または放棄所得と呼ぶ。短大教育や高専教育の機会費用も同様に定義できる。

　第2に，2つの教育投資先があり，いずれに同額を投資しても期待できる収益は等しいのだが，収益を得られる時点が異なっているとしよう。その時の私的内部収益率は，より早い時点で大きな額の収益を生み出す教育投資先の方が大きな値をとる。例えば，ある金額をAに投資すると50歳になった時に300万円の収益が期待できるが，同額をBに投資すれば同じ300万円を早くも30歳にして期待できるとすれば，Bに投資するのが賢明だ。私的内部収益率は，若い頃に期待できる収益を高く評価する指標なのだ。

　第3に，私的内部収益率を計算する際，「学校を標準的な修業年限後に卒業してから直ちに正規雇用の仕事に就き，60歳まで中断することなく働き続けて賃金を得る」というライフコースを仮定することが一般的だ。このライフコースが現実的に当てはまりやすいのは男性であり，女性のそれは複線的である。仮定するライフコースによって私的内部収益率の値は揺れ動くということに留意しておく必要がある。

　第4に，私的内部収益率が最も高い学校に投資（進学）するのが経済合理的

表10-1　高卒を基準にした時の進路別・私的内部収益率

	専門学校卒 （2年未満）	専門学校卒 （2〜4年未満）	短期大学卒	高等専門学校卒	大学卒
男　性	—	−0.7%〜0.4%	−0.2%	11.0%	7.0%
女　性	3.4%	9.2〜12.8%	9.4%	16.9%	11.3%

注：教育費に含まれる費用は機会費用のみ。専門学校卒（2〜4年未満）は，修業年限が2年の場合と3年の場合
　の私的内部収益率を計測した。
出所：『就業構造基本調査』（2017年），『家計調査年報』（2017年）より筆者作成。

な選択となる。そうは言っても，進路選択に際して私的内部収益率を計算する
人など誰もいないかもしれない。他方で，教育費と期待できる収益の両方を考
慮に入れて進路選択を行う人はいないということはないだろう。大学に進学す
ることが当然で（第3章・第5章），教育費などを心配する必要がない子どもだ
けではないのだ。例えば，親が非大卒のため大学進学の収益を親子で実感でき
ず，高額な教育費に不安を覚えて高校卒業後の進路に迷っているのであれば，
私的内部収益率は進路選択の決め手となり得る重要な情報だ。

　第5に，私的内部収益率の計算過程に含まれる教育費や収益は金銭的な評価
が可能な項目だけを取り出しているが，教育にかかる費用や収益には本来非金
銭的なものも含まれる。理論の上では，金銭的な費用と収益，そして非金銭的
な費用と収益を合算し，総合的に収益が費用を上回れば進学が選択されること
になる。

　それでは，高卒後の進路別・私的内部収益率の計測結果（表10-1）を見て
いこう。男性の場合，高等専門学校（以下，高専）卒の私的内部収益率の高さ
が際立っていて，大卒よりも4％高い。高専卒は大卒よりも2年早く働き始め
るぶん教育費が少なくて済むし，若年時の税引後賃金は大卒に比肩する水準だ。
「私的内部収益率は，より早い時点で大きな額の収益を生み出す教育投資先の
方が大きな値をとる」のである。短大卒の男性の私的内部収益率は，ほぼゼロ
と読むべきかもしれないが−0.2％だ。専門学校卒（2〜4年未満）の私的内部
収益率は，プラスとマイナスの間を揺れ動いている。図10-2の賃金カーブだ
けを見ていると学歴が高い人ほど賃金が高いという傾向を読み取れるが，私的
内部収益率という物差しで評価し直すと，教育費に見合う以上の賃金が期待で
きるのは高専や大学を卒業した場合に限られてくる。男性にとって専門学校や
短大への進学は，賃金に見合う選択肢ではないのだ。

　ここで図10-1をあらためて見てほしい。高専への進学者数はきわめて少な

い。高専への進学は私的内部収益率が高く経済合理的な選択であるはずなのに，である。なぜこうしたことが起きるのだろうか。私たちは一般に，何かを選ぶにあたり，現実に存在するすべての選択肢を頭に入れて選択しているわけではない。同じことは進路選択にも当てはまる。高専は定員数と知名度がいずれも低く，進路の選択肢としてほとんど認知されていないのかもしれない。

　女性の場合は男性と違い，専門学校卒の私的内部収益率が大きな値をとっている。修業年限が 2 ～ 4 年未満の専門学校卒の私的内部収益率は，高めに見積もれば大卒より高く[6]，高専卒に次ぐ高さだ。修業年限が 2 年未満の専門学校卒や短大卒もプラスの値をとっている。女性にとって高校卒業後に進学するということは，いずれの種類の学校に進学しようとも，プラスの利回りが期待できる経済合理的な選択となっている。

　ただし，これらの知見は，「学校を標準的な修業年限後に卒業してから直ちに正規雇用の仕事に就き，60歳まで中断することなく働き続けて賃金を得る」という単一のライフコースを仮定して計算されたものだ。仮定と現実との乖離が大きいことは否定できない。ライフコースの仮定の仕方によっては，女性の学歴別私的内部収益率はマイナスの値をとる（遠藤・島 2019）。具体的に言えば，30代半ばまでに退職し専業主婦化するというライフコースを念頭に置いた場合，高校卒業後に進学するという進路選択は経済的に合理性を欠くように見えるということだ。ただし，こうした見方は，進学から期待できる収益の捉え方に応じて変わってくる。このことはのちほどあらためて指摘したい。

　ところで私的内部収益率は学力とは関係ないのだろうか。大学の私的内部収益率が高いと言ってもそれは平均値の話である。入試で要求される学力水準が低い大学を卒業した場合は，高い私的内部収益率を期待できないかもしれない。収益率を大学・学部別に計測すると，入試の偏差値と相関するということが知られている（青・村田 2007）。だからと言って偏差値が低い大学を卒業すると私的内部収益率がマイナスにまで落ち込むということにはならない（島 2017）[7]。

　このように，いくつかの例外があるにせよ大局的に見る限り大学進学には経済合理性がある。しかし大学進学率が今後も上昇を続け，お金があれば誰でも大学に進学できるようになるにつれて大卒労働者数が過剰となり，大学の私的

---

(6)　濱中（2009）を参照のこと。
(7)　個人によっては，私的内部収益率がマイナスになるということもある（島 2018）。

内部収益率は低下するのではないかと考える人もいるはずだ。大卒労働需要が変化しないという条件のもとで大学進学率が上昇すれば，大学の私的内部収益率は減少する。事実，日本は高度経済成長期において大学進学率の上昇と私的内部収益率の低下を同時に経験した。その結果，大学進学率が上昇し大学の大衆化が進むにつれて，大学進学の経済的価値は小さくなるという常識が根付いた（矢野 2015）。ただしこの「常識」が当てはまるのは，大卒労働需要が変化しない場合であるということを強調しておきたい。大卒労働需要が増加していれば，大学進学率が上昇するとしても私的内部収益率が低下するとは限らない。データを見る限り，近年では大学進学率が上昇しているにもかかわらず私的内部収益率は低下しておらず，少なくとも2000年以降は上昇傾向にある（島 2014）。大学進学率が上昇し大学の大衆化が進む日本において，大学教育から経済的な見返りが期待できないという意味での大学（生）過剰論は当てはまらないと言える（北條 2018）。[8]

賃金が学歴ごとに異なるのはなぜか：人的資本理論とシグナリング理論

そもそも学歴が高いほど労働の対価として支払われる賃金が高いのは，いったいなぜなのだろうか。1つの答えは，「教育を受けることにより知識やスキル，さらには健康水準などさまざまな能力が高まり，労働生産性が向上する。だから学歴が高い人ほど賃金が高い」というものだ。こうした考え方は人的資本理論と呼ばれている。

しかし，学歴が高い人ほど労働生産性が高いという傾向が見られるとしても，教育が労働生産性を高めたのか，それとも高学歴の人は教育を受ける前から労働生産性が高かったのか，容易には区別できない。さらには，高等教育を受けても仕事の役に立たないという意見は，少なくとも日本社会の場合きわめて根強い。[9]特に大学の人文・社会科学系教育には疑いの視線が向けられることがよくある。[10]教育を受けても仕事の役には立たないとすれば，学歴が高い人ほど賃金が高いのはなぜか。

---

(8)　大学（生）過剰論が生じる素地として，大卒者の職業的役割を少数のエリートに限定する考え方や，経済が停滞を続けるという悲観的な展望が挙げられる（小池・渡辺 1979）。

(9)　大学で獲得した知識を仕事でどの程度活用しているか，高等教育修了3年後の学卒者に尋ねたところ，頻繁（またはかなり）活用していると回答した人は，日本では20％台であるのに対して，ヨーロッパでは40％台となっている（日本労働研究機構 2001）。

(10)　文系不要論についての例は，本田編（2018）を参照のこと。

　シグナリング理論の説明はこうだ。企業が新入社員の採用を計画しているとする。求職者の労働生産性（能力）を求職者本人は知っているが，企業は知らない。つまり両者が持つ情報量に違い（情報の非対称性）[11]がある。だからこそ，企業は書類選考や面接を行い求職者の能力を見極めようとする。しかし企業は費用がかかるから面接などにあまり長い時間をかけるわけにもいかない。ゆえに企業は，求職者の能力をすぐに把握できるための指標を求めるようになる。他方で求職者の側も，自身の能力の高さを企業に伝える指標を活用できれば便利だ。そこで学歴が，求職者の能力を企業に伝えるためのシグナルとして活用されることになる。学歴は求職者の潜在的能力を示すシグナルとして意味を持つものと見なされ，教育がその人の能力を伸ばすかどうかは問題とされない[12]。

　人的資本理論とシグナリング理論，一方が正しく他方が間違っているのではないかという気がしてくるが，必ずしもそうではない。教育という営みのどの部分に注目するかにより，一方の理論が当てはまる場合もあれば他方の理論が当てはまる場合もある。いずれの理論がどのような場面に当てはまるとしても，事実として観察されるのは，高学歴者の賃金は高いという傾向に他ならない。

ここまで，賃金と学歴との関係を概観してきて，最終学歴は

　　友人と学歴

賃金と関連していると言える。もっとも，「高卒でも大卒より賃金が高い人はいる」ことは事実である。職業の中には学歴不問で，高い収入を含めさまざまな観点で魅力的な職業があることも確かだ。しかしそうした職業に就ける人は少数派である。高卒と大卒の賃金の平均値を計算すると，大卒の方が高いという実態が覆るわけではない。

　「学びの価値が就職先や賃金水準により評価されているように感じられて不愉快」，「人は高い賃金を得たいがために勉強するわけではない」。筆者が大学で授業をしていると，同じような趣旨の意見が毎年寄せられる。無論，教育を通じて人はさまざまなことを経験する。例えば，学校で得た人間関係には価値があるはずだ。ただしこれは，どの学校に通っていたかによって知り合う人々が大まかに決まる，ということを意味する。換言すれば，最終学歴により人生を通じて構築される人間関係が変わり得るのである。

　試しに，友人を何人か思い浮かべてみてほしい。あなたが大学生あるいは大

---

(11)　求職者と企業との間における情報の非対称性を軽減する仕組みも存在する。その例が，日本型の高卒就職慣行だ。高卒就職の仕組みは，199頁で説明する。

(12)　この段落の記述は荒井（1995）と中澤（2015）を参考にした。

卒であれば，頭に思い浮かべた友人の多くは同じ大学生か大卒者ではないだろうか。事実，最も親しい友人（「親友」）の学歴には一定の傾向がある。大卒者の「親友」の半数以上は大卒で，非大卒者の「親友」の半数以上は中卒または高卒なのだ（吉川 2012）。

　このような人間関係の分断とも呼ぶべき事態は高校時代から徐々に始まる（吉川 2012）。中学生は高校入試を契機に異なるランクの高校に進学し，中学卒業までの学校生活よりも同質性が比較的高い環境の中で日々を過ごすことになる（第5章）。そして高校卒業の進路として大学進学を目指すかどうかで，塾やアルバイトなどに充てる時間をはじめとする生活パターンが徐々に異なっていく。そして生活上の接点は，最終学歴ごとに職業が異なるためにさらに減っていく。この過程の中で育まれる人間関係は，知らずしらずのうちに大卒層と非大卒層のどちらかに偏ってしまう（吉川 2012）。中高一貫校に入学した人の場合，人間関係の分断は中学校入学時から始まっていると考えられる。

┌─────────┐
│ 結婚と学歴 │　似たような社会的地位にある人同士が結婚する傾向はかねて
└─────────┘　から指摘され（Kalmijn 1998），同じ学歴同士の人が結婚しやすい学歴同類婚（中澤・余田 2014）は，日本だけではなくさまざまな国で見出されてきた。この学歴同類婚を念頭に置いてみると，学歴と賃金との関係を違った角度から理解できる。

　例えば女性が30代半ばまでに退職し専業主婦になるというライフコースを仮定すると，高校卒業後の大学等への進学には経済的効果が期待できないかもしれない。ただし，そうした見方は，大学等への進学から得られる経済的効果として本人の賃金の増加額だけを評価している。進学から期待できる経済的効果は本人の賃金が増えること以外にもあると思われるが，データによる計測は容易でない。そこで学歴同類婚に注目することにより，進学から期待できる経済的効果と呼ぶべきものが他に浮かび上がってくるのだ。すなわち，高学歴を得ることは女性にとって，結婚を希望する場合，同じ高学歴の配偶者を得る可能性を高める。そしてその高学歴の配偶者は高所得者になりやすい。つまり高学歴を得ることは女性にとって，高所得の配偶者を得る可能性が高まることを事実上意味している。

　配偶者の所得が高ければ，少なくとも経済的には豊かな暮らしを営むことが期待できる。大学等への進学から期待できる経済的効果の中に高所得の配偶者を得るということを含めて考えるのは，無理なことではない。その限りにおい

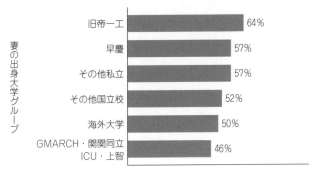

図10-4　学（校）歴同類婚傾向（同一大学グループの夫を持つ
妻の比率）

出所：橘木・迫田（2013）

て，たとえ30代半ばまでに退職するとしても，大学等への進学は女性にとって経済的効果が期待できる有利な選択だと考えられる（遠藤・島 2019）。

　しかも日本の女性の場合，入試の難易度が同じような大学の卒業者同士で結婚するケースが多いという，学校歴同類婚と呼ぶべき傾向もある（図10-4）。例えば「旧帝一工」出身の妻のうち64％は，「旧帝一工」出身者と結婚している。早稲田大学や慶應義塾大学出身の妻のうち57％は，早慶出身者と結婚している。大学・学部別の収益率が入試の偏差値と相関している（青・村田 2007）ことを踏まえると，女性にとって入試難易度が高い大学に進学するということは，事実上，高所得の配偶者を得る可能性を高める選択になっていると解釈できる。

2　学歴獲得に至る機会

高校生の保護
者の経済力

最終学歴ごとに学校卒業後の賃金や人間関係がある程度方向付けられることを知ると，人生はある程度決まっていて，自らの力で将来を切り開くことができないのではないかと不安に思うかもしれない。しかし，自分の能力と意思に応じて教育を受ける機会が平等に開かれて

---

(13)　いわゆる旧帝大（東京大学，京都大学，東北大学，九州大学，北海道大学，大阪大学，名古屋大学），一橋大学，東京工業大学を指す。

(14)　「旧帝一工」「早慶」出身の男性は女性よりも多く，同グループの女性と結婚しなかった男性は他大学出身の女性と結婚する。このため，大卒の夫の側から見れば妻の出身大学に比較的大きなバラつきが生じていることになる（橘木・迫田 2013）。

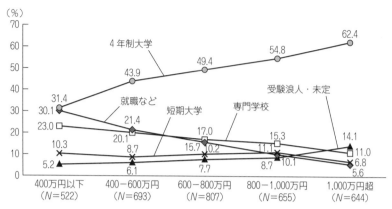

図10-5　高校生の進路と親の年収の関連について

出所：東京大学大学院教育学研究科大学経営・政策研究センター（2009）

いるならば，受ける教育を自ら選んで努力を重ねることで，自分の人生をある程度は舵取りすることができるはずだ。機会の平等が確保されている限り，教育が理想の暮らしを自らの努力で手に入れるための数少ない手段であることに変わりはないのである。では，憲法や法律に書き込まれた教育機会の均等という理想は，実現にどの程度近づいているのだろうか。[15][16]

　実態は，家庭の年収が高い高校生ほど大学に進学する人が増え，就職や専門学校への進学を選ぶ人は減っていく（図10-5）。この傾向は他の調査（小林2015）でも繰り返し確認されている。図10-5と同じ調査によると，現在よりも経済的ゆとりがあるとすれば子どものために何をしてあげたいかを保護者に尋ねたところ，年収が低い保護者ほど，「就職よりも進学」，「短大・専門学校よりも大学への進学」をさせてあげたいという回答が増えるという。教育を受ける機会が「経済的地位」により制限されている様子が端的に示されている。

　そこで，進路指導を担う教師にとって重要となってくるのが，奨学制度に関する知識だ。しかも，その知識は更新していくことが求められる。例えば国は2020年度に「高等教育の修学支援新制度」を創設し，返済不要の給付型奨学金，授業料・入学金の免除または減額といった施策の大幅な拡充を謳っているが，同制度は施行後4年間の状況を踏まえて必要があれば見直しを行うことになっ

---

(15)　この記述は，矢野（1991）を参考にしたものである。

(16)　憲法第14条や第26条，教育基本法第4条を参照のこと。

ている。[17]

| 中学校における高校受験指導の帰結 |

図10-5は家庭の年収が高校生の進路と相関していることを示しているが，家庭の年収だけが高校生の進路を方向付けているわけではない。高校生の進路は事実上，もっと早い段階から方向付けられている。義務教育段階で親が子に大学進学を望むかどうかにも親の学歴による格差がある上（第3章），進学した高校のランクが卒業後の進路を方向付けている（第5章）。さらに最終学歴は社会的経済的な地位や人間関係に関わってくる。これらの事実を重ね合わせて考えると，中学校における高校受験指導の持つ意味は重い。

| 高卒就職の仕組み |

就職を希望する高校生の就職活動（以下，高卒就職）の仕組みは，高校や労働行政が関与する「組織化された[18]就職指導」だと言われ，以下の4つの特徴を持つ。第1に，高校生は企業に自ら直接接触して就職活動を行うのではなく，学校またはハローワークを通じて行う。企業が採用活動を行う場合はハローワークで求人票の確認を受け，生徒の採用を希望する高校に求人票を送る。第2に，高校生の就職においては採用選考の開始期日が定められている。第3に，生徒は複数の企業の採用試験を同時には受験できないことが一般的である。こうした取り決めは「一人一社制」と呼ばれている。[19]第4に，特定の高校から卒業生を採用し続ける「推薦指定校制」がある。高校は，その企業に推薦する生徒を成績により選抜・推薦し，企業はその推薦を受け入れて生徒を採用する。

　こうした「組織化された就職指導」には，情報の非対称性を軽減するための対応という側面がある。企業は求職者（高校生）について情報をあらかじめ持たない場合がほとんどだと思われるし，高校生は自ら就職活動を行うには未熟だと見なされている。こうした関係にある企業と求職者を出合わせるために，学校やハローワークが高校生に職業を斡旋するのである。

　ただし実際には，すべての高校が生徒の就職活動に対して積極的に関与しているわけではない。生徒の成績や生活態度に応じて校内選考・推薦を行う高校もあれば，企業の採用試験を生徒に自由に受けさせる高校もある。生徒の就職

---

[17]　大学等における修学の支援に関する法律・附則第3条を参照のこと。

[18]　高卒就職の仕組みに関する記述は，堀（2016）および中澤（2015）を参考にした。

[19]　2020年現在，就職活動解禁後の一定期間，秋田県と沖縄県に限って複数応募（一人三社）が可能だが（古屋 2020），他の都道府県では一人一社制が採られている。

活動に積極的に関与するタイプの高校は，製造業が多いなどの特徴を持つ地域に比較的多く見られ，工業系の学科に多い（堀 2016）。高卒就職の動向は国内の製造業の影響を受けやすいということが示唆される。

3　現場のための Q&A

・この章の知識は，学校現場でどのように役立てることができるのでしょうか。

　本章の各種データを眺めていると，「進路に迷っている生徒がいれば，進路指導を担う教師としては生徒に大学進学を薦めておけば間違いない」と感じるかもしれません。たしかに私的内部収益率に依拠する限り，大学進学は経済合理的な選択です[20]。しかし，私的内部収益率の計算過程には非金銭的な費用や収益が含まれていません。

　例えば，勉強が苦痛な生徒にとって大学で学ぶことは苦行であり，大学教育にかかる精神的な費用は大きいことになります。この生徒が進路選択に迷っているとすれば，教師にはデータに基づいて大学進学を薦めるよりも先に行うべきことがあるはずです。それは，生徒の適性を見極め，大学進学にかかる非金銭的な費用と収益を本人なりに見積もるための指導や支援を行うことです。この時，金銭的な費用と収益に生徒が気付いていないようであれば正しく情報提供するべきです。

　生徒が選びうる進路にはたくさんの種類があること，学歴は社会的経済的な地位達成や人間関係に影響を及ぼすことを事実として生徒に説明しつつ[21]，進路選択にかかる非金銭的な費用や収益を生徒自身に自覚させるような取り組みが，生徒の適性に応じた進路指導だと言えるでしょう。進路選択の理論とデータに裏付けられたこのような進路指導は，教師という職業に専門職としての意味を与えるものだと思います。

・私的内部収益率を計算して進路選択する人などいないと思います。そもそも教育の価値を金銭で評価することは教育を貶めることになるので，するべきで

---

[20]　紙幅の都合上詳しく述べることはできないが，賃金の個人差のうち，学歴や勤続年数などの指標で説明できる割合はおおよそ3割程度だと考えられている。

[21]　本章で書かれていることを生徒にそのまま話せばよいということではない。第8章で説明されているように，その学校の特徴に応じた教師の工夫が必要である。

はないと思います。

　大学を卒業すると高卒者より高い賃金を期待できるわけですが，その賃金の増加額が教育費に見合っているのかという問題は，大学に進学するのが当然だと最初から考えている人にとって，はじめから眼中にありません。大学に進学するなど考えたこともないという人にとっても同様です。高校卒業後の進路に迷っている人が，進路を決定する際に決め手となる重要な情報を求め，大学を卒業することで期待できる賃金の増加額が教育費に見合っているかという問題に向き合うことになります。大学の私的内部収益率が他の投資機会の利回りよりも大きいということは，教育費を上回る収益を期待して大学への進学を決断する人が存在するということに他なりません。そういう人たちの決断の積み重ねが，大学進学率を押し上げてきたわけです。

　高校卒業後の進路に迷っている人にとって，大学進学にかかる教育費の金銭的負担は軽いものではないでしょう。家計は苦しいけれども進学を決断する人がいるであろうことを思い描く力。これは「社会学的想像力」と呼べるものです。私的内部収益率という概念は，こうした力を育むための格好の材料なのではないでしょうか。大学に進学するのは当然だと最初から考えていた人こそ，私的内部収益率という概念を使って自分とは異なる境遇にある他者の存在に思いを馳せてほしいと筆者は考えています。

・中退者の学歴はどのような意味を持ちますか。

　この章では中退者の学歴について触れてきませんでした。例えば高校中退者は中卒者や高卒者と何が違うのでしょうか。高卒就職は「組織化された就職指導」であり，求職者と企業との間に横たわる情報の非対称性を軽減する役割を持つものです。ですから高校中退者は「組織化された就職指導」を受ける機会を逸してしまうので，就職しようとする時に情報の非対称性の問題に直面し，内定獲得が難しくなると考えられます。事実，高校中退者は高卒者に比べて，学校をやめた直後に正規雇用に就く確率が低いという傾向が示されています（高橋・玄田 2004）。大学・短大中退者においても，正規雇用へ就くことの困難さを指摘する研究があります（下瀬川 2015）。どの学校段階をみても，中退者は卒業者に比べて失業率が高く，働いているとしても非正規雇用が多いという傾向があるようです（小杉 2015）。明確なライフコース展望に裏付けられた中退という選択を否定するものではありませんが，中退のリスクは小さいもので

はありません。中退という経歴は，企業や雇用主などに対してマイナスイメージを与えるシグナルだと解釈できます。

4 演習課題

1　ツイート課題
①学校で勉強することにはどのような意味があると思う？（中学や高校，大学など，具体的な学校種を例に挙げて意見を述べてみよう）
②あなたは親友や恋人にどこで出会った？
③（高校受験を経験した人へ）中3の時，志望高校を固めるのに決め手となったものは？

2　レポート課題
①これまでの高校の進路指導は「出口指導」・「受験指導」に陥りがちであったといいます（橋場 2008）。あなたが中学や高校で受けてきた進路指導はどのようなものであったか，この章で学んだ知識に基づき評価してみましょう。あなたが受けてきた進路指導の改善に向けた提案をしても構いません。中学や高校で進路指導がなかった人は，あなたが経験した学校生活にはなぜ進路指導がなかったのか，考察してみましょう。
②大学進学率は都道府県により大きく異なることが知られています。『学校基本調査』を用いて大学進学率（大学進学者数÷3年前の中学校卒業者数×100）を都道府県別かつ男女別に示した上で，大学進学率が都道府県ごとに異なる理由を考察してみましょう。

5 理解を深めるために

1　文献紹介
①**濱中淳子，2013，『検証・学歴の効用』勁草書房。**
「社会経済的地位に影響を与える要因のなかで教育訓練こそが個人の努力で対応できるものだ」という主張に貫かれた本です。具体的には，高卒，専門学校卒，大卒，そして大学院卒という代表的な学歴の経済的効果が統計分析により明らかにされています。さらに，社会ではしばしば学歴に対して不信

の目が注がれる要因も検討されています。

②ブライアン・カプラン，2019，『**大学なんか行っても意味はない？──教育反対の経済学**』月谷真紀訳，みすず書房。

　この本は，シグナリング理論に基づき，現行の教育制度は時間とお金の無駄遣いであり職業教育を拡充する必要があると主張するものです。興味深いことに進路指導（？）まで行っています（222-225頁）。その内容に対する評価は読者に委ねますが，学歴の現実的意味合いに関する理解の仕方により進路指導の在り方も変わるのかもしれません。

③荒川葉，2009，『**「夢追い」型進路形成の功罪──高校改革の社会学**』東信堂。

本章を読んで，「教育社会学は損得勘定に基づく進路選択を奨励するようなとんでもない代物だ。教師にとって大事なのは夢を追求することの素晴らしさを生徒に伝えることだ」と感じたかもしれません。学歴不問で，やりたいことが仕事になる，そんな夢のような職業を目指してクラスのみんなが頑張る。このような学校は一見すると素晴らしそうですが，果たして本当にそうでしょうか。この本が考えるヒントになります。

2　メディアの紹介

①映画『**月あかりの下で──ある定時制高校の記憶**』（2010年，太田直子演出・撮影・編集）

　この映画は埼玉県立浦和商業高校（定時制）に入学した若者たちの卒業までを追った記録です。あなたは定時制高校という名称を聞いたことはありますか。おもに夜間に授業を行っている高校のことです。教育が理想の暮らしを自らの力で手に入れるのに役立つ数少ない手段であるということを，本章とは異なる視点から描き出した作品だと思います。DVD 等は販売されていないようですが，予告編は公式ウェブサイト（http://tsuki-akari.com/）で観ることができますし，映画の自主上映も可能なようです。詳しくは配給会社のウェブサイト（http://g-gendai.co.jp/movie/tsukiakarinoshitade/）で確認できます。

文献

青幹大・村田治，2007，「大学教育と所得格差」『生活経済学研究』25，47-63頁。
荒井一博，1995，『教育の経済学──大学進学行動の分析』有斐閣。
遠藤さとみ・島一則，2019，「女子の高等教育投資収益率の変化と現状──時系列変

動とライフコース・イベントに着眼した収益率推計」『生活経済学研究』49, 41-55頁。

古屋星斗, 2020, 「高校卒就職は変わるか——高校就職ワーキングチーム報告書を読む」リクルートワークス研究所（https://www.works-i.com/column/hataraku-ronten/detail004.html）2020/ 4 /16確認。

濱中淳子, 2009, 『専修学校卒業者の就業実態——職業教育に期待できる効果の範囲を探る』『日本労働研究雑誌』588, 34-43頁。

原純輔・盛山和夫, 1999, 『社会階層——豊かさの中の不平等』東京大学出版会。

橋場論, 2008, 「進路指導の現状と課題」藤田晃之・高校教育研究会編著『講座　日本の高校教育』学事出版, 76-81頁。

平沢和司・古田和久・藤原翔, 2013, 「社会階層と教育研究の動向と課題——高学歴化社会における格差の構造」『教育社会学研究』93, 151-191頁。

北條雅一, 2018, 「学歴収益率についての研究の現状と課題」『日本労働研究雑誌』694, 29-38頁。

本田由紀編, 2018, 『文系大学教育は仕事の役に立つのか——職業的レリバンスの検討』ナカニシヤ出版。

堀有喜衣, 2016, 『高校就職指導の社会学——「日本型」移行を再考する』勁草書房。

Kalmijn, M., 1998, "Intermarriage and Homogamy: Causes, Patterns, Trends," *Annual Review of Sociology*, 24: pp. 395-421.

吉川徹, 2012, 「人生の選択肢」吉川徹・中村高康『学歴・競争・人生——10代のいま知っておくべきこと』日本図書センター, 145-187頁。

小林雅之, 2015, 「教育機会の格差と費用」東京大学大学総合教育研究センター『教育費負担と学生に対する経済的支援のあり方に関する実証研究』大総センターものぐらふ13, 197-210頁。

小池和男・渡辺行郎, 1979, 『学歴社会の虚像』東経選書。

児美川孝一郎, 2013, 『キャリア教育のウソ』ちくまプリマ—新書。

近藤博之, 1997, 「教育と社会移動の趨勢」『行動計量学』24(1)：28-36頁。

小杉礼子, 2015, 「就業をめぐる若者の現状について」第17回税制調査会資料（https://www.cao.go.jp/zei-cho/gijiroku/zeicho/2015/27zen17kai.html）2020/ 1 /29確認。

厚生労働省, 『新規中卒就職者の事業所規模別離職状況』各年度（https://www.mhlw.go.jp/content/11650000/000689566.pdf）2021/ 1 /14確認。

厚生労働省, 『新規高卒就職者の事業所規模別離職状況』各年度（https://www.mhlw.go.jp/content/11650000/000689572.pdf）2021/ 1 /14確認。

厚生労働省, 『新規大卒就職者の事業所規模別離職状況』各年度（https://www.mhlw.go.jp/content/11650000/000689582.pdf）2021/ 1 /14確認。

文部科学省,『学校基本調査』各年度（https://www.mext.go.jp/b_menu/toukei/chousa01/kihon/1267995.htm）2021/ 1 /14確認.

内閣府, 2007,『平成19年版青少年白書』（https://www8.cao.go.jp/youth/whitepaper/h19gaiyouhtml/html/07yg0106.html）2021/ 1 /14確認.

内閣府, 2018,『男女共同参画白書　平成30年版』（http://www.gender.go.jp/about_danjo/whitepaper/h30/zentai/html/honpen/b1_s02_01.html）2020/ 1 /29確認.

中澤智惠・余田翔平, 2014,「〈家族と教育〉に関する研究動向」『教育社会学研究』95, 171-205頁.

中澤渉, 2015,「資格社会化と就職」近藤博之・岩井八郎編『教育の社会学』放送大学教育振興会, 169-182頁.

日本労働研究機構, 2001,『日欧の大学と職業――高等教育と職業に関する12ヵ国比較調査結果』調査研究報告書143（https://db.jil.go.jp/db/seika/2001/E2001090016.html）2021/ 1 /15確認.

日本教育社会学会編, 2018,『教育社会学事典』丸善出版.

OECD, 2020,『図表でみる教育』2020年版（https://www.mext.go.jp/b_menu/toukei/002/index01.htm）2021/ 1 /15確認.

島一則, 2014,「大学教育投資の経済効果」『個人金融』9（1）, 2 -14頁.

島一則, 2017,「国立・私立大学別の教育投資収益率の計測」『大学経営政策研究』7, 1 -15頁.

島一則, 2018,「大学教育の効用――平均と分散：低偏差値ランク私立大学に着目して」『個人金融』13（3）, 22-32頁.

下瀬川陽, 2015,「大学・短大中退が正社員就業と獲得賃金に与える効果の検討」『社会学年報』44, 71-81頁.

宍戸邦章・佐々木尚之, 2011,「日本人の幸福感――階層的 APC Analysis による JGSS 累積データ2000-2010の分析」『社会学評論』62（3）, 336-355頁.

総務省,『平成29年　就業構造基本調査』（http://www.stat.go.jp/data/shugyou/2017/index.html）2021/ 1 /14確認.

総務省,『家計調査年報（家計収支編）平成27年』（http://www.stat.go.jp/data/kakei/2015np/index.html）2021/ 1 /14確認.

橘木俊詔・迫田さやか, 2013,『夫婦格差社会――二極化する結婚のかたち』中公新書.

高橋陽子・玄田有史, 2004,「中学卒・高校中退と労働市場」『社会科学研究』55（2）, 29-49頁.

東京大学大学院教育学研究科大学経営・政策研究センター, 2009,「高校生の進路と親の年収の関連について」（http://ump.p.u-tokyo.ac.jp/crump/resource/crump090731.pdf）2020/ 1 /29確認.

東京大学政策ビジョン研究センター，2014，『平成25年度生涯学習施策に関する調査
　　研究　「専修学校における生徒・学生支援等に対する基礎調査」調査研究報告書』
　　（https://pari.ifi.u-tokyo.ac.jp/unit/fsu_h25.pdf）2020/ 1 /29確認。
矢野眞和，1991，『試験の時代の終焉——選抜社会から育成社会へ』有信堂高文社。
矢野眞和，2015，『大学の条件——大衆化と市場化の経済分析』東京大学出版会。

コラム2

学歴に関するありがちな意見は妥当なのか？

豊永耕平

1．誤解されやすい「教育と仕事のつながり」

　教師として保護者面談をしている時に，保護者が子どもの教育や将来について以下のような意見を述べたとしたら，どのように応答するだろうか。

　　保護者1：高校を出て就職しようが，大学を出て就職しようが，初任給が違う程度で大差ないと思うんですよ。私たちは大学に行かなくても普通に生活してきましたし，高校までは出ておいた方がいいのかなとは思いますけど，大学まで行かせてあげるようにした方がいいのかはいまひとつピンとこないんです。

　　保護者2：大学に進学するなら，なるべく有名な大学に行けた方が絶対にいいと思うんですよ。誰でも入れるような入試偏差値の低い大学に進学するくらいなら，専門学校に進学するか，むしろ高校を出て働いた方がいいですよね。

　　保護者3：先生には申し訳ないですけど，学校の勉強って本当に役に立たないと思うんですよね。特に文系の勉強なんて仕事の役には立たないし，それならまだ理系の方がお給料や就職状況はいいだろうから，子どもには数学とか理科を頑張るように言っているんですけど，本人は古典とか歴史が好きみたいで困っています。

　子どもやその保護者が「教育と仕事のつながり」についての素朴な見通しを持っているのは珍しいことではない。耳を傾けると，どこで見聞きした情報なのかは必ずしも明らかではないものの，「高卒と大卒は初任給が違う程度で大差ない」「理系の方がお給料はいい」など「教育と仕事のつながり」についての何らかの持論が展開される。こうした意見は，どこまでデータに裏付けられているのだろうか。

2．ありがちな意見をデータで検証する

①「誰でも大学に行ける時代になって，大卒学歴の価値が下がった」

　教師になると「私たちは大学に行かなくても普通に生活してきた」，「もういまの時代は本人の実力次第で高卒と大卒には大差ない」と考える保護者に出会うことがあるだろう。近年においても高卒と比べて大卒の私的内部収益率が高いことはすでに見てきた通りである（第10章）。ここでは平均給与額の格差が時代によって変わってきたかどうかをデータで確認しておこう。

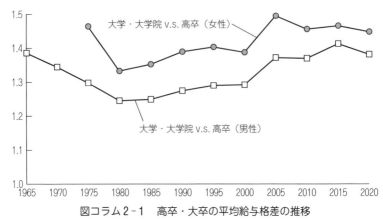

図コラム2-1　高卒・大卒の平均給与格差の推移
出所：賃金構造基本統計調査

　図コラム2-1は「賃金構造基本統計調査」という官庁統計を用いて各時代（横軸）の高卒の平均給与額に対する大学・大学院卒の平均給与額の比率（縦軸）の推移を示している。1に近づくほど格差が縮小していることになるが，高卒と大卒の平均給与額の格差は1965年から1980年までに徐々に縮小し，そこから2000年代前半まで横ばいだったことがわかる。2000年代後半をみると高卒と大卒の格差は拡大ぎみに推移しており，大卒者の割合が増えた2020年時点でも高卒と大卒の格差がなくなったり，小さくなったりしているわけではない。もちろん図コラム2-1が示しているのは，あくまでも「平均的な高卒」と「平均的な大卒」の給与額の違いであり，「平均的な大卒」より多くの給与を受けとる高卒もたくさんいることは間違いない。ただ，「平均値」からみれば，高卒と大卒の給与格差はいつの時代も存在してきたことは確かであり，今後も大きく縮小したりなくなったりすることはないと考えられる。

②「偏差値の低い大学に進学するくらいなら，高卒の方が就職によい」
　高卒と大卒の給与格差はいつの時代にも存在し，近年でも大きい水準のまま維持されていることは確認できたものの，「入試偏差値が高い有名大から誰でも入れるような大学まであるので，学歴の価値もピンきりなのでは？」と思われるかもしれない。こうした卒業した学校名による「ヨコの学歴」のことを「学校歴」という。同じ「大卒」であっても学校歴によってどのような違いがあるのかを，就職状況から確認してみよう。
　図コラム2-2には「社会階層と社会移動全国調査（SSM）」から学校歴による「学校卒業後に初めて就職した仕事」の違いを示した。私立大学Aは入試偏差値が60台以上，私立大学Bは50台，私立大学Cは40台以下の大学グループを意味する。また，「専門」は技術者・医者・弁護士などの専門的なスキルが必要な仕事，「大企業W」と「小企業

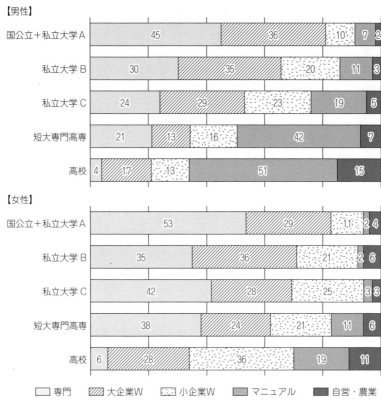

図コラム2-2　出身大学別の「学校卒業後に初めて就職した仕事」の割合（％）
出所：社会階層と社会移動全国調査

W」は大企業（従業員数が300人以上の民間企業と官公庁）ないし小企業（300人以下の
民間企業）の事務職や販売職（W＝ホワイトカラー），「マニュアル」は美容師・料理人
などのサービス職，製品を生産する作業者，建設・労務作業者などの仕事である。それ
ぞれの仕事に就職している人の割合（％）を学校歴ごとに比較することで就職状況の違
いを概観することができる。

　男女それぞれのグラフにあるように，国公立大学＋私立大学Aの入試偏差値の高い大
学グループを卒業した男女のほとんどが専門職や大企業の事務・販売職に就職していて，
小企業やマニュアル職に就職している割合は低い。一方，私立大学B，Cと徐々に小企
業の事務・販売職やマニュアル職に就職する割合が高くなる。たしかに同じ「大卒」で
あっても学校歴によって就職状況は異なるといえるが，「入試偏差値の低い大学と比べ
て高卒の方が就職状況がよい」傾向にあるわけではない。高卒だと小企業の事務・販売

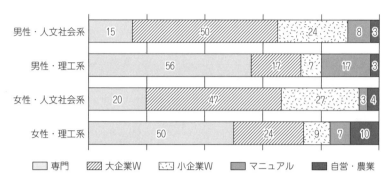

図コラム2-3　文系・理系別の「学校卒業後に初めて就職した仕事」の割合（％）
出所：社会階層と社会移動全国調査

職やマニュアル職などの平均給与が低い仕事が就職先の大半を占めており，入学難易度の低い私立大学Ｃグループと見比べても大卒と高卒の差は一目瞭然である。

③「理系の方が就職や稼ぎはよく，文系の勉強は仕事の役に立たない」

このように，入試偏差値の低い私立大学であっても高卒や短大・専門学校を卒業した場合とは就職状況が大きく異なっていて，入学金や授業料などの費用を上回る便益があることは何度も実証的に確認されてきた（矢野 2015：7章など）。それでも，メディアに流布する言説を聞きかじり，「文系か理系かによって違いがあるのでは？」という疑問を持つかもしれない。そこで図コラム2-2の「学校卒業後に初めて就職した仕事」を文系・理系別に示したのが図コラム2-3である。人文社会系とは例えば人文学・社会学・心理学・法政治学・経済学・経営学で，理工系とは理学・農学・工学などを含み，医療系は含まない。

図コラム2-3にあるように，文系ではほとんどが大企業の事務・販売職に就職しているのに対して理系学部出身者はほとんどが専門職に就いている。出身大学（学校歴）だけではなく出身学部（専攻分野）によっても就職状況が異なっているのである。理系は自分の専門性を生かした専門職を得やすく，文系と比べると小企業の事務・販売職に就職しにくいため，「理系の方が就職しやすい」と感じられるのかもしれない。一方，給料面については，あくまでも医者が平均を引き上げているだけで，理系グループから医療系の専攻分野を除くと文系と理系で給料に大差はないことがわかっている（山本ほか 2015）。勉強内容に対する興味・関心だけでなく，将来したい仕事も念頭に置いて文系・理系を選択する必要があるといえよう。

ここまで見てきたように学歴と学校歴は就職や給与と大いに関係するが，特に文系の学修内容の「中身」は仕事と結びつきにくい実態がある（本田 2005）。「教育と労働の密接な無関係」（濱口 2013）は広く知られているので，保護者や子どもが「学校の勉強

は役に立たない」と感じてもおかしくはない。しかし，一見すると「役立たない」ように
みえる文系学問が，実際には就職後の技能形成に「役立っている」という指摘もある
ことは知っておこう（本田編 2018）。

3．「教育と仕事のつながり」についての誤解を解く

　最終的に進路を決めるのは子ども自身と保護者である。教師にできるのは，子どもと
保護者がありがちな言説に流され将来的に後悔することがないように，データに裏付け
られた実態を伝えることだろう。

文献

濱口桂一郎，2013，『若者と労働──「入社」の仕組みから解きほぐす』中央公論新
　　社。

本田由紀，2005，『若者と仕事──「学校経由の就職」を超えて』東京大学出版会。

本田由紀編，2018，『文系大学教育は仕事の役に立つのか──職業的レリバンスの検
　　討』ナカニシヤ出版。

山本耕平・安井大輔・織田暁子，2015，「理系の誰が高収入なのか？── SSM2005
　　データにもとづく文系・理系の年収比較」『京都社会学年報』23：35-53頁。

矢野眞和，2015，『大学の条件──大衆化と市場化の経済分析』東京大学出版会。

第11章

「性別」で子どもの可能性を制限しないために

寺町晋哉

1 赤いマグカップにみる「ルール」

　筆者が赤いマグカップでコーヒーを飲んでいると，当時4歳だった子どもが「なんでパパは男の子なのに赤いコップを使っているの？」と尋ねてきた。「パパは赤色が好きやから」と答えたところ，「赤色は女の子が使うものだからパパは使ったらダメ」とたしなめられた。4歳児が「女の子は赤色を使う」という「ルール」を明確に持ち，また，それを厳密に運用しようとしたのである。

　こうした「女の子」と「赤色」のように，「性別」と特定の「もの・こと」を結びつける「ルール」は社会の至るところにみられる。子ども服売り場へ行けば「男／女の子用」に衣服が分けられているし，アニメやマンガ，おもちゃにも「男女」というカテゴリーがある。もっとも，これらの「もの・こと」と「性別」を結びつけたからといって，「何らかの差別や格差が存在する」とは言い難いかもしれない[(1)]。

　では，「女の子なんだから（4年制）大学へ進学しなくてもよい」はどうだろうか。これは複数の女子学生から直接聞いた話である。2020年代になっても「性別」が大学進学という選択肢を制限している事例は珍しくない。

　これらの「性別」と特定の事象の結びつきを紐解く鍵となるのが，「ジェンダー（gender）」という概念である。本章では「性別」という「生まれ」が学校教育でいかなる影響を持つのか，ジェンダーの観点から考えていく。

---

(1)　厳密に言えば，赤色やピンク色のものを使いたい「男子」（逆も然り）がそれを選択しづらいのであれば，個人の選好が制限されていることになる。

2　学校教育で再生産されるジェンダー

■1■　社会におけるジェンダー

　「セックス」という身体的性別に対して社会的性別をジェンダーと呼ぶ，というのが一般的なジェンダーの定義であるが，本章ではもう少し説明を加えよう。「私たちは，さまざまな実践を通して，人間を女か男か（または，そのどちらでもないか）に〈分類〉している。ジェンダーとは，そうした〈分類〉する実践を支える社会的なルール（規範）のことである」（加藤 2017：7）。「男性は仕事，女性は家庭」という性別役割分業，「男性は男らしくあるべきだ」といった規範や「女性は気配りができる」といった固定観念もジェンダーによって生み出されている。このジェンダーの定義を用いると，実は身体的性別（セックス）も〈分類〉の対象となり得る（詳細は Q&A を参照）。

　ジェンダーは社会の至るところに存在し，私たちは生まれた瞬間からジェンダー・メッセージを浴び続ける。同じ赤ちゃんを「女児」と紹介するか「男児」と紹介するかで，大人から声かけや遊び道具に差がみられたベビー X 実験という研究がある（Seavey et al. 1975）。「性別」情報に基づく異なる働きかけを周囲から受け続けることで，私たちはジェンダーを内面化（ジェンダー化）していくと考えられる。

　他方で，私たちはジェンダー化されるだけでなく，ジェンダーを実践する（doing gender）。例えば，ある人が自己紹介で性別を明言しなくても，私たちはその人の「性別」を判断できることが多い。それは服装や仕草，声，話し方などの情報から「男性・女性・どちらでもない」という分類をしていると同時に，そうしたルールを私たちが実践しているからである。つまり，ジェンダーは社会にすでに存在しているだけでなく，私たち自身が作り出してもいる[2]。

　さらに，ジェンダーは人々のやりとりやその背後に存在するだけでなく，社会全体のあり方とも密接につながっている。例えばすべての一般労働者のうち，男性の給料水準を100とすると女性の給与水準は約75で，非正規雇用を除く正社員・正職員に限定しても格差は変わらない（内閣府 2020：108）。また近年，

---

(2)　このルール（規範）を私たちが（無）意識的に壊すこと（修正すること）も可能である。例えば，冒頭のエピソード以来，筆者は意識的に「赤いマグカップ」を毎回使用することで「寺町家のルール」に修正を加えた。

男性の約2割が非正規雇用者であることが社会問題として指摘されるが，女性の非正規雇用率はここ20年ほど5割前後で推移している（内閣府 2020：106）。さらに，「指導的地位」に占める女性の割合はほとんどの分野で約1～2割に留まっている（内閣府 2020：98）。社会全体の経済活動や意思決定において，現在の日本社会は男性優位の社会なのである。もちろん，「男性／女性」集団の中にも社会的経済的な階層性が存在するし，大半の男性よりも社会経済的な地位が高い女性も存在する。女性の方がリーダーシップを発揮したり，発言権が大きい職場や状況もあるだろう。しかし，「ある特定の瞬間／男女関係／集団／組織において女性優位のジェンダー秩序が形成されながらも，全体社会レベルでは，比較的頑強な男性優位のジェンダー秩序が維持されている」（多賀 2016：194）のである。

2　教育達成とジェンダー

学力格差と学科・専攻の偏り

「男子は理系，女子は文系に向いている」という言葉を耳にしたことはないだろうか。だが実は，種々の学力調査においてこのような傾向は認められない。例えば，ある大都市の学力調査の結果によれば，小学4年生と6年生では女子の方が算数の学力が高く，中学3年生では性差が見られない（垂見 2017）。これとは別の市の調査によれば，小学校までは算数の学力に性差が認められないものの，中学校の数学では男子の成績が若干良い（伊佐・知念 2014）。日本全国の小学4年生と中学2年生を対象とした国際学力調査 TIMSS の2019年度の結果を見ると，算数・数学に性差はなく，理科は小学4年生では女子が高いのに対し，中学2年生では男子のほうが高い。とはいえ，平均50の学力偏差値に換算するとその差は0.6と1に過ぎない。さらに，高校1年生を対象とした国際学力調査 PISA の2018年度の結果を見ると，男子の方が女子より数学的リテラシーの平均点は高いものの，平均50の学力偏差値でその差は1に過ぎず，科学リテラシーでは性差がない。読解力は女子の方が高いが，性差は偏差値でいうと2である。算数・数学と理科・科学における性差については，TIMSS と PISA の双方ともに国・地域によって結果が異なり，男子が高い，性差がない，女子が高い，と3パターンあり，

---

(3)　世界経済フォーラムが毎年発表している男女格差を測る「ジェンダー・ギャップ指数2021」では，日本の総合スコアは156ヶ国中120位で，経済と政治の分野がそれぞれ117位，147位であった。

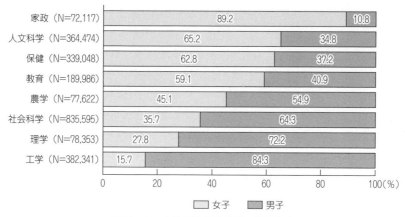

図11-1　大学の関係学科別の性別比率

出所：令和2年度学校基本調査より筆者作成。

性差に一貫した傾向があるとはいえない。[4] つまり，「理系科目の成績は女子より男子の方が良い」とは，国内外の学力調査をみても普遍的にいえるるわけではない。[5]

　学力に性差はあるとしても差は大きくないが，大学進学の際の学科選択には明確な性差が見られる。すなわち，家政，人文科学，保健，教育は女子の割合が高く，社会科学，理学，工学は男子が過半数を大きく超える（図11-1）。なぜこのような偏りが見られるのだろうか。

　大学進学時の学科選択の際，各教科の学力や意欲はその選択基準の1つと考えられる。小中ともに国語の学力や意欲は女子が一貫して高く，算数・数学は小学校では学力や意欲に性差がみられないのに対して，中学校では学力・意欲とも女子が男子を下回る（伊佐・知念 2014）。また，高校生の理数系科目において性差が見られるのは，学力ではなく理数系科目に対する自己評価であり，女子生徒たちは学力が同程度の男子と比べ，自身の学力に見合わない低い自己評価を下す傾向にある（古田 2016）。

　では，なぜ女子の理数系科目に対する意欲や自己評価は学年が上がるにつれて低下するのだろうか。中学生を対象とした調査によると，生活に身近な科学

---

(4)　PISA2018の結果では，読解力リテラシーは調査対象すべての国・地域で女子のほうが高いが，その度合いは国・地域によって異なる。

(5)　PISAだけではなく，国内の学力調査データでも，「読解力」（あるいは国語）は女子の点数が常に高い（伊佐・知念 2014）。ただ，TIMSSやPISAと同様に差が大きいわけでもない。

的な事象への関心には性差がみられない一方，理科離れの背景と指摘される子どもたちの体験不足という点で「動植物」との触れ合い以外の「自然体験」「生活体験」「日常体験」は男子の方が女子より豊富である（河野 2004）。また，教科としての好き嫌いにかかわらず好きな理科教師がいる割合は女子の方が男子よりも高いにもかかわらず，教師から「理科で良い成績を取れると期待」されていると感じるのは男子の方が多い（中澤 2004）。これは生徒の主観であるため，必ずしも理科教師から生徒への期待に性差があるとは言えない。しかし，「理数系の教科は男子の方が能力が高い」と思っている小中学校教師が約23％にのぼるので（国立女性教育会館 2018），教師による理数系に関してのジェンダー化された発言を耳にする機会は皆無ではなく，その発言によって生徒の意欲が影響を受けることが考えられる。心理学の知見によれば，数学の試験で良い点をとった女子生徒に対して教師が「女の子なのにすごいね」と褒めると，「すごいね」だけの時よりも女子生徒の数学意欲は低くなる傾向にあり，一度だけのそうした発言でも影響を及ぼすとされる（森永ほか 2017）。制度も一役買っており，高校入学後に「文系・理系」コースを履修させることでコース変更が難しくなる（実は義務ではない）履修制度があり，その上で周囲の働きかけが女子を文系，男子を理系へ水路づけるのである（河野 2009）。(6)

消失しない進学期待格差　専攻・学科の選択の偏りだけではなく，進学そのものにも性差がある。短期大学を含む大学への進学率は2000年から長らく男子の方が高かったが，2013年以降は女子の方が高い。ただし，短期大学を除いた4年制大学への進学率となると，その差は縮小しているものの，男子が常に高い状態が維持されている。(7)学力に大きな性差はないのに，どうして進学率が違ってくるのだろうか。

　まずは大学進学に欠かせない子ども自身の進学期待をみていこう。小中学校では，女子のほうが学力は高いにもかかわらず，大学進学期待は，小学4年生で女子が高く，小学6年生で性差がみられず，中学3年生で男子が高くなる（垂見 2017）。高校生になると，学力が上位の高ランク校（第5章）では4年制

---

(6) 1990年代の私立高校を対象にしたものだが，高校ごとの女子教育観によって女子生徒が異なるライフコースへ方向づけられる「ジェンダー・トラック」を明らかにした研究もある（中西 1998）。

(7) 世界的な傾向として，25～34歳のうち高等教育を受けた割合は男子よりも女子の方が高い（OECD 2020：51）。また，欧米では女子に比べて男子の低学力が目立ち，「男子問題」として取り上げられている（多賀 2016）。

大学への進学期待における性差はみられなくなっているが，それ以外のランクにある女子生徒は短大へと方向づけられている（白川 2011）。

子に対する親の教育期待もジェンダー化されており，子が女子よりも男子の方が親の教育期待は高い（垂水 2017）。また，性差には地域間格差も存在する。実際の進学で見ると，2015年時点で20代女性の大都市出身者は30代以上の年齢層より短大を含む大卒者の割合が増えるのに対し，地方ではその割合は30代以上と変わらず低いままになっている（松岡 2019）。女子に対する親の進学期待が低い背景の１つは，母親の「女子を家から出したくない」という意識である。例えば，「うん，〔長男だけでなく次男〕も出したほうがいいのかなっていうのもあるし。ちょっと娘は置いときたいかなっていうのもあるし」といった語りが地方都市では散見される（石川 2009 : 125〔 〕は引用者による）。

3 「隠れたカリキュラム」とジェンダー

児童生徒が大半を過ごす学校生活にもジェンダーは存在し，私たちは知らぬ間にジェンダーを学んでいる。まずは，明文化された公式（顕在的）カリキュラムに潜むジェンダーについて見ていこう。

戦前の教育制度は初等教育から男女別学，カリキュラムも男女別であり，女性が大学へ進学する機会も閉ざされていた（木村・古久保編 2008 : 1・2章）。戦後の教育改革によって男女共学・男女平等が原則となり，女性も大学へ進学可能になったが，1958年の学習指導要領改訂で中学校に新設された「技術・家庭」では，将来の生活は「性別」で異なるという理由から，「男子は技術，女子は家庭」を履修するようになる（堀内 2013）。また，1960年には高等学校で家庭科が「女子のみ必修」となり，女子の家庭科の時間に男子は体育を履修していた。この男女別カリキュラムが是正されたのは，「性別によって異なるカリキュラムを履修させることが性差別である」とする「女子差別撤廃条約」を1985年に日本政府が批准した後となる1989年の学習指導要領改訂時である。

現在では明示的な男女別カリキュラムはないが，[8] 保健体育は男女別に運用さ

---

(8) 男女別カリキュラムを語る上で避けて通れない男女別学・共学についての議論は，教育目標，教育効果，教育に関する倫理観など，さまざまな論点が錯綜する。例えば，「男女別学は男女平等に反する」という倫理観，選択の自由としての男子校／女子校，別学による教育効果といった論点を一緒に議論することは難しい。別学・共学の議論を生産的なものにするためにも，実証研究を蓄積しつつ丁寧に整理する必要がある（多賀 2016）。

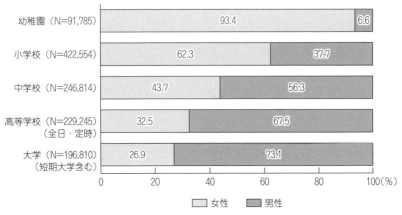

図11-2　学校段階における教員構成の性別比

出所：令和2年度学校基本調査より作成。

れている。大学1年生へ高校の体育授業で経験したスポーツ種目を尋ねた2014年の調査によると，個人による選好か学校におけるカリキュラムかは明らかではないが，男女で経験した種目が異なっていた。経験の男女差が大きいのは武道とダンスで，一定数の学校のカリキュラムで「男子がダンス／女子が武道」を選択できないことがわかっている（宮本・波多野・松宮 2016）。なお，中学校の部活動にも男女で実質的な選択の幅があると考えられ，所属率は男女でかなり異なる（詳細は第13章）。

　このようにジェンダー化された学校教育は学習機会の有無をもたらすだけではなく，明文化こそされていないが「家庭科は女子が習うもので，将来家事を担当するのも女性」，「武道は男性がするもの」といったジェンダー・メッセージを発している。この「隠れたカリキュラム」（第5章）は特定の教科や授業だけではなく，学校生活の至るところに存在している。

　例えば教師の性別である。各学校段階に占める女性教員の割合は学校段階が上がるにつれ少なくなっており（図11-2），幼稚園・小学校・中学校における女性教員の割合は長年変化していない。生活指導やケアが重視されるといわれる幼稚園や小学校（特に低学年）は女性が多くを占め，学ぶべき知識やスキルが高度で抽象的になる高校や大学は男性が多い。こうして私たちは学校へ通いながら知らず知らずのうちに「女性教員はケア，男性教員は専門性」といった

(9)　国公私立をすべて含んでいる。学校基本調査を用いた図11-2・図11-3も同様である。

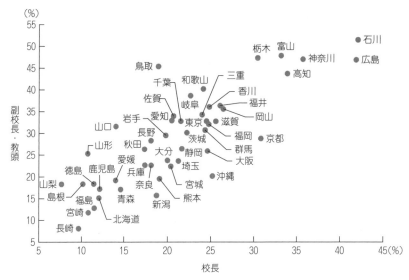

図11-3 都道府県別の小学校管理職に占める女性の割合
出所：令和2年度学校基本調査より作成。

求められる役割やイメージを学んでしまう。[10] 学校段階だけではなく教科によっ
ても教師の性別は大きく異なる。例えば、国際学力調査 TIMSS の結果によれ
ば、2015年に中学2年生のうち女性数学教師の授業を受けている日本の生徒の
割合は29.0％と国際平均の59.3％を下回り、理科も日本は26.4％に対し国際平
均61.6％である（国立教育政策研究所編 2017）。こうした現在の社会における性
役割の偏在とそれによる隠れたカリキュラムから受け取る固定的な観念や偏見
を「ジェンダー・バイアス」と呼ぶ。

　管理職である校長や教頭にも大きな性差がある。令和2年度の「学校基本調
査」によると女性の管理職は非常に少なく、女性教員の占める割合が6割を超
える小学校であっても女性管理職の割合は低い。中学校や高等学校に至っては
10％前後しか女性管理職がいない。こうした管理職の偏在から、子どもたちが
「管理的な立場は男性」というメッセージを隠れたカリキュラムとして学んで
いる可能性がある。

　なお、女性校長の割合が低いことは全国共通ではない。都道府県別の小学校

---

(10)　教員の学年配置にも性差がみられる。小学校の学年配置や学年に応じて求められる役割をジェン
　　ダーの視点から考えるには、浅井ほか（2016）が参考になる。

表11-1　中学校段階における女性校長の割合

ブラジル	76.5	上海（中国）	44.5
ロシア	69.2	オーストラリア	40.2
スウェーデン	68.7	台湾	28.9
ノルウェー	53.7	韓国	19.6
ニュージーランド	53.6	日本	7.0
アメリカ	48.5	OECD30ヶ国平均	47.3
シンガポール	47.2	EU23ヶ国全体	54.0

出所：国立教育政策研究所編（2019）より筆者加工。

　管理職に占める女性の割合（図11-3）をみると，広島・石川・神奈川では10人中3〜4人の女性校長，10人中4〜5人の女性副校長・教頭がいるので，この3県で小学校時代を過ごしていると，1〜2人は女性の校長，副校長・教頭と出会うことになる。一方，山梨・長崎・宮崎などでは一度も女性管理職と出会わずに小学校を卒業する可能性が高い。中学校になると女性管理職は全体的に少ないが，小学校同様に都道府県ごとのばらつきがみられる。したがって，管理職をめぐるジェンダー経験は育った都道府県によって大きく異なる。

　こうした管理職における実態は世界共通ではない。2018年に実施された国際教員指導環境調査（TALIS）によると，中学校段階の学校に占める女性校長の割合では，各国と比較して日本は著しく低い（表11-1）。

　女性管理職が少ない背景として，「平成30年度公立学校教職員の人事行政調査」によると育児休業取得者は女性96.9%，男性3.1%に代表されるように，女性教師が大半の家庭責任を担っている実態がある（国立女性教育会館 2018）。現状の管理職育成制度ではこうした家庭責任が考慮されていない（河野編 2017）。広域人事・へき地校への異動や主任経験が管理職選考の要件となる自治体もあるが，そうした異動に家庭責任を負いながら応えることは難しく，育児休業や家庭責任によって主任経験の時間や種類も制限されることになるため，女性が管理職選考の要件を満たすことが難しい（楊 2018）。差別しようという意図の有無と関係なく，結果的に女性が不利になるようなこうした行動，慣習，手続きを「システム内在的差別」と呼ぶ（河上 1990）。

　最後に，学校のさまざまな場面や「もの」が「男女で区別」されていることも隠れたカリキュラムである。通学鞄や制服，学校の下駄箱やロッカー，名簿，席の配置や整列の仕方，「君」や「さん」といった教師からの呼称など，それら1つ1つは「些細なこと」かもしれない。しかし，常にありとあらゆる場面

で「男女を区別」し続けることで,「男女は異なるものを持ち,異なる扱いをうける」ことが「自然」であると児童生徒は無意識のうちに学んでしまうことになる。

4　教室のやりとりにおけるジェンダー

「男子こっちきて」のような,集団統率のために「性別」カテゴリーを便宜的に用いた指示や男女別の整列は,特に「男女で異なる扱い」を意図しているわけではないかもしれない。しかし,作業のために呼ぶ,並んで歩くといった活動において,「男女を区別」する必要性はあるだろうか。また,重たい荷物を運ぶ時に「男子手伝って」と声をかける,調理実習や裁縫の補助で女子を呼ぶ,といったやりとりは,ジェンダー・ステレオタイプ(「女子/男子は○○だから」)が無意識に表出している例である(宮崎 1991)。

授業における教師からの指名や子どもの自発的発言にもジェンダー・バイアスがあり,実際に発言機会を数えてみると,圧倒的に男子へ偏っていたことがわかっている(木村 1999)。こうしたジェンダー・バイアスは教師が単独で形成しているわけではない。「目立つ」男子への対応によって女子とのやりとりが少なくなったり,授業時間以外では活発な女子たちが授業になると「沈黙」してしまうため,教師が女子を指名したくともできなかったりということがあると報告されている(木村 1999)。さらには,「先生は女子と男子を比べることが多い」や「先生は女子に甘い」のように,「性別」で教師の対応が異なることを児童生徒たちが認識していた。「女子に甘い」ということは,女子は批判されるべき時に叱責されず曖昧に「許される」ことを意味する。それは男子ほど「期待されていない」ことの裏返しとも考えられ,他者からの否定的な反応や批判に対して自身で納得できるか判断したり,対応したりする訓練の機会を奪われていることになる。一方,男子にとって教師からの厳しい対応が常態化することは,上司からの圧迫に耐え,業績主義的な競争社会において勝ち進めるような「男」としての役割を学ぶことにつながる(木村 1999)。

5　性的マイノリティの困難を生み出す学校教育

学校教育では,「男女を区別」する性別二分法だけではなく「異性愛主義」が前提となっている。そのため,「『普通』の性を生きろという圧力によって傷つく人々」(森山 2017:17)である性的マイノリティの[11]「当事者」たちは,し

んどい立場に置かれてきた。

　子どもは「男女」いずれかへ（「自然」を装い強制的に）カテゴライズされるだけではなく，さまざまな規範や慣習，ステレオタイプなどがそのカテゴリーに付与される。つまり，学校（他者）は本人の意向と関係なく子どもの「性別」を決め，その「性別」に即したジェンダーを（無）意識的に適用している。この自動的な扱いで困難に直面するのが，「自身の性別に関して，割り当てられた『性別』のあり方とは何らかの意味で異なる性自認を持つ」（森山 2017：50）トランスジェンダーの人々である。例えば，トランスジェンダーの生徒たちの多くは，中学校入学と同時に制服を指定されることで戸惑いを感じている（土肥 2015）。また，「思春期に異性を意識する」という言葉をよく耳にするだろうし，教材や会話で恋愛・結婚が扱われる際は，男女の関係を意味することがほとんどだろう。そこでは，恋愛感情や性的欲望が異性に対してのみ向けられることが「普通」（前提）とされている。

　こうした「普通」とは異なる生き方をする児童生徒が学校では「排除」の対象になる。2017年に三重県で高校2年生を対象とした調査では，性的マイノリティ当事者の61.4％がいじめ被害を経験しているのに対して非当事者は38.3％であり，いじめの経験率に差があることがわかっている（日高 2018）。

3 現場のための Q&A

・この章の知識は，学校現場でどのように役立てることができるのでしょうか

　成長の過程ですでにジェンダー化された私たちは，「自然」に日々ジェンダーを実践しています。本章の知識を意識的に活かすことで，「性別」による格差や困難が生まれないような学校環境を作っていくことができるはずです。もっとも，修得した知識をすぐさま実践することは容易ではありません。筆者も自身の言動や他者への働きかけを振り返って「失敗した」と感じることがあります。現代社会においてジェンダーから自由であることは非常に難しく，「失敗」も無理のないことかもしれません。しかし，「仕方ないから諦める」のではなく，できることを1つ1つやっていきましょう。

---

(11)　女性同性愛者（レズビアン lesbian），男性同性愛者（ゲイ gay），両性愛者（bisexual），トランスジェンダー（transgender）の頭文字をとって「LGBT」と表現されることも多いが，LGBT には該当しない人たちも数多く存在するため，本章では性的マイノリティと呼称する。

　具体的には，まず「不要な男女の区別」のない環境づくりからはじめましょう。名簿，呼称，持ち物，靴箱・カバン棚，整列，席の配置や体育のチーム分け，学習グループや委員会活動などから，「性別」という指標を取り除くことはできるはずです。こうした取り組みを推進した小学校では，学校生活で男女が空間的に分離される機会と視覚的に男女を区別する指標が減少したことで，児童たちが男女一緒に遊んだり，グループ活動を行ったりすることが増え，「男は男らしく」といった伝統的ジェンダー規範から逸脱した行動にも寛容になり，性別役割分業意識も低下したと報告されています（多賀 2016）。

　ただ，教師も児童生徒もジェンダーから無関係であることは不可能に近いので，「不要な男女の区別」をなくすだけでは十分ではありません。学校段階や各学校の文脈によって教育のあり方や課題が異なるように，ジェンダーによる課題も文脈に依存します。例えば，「男子の問題」と言ってもその内実は非常に多様ですし，「支配的な女子集団」が課題になることもあるでしょう。

　紋切り型の対応策ではなく，ジェンダー・バイアスを観察し，生み出された格差や困難への状況に応じた対処法を考え，課題の解消を目指した介入を行う「ジェンダー・センシティブな視点」（Houston 1996）が有効になり得ます。この視点に立つと，例えば「授業中の発言が男子に偏っている」ことへの対応として，教師からの指名回数を機械的に男女均等にするだけでは不十分です。自発的発言は変わらず男子に偏るでしょうし，女子の発言に対する男子の「攻撃」回数が増加して女子が発言をいっそうためらうかもしれません。一部の男子が「目立つ」要因は何か，教室における「性別」運用などをジェンダーの視点から観察した上で，発言の偏りへ介入する必要があるわけです。

　この視点は，教師－子ども間や子ども同士だけではなく，教師同士の関係や教師自身にも向けたいところです。管理職や他の教師とともに，力仕事をするのは男性教師と当然視していないか，校務分掌や学年担当の割振をジェンダー・ステレオタイプに行っていないか，自身のジェンダー観によって児童生徒の認識にバイアスがないかなど，多岐にわたって学校（教師）のジェンダーを問い直すということです。もっとも，社会全体で「何をもって男女平等とするか」の共通見解があるわけではないので（多賀 2016），「他学級の取り組みに意見することが難しい」，「学年の足並みを乱さない」といった教師文化によって，取り組みが個人化する難しさもあります（木村 2014）。一方で，「児童生徒の実態」を見据えて教師集団で取り組みを推進した事例や，自分自身のジェン

ダー観を見つめ直し変容していった教師の例もあります（寺町 2021）。できる
ことからはじめていきましょう。

・体力や脳に男女差はないのですか。

　まず体力について考えましょう。「全国体力・運動能力，運動習慣等結果」
（以下，体力テスト）をみると，「長座体前屈」以外は男子の平均値が女子よりも
高いので，「体力は女子よりも男子が優れている」と言えそうです。しかし，
ここで比較しているのは集団の差であることに注意が必要です。実は男女で重
なっている割合は，小学5年生で95.9%（握力）〜74.0%（ソフトボール投げ），
中学2年生で88.7%（長座体前屈）〜44.8%（ハンドボール投げ）となっており，
中学2年生の「ハンドボール投げ」以外は過半数の男女が重なっています[12]。仮
に何らかの「要素（能力）」の平均値（あるいは「最高値」）で普遍的な性差が明
確にみられたとしても，それは「平均（最高値）に性差がある」だけで，「大半
の男性より短距離走が早い女性」もいるし，「大半の女性より握力の劣った男
性」もいます。集団の差を持ちだして，「体力は男子の方が優れている」こと
を前提に学校体育を運営してしまうと，体力に自信のある女性の可能性を制限
したり，体育の苦手な男性に不要なプレッシャーを与えてしまうことになりか
ねません。

　また，体力テストは筋力や体格といった「体力」の中でも最も性差が現れや
すい項目で構成されています。つまり，体力テストは「女性が不利／男性が有
利になりやすい」ものを測り，私たちはその結果を受けて「体力は男子の方が
優れている」と考えているのです[13]。同様に，学校体育（体育行事含む）は性差
があらわれやすい競技スポーツ中心のカリキュラムとなっています[14]。性差が顕
著でない項目を中心とした体力テストや生涯スポーツの基礎づくりを中心とし
た体育を実施することで，「体力に男女差がある」という見方が更新されるか
もしれません。

　次に，脳の性差です。「男女で脳の作りが異なる」という主張はメディア等

---

(12)　日常的な運動時間や運動部活動所属も体力テストの結果に影響を与えますが，小中どちらも男子
　　の方が運動時間が長く，運動部活動の所属率も男子75.6%に対し女子57.3%となっています。また，
　　「ハンドボール投げ」は幼少期のジェンダー化された遊びの影響も考えられます。

(13)　詳しくは，飯田他（2004）の4章を参照。

(14)　木村・古久保（2008）の3章・6章を参照。

でよく見聞きすると思いますが，「脳」と「性差」について丁寧に考える必要があります。例えば，扁桃体や海馬の容積に性差が存在することを明らかにした研究もありますが，扁桃体や海馬の容積に性差があるからといって「だから男女で異なる対応をとる」と直結させることは難しいでしょう。また，教育と関連しそうな能力についても注意が必要です。仮に「空間能力」を正確に計測できるテストが存在し，その結果に性差がみられたとしても，集団の差であること，性差は「空間能力」の一部しか説明できないこと（大部分は男女同一・類似）・性差の程度・子どもたちのジェンダー化された影響・テストによって差異が安定しないことなどの論点を丁寧に考える必要があります（Caplan and Caplan 2009＝2010）。「空間能力」を教育実践やカリキュラムにどう落とし込むのかも考える必要があるでしょう。以上にくわえ，脳の機能の大部分は男女で同一・類似していることを考えると，安易に「男女を区別」することは避けた方がよいでしょう。

　最後に「身体的性別」を問うことも可能です。国際オリンピック委員会（IOC）は，女性選手の出場資格条件としてホルモンの1つであるテストステロン値の上限を設ける規定を2011年に発表し，論争を呼びました。この場合，外性器から「女性」と判断された人でも，テストステロンの数値が規準以上であれば女性選手として認められません。[15]また，染色体，性腺，内性器，外性器の4つのレベルでも明確に「男女に区別」されない性分化疾患（インターセックスと呼ばれたりもします）の人たちも存在します。バトラーは「身体的な性別（sex）」そのものがジェンダーであり，社会的に構築されていると主張しています（Butler 1990＝1999）。

・何から始めればよいのかわかりません。

　上述したように「不要な男女の区別」のない環境づくりが有効ですが，なかでも「明日からできる」取り組みとして，教師が児童生徒を「さん」づけで統一して呼ぶ「呼称の統一」をおすすめします。これは何の準備も必要としませんし，教師の「かまえ」を考えると非常に有効です。ベビーX実験（Seavey et al. 1975）が示すように，私たちは「性別」という情報だけで他者への働きかけ

---

[15]　文脈によって「身体的な性別」の判断基準が異なることは，加藤（2017）の2章でわかりやすく整理されています。

を変えてしまいます。名前を呼ぶことは児童生徒へ働きかけを行う出発点なので，呼称を統一することはその地点の「かまえ」をジェンダー化しない工夫になるわけです

　また，「性別」という情報を使わない方法として，名簿，整列，座席などを男女混合にする方法も有効です。特別な理由もなく「男女で区別」することが「自然」だからこそ，意識的に「男女を混ぜる」取り組みを行い，空間的にも視覚的にも「性別」という情報を持ち込まないようにすると「風景」が変わるはずです。子どもたちもはじめは戸惑うかもしれませんがすぐに慣れますし，男女混合名簿（座席や整列）にして大混乱が起きることはないはずです。

・性的マイノリティ当事者へどんな支援が必要でしょうか。

　日常的にできることを3つ挙げます。1つ目は，ジェンダーやセクシュアリティの「普通」[16]に基づいた言動や学校・学級運営を行わないこと，見直すことです。「不要な男女の区別」を見直した上で，制服や校則などが男女別で運用されていないか，「思春期は異性を意識する」といったメッセージに気をつけることで，すべての児童生徒がセクシュアリティにかかわらず過ごしやすい学校空間になるはずです。2つ目は，「セクシュアリティは多様である」と積極的に伝えることで，当事者が相談しやすい場づくりを目指しましょう。「同性パートナーシップ」のニュースをホームルームや学級通信などで伝えたり，性的マイノリティにかんする書籍を図書室や保健室へ置いたりといった環境づくりをすることで，子どもがセクシュアリティの悩みをひとりで抱えこむことを防げるかもしれません。3つ目は，セクシュアリティを揶揄するような言動にはその都度対応し，安心できる教室空間をつくることです。

　次に，当事者から相談を受けた場合，「聴く」，「知る」，「つなげる」という3つのステップと，「決めつけない」，「広めない（共有しない）」ことが肝心です。相談できる関係であることを大切にしながら，本人の希望や悩みに耳を傾けましょう[17]。

　最後に，多様なセクシュアリティについて伝えるのに「早すぎる」時期はありません。小学校入学前から自身のセクシュアリティに悩む・違和感を抱く人

---

(16)　加藤・渡辺編（2012）や三成編（2017）が参考になります。

(17)　詳細は三成編（2017）の3章を参照。

もいます。また，メディアや周囲の大人たちからセクシュアリティの「普通」に基づいたメッセージが伝え続けられています。当事者自身もそうした「普通」を内面化し，「"普通"ではない」ことに苦しむことがあるからこそ，学校教育でセクシュアリティにかかわる知識の伝達が役立ち得ます。

4 演習課題

1 ツイート課題
①世の中に存在するジェンダー規範を書き出してみよう。
②男女で分けられていた学校の「もの・こと」とは？
③「男性／女性であること」でしんどかったエピソードは？

2 レポート課題
①あなたの学校経験を振り返り，隠れたカリキュラムによって学んでいたジェンダーは何かを具体的に論じてください。
②教師として利用することになる（している）教科書や副教材で描かれる人々や関係性，状況，物語全体などをジェンダーの視点から分析し，どのようなジェンダー・メッセージが伝達されるのかを書き出してください。また，入手可能であれば，過去の教科書と比較して何が変わってきたのか・変わっていないのか論じましょう。
③あなたの学校経験を思い出してください（学校段階は任意）。その学校経験にはどのようなジェンダーの課題があったのかを具体的に複数書き出してください。また，それらに対して，ジェンダー・センシティブな視点からどのような取り組みや介入を行うことができるのかを論じましょう。

5 理解を深めるために

1 文献紹介
①木村涼子・古久保さくら編，2008，『ジェンダーで考える教育の現在』部落解放・人権研究所。
　教育をジェンダーの視点から考える入門書として読みやすい本です。教育改革，男女共学に関することから，体育における教師の声かけ，男子の多様性，

障害を持つ女子，男女平等教育の難しさなど，非常に多岐にわたるテーマが展開されています。

②寺町晋哉，2021，『〈教師の人生〉と向き合うジェンダー教育実践』晃洋書房。

性別によって個人の個性が制限されないような「ジェンダー公正な社会」を目指す上で（学校や）教師は非常に重要な存在ですが，そうした社会を目指した教育実践を行うことの困難さや可能性を「一人の人間としての教師」の観点から考察しています。

③木村涼子・伊田久美子・熊安貴美江編著，2013，『よくわかるジェンダー・スタディーズ——人文社会科学から自然科学まで』ミネルヴァ書房。

ジェンダーに関する理論，政策，研究などがわかりやすく説明されています。教育社会学だけでなく，哲学や歴史学といった人文科学から自然科学まで非常に幅広い分野の知見に基づいた各項目の解説に加え，おすすめ文献なども記されているので学びを深めていくことができます。

2　メディアの紹介

①映画『ストーリー・オブ・マイライフ——わたしの若草物語』（2019年，グレタ・ガーウィグ監督）

ルイザ・メイ・オルコットの小説「若草物語」の映画化で，南北戦争時代のアメリカを舞台にした四姉妹の物語です。女性の生き方が「結婚するか，女優になるか」という非常に限定された社会の中で，四姉妹がそれぞれ「自分らしく」生きていく姿が鮮やかに描かれています。時代は違いますが，現代に生きる私たちへつながる物語です。

②映画『カランコエの花』（2016年，中川駿監督）

高校を舞台に，性的マイノリティを取り巻く「周囲」の人々に焦点を当てた短編映画です。ある日，唐突に「LGBT」の授業が行われることで，「うちのクラスにいるんじゃないか？」という疑念が生まれた生徒たちの日常を描いています。周囲の人々の「普通」に基づく「排除」だけでなく，「善意」による「配慮」が丁寧に描かれています。本編自体は短いですが，さまざまな論点で考えることができる作品だと思います。

文献

浅井幸子・黒田友紀・杉山二季・玉城久美子・柴田万里子・望月一枝，2016，『教師

の声を聴く――教職のジェンダー研究からフェミニズム教育学へ』学文社。

Butler, Judith, 1990 , *Gender Trouble.*, Routledge.（竹村和子訳, 1999,『ジェンダー・トラブル』青土社)。

Caplan, J. Paula and Caplan, B. Jeremy, 2009, *Thinking Critically about Research on Sex and Gender, 3rd Edition*, Pearson Education.（森永康子訳, 2010,『認知や行動に性差はあるのか――科学的研究を批判的に読み解く』北大路書房。)

土肥いつき, 2015,「トランスジェンダー生徒の学校経験――学校の中の性別分化とジェンダー葛藤」『教育社会学研究』97：47-66頁。

日高庸晴, 2018,「高校生一万人調査から見える LGBTs の現状」『ヒューマンライツ』365：2-12頁。

堀内かおる, 2013,「家庭科」木村涼子・伊田久美子・熊安貴美江編著『よくわかるジェンダー・スタディーズ――人文社会科学から自然科学まで』ミネルヴァ書房, 27-28頁。

Houston, Barbara, 1996, "Gender Freedom and the Subtleties of Sexist Education," Diller, Ann, Houston, Barbara eds., *Gender Question in Education: Theory, Pedagogy, and Politics*, Westview Press：50-63.

古田和久, 2016,「学業的自己概念の形成におけるジェンダーと学校環境の影響」『教育学研究』183（1）：13-25頁。

飯田貴子・井谷惠子・石井昭男, 2004,『スポーツ・ジェンダー学への招待』明石書店。

伊佐夏実・知念渉, 2014,「理系科目における学力と意欲のジェンダー差」『日本労働研究雑誌』56（7）：84-93頁。

石川由香里, 2009,「子どもの教育に対する母親の地域移動効果――地域間ジェンダー格差との関わり」『教育社会学研究』85：113-133頁。

加藤慶・渡辺大輔編著, 2012,『セクシュアルマイノリティをめぐる学校教育と支援 増補版――エンパワメントにつながるネットワークの構築にむけて』開成出版。

加藤秀一, 2017,『はじめてのジェンダー論』有斐閣。

河上婦志子, 1990,「システム内在的差別と女性教員」『女性学研究』1：82-97。

河野銀子, 2004,「理科離れはほんとうか」村松泰子編『理科離れしているのは誰か――全国中学生調査のジェンダー分析』日本評論社, 13-36頁。

河野銀子, 2009,「女子高校生の『文』『理』選択の実態と課題」『科学技術社会論研究』7：21-33頁。

河野銀子編, 2017,『女性校長はなぜ増えないのか――管理職養成システム改革の課題』勁草書房。

木村育恵, 2014,『学校社会の中のジェンダー――教師たちのエスノメソドロジー』東京学芸大学出版会。

木村涼子，1999，『学校文化とジェンダー』勁草書房。

木村涼子・古久保さくら編，2008，『ジェンダーで考える教育の現在』部落解放・人権研究所。

国立女性教育会館，2018，『「学校教員のキャリアと生活に関する調査」報告書』

国立教育政策研究所編，2017，『TIMSS2015算数・数学教育／理科教育の国際比較——国際数学・理科教育動向調査の2015年調査報告書』明石書店。

国立教育政策研究所編，2019，『教員環境の国際比較——学び続ける教員と校長』ぎょうせい。

松岡亮二，2019，『教育格差（ちくま新書）』筑摩書房。

三成美保編，2017，『教育とLGBTIをつなぐ——学校・大学の現場から考える』青弓社。

宮本乙女・波多野圭吾・松宮智生，2016，「教育とジェンダー」日本スポーツとジェンダー学会編2016『データでみる——スポーツとジェンダー』八千代出版，84-98頁。

宮崎あゆみ，1991，「学校における『性役割の社会化』再考——教師による性別カテゴリー使用をてがかりとして」『教育社会学研究』48：105-123頁。

文部科学省，2020，「学校基本調査」

森永康子・坂田桐子・古川善也・福留広大，2017，「女子中高生の数学に対する意欲とステレオタイプ」『教育心理学研究』65：375-387頁。

森山至貴，2017，『LGBTを読みとく』ちくま新書。

内閣府，2020，『男女共同参画白書』（令和2年版）

中西祐子，1998，『ジェンダー・トラック——青年期女性の進路形成と教育組織の社会学』東洋館出版社。

中澤智恵，2004，「学校は理科嫌いをつくっているか」村松泰子編『理科離れしているのは誰か——全国中学生調査のジェンダー分析』日本評論社，37-52頁。

OECD, 2020, "Educational at a Glance 2020：OECD Indicators".

Seavey, A. Carol, Katz, Phyllis and Zalk, R. Sue, 1975, "Baby X: The effect of gender labels on adult responses to infants," *Sex Roles*, 1(2): 103-109.

白川俊之，2011，「現代高校生の教育期待とジェンダー——高校タイプと教育段階の相互作用を中心に」『教育社会学研究』89：49-69頁。

多賀太，2016，『男子問題の時代？——錯綜するジェンダーと教育のポリティクス』学文社。

垂見裕子，2017，「ジェンダーによる学力格差と教育アスピレーション格差」福岡教育大学『「学力調査を活用した専門的な課題分析に関する調査研究」報告書——児童生徒や学校の社会経済的背景を分析するための調査の在り方に関する調査研究』：86-99頁。

寺町晋哉，2021，『〈教師の人生〉と向き合うジェンダー教育実践』晃洋書房。

楊川，2018，『女性教員のキャリア形成——女性学校管理職はどうすれば増えるの
　　か？』晃洋書房。

第12章

日本の学校も
多文化社会の中にある

髙橋史子

1 子どもたちの文化的多様性と学校

　外国籍児童が多く通う公立のＡ小学校。中山先生（仮名）が担任する学級には，フィリピンや中国出身の親を持つ外国籍児童が5人いた。

　　中山先生：この学校に来た時に，外国人の多さにびっくりしました。だから先生たちよくやってるなあと思って。いろんなあたりまえが存在するから。でもいろんなあたりまえに耐えうるほどの仕組みがまだないんですね，日本の教育って。（中略）この学校は慣れてるんですよね，外国の子に。他の学校にいたときは，外国人が1人入ってきただけで学校中大騒ぎに，どうしよう，どうやって対応しようって。

　外国籍の子どもへの対応や多文化社会における学校の役割などについて学ぶことは教員養成において必修化されていない。中山先生のようにほとんどの教員にとっては，着任して初めて，外国籍児童生徒への対応を求められ，手探りで進まねばならないことになる。[(1)]
　日本語指導を要する外国籍の子どもが1人以上通う公立の小学校数は4900校で，全国の公立小学校に占める割合は25.0％である。同様に，中学校だと2333校（24.8％），高校は462校（13.0％）である（文部科学省 2020）。

---

(1) 文部科学省では，外国人児童生徒の公立学校への円滑な受け入れを目指して『外国人児童生徒受入れの手引き』をインターネット上で公開している（文部科学省 2019a）。

　外国籍の子どもの数は地域によって大きな差があり，2018年度時点で対象児童が1人もいない学校も多い[2]。しかし，日本で生まれた子どものおよそ50人に1人は外国籍である[3]。少子高齢化と労働力人口の減少を背景とした外国人労働者の受け入れ拡大に伴い，外国籍の子どもの数は引き続き増えることが予想される。小児人口（0～9歳）に占める外国籍者の割合は2030年に9.5％，2045年には14.3％，2065年だと20.3％になるという予測もある（是川 2018）[4]。

　あなたが教員を目指していたり，あるいは現在すでに教員をしているとして，もし今は身近に外国籍の子どもがいなかったとしても，本章の冒頭で紹介した中山先生が勤務する小学校のような外国籍児童が多い学校に異動することになったり，日本語を学ぶ必要のある子どもが学期の途中で転入してくることがあるかもしれない。現状では外国籍の子どもが少ない地域でも今後大幅に増える可能性はある。さらに，子どもたちの民族的・文化的多様性は国籍だけで判断されるものではない。担任している学級には，移民3世や4世もいるかもしれない。日本国籍であったり，日本語の日常会話が充分にできる子どもであったりしても，文化的多様性がないということはない。したがって，すべての子どもたちをよく理解するためには，子どもたちの民族的・文化的背景が多様であることにまず目を向けることが教職員にとって欠かせないのである。

　そこで本章では，日本の公教育，なかでも義務教育である小中学校が，移民の子どもをどのように受け入れているかについて，格差に着目してみていく。文化的多様性と平等を切り口に，格差を生み出すメカニズムや教員の置かれる立場について考えていこう。

2　移民の子どもと教育格差

　まず，「移民」という言葉の定義を確認しよう。日本政府は2019年に外国人労働者の受け入れ拡大を決めたものの，「移民」という言葉は用いず，日本は

---

(2)　15歳未満人口にしぼって，都道府県別に在留外国人の割合をみると，東京都や愛知県，群馬県，静岡県，岐阜県などでは2％を超えるが，秋田県や青森県，鹿児島県，宮崎県，高知県などでは1％以下である（法務省 2017）。
(3)　2019年10月1日時点での人口推計に基づき筆者が算出。
(4)　2017年の国立社会保障・人口問題研究所による日本の将来人口推計に基づき，是川（2018）が試算。

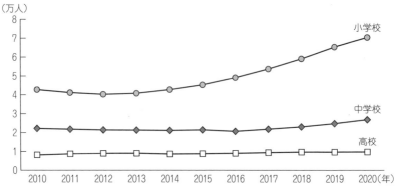

図12-1　公立学校に所属する外国籍児童生徒数

出所：文部科学省 学校基本調査をもとに筆者作成。

「移民社会ではない」という姿勢を維持している。教育行政や学校でも，「外国籍児童」，「日本語指導が必要な児童生徒」，「外国につながりのある子ども」など，文脈に応じてさまざまな呼び方をしているが，一貫して「移民」という言葉は用いていない。一方で，国際連合による定義では「通常の居住国から異なる国に移住し，1年以上居住している人」を「移民」と呼ぶので，日本も移民社会であるという理解は極端な解釈とはいえない。諸外国の移民に関する研究と日本のそれとを切り離さずに考えるためにも，本章では「移民」という言葉を用いる。

1　民族的・文化的多様性

　「移民」と一口に言っても，国籍，家庭内言語，宗教，習慣，渡日背景などはさまざまだ。例えば，1945年以前に旧植民地である朝鮮および台湾から日本に移住した人々（オールドカマー），1970年代に渡日したインドシナ難民，1980年代以降に来日した外国人労働者，1990年の入管法改定以降に来日した日系人をはじめとする外国人労働者（ニューカマー）など多岐にわたる。さらに，このような移民の子どもは移民第2世代，孫たちは3世代となり，家庭内の言語や文化の状況は実にさまざまである。

---

(5)　International Organization of Migration, Key Migration Terms,〈https://www.iom.int/key-migration-terms#Immigrant〉,（最終アクセス日：2020年8月24日）

(6)　移住先での居住期間が3ヶ月以上1年未満の人を「短期移民（short-term immigrant）」と呼ぶことがある。

実際に日本の公立学校に通う子どもの数をデータで確認しよう。国籍でみていくと，小学生の1.04％（5万9094人），中学生の0.84％（2万3051人），高校生の0.3％（9636人）が外国籍であり，年々増加する傾向にある（図12−1）（文部科学省 2018）。

言語別だと，日本語指導が必要な児童は4万8923人で，そのうち外国籍が3万8649人，日本国籍が1万274人である（文部科学省 2018）。外国籍者の家庭内[8]言語はポルトガル語（26.92％），中国語（24.84％），フィリピノ語（20.42％），[9]スペイン語（9.8％）の順に多く，日本国籍者に限定するとフィリピノ語[10]（32.77％），中国語（20.70％），日本語（11.50％）の順である（文部科学省 2020）。[11][12]

日本の学校には民族的・文化的に多様な子どもがいることがわかるが，国籍や言語などの情報だけでは気づきにくい場合もある。例えば，在日朝鮮人の多くは3世，4世が義務教育段階にあり，国籍，通名使用を含む名前，家庭内言語，習慣などさまざまな面で，マジョリティ（多数派）への同化が一定程度見られる実態もある。なかには，家庭訪問ではじめて家庭内の文化や習慣が日本以外の国に（も）依拠しているとわかることもある。

2 不就学

移民の子どもの教育の現状を具体的にみていこう。まず，2019年の文部科学省調査によると，不就学，つまり義務教育の年齢にありながらどの教育機関にも所属していない可能性のある外国籍の子どもは2万2701人いて，これは把握できている外国籍の子どもの18.3％を占める。背景には，家庭の経済的事情や[13]きょうだいの世話・家事，いじめなどの人間関係，学校の受け入れ体制の問題がある。くわえて，教育を受けさせる義務・教育を受ける権利が国民のみを前

---

(7) 少なくとも片方の親が外国出身で日本生まれの子ども，あるいは10代前半までに渡日した者を「移民第2世代」と呼ぶ。

(8) 日本国籍を含む重国籍の子どもや国際結婚家庭の子ども，帰国児童生徒などが含まれる。

(9) ほとんどが日系ブラジル人やブラジル人家庭だと考えられる。

(10) 多くは日系ペルー人やペルー人家庭だと考えられる。

(11) 多くはフィリピン人家庭やフィリピン人と日本人の国際結婚家庭だと考えられる。

(12) ただし，これは教員が「日本語指導が必要である」とみなした児童の数であり，実際に日常会話ができても，学習には課題がみられる児童生徒も多い。教科学習に必要とされる「学習思考言語」の習得には，「社会生活言語」の習得よりも時間がかかるといわれている（太田 2000）。

(13) 不就学の可能性のある外国籍児童生徒数（文部科学省 2019b）が，住民基本台帳に登録されている外国籍の小学生相当・中学生相当の数に占める割合を算出した。

提としていることが，外国籍の子どもを不就学に導いてしまうことが指摘されている（「制度的に構造化された不就学」）（小島 2016；佐久間 2006）。国際的には子どもの権利条約のようにすべての子どもの教育を保障するべきと定められているが，外国籍の子どもには日本国籍の子どもと同等の教育機会が保障されていないのが日本の実情である(14)（髙橋 2019）。

　学歴社会（第10章）の中で，義務教育を受けないまま労働市場や社会に参加していくことは非常に難しい。特定の集団が不利を被る（被りやすい）仕組みが制度や社会構造にあることを制度的人種差別（institutional racism）と呼ぶが（Rodgers 2015），日本の教育も，国籍による教育機会格差の存在を許容する制度的な仕組みを内包しているといえるだろう。

３　学校経験

　次に，就学している移民の子どもにとって，日本の学校はどのような場なのか見ていこう。

　　　マジョリティ文化への同
　　　化が迫られる学校生活

移民の子どものための教育的取り組みとしては，日本語指導のほかに，学級活動や課外活動として導入される国際理解教育が一般的である。日本の公教育には日本語以外を母語とする子どものための母語教育やバイリンガル教育，多文化教育は導入されていない。基本的に日本語（と外国語科目としての英語）を学び，マジョリティの文化に根ざした教育内容を，マジョリティである教員の指導によって学ぶ(15)。また，勉強と関係のない持ち物を学校に持ってくることを禁止するといったルールは移民の子どもに対しても適用されるので，ピアスやヘアスタイルなど，移民の子どもにとって自文化ではあたりまえの慣習を断念しなければならないことも少なくない。日本以外の文化に（も）帰属して生活している子どもたちにとって，日本の学校は自文化を奪われ（奪文化化），マジョリティの言語・文化に合わせること（同化）を求められる場となっている（太田 2000）(16)。

---

(14)　文部科学省は2019年に各自治体に対して『外国人の子供の就学の促進及び就学状況の把握等について（通知）』（文部科学省 2019c）を出しているが，実態は日本国籍と外国籍とで就学状況に差がある。

(15)　2012年の調査で把握できた外国籍教員の数は257人である。日本の総人口に占める在留外国人および特別永住者の割合と同程度に外国籍教員，特別永住者の教員がいるためにはその数はそれぞれ1万8000人，3600人となり，実態における外国籍教員の少なさが目立つ（薮田ほか 2015）。

| 異文化に対する
教員のまなざし | 教員は移民の子どもの文化的背景をどのように認識し，どのような指導を行っているのだろうか。ブラジル系ニ |

ューカマー生徒の学校経験を調査した研究によれば，異質な文化への教員の対応には2つの戦略があるという（児島 2006）。

　1つ目は，「Aさんはペルー出身だから日本の学校になじむのが難しそうだけど，Bさんも同じペルー出身なのにすでにたくさん友達ができてなじんでいるし，漢字の勉強も頑張っている」と，AさんとBさんが共通して抱える日本の学校への適応の難しさや，その背景にあるカリキュラムあるいは学校文化をはじめとするマジョリティ中心の構造よりも，AさんとBさんの個々の生活や努力の違いに注目している。このように，学校文化への適応の度合いや学力の違いなどが，生徒自身の心構えの問題や個人の努力に基づくと解釈する見方は「差異の一元化」（児島 2006）と呼ばれる。誰であっても努力次第でいかようにでもなれるというメッセージを与える一方で，ニューカマー生徒が集団として示す社会的・文化的差異は見えにくくなる（児島 2006）。個人の差異に細かく配慮することはできるが，マジョリティ中心のカリキュラムや学校文化という構造自体を見直そうという思考にはなりづらいだろう。

　2つ目は，「フィリピン出身のCさんは学校によく遅れてくるが，それはお国柄で，フィリピン人の感覚だから仕方がない」と，「時間に遅れてくること＝フィリピン文化」という認識が土台にある場合のように，「ニューカマー生徒の逸脱的な言動や振る舞いが顕著になると，それまでは"日本のルールに従わせる必要性"を語っていた教師が，一転して，それらを外国人特有の行為として想定し，"外国人だから仕方ない"と許容する」（児島 2006：120）。「文化の違い」を解消できないものと認識するこうした対処は「差異の固定化」（児島 2006）と呼ばれる。

　全体的には，マジョリティへの同化圧力が働く日本の公立学校という場では，移民の子どもを「特別扱い」せずにマジョリティと同じように扱うことが良しとされ，学校文化になじまない文化的差異は個人の努力によって変えていくべきものと見なされる。一方で，その異質性の内容や度合いによっては，「移民の子どもは日本の学校に無理に来なくてよい」という扱いをする。このような

⒃　これまで，教育社会学や社会学のフィールドワークによる研究は移民の子供が学校でどのような経験をしているかについて明らかにしてきた。同化圧力に対する生徒たちの抵抗の様相を描いた研究に，志水・清水（2001）や児島（2006）などがある。

表12-1　母親の国籍別にみた子どもの高
校在学率（男女別）

母親の国籍	男　性	女　性
日本	96.0%	96.5%
中国	86.9%	88.4%
フィリピン	85.5%	87.1%
ブラジル	74.4%	77.4%

出所：是川（2019：29）

多様性に対する一貫しない対処によって，マジョリティ中心の公教育システムが維持されてきたという見方もできる。

4　低い進学率

　学校経験と同様，進学についても移民の子どもは困難を抱えている。2000年および2010年の国勢調査データを基にした研究によると，母親が日本人の子どもと比べると，母親が外国籍の子どもの高校在学率は明らかに低い[17]（表12-1）（是川 2019）。教育制度が多言語・多文化に対応できていないために，子どもの日本語能力の低さや学校文化への不適応などが解消されていない結果と解釈できる[18]。

　近年は移民の子ども間の進学率や進路の差に着目した研究も増えてきた。5年前から日本に居住している19〜21歳の進学状況を2010年国勢調査データで国籍別にみると，日本国籍の大学進学率が45.2%，韓国・朝鮮，中国は47.0%，44.5%であるのに対し，ベトナム30.0%，フィリピン9.7%，ペルー11.3%，ブラジル11.8%とかなり低い。さらに，ベトナム，フィリピン，ペルー，ブラジル国籍者の19〜21歳における高校在学率は学齢超過，留年，定時制・通信制高校への通学などによって4〜5%と高く，学校歴（コラム2）も含めると数値以上の教育達成格差があると考えられる（樋口・稲葉 2018：572）。このような実態は，日本の教育制度がさまざまな言語や文化に対応できておらず，「日本人」化しなければ国内での教育達成が難しい状況を示唆している（額賀 2016，額賀・三浦 2017など）。

5　他国に学ぶ多文化社会の教員の役割

受け入れ社会と移民，
それぞれの戦略

　移民の子どもは不就学や学校経験といった教育機会で不利な状態にあり，マジョリティと比べると低い

[17]　親の学歴や教育意識の子どもへの影響について，特に母親の学歴や教育意識が子どもの教育達成に影響するという研究がある（本田 2008など）。
[18]　母親の国籍は，母親の学歴，ひとり親家庭やきょうだい数が多いといった家族形態ないし子どもの性別よりも高校在学と強く関連している（是川 2019）。

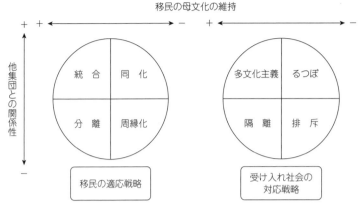

図12‐2　移民の適応戦略と受け入れ社会の対応戦略の類型

出所：Berry (2005：705) より作成。

表12‐2　移民受け入れ社会の対応戦略の類型

るつぼ	多様な文化集団が溶けあい，１つの文化をつくっていくイメージ。実際にはマイノリティが独自の習慣や価値観を失い，マジョリティの習慣や価値観に同化していくことが多い。
排斥	マイノリティがマジョリティに文化的に同化しつつも，受け入れ社会の政治や経済活動に参加できない，他集団から孤立させられている。
隔離	マイノリティが独自の習慣や価値観を維持する一方，差別などにより受け入れ社会の政治・経済活動に参加できず，マイノリティのコミュニティ内でのみ活動が可能な状況。
多文化主義	マイノリティ集団が独自の文化を維持しながら，受け入れ社会に参加する。

出所：Berry（2005）に基づき筆者作成。

教育達成に留まっている。これは日本の教育制度が移民の子どもたちの可能性を引き出せていないことを意味する。公教育が移民の文化的多様性に対応することは，将来的な社会の分断を抑制することにもつながるはずである。

　それでは，多民族・多文化社会において教員には何ができるのか。多文化社会の教員の役割を俯瞰で捉えるため，本節では，移民研究の蓄積がある欧米の研究事例を紹介しよう。

　図12‐2は，移民の適応戦略と受け入れ社会の対応戦略を，(1)それぞれの文化やアイデンティティの維持，(2)主にマジョリティを指す「他集団」との関係性，という２つの観点で分類したものである。「他集団」との関係性とは，受け入れ社会の政治，経済などあらゆる側面にマジョリティと同等に参加してい

くことを意味する。受け入れ社会の対応戦略（図12 - 2の右側）は，「るつぼ」「排斥」「分離」「多文化主義」という4つの戦略（Berry 2005：705；額賀 2019：169）に分類される（表12 - 2）。

　図12 - 2左側は移民の適応戦略であり，「同化」，「周縁化」，「分離」，「統合」の4つに分類される。それぞれの概念が意味する内容は受け入れ社会の対応戦略の4分類と同様であるが，マイノリティ側を主体に捉えている。

　　　　　　　　　　　　筆者が小中学校の教員にインタビューした調査（髙橋 2021）
教員の葛藤　　　　　　では，移民の子どもたちひとりひとりに寄り添った教育をしたい，母語や母文化を維持してほしいと思いつつも，マジョリティのルールや価値観，習慣に合わせられるようになっておいた方が本人にとって良いという見解が多かった。こうした見解の背景には，就学に関する制度，教育内容，教員採用の制度，学校の規則や慣習といった教育に関するあらゆる面がマジョリティ文化を中心に成り立っている上，卒業して就職した後も日本社会ではマジョリティの価値観や文化が支配的だという前提がある。図12 - 2の概念を使っていえば，多くの教員は移民児童が母語や母文化を維持しながら，日本社会で（あるいはどの社会でも）活躍してほしいと思っており，「多文化主義」に肯定的であるが，実際には日本語や日本のマジョリティを中心とした学校文化のなかで学び，マジョリティの価値観や習慣に「同化」したほうが日本社会で活躍しやすく，本人が将来困らないだろうというわけである。

　このような教員の見方には，日本社会で支配的な言語，価値観，習慣などを習得したほうがマイノリティは社会経済的に成功できる可能性が高くなるので，マイノリティ文化を尊重する姿勢はかえってマイノリティを社会経済的成功から遠ざけてしまうという，多文化主義のジレンマ（Barry 2001）が表れているといえる（髙橋 2021）。「単一民族神話」（小熊 1995）や単一文化を前提とした日本社会と公教育システムのなかで，移民の子どもの文化的背景を尊重し，母語や母文化の維持を促進することには難しさがあるのである。国籍に関係なく，すべての子どもの教育機会を保障し，多様な言語・文化を社会の財産，豊かさとしていけるよう，公教育のあり方を問い直す議論が求められているといえるだろう。

3 現場のための Q&A

・この章の知識は，学校現場でどのように役立てることができるのでしょうか。

　本章は，日本社会も他の社会と同様に多民族・多文化な社会であり，その中に学校があることを強く認識するのが重要であると示しています。また，学校や教員の役割を俯瞰で捉え，学校・学級・教員単位で行っている教育活動が多民族・多文化社会の中でどのような意味を持つのかを考え，学校・学級・教員にできること／できないこと，地域や家庭と連携していくべきことについて考える手立てとしてほしいと考えています。

　例えば，学校周辺地域の国際交流協会や NPO あるいは教会が移民の子どもたち向けの学習支援や居場所作りを行っていることがあります。このような活動をしているスタッフとの情報交換によって，普段学校では見せない子どもたちの様子を知ることができます。なかには学校に拒否感があっても地域の学習支援教室には積極的に通う子どももいて，彼らが母国語で活発に話したり，学校や将来に悩んだりする姿は，学級のあり方を問い直す手掛かりを与えてくれるはずです。

　学校内であっても日本語学習のための学級であれば所属学級とは異なる様子を見ることができるかもしれません。同じ母国語を話す友だちとの会話に笑顔を見せたり，少人数指導という環境で肩の力を抜いて勉強したりしている子どももいるでしょう。日本語指導担当教員や通訳者との連携によって，移民の子どもの学校経験についてより多面的に理解できるはずです。

　本章で示した概念を手がかりにさまざまな場における教育活動の意義を整理することで，学校・地域・家庭がどのように連携していけば良いかが検討しやすくなるかと思います。

　ただ，ここで注意しなければならないのは，日本語学級や地域の NPO では子どもの民族的・文化的背景を尊重し，所属学級では「日本人」化を求めるというような役割分担を固定化しないことです。在日朝鮮人への教育についての研究（野入 2005）によれば，異文化間教育では，「日本人」と「その他」という二項図式が導入されやすく，生徒たちは異文化間教育では「異文化」を学ぶ一方で，その時間が終わると，均質な「日本人」を前提としたカリキュラムや学校文化に戻っていくといわれています。そうすることで，「学校教育そのも

のは均質な『日本人』を前提とした教育を提供し続け，あたかも日本の学校に，そして日本の社会には日本人しかいないかのようなものの見方やものごとの進め方を，生徒たちは『隠されたカリキュラム』として学び続ける」（野入2005：54）のです。日本語学級と所属学級，あるいは地域のNPOと学校が多様性に対してどう向き合っているかというメッセージの違いが子どもに与える影響について，現場の教員は自覚的になる必要があるでしょう。

　アメリカでは，教員が専門的な準備をせずに民族的に多様な生徒たちと活動することは期待できない（Gay 2018）という認識のもと，「文化的に対応力のある指導（culturally responsive teaching）」あるいは「文化的に適切な指導（culturally relevant teaching）」の研究や実践が蓄積されています。日本と比べて民族的，文化的に多様な子どもが多いアメリカであっても，教員の多くは教育制度に埋め込まれた制度的な人種差別の存在を否定するのですが，それは教員自身が既存の教育制度の恩恵を受けてきて，メリトクラシー（業績主義）を信じているからであるとされています（Villegas and Lucas 2002）。「教員は民族的に中立の立場である」という思いこみや人種に対する無知が人種差別の防止や生徒の多様性の承認を妨げること（Bell 2002），教員養成・研修プログラムにおけるマジョリティの特権性に注意して，多文化教育に関して学ぶことが教員のマイノリティに対する見方にポジティブな影響を与えること（Edwards and Kuhlman 2007；Wiggins, Follo, and Eberly 2007）などが明らかにされています。日本でも今後，日本語教育の充実だけでなく，多文化状況に対応する教員養成・研修の開発が急務といえるでしょう。

・移民の子どもの民族的・文化的背景を考慮しつつ，マジョリティとの教育成果の格差を是正しようとした実践例はあるのでしょうか。

　日本では，学級活動や課外活動で単発的に国際理解教育や多文化教育を実践することはありますが，学校単位で継続的に実践する例はあまり見られません。ただし，数少ない先進的な取り組みとして，大阪府の小学校で1970年代から朝鮮籍の子どもたちのために続けられてきた民族学級，そして神奈川県の中学校でインドシナ難民の子どもたちを中心に始められた選択科目「国際」などがあります（詳しくは，額賀・芝野・三浦編（2019：第13章）や清水・児島（2006）を参照）。ほかにも，神奈川県の小学校（菊池 2018），大阪府の高校（志水 2018），神奈川県の高校（坪谷・小林 2013）の事例などがあります。

表12-3　多文化教育の5つの観点

①	教育内容の統合	学習すべきテーマや概念について，さまざまなエスニック集団の事例を用いながら学ぶ。
②	知識の構築	知識が文化的なバイアスのもとに作られていることを学び，マイノリティの視点から学び直す。
③	偏見の軽減	人種や民族に対する差別や偏見をなくす。
④	公正な教育方法	エスニック集団はそれぞれ別の学習スタイルを持っており，子どもの文化的背景にあった指導を行う。
⑤	エンパワー（empower）する学校文化と学校構造	学校全体が差別や偏見を許さず，すべての子どもたちに高い期待を持つ風土をつくる。

出所：Banks and Banks eds. (2019)

　アメリカでは，マイノリティの文化を尊重しながら教育機会や進路の保障を目指す教育のことを多文化教育と呼び，5つの観点から教育の研究と実践が進められてきました（表12-3）。多文化教育の理論と実践については，松尾（2013a, 2013b）や Banks and Banks eds. (2019) などを参照してください。

・マジョリティの子どもの成績のほうが低いこともあります。移民の子どもにだけ特別な配慮をするのは不公平ではないでしょうか。

　本章の意図は，移民の子どもだけを特別扱いすることではありません。私たちにはエスニシティだけでなく，社会階層（第3章・第7章），ジェンダーやセクシュアリティ（第11章），身体的特徴などさまざまな違いがあります。当然，日本社会のマジョリティである日本国籍者の中にもさまざまなマイノリティが存在しますし，同じ社会階層に属する人や同じエスニックグループのなかにも多様性があり，社会階層とジェンダー，エスニシティとセクシュアリティなど差異を複合的にみる必要があります（インターセクショナリティ）。マジョリティやマイノリティという言葉を固定的に考えることはできないわけです。マイノリティ集団のなかにさらなるマイノリティが存在することもありますし，その場の力関係（徳永・髙橋 2019）によって，マジョリティ性とマイノリティ性が変化することもあるでしょう。

　本章が目指したのは，このように人々の間に横たわるさまざまな差異によって，マジョリティ／マイノリティ間に教育格差が生じるメカニズムの提示です。強調したいのは，個人差と構造的な差異について腑分けして考え，構造的な差異について配慮する視点です。例えば，移民という背景のないマジョリティと

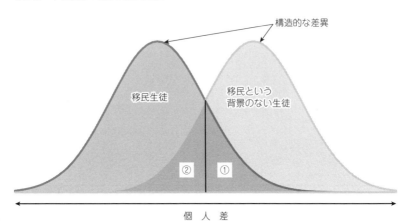

図12‐3　個人差と構造的な差異

出所：筆者作成

　移民の子どもの成績分布が図12‐3のようになっているとします。平均値をみると移民の子どもの方がマジョリティの子どもの成績よりも低くなっています。

　「差異の一元化」（児島 2006）の見方であれば，「移民の子どもは日本語力や日本の学校に慣れないなどを理由に良い成績になりづらいだろう。しかし，移民の子どもでもマジョリティの子どもより成績が良い層がいる（斜線部分①にあたる移民生徒のほうが，斜線部分②にあたる移民背景のない生徒より成績が良い）」という解釈になるでしょう。このような見方は，「移民の子どもでも成績の高い子もいるので誰でも頑張ればできる」という言説を生み出しやすいといえます。そこに含まれる「どんな環境，状況にあっても頑張れば誰でも良い成果が得られる」というメリトクラティック（能力主義的）なメッセージは，似たような立場の生徒にとってロールモデル（模範・手本）となり，励みになります。一方で，移民の子どもとマジョリティの子どもの成績の平均値になぜ差があるのか，そこには移民の子どもに不利に働く仕組みがあるのではないだろうか，という構造的な差異や制度的人種差別に対する視点を失いやすくなります。「誰でも頑張ればできる」という価値観と，それを基にした「平等観」は，社会階層による教育機会や教育達成の差異を見えづらくする戦後日本教育の特徴と指摘されてきました（苅谷 1995）。この日本社会に特徴的な見方が移民の子どもたちの文化的差異に対しても，表出しているといえるでしょう。

　もう１つの「差異の固定化」（児島 2006）の見方であれば，「移民の子どもはマジョリティの子どもよりも成績が低い」という言説を生み出しやすいといえ

ます。これは，国籍や言語，文化による成績傾向をステレオタイプとしてみてしまう危険性を含む一方で，国籍によって成績の差が生じるメカニズム，すなわち構造的な差異には目が向けやすくなります。

　いずれの見方も，図12-3に示される事実を述べていることに違いはありません。個人差に着目するか，構造的な差異に着目するかの違いであるといえるでしょう。誰でも同じように扱うことが必ずしも平等とはいえず，場合によっては不利な立場にある子どもたちをさらに追い込む不公平な態度となってしまう危険性があるということは，教師が自覚しておいてよいことではないでしょうか。

4　演習課題

1　ツイート課題

①移民の子どもにとっては「あたりまえ」ではない日本の学校にある価値観や習慣とは？

②教育の国際化，教育の多文化化と聞いて思いつくことはそれぞれどんなこと？

③あなたが教員として，移民の子どもに対応するときに気をつけるのはどんなこと？

2　レポート課題

①在日朝鮮人，フィリピン系ニューカマー，インドシナ系ニューカマーなど特定のエスニックグループを選び，学力や進学に関する教育社会学の先行研究を調べ，どのような課題があるか，またその背景にはどのような問題があるのかを考察してください。

②移民の受け入れと教育の対応は，国や地域によってさまざまです。いわゆる先進国の中から2つの国を選び，そこにはどのような移民，エスニックマイノリティの子どもたちがいて，どのような方針で受け入れられ，どのような教育の課題があるのかを調べ，比較してください。

③日本社会には「移民の子どもたち」以外にもさまざまなマイノリティが存在します。ジェンダー，性的マイノリティ，障害，アイヌ，被差別部落などから，1つまたは複数を選び，関連する教育社会学の先行研究を調べ，どのよ

うな教育的課題があるか，また課題への対処としてどのような教育実践があり得るのかを考察してください。

5 理解を深めるために

1 文献紹介

①額賀美紗子・芝野淳一・三浦綾希子編著，2019，『移民から教育を考える──子どもたちをとりまくグローバル時代の課題』ナカニシヤ出版。

　移民の子どもたちの生活世界を家庭，学校，地域，労働市場などの観点から理解し，多文化社会と教育に関する基本的な概念や理論について網羅しています。外国人学校やノンフォーマルな教育についてもまとめられている社会学の教科書です。

②坪田光平，2018，『外国人非集住地域のエスニック・コミュニティと多文化教育実践──フィリピン系ニューカマー親子のエスノグラフィー』東北大学出版会。

　外国人集住地域における教育実践が多く描かれるなか，本書は非集住地域でのフィールドワークに基づき，フィリピン系ニューカマーの子どもの学校，地域，家庭それぞれにおける困難を描き出しています。

③児島明，2006，『ニューカマーの子どもと学校文化──日系ブラジル人生徒の教育エスノグラフィー』勁草書房。

　日系ブラジル人の生徒たちの学校で生き抜く「戦略」を描いています。彼らの目には学校文化や教員がどのように映り，その場を生き抜くためにどのような「戦略」をとっているのか。生徒の生活世界や文化的背景を理解するための一冊です。

2 メディアの紹介

①ブレイディみかこ，2019，『ぼくはイエローでホワイトで，ちょっとブルー』新潮社。

　副題の "The Real British Secondary School Days" からわかるように，舞台はイギリス。優等生の「ぼく」は「元底辺校」に通うことになります。人種も社会階層もさまざま学校で，「ぼく」は人種差別，貧富の差，ジェンダー，アイデンティティなどの問題，悩みに「ぶちあたって」いきます。遠いイギ

リスの話ではなく，日本の社会，学校でも同様に子どもが直面する状況がいくつも描かれています。

文献

Banks, James A., and Cherry A. McGee Banks, eds., 2019, *Multicultural Education: Issues and Perspectives*. John Wiley & Sons.

Barry, Barry, 2001. *Culture and Equality*, Polity.

Bell, Lee Anne, 2002, "Sincere Fictions: The Pedagogical Challenges of Preparing White Teachers for Multicultural Classrooms," *Equity &Excellence in Education*, 35(3) : 236-244.

Berry, John W, 2005, "Acculturation: Living Successfully in Two Cultures," *International Journal of Intercultural Relations*, 29(6): 697-712.

Edwards, Sarah, and Wilma Kuhlman, 2007, "Culturally Responsive Teaching: Do We Walk Our Talk?." *Multicultural Education*, 14(4): 45-49.

Gay, Geneva, 2018, *Culturally Responsive Teaching: Theory, Research, and Practice*, Teachers College Press.

樋口直人・稲葉奈々子，2018,「間隙を縫う──ニューカマー第二世代の大学進学」『社会学評論』68（4）：567-583頁。

法務省，2017,『在留外国人統計』

本田由紀，2008,『「家庭教育」の隘路──子育てに脅迫される母親たち』勁草書房。

苅谷剛彦，1995,『大衆教育社会のゆくえ──学歴主義と平等神話の戦後史』中央公論新社。

菊池聡，2018,『〈超・多国籍学校〉は今日もにぎやか！多文化共生って何だろう』岩波書店。

児島明，2006,『ニューカマーの子どもと学校文化──日系ブラジル人生徒の教育エスノグラフィー』勁草書房。

小島祥美，2016,『外国人の就学と不就学──社会で「見えない」子どもたち』大阪大学出版会。

是川夕，2018,「日本における「外国にルーツをもつ子ども」の推移」『チャイルドヘルス　特集 外国人の子どもたちを診る・守る──多文化共生時代の小児保健』，21（1）：6-9頁。

是川夕，2019,『移民受け入れと社会統合のリアリティ』勁草書房。

松尾知明，2013a,『多文化教育がわかる事典──ありのままに生きられる社会をめざして』明石書店。

松尾知明，2013b,『多文化教育をデザインする──移民時代のモデル構築』勁草書

房。

文部科学省，2018，『平成30年度学校基本調査』

文部科学省，2019a，『外国人児童生徒受入れの手引き』，https://www.mext.go.jp/a_menu/shotou/clarinet/002/1304668.htm（最終アクセス日：2021年2月5日）

文部科学省，2019b，『外国人の子供の就学状況等調査結果（速報）（令和元年9月27日）』，https://www.mext.go.jp/content/1421568_001.pdf（最終アクセス日：2021年2月5日）

文部科学省，2019c，『外国人の子供の就学の促進及び就学状況の把握等について（通知）』，https://www.mext.go.jp/a_menu/shotou/clarinet/004/1415154.htm（最終アクセス日：2021年2月5日）

文部科学省，2020，『日本語指導が必要な児童生徒の受け入れ等に関する調査（平成30年度）』https://www.mext.go.jp/content/1421569_002.pdf（最終アクセス日：2021年2月5日）

野入直美，2005，「見えない日本人——在日朝鮮人教育における『日本人生徒』の位相」『異文化間教育』22：42-56頁。

額賀美紗子，2016，「フィリピン系ニューカマー第二世代の親子関係と地位達成に関する一考察——エスニシティとジェンダーの交錯に注目して」『和光大学現代人間学部紀要』9：85-103頁。

額賀美紗子，2019，「移民国家アメリカの多文化教育　多様性の尊重と社会的公正をめざして」額賀美紗子・芝野淳一・三浦綾希子 編著『移民から教育を考える——子どもたちをとりまくグローバル時代の課題』ナカニシヤ出版，165-176頁。

額賀美紗子・三浦綾希子，2017，「フィリピン系ニューカマー第二世代の学業達成と分岐要因——エスニック・アイデンティティの形成過程に注目して」『和光大学現代人間学部紀要』10：123-140。

小熊英二，1995，『単一民族神話の起源——〈日本人〉の自画像の系譜』新曜社。

太田晴雄，2000，『ニューカマーの子どもと日本の学校』国際書院。

Rodgers, Selena T, 2015, "Racism." *Encyclopedia of Social Work*, (https://doi.org/10.1093/acrefore/9780199975839.013.1009).

佐久間孝正，2006，『外国人の子どもの不就学——異文化に開かれた教育とは』勁草書房。

志水宏吉，2018，『高校を生きるニューカマー　大阪府立高校にみる教育支援』明石書店。

志水宏吉・清水睦美，2001，『ニューカマーと教育——学校文化とエスニシティの葛藤をめぐって』明石書店。

清水睦美・児島明，2006，『外国人生徒のためのカリキュラム——学校文化の変革の可能性を探る』嵯峨野書院。

髙橋史子，2019，「多文化共生と日本の学校教育（学校実践編）多文化社会における学校の役割と課題」額賀美紗子・芝野淳一・三浦綾希子 編著『移民から教育を考える——子どもたちをとりまくグローバル時代の課題』ナカニシヤ出版，193-202頁。

髙橋史子，2021，「移民児童生徒に対する教員のまなざし——多文化社会における社会化を問う」恒吉僚子・額賀美紗子編著『新グローバル時代に挑む日本の教育——多様性を考える比較教育学の視座』，東京大学出版会，47-60頁。

徳永智子・髙橋史子，2019，「マイノリティ」，北村友人・佐藤真久・佐藤学編『SDGs時代の教育——すべての人に質の高い学びの機会を』学文社，134-149頁。

坪谷美欧子・小林宏美，2013，『人権と多文化共生の高校——外国につながる生徒たちとA高校の実践』明石書店。

Villegas, Ana María, and Tamara Lucas, 2002, "Preparing Culturally Responsive Teachers: Rethinking the Curriculum," *Journal of Teacher Education*, 53(1): 20-32.

Wiggins, Robert A., Eric J. Follo, and Mary B. Eberly, 2007, "The Impact of a Field Immersion Program on Pre-Service Teachers' Attitudes toward Teaching in Culturally Diverse Classrooms." *Teaching and Teacher Education*, 23(5): 653-663.

薮田直子・棚田洋平・榎井縁，2015，「教員採用過程における外国籍者の『経験』——採用年代に着目したライフヒストリー分析をとおして」『大阪大学教育学年報』20: 51-62頁。

第13章

特別活動と部活動に忍びよる格差

山本宏樹

1　学校の二大花形「特活と部活」

　もし「小中高それぞれの一番よい思い出を1つずつ挙げよ」と言われたら，あなたは何を思い浮かべるだろう。ある大学の教育学部1年生を対象とした調査によると，1位は小・中・高いずれの段階においても修学旅行・文化祭・体育祭などの「学校行事」（小50.0％，中47.2％，高40.7％）で，2位が小学校は「休み時間・放課後」（12.0％），中学・高校は「部活動」（中32.4％，高38.9％）だった。理由として挙げられたのは「楽しさ」や「達成感」「所属感・一体感」などだったという（佐々木編 2014：18）。

　現役小中学生に聞いた調査でも，教育活動別に「とても好き」と答えた者の割合を見ると，やはり上位は「学校行事」（小61.9％，中44.4％）と「クラブ活動／部活動」（小66.7％，中43.1％）であり，「体育」（小58.2％，中33.2％）「給食の時間」（小45.5％，中29.3％）がそれに続く。「主要5教科」（国数英社理）で一番人気の「理科」が小29.0％，中19.0％であるのと比べて「学校行事」「部活動」の人気度は実に2倍以上である（ベネッセ教育総合研究所 2005：18）。

　これらの調査結果が示すのは，多くの子どもにとって「特別活動（学校行事・学級活動・生徒会活動等の総称）」と「部活動」こそが学校教育の「二大花形」であり「影の主役」であるということではないだろうか。修学旅行で夜遅

---

(1)　「特別活動」とは，運動会や卒業式などの「学校行事」，ホームルームや給食活動などの「学級活動」，そして各種委員会活動を含む「児童会活動・生徒会活動」などの総称である。もう1つの「部活動」は，主として放課後に行われている課外活動であるが，小学校では部活動の他に，小学4～6年生のみ「特別活動」として週に約1コマ（年35単位時間）「クラブ活動」が行われている。

くまで語りあい，文化祭や体育祭で日頃の成果を発表し，生徒会選挙で清き一票を投じ，部活動の試合で生徒同士抱き合って涙を流す——そこには普段の授業にない熱狂や連帯がある。理念的に言えば「特別活動」や「部活動」は殺伐とした受験戦争に訪れるひとときの休息であり，ルーティン化された学校の日常に活力を与える「祝祭」の場であるはずなのだ。

だが「ちょっと待て」と言いたくなる読者もいるはずだ。「何が祝祭だ。部活は体罰まみれで3年間ずっと球拾い。体育祭は『陽キャ』の独擅場だったし生徒会選挙は空虚な人気投票だった……」。冒頭の小中学生調査でも「学校行事」や「部活動」を「好きではない」と回答した子どもが数％程度，つまり各クラスに数名は存在する。筆者も運動会前夜にはてるてる坊主を逆さ吊りにした口である。翌日，万国旗のはためく秋晴れの空の下で一日の大半を砂いじりに費やしながら筆者は誓った……「教育社会学者になろう」と。

学校には「祝祭」を文字通りのものとして楽しめる者とそうでない者の格差，いわば「祝祭格差」が隠然と存在する。以降では祝祭格差のメカニズムと格差是正のための実践の在り方について検討していくとしよう。

2　特別活動と部活動をめぐる格差

1　学校行事をめぐる格差

まず特別活動のなかでも特に存在感のある「学校行事」から見ていきたい。体育祭や文化祭を楽しんでいるのは，どのような子どもだろうか。中国地方の大規模公立中学校で2006年に行われた調査では，「今年の体育大会は楽しかった」という項目に「あてはまる」と答えた生徒の割合を出身家庭の文化階層別に見たところ，階層上位層が72.5％，中位層が80.7％，低位層62.0％となり，中位層と低位層の間に20ポイント近い差があったという。「体育大会を通して友人となかよくなれた」についても，階層上位層72.5％，中位層74.6％に対して，低位層は62.4％と10ポイント以上低くなっていた（長谷川 2009：138）。つまり少なくとも調査対象となった公立中学校では，文化的中位層・高位層・低位層の順に充実した体育祭を過ごす傾向が強かったのである。

都立高校9校の生徒を対象にして2007年に行われた質問紙調査も見ておこう。当該調査で体育祭に対して積極的な傾向を有していたのは男女ともに「運動部員」であり，くわえて，男子の場合は「クラス委員経験者」，女子の場合は

「向上心をかき立てられるような友人の数の多い者」などにも積極的な傾向が見られた。文化祭の場合は男女ともに「実技科目が得意な者」が積極性を有する傾向にあり，男子の場合は「文化部員」「クラスの友人数の多い者」，女子の場合は「成績の高い者」「運動部員」「向上心をかき立てられるような友人の数の多い者」などがそれにくわわった（鈴木 2018）。[2]

　これらの調査結果は，社会学者ピエール・ブルデューの資本の3類型（文化資本・経済資本・社会関係資本）を思考の補助線にするとわかりやすい。ごく単純化していえば，文化資本とは芸術・スポーツ・数学などの知識や作法，経済資本とはお金やブランド物などの財産，社会関係資本とはコネや仲間などの人間関係を指す。[3]

　体育祭では，日々の鍛錬を通じて文化資本の一種である「スポーツの技能・センス」を蓄積している「運動部員」が当然有利になる。文化祭では，音楽や美術，技術家庭などの「実技科目が得意な者」に活躍の場が多く用意されており，普段クラスであまり目立たない美術部やパソコン部の生徒が質の高い作品や看板などを仕上げて同級生の度肝を抜いたりするのも，まさに文化資本の賜物である。だが，祝祭を充実したものにするためには，単に良い成果を残すだけでなく，苦楽をともにし，努力や結果を認めてくれる友人の存在も重要になる。例えば，体育祭で「クラス委員経験者」が積極的な傾向を持っているのも，リーダーに選出されるだけの社会関係資本を所有していることと無関係ではないだろう。

　前述の公立中学校調査では，文化的高位層と比べて中位層のほうが体育祭の充実度が高い傾向にあったが，それは当該中学校で文化的中位層がクラスの人間関係の中心を占めていたからかもしれない。どの層が多数派を占めるかは学校や行事の性質によって異なるだろう（第8章）。

　これらの結果を読み解くと生まれや育ちによって祝祭格差があることが見えてくる。日本では家庭の文化資本と経済資本はかなりの程度一致することが知られており（近藤 2011など），「体育祭は勉強が不得意な貧困層が活躍できる機

---

(2)　本章執筆にあたり「特別活動」に関する実証的研究（長谷川 2009，鈴木 2018）等について鈴木翔氏から情報提供を頂いた。記して感謝したい。なお長谷川（2009）については結果の解釈にあたって階層変数の定義や分割基準が不明な点に注意が必要である。

(3)　ここでは通例的解釈に合わせて便宜的に3つの資本を扱うが本章の説明は厳密ではない。ブルデューによる界および資本の概念の詳細については磯（2020）が詳しい。

会」というわけではないことになる。どちらかといえば，富裕層の子どものほうが体育祭でも文化祭でも充実感を得やすく，貧困層の子どもは居心地の悪い思いをしがちなのである。

２　生徒会活動をめぐる格差

生徒会役員の性差

生徒会活動についても見ていこう。あなたの通っていた中学校では，どんな人が生徒会長や生徒会役員になっていただろうか。滋賀県大津市教育委員会が2018年度に行った調査によると，公立学校の児童会・生徒会の役員の男女比は学校段階で大きく異なっていた。小学校の児童会長の男女比はおおよそ１対１であるのに対し，中学校の生徒会長は男子が９割を占め，高校になると６割まで下がる。副会長など他の役員については，小学校ではやや女子が多い程度だが，中高になると３人に２人が女子になる（教育新聞 2019）。つまり日本の生徒会活動では「会長は男子，副会長・会計・書記は女子」という性役割分業が中学校以降で色濃く表れるのである。

　大津市がこの結果を受けて追跡調査を行ったところ，中学２年生の生徒のなかに「生徒会長は男子が良い」（19.1％），「副会長は女子が良い」（12.9％）などの性役割期待を持つ者が一定数いることが明らかになった。同調査では「生徒会長をやりたくない理由」も尋ねているが，最多の理由は，男子が「興味がない」（58.9％）であったのに対して，女子は「目立ちたくない」（46.8％）であった（大津市政策調整部人権・男女共同参画課 2019）。日本では総理大臣も首長も校長も，生徒会長以上に男性ばかりである。子どもたちも社会的アイデンティティの模索期である思春期に到達するなかで，男性優位の日本の空気に染まっていくのだろう（第11章）。

生徒会役員の階層差

東京大学社会科学研究所が2015年度に行った調査（藤原 2016）の中学３年生のデータを用いて，出身家庭の SES（Socioeconomic Status，社会経済的地位）によって生徒会役員経験に偏りがあるか確認した。その結果，SES を上位層から低位層まで４等分すると，生徒会役員経験者の割合は高 SES 層（上位25％）が16.3％で一番高く，低 SES 層（下位25％）が9.4％で最も低かった。学級委員の経験についても最上位層が36.0％で他の３層（29.1〜30.8％）を引き離していた。その一方で，部活動の部長・副部長職については最上位層が30.9％でやや高いものの，他の３層

も28.8～29.6％であり統計的に有意な差は見られなかった[4]。諸外国ほど顕著ではないものの，日本の公立中学校でも富裕層出身の生徒会役員や学級委員が多いことのわかる結果である[5]。

なお，全国11大学の学生を対象とした1998年度の調査によると，教職課程に在籍する学生の生徒会長・生徒会役員の経験率は，教職課程に在籍していない学生と比べて約2倍であり，教職課程に在籍する学生のほとんどが小中高のいずれかで1回は生徒会役員を経験した計算になっている（紅林・川村 1999）。生徒会役員になる者の多くは学校文化に親和的で学校運営にも積極的だろうし，生徒会での経験をもとに教職への理解や希望が強まるという側面もある。生徒会役員は，いわば教員界への「登竜門」として機能しているのである。

うがった読み方をすれば，本章冒頭でみた調査における教育学部生の「特別活動」「部活動」好きの多さや，その理由として挙げられた「楽しさ」や「達成感」，「所属感・一体感」なども，学校と比較的良好な関係にあった者たちの声を反映したものかもしれない。学校文化の再生産，これも教育社会学的には重要なテーマである。

3　部活動をめぐる格差

スポーツ庁の2017年度委託調査によると，部活動に所属している生徒は公立私立あわせて中学校で91.9％，高校では81.0％に達している（東京書籍 2018：94）。平均活動時間は中学校の運動部で1週あたり平均13.4時間であり，平日は毎日90～120分程度，休日も週5時間程度活動するのが一般的である（スポーツ庁 2019）。

日本の中高の部活動の活発さは加入率・活動時間の両面において異例である。例えば，運動部活動の歴史的起源を持つイギリスでは加入率は50％程度であり，多くの生徒は週1，2日程度の気晴らしの活動に留まるという。同じく運動部活動が盛んとされるアメリカでも中高のスポーツ部活動は多くの場合アメフト

---

(4)　対象は公立校通学者のみ。分析においては本書編者である松岡が作成したクロス表に対して山本がχ2検定を行った。データの使用にあたり東京大学社会科学研究所パネル調査企画委員会（委員長・藤原翔）からの許可を得た（JSPS 科研費・15H05397）。記して感謝したい。
(5)　SES の相対的に低い地域の公立校ではその中で生徒会役員が選ばれる等の理由により，全国を対象とした個人単位のデータでは階層格差が過小評価されている可能性がある点に注意が必要である。高 SES の生徒は成績が高く学校への適応度も高い傾向にあるため（第3章），個人間の SES 格差が大きい学校内では，より大きな役員格差が確認できると考えられる。

やバスケットボールなど少数であり，実質的な加入率は3〜4割程度，いわゆる幽霊部員を含めても5割程度で，通年ではなくシーズン制で活動している。中国や韓国では参加率は5％程度で，エリート教育の要素が強いという（中澤2014：1-3-1）。

　日本で部活動がこれほど広範に行われてきたことに対しては賛否両論がある。文科省の学習指導要領によれば中高の部活動は「生徒の自主的，自発的な参加により行われる」課外活動であり，部活動への所属や参加を義務化している学校も，統計上は中学の3割，高校の1割に過ぎない（東京書籍2018：10）。だが，実際には入部して当然という暗黙の空気が漂う学校も多く，一度入ったが最後，しがらみが生まれて中途退部するのは難しいという声も聞く。そういった「入りやすく抜けにくい」部活動が自明視される空気のなかで，俗に「部活教」と呼ばれる，年間で休みが数日しかないような過酷な練習，顧問の体罰や暴言が横行する余地も生まれているのであろう。近年は「ブラック部活動」などの名称で部活動の負の側面がクローズアップされており，「活動量の縮小」や「地域活動への移行」を提唱する論者も少なくない（内田2017，妹尾2020など）。

　ただ，部活動もまた特別活動と同じく理念的には祝祭的な存在であって然るべきであろう。何が部活動の喜びと学びを損なっているのだろうか。活動格差・名誉格差・安全格差という3つの観点から検討していきたい。

部活動の活動格差

　部活動をめぐる第1の格差は活動の質や量にある。前述のスポーツ庁委託調査によると，「運動部／文化部」別に見た所属率は，中学校では「運動部71.6％，文化部20.3％」であり，文化部の選択肢が吹奏楽のみの学校も少なからずある。高校では「運動部54.5％，文化部28.1％」となり，写真部（中0.0％，高1.3％）や軽音楽部（中0.1％，高1.8％）など文化部の選択肢が増加する傾向にあるものの，それでも運動部が文化部と比べて圧倒的なマジョリティであることには変わりない（東京書籍2018：96-99）(6)（表13-1）。

　部活動の選択肢をめぐっては「私立／公立」間の格差も著しい。例えば中学

(6)　小学校では前述の通り小4〜6年時に特別活動の一環として「クラブ活動」の時間が必修となっているため，週1回6時間目に配置して，チャイムが鳴った後そのまま課外活動の部活動に移行するという運用が多いようである。小学校の放課後部活動についてはデータが少ないのだが，スポーツ庁の2019年度調査では小学5年生の運動部の活動率は男子29.6％，女子19.8％となっている（スポーツ庁2019：69）。

表13 - 1　部活動の所属率

中学校 (n=39,524)			高校 (n=40,183)	
	部活動名	所属率		部活動名	所属率
1	ソフトテニス	10.3%	1	サッカー	6.2%
2	バスケットボール	10.0%	2	バスケットボール	5.7%
3	吹奏楽	8.8%	3	硬式野球	5.5%
4	卓球	8.7%	4	吹奏楽	5.0%
5	バレーボール	7.5%	5	バレーボール	4.4%
6	陸上競技	7.1%	6	バドミントン	4.2%
7	サッカー	6.8%	7	陸上競技	4.1%
8	軟式野球	6.6%	8	ソフトテニス	3.6%
9	バドミントン	4.4%	9	テニス	3.1%
10	美術・工芸	4.0%	10	卓球	2.9%

注：所属率＝当該部活動所属者数／調査対象者数。分子には第二部活動を含む。分母には部
　　活動非所属者を含む。無回答・無効回答を除く。
出所：東京書籍（2018：96-99）をもとに筆者作成。

校の文化部の所属率は公立19.5％に対して私立では29.3％と10ポイントも高い。
さらに公立中学校では文化部に所属する生徒の約7割が吹奏楽部（46.7％）か
美術部（工芸含，21.3％）のどちらかに所属しているのに対し，私立中学では両
部の所属率の合計は18.9％に過ぎず，将棋部（対公立比15.6倍），軽音楽部（同
13.6倍），漫画アニメ部（同11.7倍），マーチングバンド部（バトントワリング含む，
同11.7倍）など，生徒のニーズに合わせた多様な活動が行われている（東京書籍
2018：96-99）。

　部活動をめぐっては活動時間の格差も著しい。ここ数年，全国の自治体で部
活休養日の設定や朝練禁止などの取り組みが進められており活動時間は全体的
に減少傾向にあるが，自治体による差が大きく，2019年度の中学2年生の1週
間あたりの部活動時間数を都道府県別に性別単純平均で見ると，最長の福岡県
では16.1時間，最短の岐阜県では9.8時間となっている（スポーツ庁 2019）。ま
た，公立中学校の部活顧問を対象とした全国規模の調査分析では，1週あたり
の平均部活動時間が学校の所在地の地域 SES によって異なるという結果が示
されている。具体的には，高 SES 地域が14.0時間であるのに対し，中 SES 地
域は14.6時間，低 SES 地域では13.4時間となっていた。直近3年間の全国大
会出場経験についても，高 SES 地域が7.7％であるのに対し，中 SES 地域は
8.8％，低 SES 地域は6.5％となっている（内田編 2021：161-162）。

　私立中学の部活動時間は平均すると週10.0時間であり，公立中学の週13.6時

間より短い。だが私立校には自治体ガイドラインの効力が及ばないため，部活名門校では依然として長時間の練習時間が確保されている懸念もある。実際，競技成績には「私立／公立」格差が歴然と存在する。例えば私立高校の数は全国の高校の約3割に過ぎないにもかかわらず，「夏の甲子園」で知られる全国高等学校野球選手権大会では，近年，参加校の約8割が私立校で占められる。2019年夏の大会では出場校全49校のうち14校が公立だったので「公立躍進の年」と言われたが，それでも7割以上は私立である。大会成績についても，2000年以降に開催された計20回の大会のなかで，公立校が優勝したことは1度しかない。

　これらの達成格差の理由として挙げられるのが，スポーツ推薦や恵まれたスポーツ環境である。一般的に公立学校では「練習時間は短く，グラウンドはサッカー部と半分ずつ」であるのに対し，一部のスポーツ名門校は，スポーツ推薦で能力の高い生徒を集めている上に「寮完備，栄養バランスのとれた食堂完備，専用バスあり，運転手雇用，夜間照明付きの専用グラウンド，授業は寝ていてもよいなどという，まるでセミプロのような生活をしている」（長沼 2017：61-62）というのである。

部活動の名誉格差 　部活動をめぐる第二の格差として「人に誇れる部活動とそうでない部活動がある」という「名誉格差」を挙げよう。まず部活動の男女比について見ると，男子中学生の場合は8割以上が運動部員であり文化部員は1割に満たないのに対して，女子中学生は運動部所属が6割程度であり文化部員も3割以上存在する。高校の場合も，男子の7割近くは運動部員で文化部員は2割に満たないのに対して，女子は運動部員と文化部員がともに4割程度となっている（東京書籍 2018：96-99）。表13-2は男女比に著しい偏りのある順に主要な部活動を挙げたものであるが，調理部や華道部，ソフトボール部では女子率が100％に近いのに対し，野球部やラグビー部では男子がほとんどを占める。

　部活動には，大正期の「女性に野球は過激」（高嶋 2019）や「武道は男性向け，調理は女性向け」といった古典的な性役割期待（第11章）を引きずる形の棲み分けがいまだに残存している部分もあり，生徒が「見えざる性別の垣根」を超えて部活動に参加しようとすると，冷笑されたり着替えに困ったりとさまざまな障壁が立ちはだかる。

　また，学級集団には「スクールカースト」や「陽キャ／陰キャ」といった俗

表13-2　男女比に著しい偏りのある部活動

女子の所属率の高い部活動（上位10位）

中学		高校	
部活動名	女子率	部活動名	女子率
調理	98.7%	華道	98.0%
ソフトボール	96.1%	調理	96.0%
吹奏楽	87.9%	茶道	94.7%
合唱	87.1%	ダンス	93.3%
茶道	84.6%	書道	91.5%
器楽・管弦	83.6%	合唱	86.6%
美術・工芸	80.1%	マーチングバンド	86.0%
バレーボール	76.8%	ソフトボール	84.7%
バドミントン	59.7%	吹奏楽	84.6%
ソフトテニス	54.7%	器楽・管弦	83.5%

男子の所属率の高い部活動（上位10位）

中学		高校	
部活動名	男子率	部活動名	男子率
軟式野球	97.4%	ラグビー	90.9%
硬式野球	97.3%	硬式野球	90.9%
ラグビー	95.5%	サッカー	88.0%
サッカー	95.4%	軟式野球	86.9%
柔道	80.4%	将棋	86.7%
自然科学	78.8%	登山	74.7%
パソコン	67.8%	柔道	72.7%
水泳（競泳）	67.4%	アーチェリー	67.1%
テニス	61.3%	空手道	65.5%
ハンドボール	61.2%	卓球	64.9%

注：公立・私立を問わず，第一部活動，第二部活動を含む。
　　所属生徒数が100名未満の部，その他や無回答を除く。
出所：東京書籍（2018：96-99）をもとに筆者作成。

語に象徴されるような，「人気やモテ」を指標とした独特な位階秩序が生じやすい。そして部活動もまたそうした磁場にがっちりと組み込まれる形で生徒の名誉格差に関与する。

　神奈川県の公立中学校23校の中学2年生に対する2009年度の調査（鈴木2012）によると，「クラスの人気者だ」という自己評価項目に「とてもあてはまる」「まああてはまる」と答えた生徒の所属率が高い部活動は，男子の場合，剣道・柔道・弓道などの「武道系」（23.4%），サッカー・野球・バスケット

ボールなどの「球技系」(22.0%)，陸上・水泳などの「個人競技系」(20.8%)
などであり，美術・演劇・書道などの「芸術系」(8.3%)，科学・家庭・生活
などの「その他文化系」(2.9%) の部活動に所属する生徒は自己評価の低い者
が多い。女子の場合も「個人競技系」(16.8%)，テニス・卓球・バドミントン
などの「球技系」(15.7%) などに自己評価の高い者が多く，「その他文化系」
(8.1%)，「芸術系」(3.7%) は低くなっている（鈴木 2012：167）。

　さらに「クラスメイトに容姿をほめられる」という項目についても見てみる
と，男子は「ラケット競技系」(25.1%)，吹奏楽・合唱・音楽など「音楽系」
(25.0%) の順に高く，「その他文化系」(6.0%) などが低い。女子の場合は
「部活動に所属していない」(34.9%)，「個人競技系」(33.3%) などが高く，
「武道系」(14.3%) が低くなっている。「現在，恋人がいる」についても，男子
は「音楽系」(17.1%)，「球技系」(13.1%) などが高い一方で「芸術系」は
０％である。女子も「球技系」21.6%，「武道系」19.0%の順に高く，「芸術
系」は6.8%と低くなっている（鈴木 2012：167）。

　いずれも興味深い結果だが，学校教育にとって正統的な文化資本である科学
や芸術といった分野の部活動が，生徒の間で高い承認を与えられるどころか不
名誉な位置づけに甘んじている点をあらためて指摘しておきたい。学校にもよ
るだろうが，生徒間の序列は学校教育に対する反抗を基礎にしている部分があ
り，"部活で全国大会出場は英雄，全国模試の県１位は変人"といわれるよう
に（前川 2016），時には学業成績の高さが生徒の間で「スティグマ」（負の烙印）
として機能し，いじめの標的になる場合さえあるのだ（第14章）。

　「人気者になりたければ，人気の高い部活に入ればよい」と言うかもしれな
いが，最低限の技能や生徒間の評判がない状態で人気部活に入部すると，かえ
って嘲笑や排除の対象になる危険もある。学校の部活動はそうした独特な秩序
のなかにあり，誰もが心置きなく楽しめるものにはなっていないのである。

　部活動の安全格差　　部活動をめぐる第３の格差は「安全格差」である。全
国の中学・高校における怪我の過半数は運動部活動中
に起こっており，届出が出されているだけでその数は年間30万件に上っている
（朝日新聞 2019）。生徒が死亡したり通常の学校生活を送れないほどの後遺症を
負う部活動事故は2005年〜2013年の間に全国の小中高で少なくとも189件発生
しているが，内訳を見ると「柔道」(14.3%)，「野球」(11.1%)，「ラグビー」
(9.5%) の順となっている（大阪教育大学 2015：9）。主要部活動における死亡

者数は，中学校では「柔道」（生徒10万人あたり2.4人）が１位で，２位の「バスケットボール」（同0.4人）の6.2倍となっており，高校では「ラグビー」（同3.8人），「柔道」（同3.4人），「剣道」（同1.5人）の順になっている（内田 2013：28-29）。柔道をめぐっては，近年，とりわけ重大事故の多い「大外刈り」を小中学生では一律禁止とするように求める訴訟が起こされ，判決では「初心者への受け身の指導を徹底したり，受け身の習熟度に応じて大外刈りを禁止したり制限したりすること」の必要性が示されている（毎日新聞 2019）。

　学校における安全という意味では「体罰」問題も避けて通れない。2013年に行われた体罰実態調査によると，運動部活動経験者の20.5％に体罰被害経験があり，体罰を受けた時期は「中学」が約６割で最も多くなっていた。性別で分けると体罰被害経験率は男性22.0％，女性13.1％であるが，「週に２～３回以上」の高頻度被害の割合で見ると男性31.5％に対して女性50.7％となっていた（全国大学体育連合 2014）。

　2006年度に３大学の学生を対象として実施された体罰経験調査によれば，「体を殴られたり蹴られたりした」「ボールなどの物を投げられた」「罰として，正座・ランニングなどをさせられた」という３種の体罰被害率が高いのは「バレーボール」（中学71.0％，高校70.5％）を筆頭に「野球」（中学48.8％，高校67.4％）「ハンドボール」（中学45.5％，高校61.5％），「新体操／体操」（中学40.0％，高校63.6％）などである。ただ，同じ種目であっても部内の雰囲気によって体罰経験率は大幅に異なっており，指導者や先輩後輩関係の厳しい部活，「勝ちたい・入賞したい」という思いの強い部活，レギュラー争いの激しい部活で体罰被害が多くなっていた（冨江 2008）。こうした「権威主義」「勝利至上主義」「競争主義」の雰囲気が人間の攻撃性を増進させるという知見には事欠かない（Donnelly and Straus eds. 2008；山本 2016, 2018など）。

　体罰などの行き過ぎた指導は，「厳しい部活に所属していることが勲章になり，体罰被害が武勇伝になり，体罰を告発しようとすると裏切り者扱いされる」という生徒の間の名誉の在り方と絡み合う形で温存されている部分がある。また，多くの運動系部活動の大会で全国１位を目指してひたすら勝ち上がるノックアウト・トーナメント方式が採用されていることも，体罰などの行き過ぎた指導の温床になっている。一度のミスが勝敗にとって命取りになりかねず，指導が激化しやすくなるのである。

4　部活動の格差是正機能

階層格差の是正

　　　学校の部活動はさまざまな格差を孕んでいるが，教育機会の格差是正に寄与しているという指摘もある。小学校段階の「スポーツ活動」「芸術・音楽活動」の中心的舞台は民間経営のスポーツクラブや音楽教室などであり，世帯年収と活動率には強い関連が見られるが，その傾向は学校段階が上がるに従って緩和されていく。特に「スポーツ活動」は「芸術・音楽活動」と比べても学校の「部活動・放課後活動」の存在感が大きい（図13-1）（ベネッセ教育総合研究所 2017）。高学歴の親は世帯収入も高い傾向にあり（第3章），世帯収入ではなく母親の学歴で検討しても同様の傾向を確認することができる。

　もちろん家庭で早期教育や個人レッスンを積み重ねた子どもは部活動でも活躍しやすいため，家庭背景による格差は部活動内部に存在し続ける。ただ，学校がスポーツ器具や楽器，設備などを無償で貸し与え，さらには教員を安価な労働力として動員していることが，奇しくもスポーツや芸術活動をめぐる機会格差の是正を下支えしているのである。

地域格差の是正

　　　スポーツ・芸術活動は小学校段階では地方よりも都市部で活発であるが，その要因の1つとして「民間経営」によるスポーツ・芸術活動の受け皿が都市部に多い点が挙げられる。中高段階になると，学校部活動が活性化するのに合わせて人口規模の小さい自治体の活動率のほうが高くなる（図13-2）（ベネッセ教育総合研究所 2017）。そのこともあって「部活動がスポーツや芸術・音楽に触れる機会を子どもに提供する重要な場所として機能している」（木村 2018：1-4）とか「部活動の縮小や社会体育への移行は，不平等の縮減という機能を果たす装置を縮小，あるいは破棄することにつながる可能性がある」（藤田 2002：46）といった声もある。

社会的成功
格差の是正

　　　部活動をめぐっては「貧しい家庭に生まれても努力さえすれば部活動で良い成績を残して立身出世を果たせるはずだ」「勉強が苦手でも部活動でがんばれば尊敬される」といった見方もあるだろう。現に一部の私立学校にはスポーツや吹奏楽・演劇などの業績に応じて入学金・授業料が減免される特待生制度が存在しており，そういったルートを通じて社会階層の上昇を果たすことはありえる。近年は「多面的・総合的な評価」の名の下に，入学選抜にあたって部活動や特別活動の活動歴が注目されるということもある。

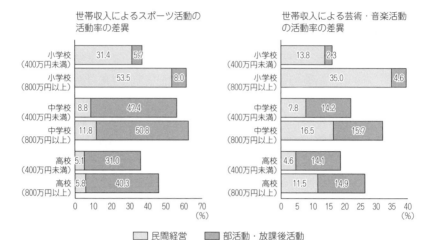

図13-1　世帯収入によるスポーツ・芸術活動の活動率の差異

注：調査対象者は小1生から高3生の子どもを持つ保護者1万2360名。
出所：ベネッセ教育総合研究所「第3回学校外教育活動に関する調査」（2017年3月実施）。木村（2018）図表27
　　　「世帯収入による活動率の違い（活動場所別）」をもとに筆者作成。

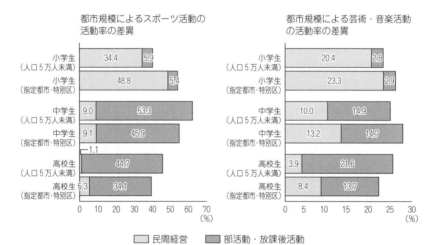

図13-2　都市規模によるスポーツ・芸術活動の活動率の差異

出所：図13-1と同じ

　ただし，部活動の成績を通じた「立身出世」はあまり現実的ではないようだ。まず文化部については，その到達点である芸術大学や音楽大学の卒業証書がその後の進路を保証してくれない点が挙げられる。例えば，美術界の最高峰とされる東京藝術大学美術学部の2020年度入試倍率は11.9倍であり，現役合格者は22.5％に過ぎず，3浪以上の入学生も4人に1人にのぼる。これは医学部と同レベルの難度であり，多くの受験生が美術予備校に通いながら受験を重ねる。だが同大学では年度によっては卒業生の半数が「進路未定・他」となる現実があるという（二宮 2019）。他の音楽大学・音楽学部卒業生調査でも「演奏」を進路とした者はわずか2.7％であり，「教師」21.2％などの他，6割以上は「音楽以外の企業か不明」となっている（西川 2002）。

　プロの芸術家を対象として2001年に行われた調査によると，30歳代の平均年収は「美術」512万円，「音楽」441万円，「演劇」254万円，「舞踊」243万円となっている（周防 2004）。2001年における30代の給与所得者の平均年収は450万円程度であり，美術・音楽分野ではプロとして認められれば平均以上の年収を見込めるが，演劇・舞踊分野ではたとえプロであっても経済的に厳しい状況にさらされる場合が多いことがわかる。

　運動部についても，ドラマやアニメに描かれるように貧困層に一発逆転ルートを提供してきたかに見えるが，部活動の成績を社会的成功に結実させることのできる者は，実際にはごく一部でしかない。部活動を通して獲得した身体やスキルは進学や就職にはほとんど直接的な効果を持たず，わずかに効果を発揮する場合にも工場労働などへと導く働きをしている。部活動に邁進する生徒は，自身の存在証明や，居場所の獲得，身近な人間関係の序列上昇を優先することで，社会階層の階段を自分から降りることになっているというのである（甲斐 2000：170-172）。

　もちろん，教育困難校の教師からすれば，たとえどのような職場であっても定職につくこと自体が重要な教育的達成であろう。「喧嘩に明け暮れていた不良生徒がスポーツとの出会いを通して更生する」といった美談もなかにはある。名声や承認を得られるルートが複数存在することは多くの子どもにとって救いになるだろうし，芸術にせよスポーツにせよ，お金や評判だけが目的ではない。ただ，そのような「正論」が部活動の楽しさやテレビに映る輝かしい部活成功者の姿と相まって，人生上の中長期的リスクを度外視させがちである点には注意が必要であろう。

3　現場のためのQ&A

・この章の知識は，学校現場でどのように役立てることができるのでしょうか。

　本章冒頭で，子どもにとっては特別活動と部活動が学校教育の「二大花形」だと述べました。しかし，その一方で，現状の日本の公教育制度において，学校行事や部活動は些末な存在として扱われています。中学1年生を例に挙げると，国語・数学・英語の標準授業時数として年間140時間が確保されているのに対し，特別活動は，学級活動に年間35時間（週1時間程度）が設定されているだけで，学校行事や生徒会活動にどの程度の時間を割くかは学校に任されています。部活動に至っては「生徒の自主的，自発的な参加」による課外活動という位置づけです。

　しかも両活動の活動時間数は年々削減される一方です。学校行事の時間数が年間40時間以下の中学校は，2002年から2015年の間に23.3％から45.8％まで倍増しました（山本 2017）。部活動についても，朝練の廃止や休息日・活動時間数の上限設定などが進み，2018年度には石川県の月11時間38分減を筆頭に，ほぼすべての都道府県で活動時間数の減少が見られました（内田 2019）。2020年度には新型コロナウイルス感染予防を理由として学校行事や部活動の縮小がいっそう進みました。学校行事にせよ部活動にせよ，時間数が多ければ多いほどよいというわけではありませんが，ある意味で，学校行事や部活動は贅沢品になりつつあるとも言えるのです。

　本章で見てきた通り，特別活動・部活動には社会的格差を反映した部分と，社会的格差を是正する部分の両方があります。後者を強化するために本章で紹介したデータや知見が役立つことを願っています。

・体育祭や文化祭などの学校行事を指導する際に気をつけるべき点は何でしょうか。

　祝祭格差の観点がやはり重要です。例えば，クラスの連帯意識を高めようとしておそろいのTシャツやデコレーション団扇を作ったりする実践がありますが，「どれだけ友人からの応援メッセージが書き込まれているか」（社会関係資本の多寡）をめぐって水面下で暗黙の競争が起こる余地がある点に注意が必要です。祝祭においては祝賀的雰囲気を壊さないことが参加者の共通ルールにな

るため格差は隠蔽されがちで，クラスのノリを壊さないように細心の注意を払って楽しげに振る舞っている生徒もいるはずです。生徒の本音を知るためには文献紹介に挙げた鈴木（2012）が参考になります。

　行事をめぐって生徒の間に温度差や対立が生まれることは比較的よくある話ですが，行事に対してやる気がないように見える生徒が，実際には祝祭格差のなかで萎縮している場合もあります。頭ごなしに叱るのではなく，匿名アンケートや学級通信などを活用して本音を共有することが，クラス内のわだかまりを解消する一助になります。学校行事の際にクラス単位の勝敗を重視するほど「足手まとい」視される生徒が生まれやすくなります。それぞれの生徒に活躍の場を用意すること，成果だけでなく努力を評価すること，目立ちにくい貢献に光を当てることなどによって，生徒界に存在する差別的な秩序を組み替えることが重要です。この点については高原（2017）が実践の参考になると思います。

　その他，体育祭の代名詞ともいえる「組み体操」や新しい学校行事「2分の1成人式」などの孕む危険性について扱った内田（2015）も，格差是正の実践に先立つ基礎資料として重要です。

・学校は部活動をどのように運営すればよいのでしょうか。

　個々の学校・教師のレベルで「私立／公立」間の格差や自治体間の格差に対応することは困難ですが，「性別に関わらず所属しやすい部活動づくり」や「部活動間の名誉格差を是正するための部活動紹介」などは学校・教師のレベルでも実践可能です。前述の通り部活動には家庭の経済格差を是正する機能も備わっており，それを促進する形でユニフォームや消耗品の購入費用，遠征費用などを補助することも有益と思います。

　祝祭格差の観点から言えば，運動部活動の中心的価値を「競争と勝利」から「レクリエーションと自治」へと移行させようという神谷（2015, 2020）の提案は今後の部活動改革の1つの柱になるでしょう。「部活指導のあたりまえ」を解毒し再入門するには中澤・内田（2019）も参考になるはずです。

4 演習課題

1 ツイート課題

①小・中・高校の教育活動のなかで「いちばん良い思い出」を１つずつ挙げる
としたら何を選ぶ？（ただし，休み時間や登下校の時間は含まない）

②あなたが中学３年生のときの生徒会長はどのような人だった？　どうやって
決めた？

③学校に部活動は必要？　それはなぜ？

2 レポート課題

①本章の内容を踏まえ，教員として学校行事にどのように関わっていくか具体
的に論じてください。

②本章の内容を踏まえ，教員として生徒会選挙を盛り上げるために何ができる
か具体的に論じてください。

③本章の内容を踏まえ，教員として部活動にどのように関わっていくか具体的
に論じてください。

5 理解を深めるために

1 文献紹介

①**内田良，2017，『ブラック部活動――子どもと先生の苦しみに向き合う』東
洋館出版社。**

「部活動の社会問題化」の火付け役を演じた一冊。統計データと現場教員の
生の声を満載しており，部活動の負の側面を知るのに打って付けです。中高
生向けに執筆された中澤・内田（2019），部活動の学習指導要領上の位置づ
けの変遷や部活顧問の勤務実態などについて扱った内田編著（2021）なども，
本書と併読するとよいと思います。

②**神谷拓編著，2020，『部活動学――子どもが主体のよりよいクラブをつくる
24の視点』ベースボール・マガジン社。**

従来の部活動の在り方に対する逆風のなか，日本部活動学会会長の呼びかけ
に各界の識者が応じた論集として大変読み応えがあります。「部活動学」と

銘打たれてはいるものの，実際には「運動部活動」に焦点が当てられていますので，「文化部活動」をメインに取り扱った長沼編著（2019）との併読を薦めます。

③**吉見俊哉編著，1999，『運動会と日本近代』青弓社。**

運動会の種目には，行進，綱引き，棒倒し，騎馬戦，玉入れ等々，どこかしら戦争の匂いが漂いますが，それもそのはずで，運動会は明治期に軍事訓練と村々の伝統的な祭りが混ざり合って誕生したものです。運動会は集団対集団による軍事演習の場であり，健康優良なる臣民を品評する選別の場であり，子ども集団内の地位を賭けた闘争の場でもあったのです。本書はおもに運動会の誕生から終戦までの変遷を追う硬派な学術的論集ですが，祝祭から排除された，あるいは祝祭に踊らされた子どもたちの声なき声を行間から聴き取っていただければと思います。

④**高原史朗，2017，『中学生を担任するということ──「ゆめのたね」をあなたに』高文研。**

「３年Ｂ組金八先生」の教育実践のモデルを提供したことで有名な民間教育研究団体「全国生活指導研究協議会」で長らく活躍してきた著者が定年を機に出版した「学級運営のススメ」です。個性的な生徒の集う３年７組の一年間を追う形で特別活動の指導の在り方が語られており，教育実習までに読了することを薦めます。半世紀にわたって教育社会学は教育という「善きいとなみ」に潜む暴力性を告発することを課題の一つにしてきました。しかし，公立学校教員の病休率が20年前と比べて倍増し，教員採用試験の志願者倍率は過去最低を記録し，中学校の長期欠席者率は５％に迫り，しかも学校には「子どもの貧困」問題をめぐってセーフティネットの役割が期待されています（山本 2020）。筆者はそうした現実に対して「教育社会学的に妥当な教育実践」を提示する必要性を感じており，今回その一例として本書を参考文献に挙げることにしました。

2　メディアの紹介

①映画『桐島，部活やめるってよ』（2012年，吉田大八監督）

2012年度の日本アカデミー賞で最優秀作品賞を含む３冠を獲得した青春群像映画。男子バレーボール部のキャプテンで，学校のスクールカーストの頂点に君臨する桐島が，突如として部活をやめて姿を消した直後から物語が始ま

り，「神の子の不在」のなかで生まれる人間関係の変貌が精緻に描かれます。
登場人物の関係性が映画の冒頭と最後でどのように変化したのか，なぜ変化
したのかを分析することが生徒理解の格好の題材になるはずです。ちなみに，
アメリカの高校の「スクールカースト」の分断と一瞬の出会いを描いた金字
塔的作品として『ブレックファスト・クラブ』（1985年）も推奨します。

②映画『劇場版 響け！ユーフォニアム──北宇治高校吹奏楽部へようこそ』
（2016年，武田綾乃原作，石原立也監督）

シリーズ累計発行部数150万部の同名小説を元にしたテレビアニメの再編集
劇場版第一作。作者自身の中高時代の吹奏楽部体験をベースに描かれたリア
ルな青春群像劇です。吹奏楽部では濃密な大集団の人間関係に「協奏と競
争」が絡み合い，さらには「努力では超えられない才能の壁」が厳然として
立ちはだかるため，顧問にとっては演奏技能の指導のみならず，緊張をはら
む生徒関係をどのように扱っていくかが常に課題となります。その意味で，
本作品における顧問の指導の是非について検討することはとても有益だと思
います。また劇中で描かれる生徒の音楽的才能に，「生まれ」のみならず
「育ち」の影響が刻印されている点も興味深いです。関連作品として米アカ
デミー賞3部門を受賞した傑作『セッション』（2014年）も挙げておきます。

③武富健治，2005-2011，『鈴木先生』双葉社（全11巻＋外典1巻）。

教育評論家からポスト「金八先生」の最有力候補と目されることの多いマン
ガ作品。2005年から2011年にかけて連載された後，テレビドラマ化，映画化
されました。特にマンガ版第1巻の給食活動をめぐるトラブル，第8〜9巻
の生徒会選挙をめぐる中学生たちの葛藤や背伸びは，特別活動への理解を深
めるのに役立つはずです。教師の生態についても，他作品の理想化・デフォ
ルメされた教師像と比べて妙なリアリティがあり，考えさせられます。

文献

朝日新聞，2019，「部活，給食でなぜ…絶えない学校の事故300万件を分析」，2019年
　　5月5日付。

ベネッセ教育総合研究所，2005，『平成16・17年度文部科学省委嘱調査「義務教育に
　　関する意識調査」報告書』

ベネッセ教育総合研究所，2017，『第3回学校外教育活動に関する調査』

Donnelly, Michael, and Murray Straus, eds. 2008, *Corporal punishment of children in*
　　theoretical perspective. Yale University Press.

藤田武志，2002，「家庭的背景に起因する進学希望の格差に及ぼす学校の教育的活動の効果——中学校の部活動に焦点をあてて」上越教育経営研究会編『教育経営研究』8，39-48頁。

藤原翔，2016，「中学生と母親パネル調査の設計と標本特性」『東京大学社会科学研究所 パネル調査プロジェクト ディスカッションペーパーシリーズ』No.95。

長谷川祐介，2009，「家庭背景別にみた学校行事の教育的意義——体育大会を事例に」『比治山大学現代文化学部紀要』16，135-144頁。

磯直樹，2020，『認識と反省性——ピエール・ブルデューの社会学的思考』法政大学出版局。

甲斐健人，2000，『高校部活の文化社会学的研究——「身体資本と社会移動」研究序説』南窓社。

神谷拓，2015，『運動部活動の教育学入門——歴史とのダイアローグ』大修館書店。

神谷拓，2020，『僕たちの部活動改革——部活自治10のステップ』かもがわ出版。

木村治生，2018，「第1回 部活動の役割を考える 子どもたちに適切な活動の機会を提供するために その4」『データで考える子どもの世界』（https://berd.benesse.jp/special/datachild/comment01_4.php）。

近藤博之，2011，「社会空間の構造と相同性仮説——日本のデータによるブルデュー理論の検証」『理論と方法』26（1），161-177頁。

紅林伸幸・川村光，1999，「大学生の教職志望と教師化に関する調査研究（1）学校体験と教育に対する意識」『滋賀大学教育学部紀要 教育科学』(49)，23-38頁。

教育新聞，2019，「中学の生徒会長は男子が9割 滋賀・大津市が男女比調査」2019年2月27日付。

毎日新聞，2019，「部活の中1死亡 大外刈り学校事故，警鐘 全柔連への損賠請求，福岡地裁棄却『気引き締め指導を』父控訴せず」2019年8月22日付。

前川ヤスタカ，2016，『勉強ができる子卑屈化社会』宝島社。

長沼豊，2017，『部活動の不思議を語り合おう』ひつじ書房。

長沼豊編著，2019，『部活動改革2.0——文化部活動のあり方を問う』中村堂。

中澤篤史，2014，『運動部活動の戦後と現在——なぜスポーツは学校教育に結び付けられるのか』青弓社。

中澤篤史・内田良，2019，『「ハッピーな部活」のつくり方』岩波ジュニア新書。

二宮敦人，2019，『最後の秘境 東京藝大——天才たちのカオスな日常』新潮文庫。

大阪教育大学，2015，『学校事故対応に関する調査研究 調査報告書』文部科学省委託事業報告書。

大津市政策調整部人権・男女共同参画課，2019，『小中学校における児童生徒のリーダーシップ及び男女共同参画に関する調査結果中間報告書』。

佐々木正昭編著，2014，『入門特別活動——理論と実践で学ぶ学級・ホームルーム担

任の仕事』学事出版。

妹尾昌俊，2020，『教師崩壊――先生の数が足りない，質も危ない』PHP新書。

スポーツ庁，2019，「令和元年度全国体力・運動能力，運動習慣等調査」中学生徒質
　　問紙集計結果。

周防節雄，2004，「日本の芸術家の生活実態および家族内世代間の影響度の分析」『芸
　　術・文化政策のための統計指標の開発と体系化に関する研究』科学研究費補助金
　　研究成果報告書，143-186頁。

鈴木翔，2012，『教室内（スクール）カースト』光文社新書。

鈴木翔，2018，「高校生の友人関係の状況が文化祭および体育祭への消極的な参加態
　　度に与える影響――都立高校生を対象とした質問紙調査データの分析から」『日
　　本高校教育学会年報』25，28-37頁。

高原史朗，2017，『中学生を担任するということ――「ゆめのたね」をあなたに』高文研。

高嶋航，2019，「女子野球の歴史を再考する――極東・YMCA・ジェンダー」『京都
　　大學文學部研究紀要』58，165-207頁。

東京書籍，2018，『スポーツ庁委託事業　平成29年度運動部活動等に関する実態調査報
　　告書』

冨江英俊，2008，「中学校・高等学校の運動部活動における体罰」『埼玉学園大学紀要
　　――人間学部篇』第8巻，221-227頁。

内田良，2013，『柔道事故』河出書房新社。

内田良，2015，『教育という病――子どもと先生を苦しめる「教育リスク」』光文社新書。

内田良，2017，『ブラック部活動――子どもと先生の苦しみに向き合う』東洋館出版社。

内田良，2019，「部活動の時間数　減少へ　都道府県データの分析から見える改革の成
　　果と課題」Yahoo!ニュース，2019年5月2日付。

内田良編著，2021，『部活動の社会学――学校の文化・教師の働き方』岩波書店。

山本宏樹，2016，「政治科学の進化論的転回――保革闘争の遺伝子文化共進化につい
　　て」『〈悪〉という希望――「生そのもの」のための政治社会学』教育評論社，
　　237-282頁。

山本宏樹，2017，「特別活動の潜在的機能――社会関係資本・主観的意義・生徒界秩
　　序」東京電機大学『総合文化研究』（15），99-107頁。

山本宏樹，2018，「指導死・体罰と学校危機管理」子どものからだと心・連絡会議
　　『子どものからだと心白書2018』14-16頁。

山本宏樹，2020a，「暴力で維持される公教育――学校外の支援と，非暴力の実践を」
　　『月刊ジャーナリズム』2020年3月号，58-65頁。

山本宏樹，2020b，「生活困窮者向け公設学習支援はどこへいくのか」『教育』2020年
　　5月号，58-64頁。

全国大学体育連合，2014，『運動部活動等における体罰・暴力に関する調査報告書』。

第14章

不登校・いじめは「心の問題」なのか

伊藤秀樹

1 「心の問題」という先入観を取り払う

　あなたは「不登校の子」⁽¹⁾と聞いて，どのような子どもを思い浮かべるだろうか。不登校になるほどの苦しみ，悩み，不安などの「心の問題」があるために，学校に行かなければと頭では理解していても足が向かない，あるいは登校しようとすると頭痛，腹痛，発熱といった身体症状が起きてしまう，そうした姿を想像する人が多いかもしれない。かつてはそうした典型例として，勉強や行事，部活動などすべての領域でよい結果を残そうとするあまりに心が疲れてしまう，「優等生の息切れ」が不登校の理由によく挙げられていた。本章の後半で論じるいじめと同様，世の中には，本人が抱える「心の問題」ばかりに着目した

---

(1)　文部科学省の「児童生徒の問題行動・不登校等生徒指導上の諸課題に関する調査」では，年度間に連続または断続して30日以上欠席した児童生徒（「長期欠席者」）のうち，欠席理由が「何らかの心理的，情緒的，身体的，あるいは社会的要因・背景により，児童生徒が登校しないあるいはしたくともできない状況にある者（ただし，「病気」や「経済的な理由」による者を除く。）」（文部科学省 2021）と各学校が認定した児童生徒を「不登校」としている。本章で「不登校」という言葉を用いるときは，上記の定義にあてはまる理由で学校を一定期間休んでいることを指している。

(2)　本章で「いじめ」という言葉が登場する際には，「①自分より弱い者に対して一方的に，②身体的・心理的な攻撃を継続的に加え，③相手が深刻な苦痛を感じているもの」という，文部科学省が1986年～2005年に用いていたいじめの定義（文部科学省 2019）を想像してほしい。現在文部科学省が用いているいじめの定義は，「児童等に対して，当該児童等が在籍する学校に在籍している等当該児童等と一定の人的関係にある他の児童等が行う心理的又は物理的な影響を与える行為（インターネットを通じて行われるものを含む。）であって，当該行為の対象となった児童等が心身の苦痛を感じているもの」（いじめ防止対策推進法第二条）であり，子ども同士の力関係や攻撃の継続性，苦痛の深刻さなどの要素が以前の定義から取り除かれている。そのため，現在の定義ではより多くの行為がいじめに含まれるようになったが，「自分が好きなアイドルグループの悪口を廊下で

「不登校」の語りがあふれているといえる。

　小学生のあつしくんも，そんな「不登校の子」の1人である。スクールソーシャルワーカー（コラム1参照）の大田さんは，あつしくんとその家族に出会った時のことをこう記している。

　　　あつしくんは，一年以上全く学校に行っていませんでした。一歳年下の弟の方は，担任が毎朝迎えに行っていたのですが，家庭の様子が心配であるとのことで，一緒に最初の家庭訪問をしました。（中略）
　　　あつしくんの家庭は母子家庭なのですが，母が不在であったり寝ていたり，こちらの訪問を無視することが続きました。子どもたちも対応してくれることはありませんでした。ただ，玄関の鍵は掛かっていなかったので，中の様子を見ることができました。室内は散らかり放題，台所で調理している様子はなく，家族全員が下着姿のまま過ごしていました。一番気になったのは，家族間で会話らしいものがなかったことです。あつしくんは，極力母に接触しないようにしているといった状況でした。
　　　三か月にわたり辛抱強い訪問を続けていく中で，母が夕方から翌朝まで複数の仕事を掛け持ちしているのは，大きな借金を抱えているためだとわかりました。（大田 2015：13）

　大田さんはあつしくんについて，母親が夕方から翌朝まで複数の仕事を掛け持ちし，朝いないことが，不登校の始まりだったかもしれないと振り返っている（大田 2015）。

　「不登校の子」と聞いて，あつしくんのような子どものことを思い浮かべる人はどれだけいるだろうか。「心の問題」という先入観で不登校を捉えていると，あつしくんのような子どものことは見えなくなってしまう。

　不登校にしてもいじめにしても，「心の問題」という先入観を取り払ってその原因や背景を見つめると，子どもたちの「心の問題」に目を向けるだけでは不十分であることがわかってくる。家庭環境，周りの子どもや大人との関係，さらには学校のあり方にこそ対応が必要な場合もあるのだ。本章では「心の問題」に焦点化した不登校・いじめ論とは違った視点で，教師に何ができるのか

偶然耳にして，悲しい気持ちになったこと」などもいじめに含まれてしまう（須藤 2019）。

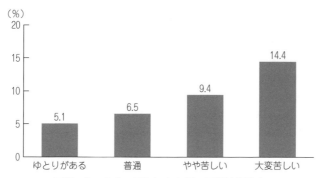

図14-1　家庭の暮らし向き別，不登校経験率

出所：内閣府『親と子の生活意識に関する調査』

について考えていきたい。

2　不登校といじめが生じるメカニズム

1　家庭環境と不登校

　本書では各章で，子どもたちの出身階層の違いがさまざまな教育格差（通塾率，学習時間，学歴達成……）につながっている様子を見てきた（第4章など）。では出身階層による格差と不登校のなりやすさについては，どのような関連がみられるだろうか。

　図14-1は，中学3年生の子どもが「学校に行かなかった時期があった」と答えた割合を，保護者が回答した家庭の暮らし向きごとに示したものである[3]。経済的に厳しい家庭に育った子どもほど不登校を経験しやすいことがわかる[4]。

　「優等生の息切れ」というイメージだと，経済的に豊かで教育達成に有利な家庭に育つ子どもの方が不登校になりやすいという，逆の結果を思い浮かべるかもしれない。しかし実際には，不登校は子どもの「生まれ」と切り離せない。

　家庭の社会経済的な困難が原因で不登校になる子どもが一定数いることは，

---

(3)　二次分析にあたり，東京大学社会科学研究所附属社会調査・データアーカイブ研究センター SSJ データアーカイブから「親と子の生活意識に関する調査，2011」（内閣府子ども若者・子育て施策総合推進室）の個票データの提供を受けた。

(4)　回答した保護者3119名のうち，暮らし向きに「大変ゆとりがある」と回答した人は40名（1.3%）しかいなかったため，「ややゆとりがある」と回答した人と合わせて「ゆとりがある」として示した。

かなり前から指摘されてきた。不登校の子どもの中には，何らかの心理的な要因（つまり「心の問題」）によって学校に行くことができない神経症型不登校の子どもだけでなく，怠学・非行などの形で学校文化から脱落してしまう脱落型不登校の子どもが一定数いることが明らかにされている（保坂 2000）。この脱落型不登校の中には，家庭の養育能力に課題があり，学校に行くための前提ともいうべき生活環境が整っていないケースが相当数存在するという（保坂2000）。

　もちろん，「心の問題」などによって，家庭の社会経済的な状況とは関係なく不登校になることもある。しかし，冒頭でみたあつしくんのように，家庭の社会経済的な困難を背景として不登校になることもある。だからこそ，不登校は経済的に豊かな家庭の子どもにも一定数みられるが，経済的に苦しい家庭にはより高い割合で出現するという，図14-1の結果が導かれるのだろう。

2　不登校の多様性

　ただし，子どもたちが不登校になるきっかけや背景は，ここまでに挙げてきた家庭の社会経済的な困難や子どもたちの怠学・非行に限られない。表14-1は，教師が認識する不登校の要因である。社会経済的な困難以外にも，かなり多様であることがわかる。

　「本人に係る要因」からは，神経症型不登校の定義にあてはまるような心理的な「不安」や，脱落型不登校の定義にあてはまるような「無気力」がおもな不登校の要因とされる子どもが，それぞれ3割強いることがわかる。しかし，「不安」でも「無気力」でもなく，主に「学校における人間関係」によって不登校になったと認識される子どもが2割弱いることは見逃せない。また，「その他」に分類された子どもも一定数いる。文部科学省が不登校について「どの子にも起こり得る」（文部科学省 2010：200）と述べるようになったのも，不登校につながる要因がこのように多様であるという認識による。

　また，さまざまな要因が複合的に絡み合って不登校になることがある。例えば，経済的に厳しい家庭に育つ中でだんだん学校の勉強についていけなくなり，いじめられるようになった結果，学校に通えなくなるというようにである。神経症型不登校や脱落型不登校といった分類を知っていても，それにとらわれすぎずに，ひとりひとりの状態に目を向ける必要がある。

表14-1　教師が認識する不登校の要因（中学校・2018年度）

本人に係る要因　※１つを選択	
「学校における人間関係」に課題を抱えている	18.7%
「あそび・非行」の傾向がある	3.9%
「無気力」の傾向がある	30.0%
「不安」の傾向がある	32.4%
その他	15.0%

学校，家庭に係る要因　※複数選択可		
	いじめ	0.6%
	いじめを除く友人関係をめぐる問題	30.1%
学校に係る状況	教職員との関係をめぐる問題	2.5%
	学業の不振	24.0%
	進路に係る不安	5.3%
	クラブ活動，部活動等への不適応	2.7%
	学校のきまり等をめぐる問題	3.4%
	入学，転編入学，進級時の不適応	7.7%
家庭に係る状況		30.9%
上記に該当なし		13.4%

出所：文部科学省『平成30年度　児童生徒の問題行動・不登校等生徒指導上の諸課題に関する調査』

3　友人関係・学級集団と不登校

　ここで，「学校における人間関係」，とくに他の子どもとの関係が不登校のきっかけになるケースについて，もう少し注目しておきたい。表14-1の「学校，家庭に係る要因」からは，「いじめを除く友人関係をめぐる問題」が不登校の要因とされる子どもが約３割いることがわかる。どのような問題を指すのだろうか。

　筆者はかつて，ある高等専修学校[5]に通っている不登校経験を持つ生徒たちに，不登校になったきっかけについてインタビューを行ったことがある。そこでは20名中16名の生徒が，不登校のきっかけとして学校の他の子どもたちとの関係を挙げたが，その内実は多岐にわたっていた。具体的には，いじめや嫌がらせ，友人関係の不和といった直接的なトラブルにくわえて，クラスの雰囲気が自分には合わないことや，他の子どもとの関わりがわずらわしかったことなどである（伊藤 2017）。

　「学校共同体主義」として詳しく後述するが，学校なかでも学級集団は，子どもたち同士の深い関わりが強制的に求められる場である。そうした学級集団の中での人間関係の濃密さは，時として子どもたちに，クラスの雰囲気の合わ

---

(5)　高等専修学校は，「専修学校高等課程」とも呼ばれるように，中学校卒業者に専門的な教育を行うことを目的とした専修学校である。不登校・学業不振・発達障害などの背景を抱えた生徒を多く受け入れているという特徴がある（伊藤 2017）。

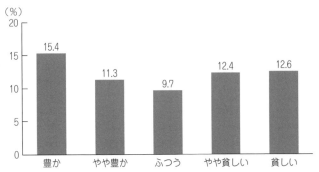

図14-2　15歳時の暮らし向き別・中学校でのいじめ被害体験率
出所：中村（2018: 35）の図を改変。

なさや，他の子どもとの関わりのわずらわしさを強く感じさせるものになるかもしれない。不登校につながる「友人関係をめぐる問題」の背景には，こうした学級集団のあり方も潜んでいる。

4　誰がいじめられやすいのか

　いじめについても，不登校と同様，子どもたちの「心の問題」として注目されてきた。いじめる子の「心」の未熟さやストレス，いじめられる子の「心」の弱さに焦点が当てられ，子どもたちの「心」に目を配り，受容・共感することが求められてきたのである（伊藤 1996）。しかしいじめに関しても，家庭環境，周りの子どもや大人との関係，さらには学校のあり方からの影響は見逃せない。

　まず，学校におけるいじめ被害と出身階層に関連があるのかについて見ていく。もし他の教育格差と同じ傾向であるなら，「社会経済的に恵まれない家庭に育つ子どもほど，学校でいじめ被害を受けやすい」という結果になるはずである。しかし，いじめに関しては様相が異なる（中村 2018）。

　図14-2によれば，中学3年生（15歳）時点の家庭の暮らし向きが厳しかった（「やや貧しい」「貧しい」）人だけでなく，「豊か」だった人も，「ふつう」だった人と比べて中学生の時にいじめられた経験を持つ割合が高いことがわかる。いじめについては，出身階層の高低がいじめられやすさにそのままつながるという直線的な関係はなさそうである。むしろ，世間の「ふつう」から外れるといじめられやすくなるのかもしれない。

　そうした様子は図14-3からも読み取れる。中学3年生の時に成績がよかっ

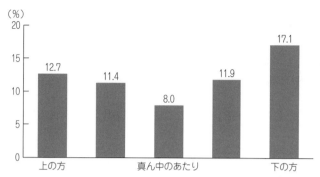

図14-3　中学3年生時の成績別・中学校でのいじめ被害体験率
出所：中村（2018: 35）の図を改変。

た人と成績が悪かった人の方が，成績が真ん中のあたりだった人より中学生の時にいじめられた経験を持つ傾向にある。やはり「ふつう」（真ん中）から外れることと，いじめられやすさには関連がありそうだ。

　実はこれまでの研究でも，「ふつう」から外れるような特性があることがいじめられる原因になりうると指摘されてきた。そうした「ふつう」から外れた子どもたちの特性は，攻撃誘発性を意味するヴァルネラビリティ（vulnerability）という言葉で表現されている（竹川 1993）。身体的なハンディキャップがあること，服装がきれいに保てないこと，クラスの雰囲気に溶け込めないことといった，他の子どもから違和感をもって捉えられる特性が，いじめを引き寄せてしまうヴァルネラビリティになるという。他方で，成績がよかったり先生にほめられたりすることも，ヴァルネラビリティになり得る（竹川 1993）。

　こうした話を聞くと，「いじめはいじめられる子どもに原因がある」と思うかもしれない。しかしその見方は正しくない。はたして，「ふつう」から外れる特性をひとつも持たない子どもなんているのだろうか。学力だって，性格だって，運動能力だって，手先の器用さや絵のうまさだって，人それぞれではないだろうか。誰にだって，「ふつう」から外れるくらい得意なこともあれば，苦手なこともあるだろう。そうであるなら，「誰もがいじめの標的になりうる」という見方のほうが適切なのではないだろうか。

　そもそも子どもたちの「ふつう」から外れるような特性は，まわりの子どもたちがその特性をあだ名にして強調することなどによって，いじめにつながっていく（山口 1988など）。つまりヴァルネラビリティは，いじめられる子どもが最初からその特性を持っているのではなく，ある特性をヴァルネラビリティ

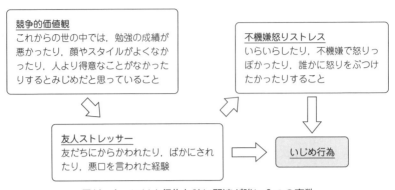

図14‐4　いじめ行為と特に関連が強い３つの変数
出所：国立教育政策研究所生徒指導研究センター（2010：10-11）をもとに筆者作成。

とみなし強調するまわりの子どもたちによって「つくられる」ものである。

　こうした理由から，いじめが起こる原因としては，いじめを受ける子どもの特性よりもむしろいじめをする子どもの特性やいじめにつながるような学級集団のあり方が問題視されてきた（竹川 1993など）。

5　誰がいじめをするようになるのか

　いじめをする子どもの特性についても，まず出身階層との関連について見ていきたいところだが，日本ではあまり研究が進んでいない。ただし，出身家庭の社会経済的地位（SES）が低い中学生ほど，身体的暴力や仲間はずれといった行為をする傾向にあるという分析結果はある（Akiba et al. 2010）。しかし，出身家庭のSESが低い生徒たちがなぜいじめとみなされる行為をしやすいのかについては明らかにされていない。

　これまで日本の研究で注目されてきたのは，子どもたちが抱えるストレスである。例えば，図14‐4にまとめた調査結果によれば，子どもたちの「不機嫌怒りストレス」が，「友人ストレッサー」[(6)]とともに，いじめ行為に関連していたという（国立教育政策研究所生徒指導研究センター 2010）。

　子どもたちのストレスの背景には，ストレスになるような友人からの働きかけや，それを子どもたちにより強く印象づけるような競争的価値観がある（図14‐4）。これらは子どもたちが過ごす人間関係や家庭・学校とは無縁ではない。

---

(6)　ストレッサーとはストレスのもとになる要因のことである。

学級の中の友人関係，さらには，子どもたちに競争的価値観を植えつけるような家庭環境や学校のあり方などにも目を配る必要があるといえる。

6　いじめにつながる学級集団

いじめについて見ていく上では学級集団の影響も見逃せない。いじめは多くの場合，学級集団内で起こるためである。図14-5は少し古い調査結果になるが，いじめた子といじめられた子が同じ学級であったケースは8割に達している（森田ほか編 1999）。

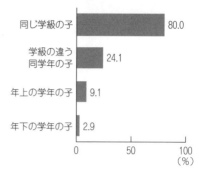

図14-5　誰にいじめられたか（小学校5年生～中学校3年生，複数選択可）

出所：森田ほか編（1999: 47）の図表を筆者が一部改変。

ここでは，いじめにつながるような学級集団の特性について，代表的な議論を2つ紹介しよう。

いじめ集団の四層構造

まず取り上げたいのは，「いじめ集団の四層構造」（森田・清永 1985など）である。いじめ集団は，いじめられる「被害者」，いじめる「加害者」，いじめを積極的に是認しはやし立てる「観衆」，いじめを見ながらも知らぬふりを装って黙認する「傍観者」の四層構造によって成り立つとされる（図14-6）。そして，学級集団が「加害者」「観衆」「傍観者」といった，いじめに対して否定的な態度をとらない子どもたちばかりで構成された時に，いじめに対する抑止力が働かなかったり，いじめが激化したりするという（森田・清永 1985など）。

もちろん，まわりで見ている「傍観者」の中から「仲裁者」が現れたり，いじめに対して否定的な反応を示す子どもが出てきたりすることもある。そうした子どもの存在はいじめの抑止力になるが，実際にはそうした態度はとりにくいという。他の子どもが抱えている問題に無関心だったり，自分が代わりに「被害者」になってしまうことへの恐れがあったり，優勢な力に対して従順であったり，集団への同調志向があったりするためである（森田 2010）。

なかでも深刻なのは，「仲裁者」になろうとした子どもが代わりに「被害者」になってしまうことの恐怖だろう。いじめの場面では，役割は常に固定されているわけではない。「加害者」も「観客」も「傍観者」も，いつでも「被害者」

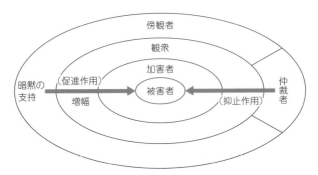

図14-6　いじめ集団の四層構造モデル

出所：森田（2010: 132）の図を筆者が一部改変。

に回る可能性がある。また，「被害者」が「加害者」になることもあるし，「加害者」でありながら「被害者」でもある子どももいる（森田 2010）。誰もが「被害者」になることへの不安を抱えるために口を閉ざす中で，「仲裁者」として振る舞うことは，まわりの子どもの目には明らかに集団の規範（「ふつう」）を逸脱した行為に映るだろう。だからこそ，多くの子どもは「傍観者」の状態にとどまることになる。

　いじめ集団の四層構造を踏まえると，いじめは，いじめる子どもだけでなく，それを積極的ないし消極的に容認する周りの子どもによって支えられていると考えられる。自分が代わりにいじめられることへの恐怖や，他者への無関心および同調志向などによって，いじめを黙認するという力学が子どもたち同士に働いているのかもしれない。学級集団がそうした空間になった時，いじめが継続・激化していくことを，教師は念頭に置く必要があるだろう。

学校共同体主義

　　　　　　　　学校の集団生活の中でお互いの心と心の交わりを求める全人的な教育が子どもたちひとりひとりにきめ細かく強制される状態を「学校共同体主義」（内藤 2001）と呼び，学校共同体主義こそが学級集団内でいじめが蔓延する原因になっているとする議論もある。この議論によれば，学級とはこれまで何の縁もなかった同年齢の子どもたちを朝から夕方まで囲い込み，さまざまな関わりあいを強制する場である。同級生と「友だち」であることが求められ，学校生活のありとあらゆる場面で「友だち」と関わりあわなければならないため，自分の運命はいつも「友だち」の気分や企みに左右される状態になる。しかも誰と親密なつきあいをし，誰と冷淡なつきあいをするのかを選ぶことができない。そのため，「いやなやつ」の存在は耐

えがたい苦痛になる（内藤 2001）。

　この議論が妥当であるならば，学級集団の共同体主義的な色彩が強くなれば
なるほどいじめが起きやすくなるといえるだろう。学級では「いやなやつ」と
の関わりを断つことができないので，そのストレスがいじめる動機になるかも
しれない。また，いじめられている子は「いやなやつ」であるいじめる子を遠
ざけて生活することができない。そのためいじめる子は，関わりあいが強制さ
れていることを逆手にとって，いじめを続けることができる。

　また，学校のように閉鎖的な共同体では，集団内で独自のノリができあがり，
それが一般社会のルールより優先されることがある（内藤・荻上 2010）。「人を
いじめるのは悪いこと」という一般社会のルールを頭では理解していても，小
さな集団のノリが，いじめを「よいこと」にしてしまう。なおかつ，そういう
悪いノリは人から人へと感染していくという（内藤・荻上 2010）。

3　現場のための Q&A

・この章の知識は，学校現場でどのように役立てることができるのでしょうか。

　本章の知識は，不登校やいじめを「心の問題」とだけ捉えていては見えない，
不登校・いじめのきっかけや解決の糸口を発見するための重要な「引き出し」
になりえます。友人関係や教師の振る舞い，貧困や養育困難などの家庭環境，
学級集団のあり方，そうしたものから暗黙のうちに学ぶことで形成された子ど
もたちの価値観などに着目することで，不登校やいじめの背景がより鮮明に浮
かび上がるかもしれません。

・あつしくんのようなケースにはどのように対応すればよいでしょう。

　まず，子どもを学校に送り出すことが困難であるような家庭環境への支援が
必要だと考えられます。スクールソーシャルワーカーの大田さんは，あつしく
ん本人への働きかけの前に家庭生活の安定が欠かせないと判断し，母親に債務
整理の提案をしました。債務整理が進む中で生活保護の受給や家事支援の利用
も開始し，徐々に家庭環境が安定していったそうです（大田 2015）。

　こうした家庭環境への直接の支援は，教師には難しいのが現実です。特に家
庭の経済的な問題への教師の介入は，保護者の反発を招きかねません。そもそ
もどんな外部機関と連携すればよいのか教師にはわからないことも多いかもし

れません。教師にできることは，家庭の状況を管理職に伝え，福祉の専門家であるスクールソーシャルワーカーの派遣を要請してもらったり，児童相談所や子ども家庭支援センターと連携してもらったりするなどの，支援の輪を広げるための手立てです（コラム１参照）。教師が問題を１人で抱え込んでしまうと子どもの家庭環境を改善するという結果を導き出すことは難しいので，報告・連絡・相談を行うことが肝心です。

　また，あつしくんの場合は，学習の遅れ，本や音楽に触れたり季節の料理を食べたりするなどの文化的な経験の不足，自尊心の低さなども課題として挙がりました。スクールソーシャルワーカーの大田さんと一緒に家でプリント学習をしたり，特別支援学級に通って音楽の合奏などさまざまな文化的な経験をしたりする中で，あつしくんは少しずつ元気を取り戻したといいます（大田2015）。こうした学習機会の保障や文化的な経験の提供，自尊心の回復に向けた働きかけは，学校や教師にもできることの１つだといえます。

・不登校の子どもは，あつしくんのように，また学校に通えるようになることが目標なのでしょうか。

　そうとは限りません。「心の問題」，まわりの子どもや大人との関係，家庭環境，学校のあり方などひとりひとりの子どもたちの状況と，必要としている支援（ニーズ）とを踏まえて考えていくことが欠かせません。例えば，同級生とのトラブルがおもな原因で登校したくない場合，その子が最も必要としているのは，スクールカウンセラーのもとに通って心のケアをしてもらうことよりも，その同級生とできるだけ接触しないですむことかもしれません。在籍する学校ではなく，教育支援センター[7]やフリースクールあるいはフリースペース[8]などの学校外の学びの場に通い，新たな人間関係の中で学習に打ち込みたいと考える子どももいるでしょう。こうした場合，教師が元の学校・学級への復帰だけを目指して関わり続けるよりも，早急に学校外の学びの場につながれるような支援をする方が，本人にとって有益なはずです。

---

(7)　教育支援センターは，小・中学校の不登校の子どもに学びの機会を提供するために，都道府県・市区町村の教育委員会によって設置・運営されている施設である。かつては適応指導教室と呼ばれていた。
(8)　フリースクールやフリースペースは，主に不登校を経験した小学校・中学校・高等学校段階の子どもたちが通う，民間（または公設民営）の教育施設である。

教師にとってどうなってほしいのかではなく，子ども本人にとって何が必要なのかを考えたいところです。その際，「安心・安全」，「学習権の保障」，「人とのつながりの保障」などの観点がヒントになるかもしれません。

・いじめに気づいたとき，教師は何に気をつけるべきでしょう。

いじめの被害にあった子どもの心のケアなど，当然ながら気をつけるべきことは数多くありますが，ここでは本章で紹介した知見を踏まえて 2 点述べておきたいと思います。

1 点目は，教師は「いじめられる子どもにも原因がある」という言葉を絶対に言ってはならないということです。いじめは，ある子どもが何らかの目立つ特性を持つからといって，必ず起こるわけではありません。それがまわりからヴァルネラビリティ（攻撃誘発性）とみなされることによって，いじめは起きると考えられます。万が一，教師が被害者側に原因があるかのごとく伝えてしまったとしたら，いじめの標的となっている子どもの特性は，教師によってお墨つきを与えられた「いじめの原因」（ヴァルネラビリティ）として固定化されてしまうかもしれません。

また，「いじめられる子どもにも原因がある」という捉え方は，子どもたちがいじめを激化させる理由になりえます。ある研究では，「異質」な者を排除することやいじめられる子を制裁することを口実としたいじめが激化しやすいことが明らかになっています（久保田 2013）。いじめられる子どもの特性にいじめの原因を求める言葉は，いじめられる子に「異質」さがあると大人が公認することになり，いじめる子にいじめられる子を制裁したり排除したりする口実を与えてしまいます。

子どもたちの特性をヴァルネラビリティとみなすことを抑止するために教師が子どもたちに伝えるべきは，「どんな違いがあっても，いじめをしていい理由にはならない」という言葉です。

2 点目は，いじめをした子どもにも支援が必要だということです。いじめが起きた時，いじめた子には「何があってもいじめは絶対に許されない」と伝えるべきですが，ただ厳しい口調で叱責するだけの指導をしたらどうなるでしょうか。いじめの根底にいじめた子が抱えていたストレスがあるとすれば，厳しい口調での叱責はストレスをさらに増やすことにもなりかねません。教師に隠れていじめを激化させたり，不登校や犯罪行為に発展したりする可能性もあり

ます。

　いじめを解決する上では，いじめをした子が抱えているストレス（「心の問題」）の背景を探ることが重要だと考えられます。目を配るべき点は多くあります。友人関係で嫌な思いをさせられていないか，学校や家庭で過剰に競争をあおられていないか，学級や部活動，家庭，学校外の場所などでストレスを抱えこんでいないか……。教師にとっては，いじめをした子どもたちに対しても，いじめに至ってしまうようなストレスの根本を解消していくための支援という関わり方が，指導とともに大事になるはずです（「問題」を起こす子どもへの対応として，第6章，第7章，第9章も参照）。

4　演習課題

■1　ツイート課題
①あなたが「この学級，しんどい」と思ったのはどんな時？
②「不登校ゼロを目指します！」という学校の方針，どう思う？
③中学校の時のあなたは，いじめの「仲裁者」になれた？

■2　レポート課題
①あなたが知っている不登校のケースの原因や背景について，「心の問題」，家庭環境，まわりの子どもや大人との関係，学校のあり方といった観点から論じてください。身の回りで思い当たらなければ，本やインターネットから不登校のエピソードを探してください。小説や映画で描かれているフィクションでもかまいません。
②学校の共同体としての側面を否定的に捉える「学校共同体主義」論（内藤2001など）について，批判的に論じてください。例えば，お互いの心と心の交わりを求める全人的な教育は，いじめを蔓延させるだけなのでしょうか。また，子どもたち同士の関係を深めながらいじめを回避していく道筋はないのでしょうか。あなたの学校経験とも照らし合わせながら検討してください。
③「学校共同体主義」論（内藤 2001など）では，いじめの解決策として，暴力を伴ういじめには警察の介入が，いやがらせ・悪口・無視といったコミュニケーションに関係するいじめには学級制度の解体が必要だと主張しています。これらの解決策への賛否を理由や代替案とともに論じましょう。

5　理解を深めるために

1　文献紹介

①伊藤秀樹，2017，『高等専修学校における適応と進路——後期中等教育の
セーフティネット』東信堂。

同書第 5 章では，不登校経験のある高等専修学校の生徒へのインタビューか
ら，不登校になったさまざまなきっかけ，事例となった高等専修学校では登
校を継続している理由，登校を支える学校の仕組みなどを明らかにしていま
す。不登校は「進路の問題」とも言われますが，それを克服しようとする学
校の努力や困難も描いています。

②内藤朝雄・荻上チキ，2010，『いじめの直し方』朝日新聞出版。

「学校共同体主義」論を唱える内藤朝雄の考えが最もわかりやすく書かれて
いる本です。いじめは「排除」ではなく「飼育」の形で起こること，特定の
集団の中だけで適用される「表情罪」というきまりなど，目からうろこの指
摘が数多くあります。内藤と荻上が提案する「いじめの直し方」の是非など
も含め，周囲の人たちと議論してみてください。

③鈴木翔，2012，『教室内カースト』光文社。

学校内の人間関係の序列を意味する「スクールカースト」は，日本の学級集
団の特性の 1 つといえます。この本は，スクールカーストをさまざまな立場
の子どもたちの声をもとに立体的に描き出すと同時に，スクールカーストと
いじめとのつながりや，教師がスクールカーストを見るときの問題点につい
ても指摘しています。

2　メディアの紹介

①大今良時，2013-2014，『聲の形』講談社（全 7 巻）。

耳の不自由な少女と，彼女をいじめていた少年をめぐるマンガです。第 1 巻
では小学校で起きたいじめが描かれています。どのようにしていじめは始ま
ったのか，登場人物たちは「いじめ集団の四層構造」に位置づけるとどの立
場になるのか，なぜ学級集団内でいじめが激化したのか，教師は子どもたち
にどのように関わるべきだったのか……。そうしたことを考えながら読んで，
異なる学校経験を持つ多くの人と議論してください。第 2 巻以降では，いじ

めが登場人物たちのその後にどのような影響を与えているのかについても描かれています。アニメ映画化，小説化もされています。

文献

Akiba, Motoko, Kazuhiko Shimizu, and Yue-Lin Zhuang, 2010, "Bullies, Victims, and Teachers in Japanese Middle Schools," *Comparative Education Review*, 54(3): 369-392.

保坂亨，2000，『学校を欠席する子どもたち——長期欠席・不登校から学校教育を考える』東京大学出版会。

伊藤秀樹，2017，『高等専修学校における適応と進路——後期中等教育のセーフティネット』東信堂。

伊藤茂樹，1996，「『心の問題』としてのいじめ問題」『教育社会学研究』59：21-37頁。

国立教育政策研究所生徒指導研究センター，2010，『いじめ追跡調査2007-2009　いじめ Q&A』国立教育政策研究所。

久保田真功，2013，「なぜいじめはエスカレートするのか？——いじめ加害者の利益に着目して」『教育社会学研究』92：107-127頁。

文部科学省，2010，『生徒指導提要』教育図書。

文部科学省，2019，「いじめの定義の変遷」（https://www.mext.go.jp/component/a_menu/education/detail/__icsFiles/afieldfile/2019/06/26/1400030_003.pdf）。

文部科学省，2021，「児童生徒の問題行動・不登校等生徒指導上の諸課題に関する調査——用語の解説」（https://www.mext.go.jp/b_menu/toukei/chousa01/shidou/yougo/1267642.htm）。

森田洋司，2010，『いじめとは何か——教室の問題，社会の問題』中央公論新社。

森田洋司・清永賢二，1985，『いじめ——教室の病い』金子書房。

森田洋司・滝充・秦政春・星野周弘・若井彌一編，1999，『日本のいじめ——予防・対応に生かすデータ集』金子書房。

内藤朝雄，2001，『いじめの社会理論——その生態学的秩序の生成と解体』柏書房。

内藤朝雄・荻上チキ，2010，『いじめの直し方』朝日新聞出版。

中村高康，2018，「学校における『いじめ』体験と社会階層」中村高康・平沢和司・荒牧草平・中澤渉編『教育と社会階層—— ESSM 全国調査からみた学歴・学校・格差』東京大学出版会，29-44頁。

大田なぎさ，2015，『スクールソーシャルワークの現場から——子どもの貧困に立ち向かう』本の泉社。

須藤康介，2019，『教育問題の「常識」を問い直す——いじめ・不登校から家族・学歴まで』[第2版] 明星大学出版部。

竹川郁雄，1993，『いじめと不登校の社会学——集団状況と同一化意識』法律文化社。

山口昌男，1988，『学校という舞台——いじめ・挫折からの脱出』講談社。

第15章

「現場」のために教師が社会調査を学ぶ

小西尚之

1 学校で「調査」をする？

以下は小学校から帰ってきた5年生の子どもと親の（架空の）会話である。

子：これ，学校から。（おもむろにランドセルから1枚の紙を差し出す）

親：何これ？

子：知らない。先生から。

親：「家庭生活に関するアンケート」ってあるけど，他に説明の紙とかは？

子：ない。

親：誰が答えればいいの？

子：親に渡せって言われたから親でしょ。

親：（仕方なしに回答し始めるが，真ん中あたりの質問で筆が止まる）う〜ん。

Q　お子様はご両親のスマホやタブレットを使用していますか？
　　①　両親とも持っていない　　②　ゲーム　　③　動画
　　④　SNS　　⑤　その他

子：どうしたの？

親：親がスマホを持ってても子どもに使用させていない場合はどう答えたらいいんだ？

子：「その他」があるよ。

親：「その他」に○と。でも，（　　　）がないから，何が「その他」なのか
　　わからないだろうね。うん？　いや，ちょっと待てよ。

子：今度はどうしたの？

親：うちは関係ないけど，ゲームと動画の両方をしている場合はどう答え
　　るんだ？

子：2 つともに○をつけるんじゃないの？

親：でも，前の質問みたいに「複数回答可」とは書いてない。それに，ス
　　マホは持ってるけど，タブレットを持っていない家庭はどう答えるん
　　だろう？

子：えっ，まだ何かあるの？（ちょっと面倒くさそうに）

親：母親は持ってても，父親が持っていない家庭もあるはずだしね。

子：うちには関係ないんだから，もういいでしょ。（あきれた様子で，親の
　　「スマホ」ではなく，子ども専用の「ゲーム機」でゲームを始める）

　本章では，既存の社会調査の結果を見たり，あるいは教師自身が学校におい
て社会調査を実施したりする際に土台となる知識と技能を概観する。社会調査
の基本的な考え方や方法論を知ることは，教育現場の俯瞰的な把握に役立つは
ずだ。そして，あなたや勤務する学校が実施するアンケートを改善したり，子
どもたちに「探究的な学習」を指導したりする際にも，本章は具体的な手助け
になるはずである。

2　教育社会学の「実践」

　本節では，既存データを見る際の注意点や調査倫理について触れた後に，実
際に教師が学校現場で実施できる方法論を紹介していく。具体的には，アン
ケートや参与観察，インタビューにくわえ，現場での教育改善に有効だとされ
るアクション・リサーチについて基本的な考え方をおさえる。

■1■　調査結果を見る際に気をつけること

　既存のデータや調査の報告から知りたいことがわかる場合は，わざわざ新た
な調査を実施する必要はない。以前に学校が協力したアンケート調査の要旨や
報告書が届くことも多い。まずは勤務する学校の職員室などにそのような報告

表15-1　「学級」×「勉強が好きか」のクロス集計
表（仮想データ）

行

	勉強が好き	勉強が嫌い	計
A組	30 （75.0%）	10 （25.0%）	40 （100.0%）
B組	25 （62.5%）	15 （37.5%）	40 （100.0%）
計	55 （68.8%）	25 （31.2%）	80 （100.0%）

列

出所：筆者作成

書や統計データがあるか探してみよう。以下では，これらの既存の調査データ
を見る際の注意点について確認する。

クロス集計表の見方

　例えば，ある学校で「勉強が好きか」を聞いたアン
ケート調査の結果を学級間で比較したい場合を想定
しよう。2つの変数を組み合わせて同時に集計し，2変数間の関連性を可視化
する有効な方法がクロス集計表の作成である。表15-1は架空のデータで作成
した「学級」と「勉強が好きか」のクロス集計表になる。条件が交差（クロス）
したセル（cell）の中にそれぞれの度数[2]が示されている。

　表15-1は，A組で勉強が好きと回答した子どもが30人，嫌いと回答した子
どもが10人いたのに対し，B組では好きと回答した子どもが25人，嫌いと回答
した子どもが15人であったことを示している。このように，一般的には回答の
分布を知りたい中心的な変数を表の上部に配置し，回答者全体をグループ分け
するための変数を表の左側に配置する（岩井・保田 2007：100）[3]。なお，各セル
の下部には度数を比較するために相対度数（％）も示した。この例の場合，あ
くまでも学級別に勉強の好き・嫌いを比較するのが目的なので，横向きの各行
の合計数を100.0％とした場合の表記とした[4]。相対度数は総度数から各度数が

---

(1)　身長，性別など「変化する値をとる概念」（木下 2013：79）を変数（variable）と呼ぶ。
(2)　「ある値に一致する，あるいは，ある範囲に含まれるデータの数」（大塚 2001：93）を度数（fre-
quency）と呼ぶ。
(3)　表の上部を表頭，表の左側を表側と呼ぶ。
(4)　横向きの各行の合計数を100.0％とした場合の相対度数を行％，縦向きの各列の合計数を100.0％
とした場合の相対度数を列％と呼ぶ。

計算できるように小数点以下第一位まで表記するのが一般的である。

> 相関関係と因果関
> 係を区別しよう

クロス集計表などで調査結果を見る際には，相関関係と因果関係の混同に注意が必要である。[(5)] 例えば，経済協力開発機構（OECD）が2018年に実施した国際学習到達度調査（PISA）の公表結果を受けて，「本・新聞読む生徒　高得点」（読売新聞，2019年12月4日）という見出しの記事が報じられた。この見出しを一瞥した読者の多くは，「本を読むから読解力が高い」，つまり読書量と読解力を「読書量⇒読解力」という因果関係として解釈したのではないだろうか。記事本文には「調査と同時に実施された生徒へのアンケートを分析した結果，小説や新聞でまとまった文章を読む機会と読解力には関係性がみられた」とある。少し冷静に考えれば，読書以外にも読解力を向上させる他の要因があるだろうし，そもそも読解力がある生徒ほど多くの読書に取り組んだ，という逆の因果関係もあり得る（「読解力⇒読書量」）。つまり，一時点の調査である PISA の結果から推測できるのは因果関係ではなく，「読書量⇔読解力」という相関関係だけなのである。このように，新聞やテレビ，インターネットなどの記事には，読者に因果関係と相関関係を混同させるような表現が溢れていることに注意したい。

　相関関係とは変数Aが変化するにつれ他の変数Bも同時に変化するという関係であるのに対し，因果関係とは一方の変数Aの変化が他の変数Bの変化を引き起こす（原因と結果の）関係である。両者の関係を記号で表すと，相関関係は「A⇔B」，因果関係は「A⇒B」となる。つまり，相関関係ではAとBのどちらが原因でどちらが結果か，時間的にどちらが先かは不明であるが，因果関係では原因Aと結果Bが明確で，時間的にも原因Aが結果Bに先行する。2つの変数間に相関関係があっただけでは因果関係があると結論付けることはできないのである。

> 疑似相関に気
> をつけよう

もう1つ例を検討してみよう。ある教師が，「部活動に参加」している子どもは「学校の成績」も良いのではないかと考え，勤務先の高校の生徒について調べてみると，表15-2のような結果になったとする。[(6)]

　たしかに部活動に参加している生徒のほうが成績上位の割合が高く，成績下

---

(5) 相関関係と因果関係の説明については谷岡（2000：125-126）を参考にした。

(6) n はデータや標本の大きさを意味する場合に全般的に用いられるので，表15-2のように各選択肢の度数を表すこともあれば，全体の度数を表すこともある（岩井・保田 2007：61）。

表15-2　「部活動への参加」×「学校の成績」のクロス集
計表（仮想データ）

	n	成績上位	成績下位
部活動に参加	500	55.0%	45.0%
部活動に不参加	500	35.0%	65.0%

出所：筆者作成

位層の部活動参加率は低い。しかし，このクロス表から「部活動に参加してい
るから成績が高い」（部活動⇒成績）と言えるだろうか。見せかけの因果関係で
ある疑似相関かどうかを確認するには，子どもの「部活動への参加」と「学校
の成績」の両方に影響を与えている他の要因（変数）が存在しないかを疑って
みる必要がある。例えば，第3の変数として「家庭のSES」（socioeconomic sta-
tus：社会経済的地位）が考えられないだろうか。部活動には費用がかかる上に，
高SES家庭ではさまざまな経験を積ませようとして（第3章・第7章），子ども
の部活動参加に積極的なのかもしれない。そのような家庭の子どもは通塾もし
ていて，成績が高い傾向にある（第3章）。これらの関係を描くと図15-1のよ
うになる。この場合，子どもの学校の成績に影響を与えているのは，部活動へ
の参加よりも家庭のSES（とそれによる子育てのパターンの違い）ということにな
る。もし部活動への参加が学校の成績に直接影響を与えていないとしたら，表
15-2で示される関係は疑似相関ということになる。[7]

　あらためて整理しよう。[8]「2つのことがらに何らかの関係性があること」を
相関関係と呼ぶが，これは2つの状態に分けられる。1つは「2つのことがら
のうち，片方が原因となって，もう片方が結果として生じた場合」であり，こ
れが因果関係である。もう1つが「片方につられてもう片方も変化しているよ
うに見えるものの，原因と結果の関係にない場合」であり，こちらが疑似相関
である。疑似相関の理由としては，①「まったくの偶然」，②「第3の変数」
の存在，③「逆の因果関係」の存在が考えられる。図15-1の例では，家庭の
SESという「第3の変数」の存在があったと考えられる。[9]

---

(7)　ここでは部活動への参加が学校の成績に因果的効果がないという仮定で疑似相関の説明をしてい
　る。

(8)　因果関係と疑似相関の説明については中室・津川（2017：26-35）を参考にした。

(9)　「まったくの偶然」や「逆の因果関係」（成績が高いから部活動に参加できる）の可能性も否定で
　きない。

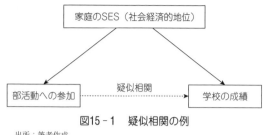

図15-1　疑似相関の例

出所：筆者作成

2 調査の前に知っておくべきこと——調査倫理について

　調査の実施に際しては，計画や方法だけではなく，調査倫理も重要な問題になる。普段勤務している学校は単なる「職場」ではなく社会の一部であり，子どもたちも単なる「教え子」ではなく社会の構成員である。教師にとって学校はよく慣れ親しんだ場所だからこそ，調査をする際には，同僚の教師や子どもたちとの距離感に注意しなければならない。特に，教師が勤務校で調査を行うのであれば，実践者と研究者という「役割の二重性」が生じる。つまり，組織の構成員である「実践者」としての役割と，組織である学校を研究対象とする「研究者」としての役割である。教師が勤務校で調査を行う際には，「調査される」側に所属するとともに，「調査する」立場にも立つ，という不思議な状況に置かれることを自覚し，自分の存在や行動を客観的に見つめる努力が必要となる。[10]

　学校現場で調査を行う教師の特殊な立場にくわえ，社会調査を行う際の一般的な注意事項もある。そもそも調査を始める前に「本当にこのような調査が必要なのか」を検討する必要があるだろう。調査実施を決めた場合には，対象である同僚教師や子どもたちのプライバシーの保護には十分気をつけよう。例えば，普段の定期試験と同じような感覚で，子どもたちに記名式のアンケート調査を強制していないだろうか。もともと教師と子どもたちの間には権力関係が存在する上に，記名式の調査では教師が「誰がどんな回答をしたか」がわかってしまうので，回答者である子どもたちの心理的負担はいっそう増すことになる。在学中や卒業後に同一個人を追跡したり，成績データと照合したりするなどの必要性がないのであれば，記名式調査は避けるべきである。

---

(10)　「役割の二重性」から生じる葛藤やジレンマの問題については小西（2013）を参照。

```
┌─────────────────────────────────────────────────────────┐
│                   研究協力同意書                          │
│   「○○に関する研究」について，研究計画書に記載されている下記項目について，研究代表者│
│ より詳細な説明を受け，必要性を認めたので，当校が本研究に協力することを承諾します。 │
│  1．研究概要・目的                                        │
│  2．研究計画・方法                                        │
│  3．倫理的配慮                                            │
│  4．協力の内容                                            │
│  5．公表の方法                                            │
│  6．研究体制                                              │
│             承諾日        年      月      日            │
│  研究協力校名＿＿＿＿＿＿      学校長＿＿＿＿＿＿＿＿＿＿印＿＿ │
│                                                           │
│ 【研究代表者の氏名・連絡先】                              │
└─────────────────────────────────────────────────────────┘
```

図15-2　研究協力同意書の例（学校長からの同意）

出所：筆者作成

　調査実施の前には，対象者や協力者である子どもたちや保護者，学校長など
に対して不安感や不信感を与えないように，相手が納得できるまで粘り強く丁
寧に概要を説明することが重要である。日本教育学会の倫理綱領にも「情報提
供者への説明責任」として「あらかじめ当該者（ないしその保護責任者）に対し
て，研究目的，研究内容などを十分に説明し，同意・了解を得ることが必要で
ある」（第4条）とある。特に，学校で子どもたちを対象に調査を実施する場合
には，特別の配慮が必要になってくるだろう。この点に関しては社会調査協会
の倫理規定に，「調査対象者が満15歳以下である場合には，まず保護者もしく
は学校長などの責任ある成人の承諾を得なければならない」（第7条）とある。
保護者や学校長など責任ある立場の大人から調査協力の同意を得る際には，例
えば図15-2のような同意書に署名してもらっておくとよいだろう。

　調査開始後の記録やデータの管理はもちろん，結果を発表する際にも注意を
要する。教師の調査対象は勤務校や担任する学級が多いので，調査結果を公表
する場合，教師本人の氏名や所属から調査対象となった学校や学級を特定する
ことは難しくないだろう。自らの教育実践を対象とするのであれば，生徒の個
人名はもちろん，所在地や学校名を匿名にしたり，特定を容易にする表現を避
けたりといった配慮が求められる。[11]

───────────────

[11]　教育実践を論文化する際の具体的な方法論や注意点は藤田（2019）が参考になる。

3 アンケート調査

　実際の調査方法を紹介していこう。まずは最も身近な社会調査の１つである
アンケート（質問紙）調査の方法について，６つの段階に分けて概要を把握す
る。

　　　　　　　　　　　　　　目的から大まかなテーマ（課題）を言語化し，その調
　調査計画を立てる　　　　　査テーマにふさわしい対象（学級など）や具体的な実
施日時・場所などを決めよう。管理職や学年主任といった関係者から許可を得
るなどの校内調整はこの時点で開始する。

　　　　　　　　　　　　　　おもに，回答者が自ら調査票に記入する自記式（自
　調査方法を決定する　　　　計式）と調査員など他者が回答者の回答を聞き取っ
て記入する他記式（他計式）がある。さらに，自記式には①郵送調査，②留置
調査，③集合調査があり，他記式には④面接調査，⑤電話調査がある。教師が
勤務校で行う場合，大半が自記式の集合調査になるだろう。

　また，近年ではインターネット（ウェブ）調査も普及してきている。Google
フォームや Survey Monkey などのアンケート作成サービスを利用してオンラ
インで子どもたちが回答するためのアンケートを作成することができる。勤務
校が総合的な教育プラットフォームの Classi などを導入していれば，それら
も同様のサービスを提供しているはずだ。これらのコンピュータ支援型調査は
アンケート結果の入力作業が不要であるため，「時間の短縮」と「労力の削減」
を可能とする（小林 2017：75）。多忙な教育現場において，日常の一連の業務
内で現状把握のために調査を定期的に行うのであれば，インターネット調査が
現実的であろう。

　　　　　　　　　　　　　　調査の課題を明らかにするために，関心事項を具体的な質
　調査票を作る　　　　　　　問文と選択肢に書き起こすことをワーディング（word-
ing：「言葉遣い，言い回し」の意）という。子どもたちなど回答者に馴染みのあ
る言葉を使って，わかりやすい表現を心がけることが基本である。特に気を付
けるべき８項目と調査票の例（図15-3）を示そう。

① 　質問の形式を決める：聞きたいのは回答者の「事実・行動」なのか（「〜
　　し# 　いますか」図15-3のＱ１），それとも「意識・態度」なのか（「〜について
　　どう思いますか」図15-3のＱ２）。

② 　回答の形式を決める：回答は単数なのか（「１つだけ○をつけてください」図
　　15-3のＱ５など），複数なのか（「あてはまるものすべてに○をつけてください」

図15‐3のＱ6），あるいは尺度なのか（「そう思う」「まあそう思う」図15‐3のＱ4）。なお，調査者が選択肢を考えるのが難しいからという理由で自由回答記述ばかりにすると，未回答者が多くなったり，傾向を見出す分析が難しくなったりすることがある（図15‐3のＱ3のSQ）。[12]

③　ダブル・バーレル質問を避ける：1つの質問文では1つのこと（論点や対象）を聞こう。2つ以上のことを聞くと回答者がどちらを優先してよいか迷ってしまう。例えば，「この授業はあなたの現在の生活や将来の仕事に役立つと思いますか」という質問では，回答者が「将来の仕事」に役立つと思っていても「現在の生活」に役に立っていないと思っていれば答えることができない。このように，1つの質問文の中に2つ以上の論点や回答対象があり，どちらにも焦点を絞れないものを「ダブル・バーレル質問」という。[13]

④　選択肢は「相互排他的で網羅的」（小松 2013：118）に作る：「相互排他的」とは複数の選択肢の内容が重複してはならないこと，「網羅的」とは想定されるすべての回答が選択肢として用意されていることである。つまり，回答者が必ず「1つ（以上）」の選択肢を「迷わずに」選べるようにしなければならない。

⑤　質問文は回答しやすい順番に並べる：原則として，大きな概念から始めて次第に個別的な状況を聞いていくが，ある質問への回答が後の他の質問への回答に影響を与えてしまう「キャリー・オーバー効果」には気をつけよう。例えば，「あなたは学校以外で学ぶことも必要だと思いますか」[14]のすぐ後に，「あなたは学校以外でも学ぼうと思いますか」[15]と聞くと，後者だけ独立して尋ねた場合に比べ，前者の影響を受けて肯定的な回答が多くなることが予想される。

⑥　フェイスシート（face sheet）項目は最後にする：性別や同居者など基本的

---

(12)　SQ（サブ・クエスチョン）とは，「ある質問に特定の回答をした回答者に対してのみ」行う追加質問のことである。これによって「調査票の構造をより系統だった体系的なもの」（岩永 2001：65）にすることができる。

(13)　冒頭の親子の会話中に出てくるアンケートの「ご両親」「スマホやタブレット」という表現が「ダブル・バーレル質問」にあたる。

(14)　このように漠然と客観的な意見を問うものを「インパースナル質問（一般的質問）」と呼ぶ（岩永 2001：66-67）。

(15)　このように回答者自身の個人的な態度を問うものを「パースナル質問（個人的質問）」と呼ぶ（岩永 2001：66-67）。

な属性を聞く場合には質問票の最初か最後に置く（図15-3のＱ5，6）。ただし，プライバシーに関わる質問が冒頭にあると，回答者が不安になり調査全体を拒否する可能性が高まるので，最後に聞くことが多い（岩永 2001：56）。

⑦ 挨拶文・依頼文を忘れない：勤務校であっても，調査の目的や結果公表の方法，プライバシーの保護などについては，子どもや保護者に不信感を抱かせないために，調査票の冒頭か別紙に簡単な説明を明記しておこう（図15-3を参照）。

⑧ レイアウトを工夫しよう：紙で行う場合，調査票が完成したら印刷して，余白部分やフォントが適切かどうかなど，全体のレイアウトを調整しよう。定期試験の問題・解答用紙を確認する要領で，実際に自ら回答してみるとよい。例えば，単数選択か複数選択かなど回答者に特に気をつけてほしい部分は下線などで強調する方法もある（図15-3のＱ6）。インターネット調査でも，途中で回答を中止する人を極力減らすために画面上のレイアウトの工夫は必要である。

調査票を配布
・回収する
　教室で回答を記入してもらう場合，調査票の配布時に，趣旨やプライバシーの保護，回答方法などについて口頭でも説明しよう。回答への記入に要する時間が過ぎたら，質問を飛ばすなど記入漏れがないか，単数回答の質問に複数の〇をつけていないかなどのあり得るミスに対する注意喚起を行い，回答者自身に確認してもらうとよい。その上で，調査票の回収後すぐに，可能であればその場で記入漏れやミスなどがないか自ら精査し，必要であれば回答者である子どもたちに修正を依頼しよう。

回答を入力する
　回収した調査票のデータ化は下記の4段階で進める。
　① エディティング（editing）：回答が適切に記入されているかを点検する。白紙回答は無効票として取り扱うこともあり得る。

② コーディング（coding）：回答を集計・分析可能な数値に置き換える。例えば，複数の選択肢に回答する場合は，〇がついた選択肢に1，〇がついていない選択肢に0を割り当てると集計・解釈が容易になる。

③ コンピュータ入力：選択肢から置き換えた数値をエクセルやSPSSなどのソフトウェアに入力する。

④ データのクリーニング（cleaning）：度数分布表（単純集計表）を作成し，誤入力がないか確認しよう。明らかにおかしい項目があれば調査票の回答と照

　このアンケートはＡ中学校の教育を改善し，みなさんの学校生活をよりよくするために行います。テストではありませんし，あなたが答えた内容が他の生徒や校外の人に知られることはありませんので，安心して答えてください。

Ｑ１　あなたは１日に家庭でどれくらい学習していますか（塾などで勉強する時間を含む）。あてはまる番号１つに○をつけてください。
　　　１　３時間以上　　２　２～３時間　　３　１～２時間　　４　30分～１時間
　　　５　30分以内　　　６　家庭では全く学習しない（０分）

Ｑ２　あなたは学校生活に満足していますか。あてはまる番号１つに○をつけてください。
　　　１　満足　　　　　２　ほぼ満足　　　　３　やや不満足　　　　４　不満足

Ｑ３　あなたは中学校を卒業した後に，どのような進路を希望していますか。当てはまる番号１つに○をつけてください。
　　　１　高校進学　　　　２　高校以外の学校への進学　　　　３　就職
　　　４　その他（具体的に：　　　　　　　　　　　　）　　　５　未定
　　　SQ（Ｑ３で３と回答した方にお聞きします。その他の方はＱ４へ進んでください。）
　　　具体的な希望職種を教えてください。（　　　　　　　　　　　　　　　　　　　）

Ｑ４　現在のあなた自身の学校生活や意識についてお尋ねします。次のＡ～Ｃのそれぞれについてあてはまる番号１つに○をつけてください。
　　　　　　　　　　　　　　　　　　　　　　　そう　　まあ　　　あまり　　　　そう
　　　　　　　　　　　　　　　　　　　　　　　思う　そう思う　そう思わない　思わない
　　　Ａ　学校生活が楽しい　----------------------- １ ---- ２ -------- ３ -------- ４
　　　Ｂ　学校に行きたくないと思うことがある　---- １ ---- ２ -------- ３ -------- ４
　　　Ｃ　悩み事を相談できる親しい友人がいる　---- １ ---- ２ -------- ３ -------- ４

Ｑ５　あなたの性別を教えてください。あてはまる番号１つに○をつけてください。
　　　１　男性　　　　　２　女性　　　　　３　その他・答えたくない

Ｑ６　あなたと一緒に住んでいる方は誰ですか。あてはまる番号すべてに○をつけてください。
　　　１　父親　　２　母親　　３　祖父　　４　祖母　　５　兄　　６　姉　　７　弟
　　　８　妹　　９　その他の親族　　10　親族以外の同居者

　　　　　　　　　　　アンケートは以上で終わりです。ご協力ありがとうございました。

図15-3　調査票の例（Ａ中学校の学校生活に関する調査）

出所：筆者作成

合し適宜修正する。

　　　入力したデー
　　　タを分析する

度数分布表で全体の回答傾向を把握する。その上で，結果をどのように実践に役立てるのか意識しながらクロス集計表を作成し，学級・性別などの属性ごとに回答傾向に違いがあるかどうかを検証してみよう。必要であれば，結果の要旨を簡単な報告書にまとめ，職員会議

表15-3　参与観察の5つのタイプ

①純粋な観察者（典型例：自然科学者）
②控え目に参与する観察者（典型例：社会学者，文化人類学者）
③参与に観察と同等の比重をかける研究者（典型例：実践研究者）
④実践的な目的のために観察も心がける参与者（典型例：臨床家，改革的実践者）
⑤純粋な参与者（典型例：実践家）

出所：宮本（2001：33-34）

や学年会議，教科会議などで関係者全員が話し合うための基礎資料として活用したい。

4　参与観察

　他の教員の教育活動を見学する際に役立つ社会調査の方法が「対象者と生活をともにし，五感を通したみずからの体験を分析や記述の基礎におく調査法」（佐藤 2006：159）としての参与観察（participant observation）である。教師はもともと学校という「現場」の「住人」なので，フィールドワークの中でも，参与観察が最も自然に取り組みやすいだろう。[16] もともとは文化人類学の分野で未開社会研究の主要な方法とされていたが，教師がいつも生活し「よく知っている」はずの学校という世界を「異分野」の視点で見直すのに有効だと考えられる。ただし，職場である学校では自らの立場に注意する必要がある。この点に関しては，参与観察者の役割や立ち位置（スタンス）について整理した表15-3のタイプ分けが参考になるだろう。

　この中で参与観察に当たるのは②〜④とされている。現場の教師はもともと⑤の立場であるが，一般的には④の立場で観察や研究を始め，時には③にもなり得る。また，勤務校以外で調査をする場合には，最初から②として現場に入ることもあるだろう。このように，参与観察中には，時間の経過や対象との関係の変化に伴い，観察者の立ち位置はさまざまに変化する可能性がある。参与観察は他の調査法に比べ比較的気軽に取り組める点もあるが，役割が流動的なだけに「自分は教師なのか，それとも観察者なのか」「何（誰）のために調査をしているのか」といった葛藤も生まれやすい。観察対象である他の教師・子どもたちとの距離感や職場での「位置取り」にはくれぐれも注意が必要である。

[16]　フィールドワーク（fieldwork）は現場（field）におけるデータ収集過程全般を表す言葉なので，本来は参与観察だけではなく，アンケートやインタビューなど現場で行う調査活動すべてを含む包括的な概念である。

　教師が勤務校で調査を行う際には，実践家（参与者）という「元々の」立場が付いて回ることになるので，常に自分が学校という組織の構成員の1人であるという自覚を忘れないようにしておきたい。筆者がかつて高校教員をしていた時にフィールドワークをしたことがあるのだが，生徒にインタビューを依頼し，先生なのにと怪訝な表情をされたことがある。当然であるが，参与観察中であっても，周りの教師や子どもたちはあなたを「教師」として見ているのだということを忘れずに，周囲の人々と接するようにしたい。

5　インタビュー調査

　教師が教材作成のために校外でインタビュー調査を行ったり，「総合的な学習（探究）の時間」で子どもたちにインタビューの方法を指導したりすることもあるだろう。まずは自分が知りたいテーマや疑問について最も「知っていそうな人」を特定しよう。インタビューの許可を得たら，準備として「何を知りたいのか」を言語化しておく。具体的な質問事項を書き出しておくとよい。当日は，メモをとるための筆記用具・ノートにくわえ，相手の許可が得られればICレコーダ・カメラなどを持参しよう[17]。インタビューの一般的な流れを図15-4に示しておく。

6　アクション・リサーチ——「現場」での教育社会学の有用性

　教師が現場で研究と実践の両方の目的で調査を行う際に参考になる方法がアクション・リサーチ[18]である。教師が現場でアクション・リサーチを行う場合，最も取り組みやすいのは授業研究であろう。授業研究の専門家は「研究的実践」（安永 2012：116-119）という言葉を使って，現場での教師のアクション・リサーチを推奨している（図15-5）。以下では，かつて筆者が行った「高校の英語授業改善」に関するアクション・リサーチの例をもとに，「研究的実践」のサイクルを紹介していこう[19]。

---

[17]　教師自らがインタビューを行う場合や，高校生への指導の際には，録音と写真撮影の両方ができるスマートフォンを利用してもよい。

[18]　元々はドイツの社会心理学者クルト・レヴィンが1940年代に導入した研究アプローチとされているが，現代ではさまざまな理論的立場が含まれている（保坂 2004：175）。

[19]　筆者が英語教員として高校に勤務していた際に，英語教育等を専門とする大学教員らの協力の下で行った実践である。

(1) インタビューの準備
   ① 目的を確認する
   ② 話を聞く調査対象者を決める
   ③ 相手の勤務先のウェブページなど関係資料に目を通しておく
   ④ 大体の質問項目を書き出しておく
                              ↓
(2) インタビューの依頼（この時点からインタビューが始まっていると考えよう）
   ① インタビューの目的を伝える
   ② 相手の都合のよい日時，場所を聞き，面会の約束をする
   ③ 大体の質問内容を伝えておく：「心の準備」を含め「ある程度の」準備をしてもらうこと
     によって，相手の不安感・負担感を少なくする
                              ↓
(3) インタビューの開始
   ① 自己紹介をし，自らの身分や所属を明らかにする：相手から信頼を得るように
   ② 目的・内容をあらためて説明する：相手に不安を与えないように
   ③ 録音する場合は許可を得る：録音しない場合はもちろん，録音する場合も念のためしっか
     りとメモをとっておこう
   ④ 相手の所属等を確認しプライバシーの保護を約束する：結果を目的外使用しないことを伝
     えよう
   ⑤ 質問を開始する：準備していた項目以外にも，当日の実際のやり取りの中で出てきた疑問
     や気になった点なども時間の許す限り積極的に聞こう
                              ↓
(4) インタビューの終了
   ① すべての質問が済んだら，インタビューを終える
   ② お礼を述べ，謝礼があれば渡す
   ③ もう一度，今回の調査結果がどのように使用されるのかを説明し，使用許可を得る
   ④ もし必要になった場合に，後日再び話を聞くことが可能かどうか確認する：可能な場合は，
     対象者の都合のよい連絡先・連絡手段も確認しておこう

図15-4　インタビュー調査の手順

出所：筆者作成

・問題の発見：授業で教科書の音読をさせているが，ほとんどの生徒の声が小
　さくて困っている
・仮説の生成：生徒が「自分の英語が他人に伝わる」喜びと自信を持つことが
　できれば，堂々と大きな声で英語を表現するようになるのではないか
・授業計画：授業にペアでの音読練習を取り入れることによって，生徒に「英
　語を伝える喜びを味わう」経験をさせる
・授業実践：ペア活動による音読練習を繰り返し行わせる
・授業評価：授業中に生徒の声の大きさや表情に注目して活動状況を観察し，
　記録する
・授業の考察：一部の生徒の声は大きくなったが，まだ多くの生徒の声が小さ

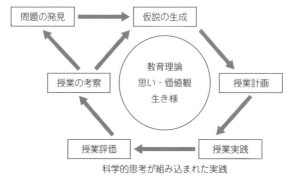

図15-5　「研究的実践」のサイクル

出所：安永（2012：117）

いままである

・新たな仮説の生成：教師の指導方法が適切であったとすれば，「学級の雰囲気」に問題があるのではないか

　この例にあるように，アクション・リサーチとは「研究者と実践者が協働することによって，現場における問題解決をはかり，また，それにもとづく新たな知の創造がめざされる」（保坂 2004：176）研究アプローチである。つまり，大学などに属する外部の「研究者」と現場の「実践者」とが「変化」を目指して共同で行う実践的な研究のことを指すのである。アクション・リサーチは現状の「変化」を志向するために，短期的・単線的なプロセスではなく，長期的・循環的な過程をたどるのが特徴である（図15-5）。重要なのは，外部の研究者があらかじめ準備したリサーチ・クエスチョン（研究課題）を現場に持ち込むのではなく，あくまでも「研究者と実践者が協働で，現場の改変に必要とされるリサーチ・クエスチョンを探求していく」（保坂 2004：178）ことである。

3　現場のための Q&A

・この章の知識は，学校現場でどのように役立てることができるのでしょうか。
　おもに3つの機会で役立てることができます。
　まず，学校にはアンケート依頼が外部から頻繁に届きます。すべての依頼に協力するかどうかの判断はともかく，教育行政が実施する調査や学校評価など

の義務的なアンケートも多いでしょう。日常の決められた業務として調査を行う際に，本章の知識があれば，適切に実施することができるはずです。

次に，実施義務のある調査の遂行ばかりではなく，既存の調査データや報告書を理解し，実践の参考にする際にも本章の知識は応用できるはずです。特に2節の「調査結果を見る際に気をつけること」を参考にしてください。

最後に，教師自らが勤務校で授業改善や学校改革のための基礎資料を得る目的で，主体的に調査を立案・実施できることを意識してほしいと思います。授業や学級経営，生徒指導など学校の教育活動全体を見直す際に，学校や教師の判断で，必要な時に調査を実施してみましょう。調査を行う過程で，実践者としては見えてこなかった現状を理解できるようになるはずです。

・たくさんある中から，どのように調査方法を選択すればよいのでしょうか。

最も重要なのは「調査内容が方法を決定する」ということです。まずは，調査テーマと内容をしっかりと検討しましょう。すでにわかっていることを把握するために先行研究を探してみることも大切です。その上で，研究課題を明らかにするために最も適した調査方法を選択しましょう。あくまでも「対象が技法を選ぶ」（吉川 2007：250）のです。

例えば，担当する学級の子どもたちの生活状況を大まかに把握したいのであれば，アンケート調査が適しているかもしれません。地域の課題について住民の声を拾いたいのであれば，詳細を聞くことができるインタビュー調査がよいでしょう。もしベテラン教師の指導方法を学びたいのであれば，参与観察は1つの選択肢です。そして，学校のリーダーが校外の人たちを巻き込んで組織改革を図る場合には，アクション・リサーチによってさまざまな視点から見て問題点を明らかにする必要があるかもしれません。

なお，これらの調査方法から必ず「1つだけ」選択しなければならないわけではありません。例えば，学級内で何が問題となっているのかを知りたいのであれば，アンケートで全体的な傾向を把握した上で，特に話を聞きたい少数の子どもたちだけにインタビューすることもあり得ます。一方で，少数を対象にしたインタビューで解決すべき問題点をだいたい明らかにしてから，子ども全員にアンケートで項目を絞って，例えば学級内の人間関係などについて回答してもらうのもよいでしょう。これらの調査によって，ある程度学級内の問題点が浮かび上がった後に，参与観察で，例えば他の教員の授業時などに担当する

学級を客観的に見つめてみることも有効かもしれません。[20]このように，多様な実践と人間関係を対象とする学校における調査では，複数の方法を目的や時期などによって組み合わせることも有効です。[21]

・大学の研究者など外部の人ではなく，現場の教師が自分の職場で調査することの良い面と悪い面は何でしょうか。

　教師が現場で社会調査を行う場合，以下のように，良い面は悪い面にもなり得ますし，その逆も然りであることを意識することが大切です。

①教育現場の論理や文化に精通しており，調査対象である子どもたちや学校のことも「以前からよく知っている」ので，現場の文脈で調査全体を計画することができる（⇔「よく知っている」からこそ，客観的な調査設計や分析が困難になり得る）。

②子どもたちの個人情報や校内資料の入手が容易なので，成績などの学校記録を参考に，計画的に調査を準備し，多面的な視点で結果を分析することが可能になる（⇔子どものプライバシー保護に対する感覚が鈍ってしまう可能性がある）。

③授業改善など調査の目的がはっきりしている場合が多いので，調査実施に対して関係者の理解や協力が得やすく，調査を開始しやすい（⇔業務として形式的に実施し，分析もせずに「やりっ放し」になり得る）。

④「実践者」だけでなく「研究者」の視点も手に入れることで，職場と適当な「距離」をとって，新鮮な目で「あたりまえ」と思っていた現状を見直すことができる（⇔子どもたちが自らの「教育の対象」だけではなく「調査の対象」にもなるので，周囲の同僚などとの人間関係が変化し，調査の実施や継続自体が困難になる可能性もある）。

[20]　なお，学級での参与観察の方法は，アンケートやインタビューなどの具体的な調査活動に先立って，明らかにしたい調査テーマや解決すべき問題点の「発見」のために利用することもできる。
[21]　一般的には，アンケートなどは「量的調査」，参与観察やインタビューなどは「質的調査」と呼んで区別されるが，両者を組み合わせた「混合研究法」（mixed methods research）も学校のように複雑で多様な場を理解するためには有効だと思われる。

4 演習課題

■1■ ツイート課題
①学校で回答したアンケート調査，どんな内容だった？
②どんなデータがあると教育実践に役立ちそう？
③どんな調査報告書を読みたい？

■2■ レポート課題
①新聞や雑誌，テレビなどで報道されている調査結果であなたが興味のあるものを1つ選んでください。その上で，その調査について，どのような目的や方法で行われたのか，どのような調査票（質問文）を使用しているのか，結果は妥当なのかなど，概要を書き出してください。なお，関連する文献を図書館やインターネットで調べてください。
②あなたのお気に入りのカフェに行き，自分や他の客，店員の行動や出来事にくわえ，そこで自分が見たことや聞いたこと，感じたことなどをフィールドノートとして記録した上で，その結果をまとめてください。
③大学の友人や職場の同僚に対して，「あなたはどうして教師を目指す（目指した）のか」というテーマで15分ぐらいのインタビューを計画・実施し，結果をまとめてください。

5 理解を深めるために

■1■ 文献紹介
①大谷信介・木下栄二・後藤範章・小松洋編，2013，『新・社会調査へのアプローチ──論理と方法』ミネルヴァ書房。

　本章で紹介した社会調査全般について幅広く学べる基礎的なテキストです。内容が平易であり自学自習しやすい上に，項目が網羅的に配置されており，初めて社会調査に挑戦する人にはお薦めの一冊です。参与観察やインタビューなどについても基本的なことが学べますが，特にアンケートの実施について，調査票の具体例を示しながら懇切丁寧に解説しています。
②小泉潤二・志水宏吉編，2007，『実践的研究のすすめ──人間科学のリアリ

ティ』有斐閣。

①に比べるとやや専門的になりますが，書名にある通り，学校現場などのフィールドで活躍する「実践的研究者」（practical researcher）を養成するために書かれたテキストです。教育学や社会学，心理学，人類学など「人間」を研究対象とする幅広い学問分野の専門家によって執筆されていることが本書の特徴です。本章で紹介したアクション・リサーチや混合研究法についても基本的な解説があります。

③佐藤郁哉，2006，『ワードマップ　フィールドワーク——書を持って街へ出よう』[増訂版] 新曜社。

学校や地域などでフィールドワークを行いたい人向けの入門書です。「フィールドワークとは何か」という基本的な説明から，IC レコーダやカメラなど機器類の使い方まで幅広い項目が網羅されています。本章で紹介した参与観察やインタビューなど質的調査に挑戦してみたい人にはぜひ最初に読んでほしい書物です。巻末の文献ガイドも充実しているので，その後の発展的な学習の助けにもなる一冊です。

2　メディアの紹介

①　映画『羅生門』（1950年，黒澤明監督）

芥川龍之介の短編小説『藪の中』を映画化した作品。ある殺人事件をめぐる関係者たちの語りを中心に物語が展開していくのですが，証言者全員が犯人についてまったく違う話をします。もちろん誰かが嘘をついているのですが，1つの出来事に対して，これほど多様な解釈ができるのかと感心してしまいます。「1つの事実にも複数の物語がある」ことなど，社会調査に関わる私たちにとって示唆的な内容を含んでいます。

文献

藤田武志，2019，「実践的研究論文としてまとめていくとはどのようなことか」『学校教育研究』34：231-237頁。

保坂裕子，2004，「アクション・リサーチ」無藤隆・やまだようこ・南博文・麻生武・サトウタツヤ編『ワードマップ　質的心理学——創造的に活用するコツ』新曜社，175-181頁。

岩井紀子・保田時男，2007，『調査データ分析の基礎—— JGSS データとオンライン集計の活用』有斐閣。

岩永雅也, 2001, 「調査票を作る」岩永雅也・大塚雄作・髙橋一男編『改訂版　社会調査の基礎』放送大学教育振興会, 54-69頁。

吉川徹, 2007, 「方法論の橋を渡る――量的社会調査と質的社会調査」小泉潤二・志水宏吉編『実践的研究のすすめ――人間科学のリアリティ』有斐閣, 248-250頁。

木下栄二, 2013, 「社会調査の基本ルールと基本の道具」大谷信介・木下栄二・後藤範章・小松洋編『新・社会調査へのアプローチ――論理と方法』ミネルヴァ書房, 65-86頁。

小林大祐, 2017, 「実査の方法」轟亮・杉野勇編『入門・社会調査法〔第3版〕』法律文化社, 62-78頁。

小松洋, 2013, 「調査票を作ってみよう」大谷信介・木下栄二・後藤範章・小松洋編『新・社会調査へのアプローチ――論理と方法』ミネルヴァ書房, 88-135頁。

小西尚之, 2013, 「教師が学校で研究するということ――研究者と実践者の二重の役割に注目して」『北陸大学紀要』37, 207-216頁。

宮本真巳, 2001, 「臨床社会学の体験と方法――精神看護の実践・研究・教育を通して」野口裕二・大村英昭編『臨床社会学の実践』有斐閣, 25-51頁。

中室牧子・津川友介, 2017, 『「原因と結果」の経済学――データから真実を見抜く思考法』ダイヤモンド社。

大塚雄作, 2001, 「集計と統計量」岩永雅也・大塚雄作・髙橋一男編『改訂版　社会調査の基礎』放送大学教育振興会, 86-107頁。

佐藤郁哉, 2006, 『ワードマップ　フィールドワーク――書を持って街へ出よう』［増訂版］新曜社。

谷岡一郎, 2000, 『「社会調査」のウソ――リサーチ・リテラシーのすすめ』文藝春秋。

安永悟, 2012, 『活動性を高める授業づくり――協同学習のすすめ』医学書院。

学校における「会話」を分析してみる

布川由利

1．学校のなかの「相互行為」

　学校教育で教師と生徒が最も長く共に時間を過ごすのは授業である。複数の生徒たちが同じ教室に居合わせ，教師の話を聞き，また発言や身振りを交わしてやりとりをするといった相互行為によって授業は進行する。また，授業以外の面談や部活動などのさまざまな学校の活動も，相互行為なくして成立しない。

　そんな相互行為に着目した，参与観察法による研究や授業研究が教育社会学では積み重ねられてきた。また，研究者でなくとも，アクション・リサーチ（第15章）によって，教師が自らの授業や生徒とのやりとりといった相互行為をどのように改善していくべきか実践のための試行錯誤を重ねることも重要である。そこで本コラムでは，教師自らが行い得る調査・分析手法の1つとして「会話分析」[(1)]による研究を紹介しよう。

2．会話分析による研究事例

　会話分析では，日常会話，授業，カウンセリング場面などのさまざまな場面を録画・録音し，複数人でやりとりの書き起こしや音声・動画データを参照しながら意見を出し合い，分析を進める。この手法では，実際に行われた発話や身振り手振りを手掛かりに，当事者たち自身がいかにして相互行為を編成しているのかを明らかにする。まず，授業と進路相談の会話分析を紹介する。

　子どもたちから自発的に発せられる「がやがや」とした発話のことを指す「ガヤ」に関する研究（平本・五十嵐 近刊）を見てみよう。授業中，教師が発話を求めていないにもかかわらず子どもが自由に発言したり複数の子どもが一度に発言したりする場面を見たことがない人はいないだろう。授業の会話は，教師が話し，子どもがそれを静かに聞き，教師の発問を受けて子どもがはっきりと・重なりを避けて1人ずつ答える，といった"整った"やりとりが常に行われるわけではないのだ。子どもたちの「ガヤ」で収集がつかなくなることも珍しくないだろうが，こうした子どもの発言は無秩序に行われているわけではなく，またガヤに対する教師の反応も完全に教師の裁量によって行われているのでもない（平本・五十嵐 近刊）。教師と生徒がお互いにやりとりをしながら，一定の秩序を協同的に組み立てているのである。

---

(1) 会話分析の概説は串田・平本・林（2017）を参照。

```
断片1：
  01   Ｔ：ジェスチャーいち
  02        （3.0）（（黒板の方を向く））
03→Ｓａ：それ書けばいい
  04   Ｔ：あ：そうだねそれ書いて［いいですね
05→Ｓｂ：                    ［マイケルジャク
06→      ：ソンとか人です［か
  07   Ｔ：            ［ジェッ.
  08   Ｔ：ジェスチャーて書ける¿
```
※Ｔは教師，Ｓは児童，（Ｘ．Ｙ）は無音の秒数（2行
目の場合は3秒），（（　））は動作の注釈，：は音の伸
ばし，［は音の重なり，下線は強調された音，¿は語
尾がいったん上がって下がった音を指す。

図コラム3-1　断片1

出所：平本・五十嵐（近刊）

　具体例を研究から引用しよう（平本・五十嵐 近刊）。会話断片1（図コラム3-1）
は，小学校中学年の理科の授業の導入部分で，教師が行うジェスチャーを見て，それが
何を表しているかを児童に当てさせる様子である。断片は，その活動の準備として1行
目で教師が「ジェスチャーいち」と発言し，1つ目のジェスチャーを実演する前に黒板
に何かを書こうとしているところから始まる。分析では，児童から「ガヤ」が発せられ
た際，教師によって取り上げられる発話と取り上げられない発話とがあり，さらにこう
した教師の反応の違いが，完全に教師の裁量によって生じているわけではないことが明
らかにされている。

　1行目の教師の発言に対し矢印で示される発言が，児童による「ガヤ」である。3行
目の児童の発言は，他に発言者がいない中で，「それ」と指示語を用いて教師の発言を
特定し，また教師が発した「ジェスチャー」という単語を書き出すという提案を行って
いる。そうすることで，独り言ではなく教師に向けられ教師が応えるべき発言であるこ
とが示され，教師が「そうだね」と応答することが可能になっている。他方で，5・6
行目の発言は，形式的には「ですか」という敬体となっているものの，教師の発言の途
中（4行目）に重なって発せられている。教師に聞かれるように発せられていない上，
発問とは無関係と思われる歌手の名前を唐突に出している。この5・6行目の不真面目
と受け取られ得る発言は，3行目の児童の発言とは対照的に教師が反応できる「公的な
発言」として発せられていないし，教師も反応していない。児童から自発的に発せられ
る「ガヤ」は，無秩序に発せられているのではなく，教師が反応できる公的な発言か，
それとも無視しうる発言かがわかる形でなされているのである（平本・五十嵐 近刊）。

　次に，教師と生徒による相談場面での会話の分析事例を紹介する（布川 2019）。進路
相談や三者面談といった相談場面では，教師が生徒の本心を汲み取ろうとしたり，厳し

309

```
断片2：
13　T2：　　　　［なに－何大学（調べたの）
14　S3：〈●●大学〉
15　T2：●●
16　S3：はい
17　　　　（0.4）
18　S3：偏差値めっちゃ高く［て
19　T1：　　　　　　　　　　［うん［:薬学部はみんな高いよ
20　T2：　　　　　　　　　　　　　［（　）は：：あの：なれないっていう
21　　　　　　　　　　　　わけじゃないんだけ↓ど：
22　S3：はい
23　T2：都内で：家から通える範囲で：薬学部って言ったら：：
24　　　　みんな頭いいよ
※記号は「ガヤ」の断片と同様。－は中途停止，（　）は聞き取り困難な箇所，
　〈　〉はゆっくり発話されている箇所，↓は音の下がり，を指す。
```

図コラム3-2　断片2

出所：布川（2019：57）

い評価を下したりすることがあり，時として緊張をはらむ。こうした場面で，生徒は言葉や発言の位置を微細に調整し，その場で生じている問題に対処していることが会話分析からは理解できる。

　断片2（図コラム3-2）は，高校1年生対象の履修相談会における2名の数学科教師と生徒の会話である（布川 2019）。この相談会では，1年生が卒業後の進路を見据えて次年度の履修科目を選択し，各教科の担当教師が生徒と話した上で履修の可否を判断する。この事例（断片2）では，生徒と教師が生徒の進路希望に関するやりとりをしている。質問と応答のやりとりを通じて，生徒がいかに教師からの評価を予測しているか，また，教師がいかにして生徒の進路希望に対する評価を提示しているかを見ることができる。

　数学科の教師のもとを訪れた生徒（S3）は，はじめに教師（T1）に薬学部受験を考えていることを伝え，次年度で受験科目として必要な数学の科目を履修する許可をもらおうとしていた。そこに，別の教師（T2）がどの大学の受験を検討して大学情報を調べたのか尋ね（13行目），生徒は具体的な大学名を挙げて返答している（14行目）。

　教師（T2）が志望校について生徒に尋ねた後，生徒から応答があれば，その次には何らかの発言が教師からなされることが期待されるだろう。14行目で生徒が大学名を答えた直後，教師は大学名を繰り返すのみで，それ以上の反応を示していない。17行目では沈黙が0.4秒生じている。生徒が教師の繰り返しに対して確認の返答（16行目）をすることで教師に発言権があることを示してもなお，教師から発言が無いことによる沈黙だと考えられる。つまり，ここで生徒は志望校について，それを受け止める（応答を繰り

返す）以上の反応を教師に期待していることがわかる。

　志望校の「偏差値」がとても高いことを説明する18行目の生徒の発言は，教師による受け止め以上の反応が無いことがわかったところで出されている。これは単に志望校の難易度の高さを説明しているのではなく，教師からの反応が“無い”ことがわかった上でなされており，さらに生徒はその反応が，自らの志望校についての教師からの評価であろうと予測していることを示唆している。これに対し教師たちは，「薬学部」であれば「みんな」偏差値が高いという，生徒に説明されるまでもない周知の事実を口にし（末尾の「～よ」），生徒の説明の情報価値を切り下げている。さらにT2は，20・21行目で「なれないっていうわけじゃない」と留保をつけ，生徒の進路志望の実現可能性に言及しつつ薬学部進学の難しさを強調している。つまり教師たちは，志望校に対する評価が生徒からは期待されていることを認識しつつ，生徒自身による志望校の難易度への評価の価値を切り下げることで，教師から見た評価を強調しているのである。

　この進路相談場面の緊張感がいかに生じているかは，教師と生徒によるやりとりの分析から理解できるのである。会話分析の知見は，当事者である教師や生徒にとって何か意外なことが明らかにされるというよりも，普段から意識せずに自然と行っていることを詳細に言語化したものとして捉えられるだろう。このように会話の細部にこだわりその中で行われていることを言語化することで，やりとりにどのような前提をおいているのか，そうした発言が何によって生み出されているのか，生徒がどのように教師の発言を捉えるのか，といった視点を教育実践に確認していくことができる。

3．相互行為を見ることで何が可能になるか——人々の視点や価値基準への着目

　これまで教育社会学では，学校のなかで展開される活動や相互行為に関してさまざまな方法論に基づいて研究してきた。そうした方法論の特長は，実際の人々の生活に着目し，調査対象の価値判断や視点を分析の射程に入れながら論じる点にあるだろう。前述の2つの事例では，子どもや教師自身の視点や判断を取り逃さないよう，発言の形式や位置に着目していた。これらの分析は子どもと教師の（目に見えない）心の動きや能力を明らかにしようとしているのではない。浮き彫りにしようとしているのは，相互行為の参加者たち自身が，他の参加者の行為についての理解をどのように示しているのかということである。また，これらの分析は，子どもと教師が自身の行為をどのように理解されるべきものとして提示しているのか，あるいはそれらの行為がどのような視点や価値判断に基づいて行われているものとして提示しているのか，を明示化している。

　「当人たちの視点や価値基準を重視する」ことの重要性を理解するには，第8章で描かれた教師と生徒のやりとりがわかりやすい。ソバをすすりながら教室に入ってきた生徒に対し，教師は厳格に対処することを避け，食べているという生徒の行為を手掛かりに生徒に質問をすることで，生徒の回答を授業の話題につなげていた。それは，生徒を

ことさら問題のある存在としてではなく，授業に参加する存在として扱い，また生徒も
それに応えることで授業が成立していた。当事者以外からすれば「甘い」ように見える
かもしれない教師の対応は，何気ないやりとりを通して生徒を授業参加者として迎え入
れており，困難な状況にある生徒への支援になっているのである。学校の中で展開され
る相互行為への着目は，こうした実践の背景にある教師・生徒自身の視点や論理を明ら
かにするものである。

　読者の中には，自らが普段行っている授業や生徒への指導といった教育実践に何らか
の困難や問題を感じ，どうにか改善したいと考えている人もいるかもしれない。相互行
為によって成り立つ教育実践のなかに何らかの困難や課題があるのであれば，実践を構
成する相互行為がいかにして行われているのかを知ることが重要なはずだ。また，実践
のなかで子どもや教師がどのような視点・価値判断のもとでそれぞれ行為しているかを
知ることは，困難や課題の構造を知るために必要不可欠であるはずだ。普段の授業や教
育的指導を反省的に振り返ったり，各章が提示する研究知見と自身の教育実践を結び付
けて捉え直したりする際に，会話分析を含めさまざまな社会学の分析手法（第15章）や
視点を役立ててほしい。

文献

平本毅・五十嵐素子，近刊，「授業会話を作り出す――『ガヤ』のコントロール」五
　　十嵐素子他編『子どもの豊かな学びの世界をみとる――これからの授業分析の可
　　能性』新曜社。

串田秀也・平本毅・林誠，2017，『会話分析入門』勁草書房。

布川由利，2019，「『冷却』を問い直す―― Erving Goffman の視点から」『教育社会
　　学研究』105：49-69頁。

おわりに

―唯一の現実的な「希望」として―

教職の社会的意義

　こんな調査データがあります。[^(1)]対象者は日本全国の中学3年生で，設問は
「相談に乗ってくれる人」に該当する選択肢すべてを選ぶように求めています。
選択肢は「中学校の友だち」「母」「学校の先生」「塾や習い事の先生」などで
す。高校入試直前期の公立中学校に通っている生徒の回答によれば，両親非大
卒の生徒は「塾や習い事の先生」を「相談に乗ってくれる人」には選ばない傾
向にあります（両親が非大卒で15%・大卒で26%）。

　本書を読み終えた人にとって理由は簡単に思いつくでしょう。そう，親学歴
によって学校外教育活動の参加格差があるからです。「塾や習い事」をしてい
なければ「相談に乗ってくれる人」の候補に挙がるわけもありません。これが
大きな格差かどうかは解釈次第ですが，高校入試準備のために通塾率が高い時
期なので，親学歴による通塾格差が最も小さいことには留意したいところです
（公立中生徒の通塾率は65%。両親が非大卒で58%・大卒で76%）。換言すれば，学校
外教育によって大人とつながる機会格差が小さい時期であっても，親学歴とい
う中学生本人にはどうしようもない条件で，相談に乗ってくれる大人の数に差
のある傾向があるのです。

　一方，「学校の先生」を「相談に乗ってくれる人」に選ぶ生徒の割合は，親
学歴によって変わるわけではありません。公教育に期待される機能をここに見
出すことができます。親を「相談に乗ってくれる人」だと思えず，さらには
「塾や習い事の先生」とのつながりを持たない生徒にとっては，学校の先生は
唯一相談できる大人――最後の希望であり得るのです。

　ただし，親学歴による差は確認できませんが，平均して34%の生徒しか「学
校の先生」を選んでいないことも強調しておきます。受験を前にした公立中学
校に通う3年生が10人いたら3人ぐらいしか学校の先生を「相談できる人」と

---

(1)　「親と子の生活意識に関する調査，2011（内閣府子ども若者・子育て施策総合推進室)」。二次分
　　析にあたり，東京大学社会科学研究所附属社会調査・データアーカイブ研究センター SSJ データ
　　アーカイブから個票データの提供を受けた。

して見ていないのです。もちろん，悩みがなかったり，そもそも大人に相談することに忌避感を持っていたり，選択割合が高い「中学校の友だち（72％）」と「母（66％）」で十分であったりと，解釈の余地はあります。しかし，それにしても，選択肢は担任教師1人のように限定しているわけではなく「学校の先生」なわけで，少し寂しい結果ではないでしょうか。

さらに言えば，これも本書にあるように，学校間に大きな差がありそうです。データは学校単位ではないのであくまで参考値ですが，同じ日本であっても「学校の先生」を選んだ中学3年生が1人もいない地域もあれば，8割が選んでいるところもあります。生徒との関係を見直したほうがよい学校は相当数あるのではないでしょうか。

教職課程における必修科目化を

執筆者である私たち教育社会学の研究者は，教育現場や行政などを非難するために教育社会学的な視座によるデータと研究知見を発信しているわけではありません。何が起きているのか適切に把握しなければ改善策を立てることができないからこそ，実態を明らかにしようと努めているに過ぎません。本書を読み通したあなたには，この現実を見つめる有用性を少なくとも部分的には理解していただけたのではないでしょうか。

私たちは，今後も教育現場に役立つように研究知見を伝えていきます。当面の具体的な目標は，教職課程における教育社会学の必修化です。現行の制度では教育社会学は「教育に関する社会的，制度的または経営的事項」の科目としての位置付けに留まります。あくまで選択必修なので，多くの教職課程では教育社会学の内容は十分には扱われていません。

編者の松岡が行った全国の大学を対象とした教職課程の2017年度のシラバス研究によれば，「社会的」要素が含まれる科目は3割ぐらいに過ぎません（松岡 2019）。また，教育社会学的科目であってもシラバスに一度でも「格差」が出てくるのは3割，「（社会）階層」でも4割です。近年「子どもの貧困」はメディアで話題になっていますが，一度以上言及している科目数は全体の2割に過ぎません。「制度的」あるいは「経営的」な内容の科目は教育格差をほとんど扱わないので，選択必修として指定されている全科目の中で，これらの単語

---

(2) 抽出された調査地点の公立中学校に通っている生徒の回答に基づきます。

が一度でもシラバスに出てくる科目は１割ぐらいです。さらに言えば，一学期全15回のうち３回以上明示的に「教育格差」に言及しているシラバスは全体で６％，「社会的」科目に限定しても３割にも届きません。

　もちろん，「教育に関する社会的，制度的又は経営的事項」の科目以外でも教職課程カリキュラムの中で数回ぐらいは教育格差について触れる機会は提供されているかもしれません。しかし，講義で数時間話を聞いた程度では，研究知見を現場で応用できるようになるとは思えません。そもそもこの研究分野について日本では研究者があまり多くないので，本書と同質の内容はほとんど教えられていないはずです。「親学歴によって学力と学ぶ意欲に格差がある」といった断片的な話しか知らず，背景にあるメカニズムを包括的に学ばないのであれば，目の前の子どもが「勉強できないしやる気もないのは親が高卒だから」のようにラベル貼り（第９章）をしてしまう危険性すらあります。

　2019年度より「教職課程コアカリキュラム」に沿った内容が教職課程で教えられることになりましたが，教育格差が教えられていない実態は変わっていません。各大学の教職課程のカリキュラムを標準化するという方向性は理解できます。しかし，教職課程で教育社会学が扱われる「教育に関する社会的，制度的又は経営的事項」科目が教えるべき「一般目標」と「到達目標」には，「教育格差」に関する記載が一切ないままなのです。

　具体的には，「（1-1）教育に関する社会的事項」の「一般目標」は「社会の状況を理解し，その変化が学校教育にもたらす影響とそこから生じる課題，並びにそれに対応するための教育政策の動向を理解する」とあり，格差や階層を一切取り扱わないでも構わないことになります。

　さらにいえば，「到達目標」の４点の１つに挙げられているのは「近年のさまざまな状況の変化」ですが，教育社会学が提供する重要な知見の１つは，時代によって表層が変わっても社会構造そのものは変わっていないということです。教育格差はその典型例で，戦後日本社会にはどの世代であっても教育格差

---

(3)　大学教員の専門性によっては，「教職の意義及び教員の役割・職務内容（チーム学校運営への対応を含む）」の科目において，「教職の意義」「教員の役割」「チーム学校への対応」の中で教育社会学の研究知見が紹介されている可能性はある。ただ，「教育に関する社会的，制度的又は経営的事項」科目であっても教育格差がほとんど教えられていないので，実際に社会階層論に基づいた議論が扱われることは期待できない。また，「特別の支援を必要とする幼児，児童及び生徒に対する理解」の中の「貧困」記載は不適切かつ不十分である。

が存在しています（第3章）。教職コアカリキュラムと称して「変わってきたこと」ばかりに着目し，「変わってきていない（けれど重要な）こと」を見過ごしている「到達目標」なのです。なぜこのような到達目標になってしまうのかといえば，社会の変化に教育を合わせるという安易なイメージが先行し，教育と社会には密接かつ基本的な関係があるという実態（第1章）に対する理解が不足していたのでしょう。「教育の基礎的理解に関する科目」のカリキュラムとして適切なのかという思いを禁じえません。

　教職課程コアカリキュラムの「教育に関する社会的，制度的又は経営的事項」の問題点は，教育格差という重要事項を抜かしていることだけではありません。「(2)学校と地域との連携」と「(3)学校安全への対応」は必ず教えなければならないことになっていて，(2)の「一般目標」は「学校と地域との連携の意義や地域との協働の仕方について，取り組み事例を踏まえて理解する」とあります。もっともらしく響くでしょうが，それよりも先に「現実に学校と地域はどのような関係にあるのか」を理解する社会的視点こそ必要ではないでしょうか。そこには当然，本書で扱ったような地域格差とそれに絡んだ階層差の問題も入ってくるはずです。また，文部科学省がまとめている地域との協同についての「取り組み事例」が主張する効果は，学術的な議論に耐えうるものではありません。

　同様に，(3)の「一般目標」は「学校の管理下で起こる事件，事故及び災害の実情を踏まえて，学校保健安全法に基づく，危機管理を含む学校安全の目的と具体的な取組を理解する」とあり，災害大国日本においてその重要性に異論はありませんが，1学期15回と限られた時間の中で，各領域の重要事項の内容を削減してまで「教育に関する社会的，制度的又は経営的事項」として扱うべき内容であるのか疑問です。

　学術的な蓄積のない(2)と(3)を科目として必ず含まなければならないことで，限られた授業時間数が割かれるだけではなく，科目を担当できる大学教員が限られる，という問題も発生します。教職課程科目として認定されるためには，コアカリキュラムの内容を教える資格を担当者が持つのか，文部科学省の審査を受けるのですが，この際，(2)と(3)の「業績」を持つ人でなければ認可されないことになっています。しかし，学術的研究が十分には蓄積されていない領域なので，厳密に(2)と(3)の業績を持つ候補が豊富にいるわけではありません。結果として，担当者が適切な業績を持っているかどうかの科目認定は実質的に機

能していません。そもそも科目認定時の「業績」は査読付き論文ではない報告書の分担執筆でもよいので，学術的な価値が第三者によって評価されているわけではありません。二重の意味で骨抜きなのです。

　学術的な研究蓄積がある教育格差には一切触れなくてもいいから，(2)と(3)の学術的に効果が検証されたわけではないけれど「よさそうな」事例を扱うべきだ，というのが教職課程コアカリキュラムなのです。

「現場で使える教育社会学」の今後

　本書で紹介したような研究知見を学ばずに教員免許を取得できる課程がほとんどという現状の変更を私たちは望みます。そこで当面は，1人でも多くの教師が，現場で研究知を応用できるように，本書の内容を教職課程において必修科目とすることを目指します。同時に，すでに現場で働いている教師に対しても，国や都道府県教育委員会などが実施する研修において本書の内容が教えられることを願っています。

　なお，私たちは定期的に内容を改善・更新するために，常に対話の機会を開きたいと考えています。本書の名称と同じフェイスブックのグループにご参加ください。

『現場で使える教育社会学──教職のための「教育格差」入門』
(https://www.facebook.com/groups/soeforteachers)

　最後に，読者の皆様にお願いがあります。本書のさまざまなトピックについて，教育格差という視点で話題にしてください。多くの人々の強い関心がなければ，いままでのように些末な問題として看過されることになります。データが示す過酷な実態に対して，「そんなもんだ」と諦めて「凡庸な教育格差社会」の維持に手を染めるのか，それとも，現実から目を逸らさず，1人でも多くの子どもが自らの可能性を追求できる社会にする為に地道な改善を重ねるのか。将来振り返った時に，転換点だったと記憶される歴史を，一緒に作りませんか。

　2021年7月5日

　　　　　執筆者を代表して　　松岡亮二・中村高康

人名索引

事項索引

《執筆者紹介》 執筆順，＊は編著者

＊**中村高康**（なかむら・たかやす） **第1章・第2章**

　　1996年　東京大学大学院教育学研究科博士課程単位取得退学，博士（教育学）
　　現　在　東京大学大学院教育学研究科教授
　　主　著　『暴走する能力主義──教育と現代社会の病理』ちくま新書，2018年。
　　　　　　『大衆化とメリトクラシー──教育選抜をめぐる試験と推薦のパラドクス』東京大学出版
　　　　　　会，2011年。
　　メッセージ：格差の問題を理解すると，教育界のできごとが立体的に見えてきます。ぜひそのこと
　　　　　　　　を多くの教育関係者にお伝えしたいです。

＊**松岡亮二**（まつおか・りょうじ） **第3章・第5章**

　　2012年　ハワイ州立大学マノア校教育学部博士課程教育政策学専攻修了，博士（教育学）
　　現　在　龍谷大学社会学部准教授
　　主　著　『教育格差──階層・地域・学歴（ちくま新書）』筑摩書房，2019年。
　　　　　　『教育論の新常識──格差・学力・政策・未来（中公新書ラクレ）』編著，中央公論新社，
　　　　　　2021年。
　　メッセージ：データと研究知見に基づいて教育を論じる人が少しでも増えることを願っています。

　山下　絢（やました・じゅん） **第4章**

　　2010年　東京大学大学院教育学研究科博士課程単位取得退学，博士（文学）
　　現　在　日本女子大学人間社会学部准教授
　　主　著　『学校選択制の政策評価──教育における選択と競争の魅惑』勁草書房，2021年。
　　　　　　「子どもの生まれ月と親の階層・教育意識」『教育学研究』80(3)，2013年。
　　メッセージ：本書で示した理論やデータが，読者の皆さんの教育格差に関する理解の一助になれば
　　　　　　　　幸いです。

　金子真理子（かねこ・まりこ） **第6章**

　　2000年　東京大学大学院教育学研究科博士課程単位取得退学，修士（教育学）
　　現　在　東京学芸大学先端教育人材育成推進機構教授
　　主　著　『教員評価の社会学』（共編著）岩波書店，2010年。
　　　　　　「教職という仕事の社会的特質──『教職のメリトクラシー化』をめぐる教師の攻防に注
　　　　　　目して」『教育社会学研究』86，2010年。
　　メッセージ：「使える」道具にするためには，知識を吸収して終わるのではなく，味わい考えるこ
　　　　　　　　とが必要です。そのきっかけに本書を使ってください。

　山田哲也（やまだ・てつや） **第7章**

　　2003年　一橋大学大学院社会学研究科後期課程単位取得退学，修士（社会学）
　　現　在　一橋大学大学院社会学研究科教授
　　主　著　「PISA型学力は日本の学校教育にいかなるインパクトを与えたか」『教育社会学研究』98，
　　　　　　2016年。
　　　　　　『学力格差是正策の国際比較』（共編著）岩波書店，2015年。
　　メッセージ：第7章で提示した知見は読者のみなさんだけでなく筆者にも当てはまります（社会学
　　　　　　　　の特徴のひとつは，このような「自己言及性」にあります）。それをどう受けとめ，
　　　　　　　　社会に働きかけるかをともに考えましょう。

知念　渉（ちねん・あゆむ）　**第8章**

2016年　大阪大学大学院人間科学研究科博士後期課程修了，博士（人間科学）

現　在　神田外語大学グローバル・リベラルアーツ学部准教授

主　著　『〈ヤンチャな子ら〉のエスノグラフィー――ヤンキーの生活世界を描き出す』青弓社，
　　　　2018年。
　　　　「〈ヤンチャな子ら〉の「男らしさ」を捉えるために――ポストハマータウン研究における
　　　　男性性の位置」『現代思想』48(6)，2020年。

メッセージ：教育社会学を学ぶと，学校教育に失望するかもしれません。しかし，学校教育をより
　　　　　　公正なものにするためには，現実を正確に認識し理解することが不可欠です。その意
　　　　　　味では，教育社会学を学ぶことは希望にもなりえるでしょう。

岡邊　健（おかべ・たけし）　**第9章**

2002年　東京大学大学院教育学研究科博士後期課程中途退学，博士（社会学）

現　在　京都大学大学院教育学研究科教授

主　著　『現代日本の少年非行――その発生態様と関連要因に関する実証的研究』現代人文社，
　　　　2013年。
　　　　『犯罪・非行の社会学――常識をとらえなおす視座〔補訂版〕』（編著）有斐閣，2020年。

メッセージ：世間の非行少年へのイメージは偏っています。しかし色眼鏡は外したほうがよさそう
　　　　　　です。第9章にその理由を書きました。

日下田岳史（ひげた・たけし）　**第10章**

2014年　東京大学大学院教育学研究科博士課程単位取得退学，博士（教育学）

現　在　大正大学エンロールメント・マネジメント研究所副所長代行・専任講師

主　著　『女性の大学進学拡大と機会格差』東信堂，2020年。
　　　　『震災と学校のエスノグラフィー――近代教育システムの慣性と摩擦』（共著）勁草書房，
　　　　2020年。

メッセージ：本書を読んで感じたことを，仲間と話し合ってみませんか。そこには再び，新しい発
　　　　　　見があるはずです。

寺町晋哉（てらまち・しんや）　**第11章**

2014年　大阪大学大学院人間科学研究科博士後期課程単位取得退学，博士（人間科学）

現　在　宮崎公立大学人文学部准教授

主　著　『〈教師の人生〉と向き合うジェンダー教育実践』晃洋書房，2021年。

メッセージ：教育とジェンダーの関係について考える「難しさ」と「楽しさ」をお伝えできたら幸
　　　　　　いです。

髙橋史子（たかはし・ふみこ）　**第12章**

2015年　オックスフォード大学大学院社会学博士課程修了，D. Phil.（社会学）

現　在　東京大学大学院総合文化研究科地域文化研究専攻准教授

主　著　『新グローバル時代に挑む日本の教育――多文化社会を考える比較教育学の視座』（共著）
　　　　東京大学出版会，2021年。
　　　　『移民から教育を考える――子どもたちをとりまくグローバル時代の課題』（共著）ナカニ
　　　　シヤ出版，2019年。

メッセージ：教育，特に学校教育に関心のある方すべてにとって必読の書だと思っています。紹介
　　　　　　されている文献もあわせてぜひ読んでください。

山本宏樹（やまもと・ひろき）　**第13章**

2012年　一橋大学大学院社会学研究科博士後期課程単位取得退学，修士（学術）

現　在　大東文化大学文学部教育学科准教授

主　著　『教師の責任と職務倫理──経年調査にみる教員文化の変容』（共著）旬報社，2018年。

　　　　『統治・自律・民主主義──パターナリズムの政治社会学』（共著）NTT 出版，2012年。

メッセージ：文化祭，体育祭，生徒会活動や部活動……格差は学校生活を彩る様々な活動に潜んで
　　　　　　います。

伊藤秀樹（いとう・ひでき）　**第14章**

2013年　東京大学大学院教育学研究科博士課程単位取得退学，博士（教育学）

現　在　東京学芸大学教育学部准教授

主　著　『高等専修学校における適応と進路──後期中等教育のセーフティネット』東信堂，2017
　　　　年。

　　　　『生徒指導・進路指導──理論と方法　第二版』（共編著）学文社，2018年

メッセージ：日々の仕事に埋もれそうになったとき，この本を再び開いてもらえると，新たな発見
　　　　　　があるかもしれません。

小西尚之（こにし・なおゆき）　**第15章**

2013年　大阪大学大学院人間科学研究科博士後期課程単位取得退学，修士（教育学）

現　在　金沢学院大学経済情報学部准教授

主　著　『教師のための教育学シリーズ11　子どもと教育と社会』（共著）学文社，2016年。

　　　　「総合学科高校におけるカリキュラム・トラッキング──３年間のパネル調査から」『カリ
　　　　キュラム研究』21，2012年。

メッセージ：教育と社会の関係を学べば，教職生活がより充実するはずです。ともに学びませんか。

藤本　啓寛（ふじもと・たかひろ）　**コラム１**

2022年　早稲田大学大学院教育学研究科教育基礎学専攻修了，博士（学術）

現　在　早稲田大学教育・総合科学学術院助教

主　著　『明日へ翔ぶ──人文社会学の新視点－5』（共著）風間書房，2020年。

　　　　「スクールソーシャルワーカー活用事業の政策展開──予算編成における「政策の再文脈
　　　　化」の帰結」『学校ソーシャルワーク研究』17，2022年。

メッセージ：学校や社会のありようを冷静に考える手助けをしてくれる教育社会学の知に学びなが
　　　　　　ら，共に児童生徒の現実に向き合っていきましょう。

豊永耕平（とよなが・こうへい）　**コラム２**

2020年　東京大学大学院教育学研究科博士後期課程単位取得満期退学，博士（教育学）

現　在　近畿大学総合社会学部講師

主　著　「高学歴化・経済変動と学歴──上層ホワイトカラー入職に対する学歴効果の変容」『教育
　　　　社会学研究』103，2018年。

　　　　『学歴獲得の不平等──親子の進路選択と社会階層』勁草書房，2023年。

メッセージ：教育と社会の関係性を客観的に眺める教育社会学の視座が教職を目指される皆さんの
　　　　　　助けになることを願っています。

布川由利（ぬのかわ・ゆり）　コラム3

2015年　東京大学大学院教育学研究科博士前期課程修了，修士（教育学）
現　在　高崎健康福祉大学人間発達学部助手
主　著　「『冷却』を問い直す——Erving Goffman の視点から」『教育社会学研究』105，2019年。
　　　　「いかに生徒に進路選択を促すか（研究ノート）」『国立教育政策研究所紀要』145，2016年。
メッセージ：困難を抱える児童生徒と日々向き合う読者にとって，本書が何らかの手助けとなれれ
　　　　　　ばと思います。

現場で使える教育社会学
──教職のための「教育格差」入門──

2021年10月30日　初版第1刷発行　　　　〈検印省略〉
2023年12月10日　初版第6刷発行

定価はカバーに
表示しています

編著者　中　村　高　康
　　　　松　岡　亮　二
発行者　杉　田　啓　三
印刷者　中　村　勝　弘

発行所　株式会社　ミネルヴァ書房
607-8494　京都市山科区日ノ岡堤谷町1
電話代表 (075)581-5191
振替口座　01020-0-8076

中村印刷・新生製本

ISBN978-4-623-09260-4

Printed in Japan

教育を読み解くデータサイエンス	中耳塚寛明 西啓喜	監修 編著	本体三二〇〇円 A5判三二八頁
学校教育と不平等の比較社会学	多喜弘文	著	本体二八〇〇円 A5判二一〇頁
よくわかる教育社会学	多賀井太朗 中村高康 酒井高康	編著	本体二六〇〇円 B5判二一〇頁
大学入試改革は高校生の学習行動を変えるか	山村滋 中村淳子 濱中淳子 立脇洋介	著	本体四五〇〇円 A5判二六〇頁
OECD Education 2030 プロジェクトが描く教育の未来	白井俊	著	本体三〇〇〇円 A5判二七四頁

———— ミネルヴァ書房 ————
https://www.minervashobo.co.jp/